21世纪经济与管理规划教材·财政学系列

政府预算管理

（第三版）

李燕 主编

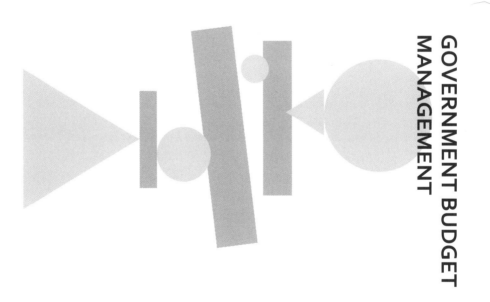

北京大学出版社
PEKING UNIVERSITY PRESS

图书在版编目(CIP)数据

政府预算管理/李燕主编. —3 版. —北京:北京大学出版社,2024.1
21 世纪经济与管理规划教材. 财政学系列
ISBN 978-7-301-34426-2

Ⅰ.①政… Ⅱ.①李… Ⅲ.①国家预算—预算管理—中国—高等学校—教材 Ⅳ.①F812.3

中国国家版本馆 CIP 数据核字(2023)第 174725 号

书　　　名	政府预算管理(第三版)
	ZHENGFU YUSUAN GUANLI(DI-SAN BAN)
著作责任者	李　燕　主编
责 任 编 辑	贾米娜
标 准 书 号	ISBN 978-7-301-34426-2
出 版 发 行	北京大学出版社
地　　　址	北京市海淀区成府路 205 号　100871
网　　　址	http://www.pup.cn
微信公众号	北京大学经管书苑(pupembook)
电 子 邮 箱	编辑部 em@pup.cn　总编室 zpup@pup.cn
电　　　话	邮购部 010-62752015　发行部 010-62750672　编辑部 010-62752926
印 刷 者	河北文福旺印刷有限公司
经 销 者	新华书店
	787 毫米×1092 毫米　16 开本　21.75 印张　485 千字
	2008 年 11 月第 1 版　2016 年 3 月第 2 版
	2024 年 1 月第 3 版　2025 年 6 月第 2 次印刷
定　　　价	59.00 元

未经许可,不得以任何方式复制或抄袭本书之部分或全部内容。
版权所有,侵权必究
举报电话:010-62752024　电子邮箱:fd@pup.cn
图书如有印装质量问题,请与出版部联系,电话:010-62756370

本书资源

数字化资源

※ 课程配套视频

读者关注"博雅学与练"微信公众号后扫描右上方二维码即可获得上述资源。一书一码,相关资源仅供一人使用。

读者在使用过程中如果遇到技术问题,可发邮件至 yixin2008@163.com 咨询。

教辅资源

※ 教学课件

资源获取方法:

第一步,微信搜索公众号"北京大学经管书苑",并进行关注。

第二步,点击菜单栏"在线申请"—"教辅申请",填写相关信息后提交。

丛书出版说明

教材作为人才培养重要的一环,一直都是高等院校与大学出版社工作的重中之重。"21世纪经济与管理规划教材"是我社组织在经济与管理各领域颇具影响力的专家学者编写而成的,面向在校学生或有自学需求的社会读者;不仅涵盖经济与管理领域传统课程,还涵盖学科发展衍生的新兴课程;在吸收国内外同类最新教材优点的基础上,注重思想性、科学性、系统性,以及学生综合素质的培养,以帮助学生打下扎实的专业基础和掌握最新的学科前沿知识,满足高等院校培养高质量人才的需要。自出版以来,本系列教材被众多高等院校选用,得到了授课教师的广泛好评。

随着信息技术的飞速进步,在线学习、翻转课堂等新的教学/学习模式不断涌现并日渐流行,终身学习的理念深入人心;而在教材以外,学生们还能从各种渠道获取纷繁复杂的信息。如何引导他们树立正确的世界观、人生观、价值观,是新时代给高等教育带来的一个重大挑战。为了适应这些变化,我们特对"21世纪经济与管理规划教材"进行了改版升级。

首先,为深入贯彻落实习近平总书记关于教育的重要论述、全国教育大会精神以及中共中央办公厅、国务院办公厅《关于深化新时代学校思想政治理论课改革创新的若干意见》,我们按照国家教材委员会《全国大中小学教材建设规划(2019—2022年)》《习近平新时代中国特色社会主义思想进课程教材指南》《关于做好党的二十大精神进教材工作的通知》和教育部《普通高等学校教材管理办法》《高等学校课程思政建设指导纲要》等文件精神,将课程思政内容尤其是党的二十大精神融入教材,以坚持正确导向,强化价值引领,落实立德树人根本任务,立足中国实践,形成具有中国特色的教材体系。

其次,响应国家积极组织构建信息技术与教育教学深度融合、多种介质综合运用、表现力丰富的高质量数字化教材体系的要求,本系列教材在形式上将不再局限于传统纸质教材,而是会根据学科特点,添加讲解重点难点的视频音频、检测学习效果的在线测评、扩展学习内容的延伸阅读、展示运算过程及结果的软件应用等数字资源,以增强教材的表现力和吸引力,有效服务线上教学、混合式教学等新型教学模式。

为了使本系列教材具有持续的生命力,我们将积极与作者沟通,争取按学制周期对教材进行修订。您在使用本系列教材的过程中,如果发现任何问题或者有任何意见或建议,欢迎随时与我们联系(请发邮件至 em@pup.cn)。我们会将您的宝贵意见或建议及时反馈给作者,以便修订再版时进一步完善教材内容,更好地满足教师教学和学生学习的需要。

最后,感谢所有参与编写和为我们出谋划策提供帮助的专家学者,以及广大使用本系列教材的师生。希望本系列教材能够为我国高等院校经管专业教育贡献绵薄之力!

北京大学出版社

经济与管理图书事业部

前　言

在公共财政条件下,政府的财政活动主要是通过预算配置社会资源,为满足社会公共需要提供公共产品和服务,而作为受益者的公众则必须分担一部分供给成本,表现为纳税人向政府纳税缴费。由此,纳税人与政府之间建立了一种委托代理关系,即具有独立财产权的纳税人担负着政府财政供应的职责,从而必然要求对政府的财政进行监督,以政治和法律的程序保证政府收支不偏离纳税人的利益,保障委托人的财产权利不受政府权力扩张的侵犯。

近年来,伴随着公共财政框架体系的建立,特别是党的十八届三中全会所确立的"财政是国家治理的基础和重要支柱"的总体定位,以及《中华人民共和国预算法》(2018年修正)、《中华人民共和国预算法实施条例》(2020年修订)等法律法规对构建"全面规范、公开透明"的现代预算制度的总体要求,我国的政府预算进行了从理论到实践、从法律法规到规章制度的全方位深入改革。本书就是在这样的背景之下编写的,全书依次介绍政府预算管理的各个流程,帮助读者在了解政府预算管理的基本理论、基本制度的基础上,通过分析政府预算的编制和审批管理了解预算决策过程,通过分析政府预算的执行管理了解预算组织以及协调和处理预算收支过程中的各种问题,通过分析政府决算、财务报告了解落实政府责任、控制公共预算支出和预算风险的过程,通过分析政府预算绩效管理掌握全过程预算绩效管理的内容,等等。此次改版根据2020年修订的《中华人民共和国预算法实施条例》以及近些年出台的政策法规补充完善了教材中的相关内容,增加了新的一章即第十章"预算管理一体化"。

本书融合经济学、政治学、法学等研究视角来交叉分析政府预算问题。经济学的研究视角主要通过政府预算的政策、原则、绩效评价等问题帮助读者了解在市场经济中存在市场和政府两种资源配置主体的情况下,政府应如何通过预算机制去配置资源,并要求其配置和使用满足政府配置资源意义上的"高效";政治学的研究视角主要通过政府预算的原则、预算管理的职权、预算的审批、预算的监督等问题帮助读者了解民主社会中政府和公众在政府预算管理方面的权利与责任;而上述研究视角都要置于一国法律法规的约束之下,因此,基于《中华人民共和国预算法》的法学研究视角则帮助读者理解政府预算是一个法律文件,是一份涉及政府、公众、管理者之间多主体,各级政府及管理部门之间多层级的综合性"委托代理契约",政府预算活动的每个环节都必须依照法定程序进行。

基于上述研究视角,本书立足于我国的政府预算法律法规和制度安排,并在借鉴国外先进经验的基础上,比较全面系统地阐述了政府预算的基本理论、基本知识及管理程序和管理方法,突出地反映了政府预算改革的最新理论、法律法规与实践成果,既有一定的理论深度和前瞻性,又有较强的实务性和可操作性。

党的二十大报告中包含了一系列关于财政工作的重要论述,对做好新时期财政工作提出了明确要求,提供了根本遵循。报告提出"健全现代预算制度",因此,财政要通过优化收支结构,在收入端严格落实各项减税降费政策,处理好组织收入和减轻企业负担的关系,培植壮大财源,实现财政收入的可持续增长;在支出端支持传统产业改造升级和新兴产业培育,坚持政府过紧日子思想,严控一般性支出,降低行政运行成本,推动深化改革,稳步提升服务效能,加快建立有利于高质量发展的财政体系。我们通过深刻领悟二十大报告中关于财政工作的重要论述,牢固树立起"以政领财、以财辅政"的理念和科学理财理念,并将这些理念贯穿教材编写的始终。

政府预算管理是财税及公共管理等专业的重要专业课程之一。为了让学生通过该课程的学习掌握政府预算的基本理论与实务,在本书编写的过程中,我们力图在阐述政府预算管理基本原理、基本制度的同时,注意按照预算管理流程去介绍政府预算的具体操作实务,这样既能为学生今后进一步研究和探讨政府预算理论打下基础,也能使他们了解政府预算工作的一般业务流程,尽量使他们的知识结构能够适应市场对人才的多方位需要。本书每章后都附有思考题,有利于促进学生创新思维的培养,提高他们的综合分析能力和知识运用能力。

本书是中央财经大学多位教师集体智慧的结晶,全书共分十章,编写及修订分工如下:李燕负责第一、二、四、六章,肖鹏负责第三、十章,王淑杰负责第五、九章,卢真负责第七、八章,孙景冉参与了部分专栏的资料搜集和编辑等工作。全书由李燕进行统稿、补充完善和最终定稿。

在本书编写的过程中,我们参阅和吸收了国内外专家学者的一些研究成果,在此表示诚挚的感谢。

本书的编写是在政府预算改革逐步深入、现代预算制度逐步构建的背景下进行的,我们尽可能地采纳了当前理论界最新的研究成果,吸收了预算管理部门最新的制度安排和当前实践部门最新的改革实践,努力使这本教材能够较为全面地反映当前理论和实践的成果与改革方向,希望在政府预算的教学、科研和管理工作中为各方提供有益的帮助。但由于我国的政府预算改革是一项系统工程,正在不断地深入和完善,还有许多未解决的理论与实践问题,因此,本书一定存在不尽如人意甚至疏漏不妥之处,恳请各位读者批评指正。

编　者

2024年1月于北京

目 录

第一章 政府预算概论 … 1
- 第一节 政府预算的内涵 … 3
- 第二节 政府预算的产生 … 9
- 第三节 政府预算的原则 … 14
- 第四节 政府预算的政策 … 22
- 第五节 政府预算的功能 … 27

第二章 政府预算管理的基础 … 35
- 第一节 政府预算管理概述 … 37
- 第二节 政府预算管理的流程与周期 … 39
- 第三节 政府预算管理的组织体系 … 45
- 第四节 政府预算收支分类 … 54

第三章 政府预算管理体制 … 63
- 第一节 政府预算管理体制概述 … 65
- 第二节 分税制预算管理体制 … 75
- 第三节 政府间转移支付制度 … 83
- 第四节 省以下财政体制改革 … 90

第四章 政府预算的编制 … 95
- 第一节 政府预算编制的依据 … 97
- 第二节 政府预算编制的模式 … 104
- 第三节 政府预算体系 … 111
- 第四节 政府预算收支测算的一般方法 … 120
- 第五节 部门预算的编制 … 128
- 第六节 财政总预算的编制 … 143

第五章 政府预算的审查和批准 …………………………………………… 147
- 第一节 政府预算的审查和批准概述 ……………………………………… 149
- 第二节 我国政府预算审查和批准的内容及流程 ………………………… 154
- 第三节 国外政府预算审查和批准的特点及借鉴 ………………………… 166

第六章 政府预算的执行 …………………………………………………… 177
- 第一节 政府预算执行的目的与内容 ……………………………………… 179
- 第二节 政府预算执行的组织系统与职责分工 …………………………… 181
- 第三节 国家金库制度 ……………………………………………………… 185
- 第四节 政府预算收入和支出的执行 ……………………………………… 191
- 第五节 政府预算执行中的调整与检查 …………………………………… 208

第七章 政府决算与财务报告 ……………………………………………… 215
- 第一节 政府决算概述 ……………………………………………………… 217
- 第二节 政府决算草案的审查和批准 ……………………………………… 223
- 第三节 政府财务报告 ……………………………………………………… 228

第八章 政府预算绩效管理 ………………………………………………… 247
- 第一节 政府预算绩效管理概述 …………………………………………… 249
- 第二节 事前绩效评估与绩效目标管理 …………………………………… 254
- 第三节 预算绩效运行监控管理 …………………………………………… 262
- 第四节 预算绩效评价实施管理 …………………………………………… 265
- 第五节 预算绩效评价结果反馈和应用管理 ……………………………… 272

第九章 政府预算监督与法治 ……………………………………………… 275
- 第一节 政府预算监督的内涵和意义 ……………………………………… 277
- 第二节 政府预算监督的内容和方法 ……………………………………… 285
- 第三节 政府预算的法治化 ………………………………………………… 292

第十章 预算管理一体化 …………………………………………………… 299
- 第一节 预算管理一体化概述 ……………………………………………… 301
- 第二节 我国预算管理一体化 ……………………………………………… 308

附录 1 政府预算草案报表 …………………………………………………… 321

附录 2 部门预算草案报表 …………………………………………………… 327

主要参考文献 ………………………………………………………………… 337

21世纪经济与管理规划教材
财政学系列

第一章

政府预算概论

【学习目标】

本章主要介绍了政府预算的内涵、特征与原则,现代预算制度的产生以及政府预算的主要功能与政策。通过本章的学习,读者应该能够掌握政府预算的内涵与特征、政府预算的原则,理解政府预算的功能与政策效应,理解现代政府预算的产生及中外差异。

第一节 政府预算的内涵

一、政府预算的概念及内涵

(一) 政府预算的概念

就公共财政而言,政府预算是指经法定程序审批的具有法律效力的政府财政收支计划,是政府筹集、分配和管理财政资金及宏观调控的重要工具。通常,狭义的预算指预算文件或预算书,而广义的预算则包括编制决策、审查批准、执行调整、决算绩效、审计监督等预算过程。

政府预算是任何国家政府施政和进行财政管理所必需的。政府预算一般都要包括三个方面的内容:第一,收入和支出的种类与数量,以及这些种类与数量所表现出来的收支的性质和作用,即通过一国不同时期预算收支的变化轨迹可以看出一国政府施政方针的变换,如我国的建设预算、公共预算、民生预算等;第二,各级政府及各部门在处理收支问题上的关系及其所处的地位和所承担的责任,包括上下级政府之间的纵向关系和财政部门与各支出部门之间的横向关系;第三,在收入和支出的实现上所必须经过的编制、批准、执行、决算、管理和监督等预算过程,即预算全过程所必经的法定程序,这是现代预算区别于专制预算的典型特征。

从经济和技术层面上看,预算是政府收支对比的计划表,是现代经济社会配置公共资源的机制,即通过政治程序确定的政府预算,决定着财政配置资源的规模和结构,进而决定着整个社会资源在政府各支出部门、各支出项目之间配置的方向和比例。而就现代预算制度而言,则更加注重预算过程的法定性及预算文件的法律效力。预算是纳税人及其代议机构控制政府财政收支活动的机制,是配置资源的公共权力在不同参与主体之间对资源的分配,是一个分配结构制衡和民主政治程序。具有独立财产权利的纳税人,担负着国家的财政供应,这必然要求以法律程序保证政府收支不偏离社会公共利益。

(二) 政府预算的内涵

从形式上看,政府预算是政府财政收支计划。政府预算的典型形式是政府在对年度财政收支规模和结构进行预计、测算的基础上进行的年度计划安排,其依据是一国相应的法律法规及一定时期的政策意图和制度标准,因此,预算能够反映一定时期政府财政收支的具体来源和使用方向。

从性质上看,政府预算是具有法律效力的文件。作为现代预算制度,政府预算实质上是纳税人(公众)通过立法机关对政府行政权力的约束和限制,是立法机关对政府作出的授权和委托。政府行政机关对立法机关及其代表的社会公众负有法律责任,即政府活动的内容和过程要受到法律及立法机关的严格监督及制约,具体表现在政府的预算计划必须经过立法机关审查批准才能生效,并且具有法律效力。政府预算的形成过程实际上是国家立法机关审定预算内容和赋予政府预算执行权的过程,即政府必须将所编制的预算草案提交国家立法机关审查批准后才能据以进行财政收支活动。各国宪法一般规定,政府预算经立法机关审查批准后便具有法律效力,政府必须不折不扣地贯彻执行,不允许有任何不受预算约束的财政行为。在预算执行过程中,因特殊情况需要修改调整预算时必须经过法律程序,紧急情况的处理要补报审批手续。

从内容上看,政府预算反映着政府收支分配活动的范围和方向,即政府预算的各项收入来源和支出去向体现了政府的职能范围,全面反映着公共财政的分配活动。从预算收入看,政府依法采用税收、利润、收费、公债等分配工具,把各地区、各部门、各企业及个人创造的一部分国民收入集中起来,形成政府财政收入,同时,集中收入的过程也反映和协调着政府与部门、企业及公民个人的分配关系;从预算支出看,通过预算安排,将集中的财政资源在全社会范围内的各种需求之间进行配置,以满足社会的公共需要。因此,政府预算收支体现着政府掌握的财政资金的来源、流向及规模和结构,同时,政府预算的规模和结构又直接反映了公共财政参与国民收入分配及再分配的规模和结构。

从程序上看,政府预算是通过政治程序决定的。政府预算的实质是纳税人及其代议机关控制政府财政活动的制度机制。实践中必须构造政府预算控制机制的深刻原因在于:具有独立财产权利的纳税人或缴费者等担负着政府财政供应的责任,这就必然要求对政府的财政拥有控制权,即以法律程序来保证政府收支活动不偏离纳税人的利益,保障公民的财产权利不受政府权力扩张的侵犯。其本质原因在于,社会的公共需要或共同需要由于市场失灵而委托政府来满足,缴税则为这种公共产品和服务提供的成本对价,也就是说,政府财政的实质就是政府花众人(纳税人)的钱为众人办事,即提供公共产品和服务,以满足公共需要,客观上是一种委托代理关系,其成本和效用都是外在的。如果没有预算约束,或预算没有法律约束效力,就存在政府对公共资金的使用及效果不承担责任的可能性,公共资金就不会基于公众的利益而得到合理、有效和正当的使用,就不可避免地会出现效益低下、贪污腐败、挥霍滥用的情况。总之,政府要通过对公共资源的分配,为社会提供一定的公共产品和服务,其活动必须受到控制,而这种控制有别于由市场控制的经济活动,预算或预算制度是由政治过程决定的控制系统。

从决策过程看,政府预算是公共选择机制。政府预算过程由编制决策、审议批准、执行调整、决算审计、绩效评价、向社会公开等一系列环节组成,这一过程的实质是公共选择机制。表现在:

第一,预算编制决策是公共利益的发现过程。预算的提出首先要求政府对国内外的经济、政治和社会形势进行分析、评估及预测,了解社会需求,并在公众参与的基础上,通过一定的政治程序提出政府的目标和任务;财政部门据此提出预算指导方针和技术要求;政府各支出部门据此提出预算请求,并排列出先后次序;财政部门在各支出部门预算请求的基础上进行充分的协调,按重要性或紧迫性排序,形成预算草案提交立法机关讨论。

第二,预算在立法机关讨论及批准的过程是公共利益的继续发现和确认过程。立法机关在对政府提交的预算草案进行审查批准的过程中,对预算草案所进行的讨论、辩论、询问、质询、修改、投票批准等程序,是公共利益的继续发现和确认过程,公众代表、党派团体和有关利益相关方在讨论中表达意愿,反映各自所代表的阶层或利益集团的要求,最后在充分讨论达成利益共识的基础上批准通过预算,使得公众利益被最后确认。

第三,预算的执行和完成是公共利益的实现过程。预算执行要依据严格的程序:各支出部门的领导对使用的资金负责,财政部门按照批准的部门预算对其用款请求进行审核后批准拨款,并遵循政府采购、国库集中支付、定期报告、绩效评价等制度规范执行,预算的执行结果要经过审计部门的审计,并将审计结果报立法机关确认,最后以决算的形式向社会公布政府预算的执行结果,从而实现政府对公共产品和服务的提供。

(三)政府预算与财政的关系

从政府预算与财政的关系看,政府预算是公共财政的运行机制或基本制度框架。

财政是以公共权力进行的资源配置,是在一定的制度框架内运行的,其运行机制的公共性如何,决定着财政活动的范围、对公共需要的满足程度以及财政效率的高低。这个具有决定作用的财政制度或运行机制的实质是如何运用公共权力,即公共权力依据什么规则进行资源配置。正是公共权力的运行规则决定了不同的财政制度:不按法定程序随意敛取和使用公众财富,满足自身需求的,是专制财政;按法定程序公开透明并规范地取得和配置公众财富,满足公共需求的,则是公共财政。

建立公共财政的基本制度框架和运行机制——现代政府预算制度——的根本作用在于对政府的财政行为进行预算约束,因此,从现代政府预算的产生和发展过程来说,财政和政府预算的关系可以表述为:对于现代政府预算的产生来说,是先有财政活动,后有政府预算;对于现代公共财政而言,应是先有政府预算,后有财政活动,即政府预算规范到哪里,财政才能活动到哪里,不允许有任何没有政府预算或超过政府预算边界的财政收支。

二、政府预算的基本特征

政府预算作为一个独立的财政范畴,是财政发展到一定历史阶段的产物,从预算的产生到发展为现代预算制度,其内涵得到不断充实和完善,并形成了区别于其他经济范畴和财政范畴的特性。政府预算的基本特征如下:

(一)法治性

法治性是指政府预算的形成和执行以及结果等全过程都要在相关预算法律法规及制度的框架范围内进行,即法治性不仅仅限于预算法律法规的法律效力,还体现在预算全过程都要在法治环境中运行。

政府预算的法治性具体体现在:①预算的编制、执行、调整和决算的程序是在法律规范下进行的;②有关预算的级次划分、收支内容、管理职权划分等也都是以预算法的形式规定的,这样就使政府的财政行为通过预算的法治化管理被置于社会公众的监督之下。

预算法治性的前提是要有健全的法治基础和法治环境,包括建立立法、守法、执法的动态法治体系:

(1) 要有健全的法律体系,具体包括四个层次:一是宪法对预算行为的规范;二是财政基本法,主要对预算级次、预算管理权限及预算管理体制等作出法律安排;三是预算法,主要对预算程序作出技术规定,涉及具体的预算活动;四是预算收支有关的法律以及预算会计等辅助性法律的完善。

(2) 政府预算的法治性要求预算的实现必须依照法律,将政府的预算权力关进法律制度的笼子里。

(3) 各类预算行为在具体的操作中都有对应的法律安排及责任界定,任何违规预算行为都会受到行政问责并被追究法律责任。

现代预算的法律约束是区别于封建专制预算的一个重要特征。政府预算的法治性是预算约束性的前提和保证,缺乏法律约束的预算不能称为真正意义上的现代预算制度。为适应建立公共财政的需要,必须把预算定位在"法律的本质上",赋予政府预算以法律效力。

(二) 约束性

约束性是指预算作为一个通过立法程序确定的对公共资源分配具有法律效力的文本,对预算过程中的各利益主体都具有约束作用。合理的预算约束强调,预算的编制、审批、执行与决算过程都必须按规定的程序进行,这样可使资源配置在每一环节都顺畅进行,规避政府公共资源及市场资源的错配。

政府预算的约束性应置于国家治理前提下予以理解。因为预算的实质是在政府和纳税人之间形成的一种委托代理关系,即纳税人作为委托人,通过纳税购买生产生活所需而市场又无法提供或无法充分提供的公共产品和服务,政府作为代理人,接受公众委托提供他们所需的公共产品和服务,并受纳税人或代表纳税人利益的权力机关的监督。这种转变使得计划经济和传统财政学中对政府预算从形式特征上的理解,即"政府的基本财政收支计划",就远远不能全面、准确地揭示政府预算的本质特征了。现代预算的诞生及其发展历程表明,预算存在的目的并不仅仅在于形式意义上的计划本身,还要经由法律效力层面上的计划(预算)来规范、控制和监督政府及其他预算主体的收支行为,实现资源配置的合理与公平,提高财政资金使用的效率和效能,以促进经济、社会长期稳定地发展。这种约束性表现在:

1. 决策民主

在现代预算制度框架下的预算决策管理中,政府在编制预算项目时对预算资金在相互竞争的各项需求之间分配的不同次序就体现着国家公共政策的实质含义和决策的不同重点,体现着国家介入经济社会生活的范围和深度,体现着国家对国民经济的预期和干预,体现着国家职责的范围和内容,反映出政府与社会、公民之间的财产关系。而且预算还成为制约国家公共决策的政策工具和管理工具,对国家的施政产生深远的影响。在预算公开透明及公众参与预算决策的现代预算制度要求下,政府的相关预算决策会以更加民主的方式出现,从而更加有利于政府决策的公共性和科学性。这种决策民主在实践中更多地体现为政府预算需由各利益方代表组成的立法机关审查批准方可执行。

2. 事前决定

在政府行政权当中,最重要的是预算的收支权力,控制了预算就约束了政府最核心的权力。因此,对预算权力的界定和保障是公共事务和公共资源配置领域最根本的激励约束机制,对于真正约束以行政权为代表的公权力,实现民主和法治,具有根本性的意义。因此,在现代预算制度下,预算就成为政府的经济及社会职能作用的中心内容,政府的一切财政活动都必须以预算为中心。在收入预算方面,政府不仅不得对没有纳入预算范围的项目进行征税和收费,而且也不得自行安排或随意支出超出预算总额的收入,而必须按法定程序进行合理的安排;在支出预算方面,政府也不得随意支出没有纳入预算或超出预算的项目。

3. 严格执行

预算不仅明确规定了政府提供公共产品和服务的内容、方式及方法,而且通过预算成本的控制,为政府提供公共产品和服务的成本及效益设定了一个明确的标准。所以,预算一经作出就必须严格执行,并要有效约束各级政府、各支出部门的预算行动。在定性层面上,预算拨款只能用于预先规定好的用途;在定量层面上,只有在政府决定在预算中提供某笔资金后才允许进行支出;如果遇到必需的预算调整也应按照法定的程序进行。只有依法约束政府的预算自由裁量权以及随意调整权,才能真正体现预算法律效力的严肃性。

4. 预算监督

预算作为一种政治工具,在实现不同政治派别的政治主张和政治诉求方面具有重要的作用。因此,作为关乎公共利益的表达、协调、决策和实现的机制,对预算的审批和监督就成为代议民主的主要内容,需要由人民代表通过对预算的辩论、评论、听证、表决等程序,广泛表达民众意愿,充分交涉各自的诉求,从而保证预算项目能够得到民意的认可,并经过预算监督受到民众的监督。所以,政府预算必须经过国家立法机关的审批才能生效,并最终成为国家重要的立法文件。这样,预算活动就被置于公民和国家权力机关的双重监督及制约之下,成为控制政府财政收入和财政支出,进而控制政府一切行政管理活动的有效手段,对预算活动的管理与监督必然成为公共治理的重点和主要内容。上述预算约束就是在经过立法机关审查批准的预算规定下,通过对预算项目执行情况和决算的检查监督及评估进行的,所以,对预算的审查和监督就成为制约、评价与检验预算执行是否规范的重要方式。

因此,由传统预算制度向现代预算制度的转变,实际上也就预示着国家治理重心由对纳税人的治理转向对用税人的治理。国家治理重心的这种转移,不仅符合现代国家治理发展的需要和实际趋势,而且也是现代国家政治制度和经济制度发展的主要方向。

(三) 公共性

公共性是指通过预算分配的内容要满足社会公共需要,预算的运行方式要公开、透明、规范,预算运行的过程要接受立法及公众的监督,预算运行的结果要对公众负责。因此,相对于其他非政府的预算主体和传统的国家预算来说,政府预算具有鲜明的公共性。

1. 从预算理念上看

从现代预算公共性特征产生的过程来看,政府预算既是政府管理公共事务的工具和手段,又是政治民主化前提下公私分离的产物。在现代社会当中,人们对时间、金钱的分配都要做预算,即做计划和进行预测,个人、企业、政府均不例外。个人、企业预算(下称"私人预算")与政府预算最大的不同在于预算决策背后的动机不同,即一般来说,私人预算是用自己的钱为自己办事,而政府预算是在用公众的钱为公众办事。因此,私人预算的目的是在可获取资源的能力范围内及各种私人需要之间更合理、有效地分配资源。私人预算决策往往建立在能否给自己带来预期效益的基础上,其主要特征是受利益的驱动,追逐利润的最大化。而由于政府职能的作用范围主要是提供公共产品和服务,弥补市场缺陷带来的不足,因此,政府在为提供这类产品和服务而进行预算决策时更多考虑的是其为全社会带来的公共利益而不是利润。当然,这并非否定政府在进行预算决策时借助企业预算决策中的成本效益分析的思路和方法,实践恰恰表明将企业的零基预算、绩效评价等方法引入政府预算决策及管理是改进公共支出结果的一种有效的制度。

我国政府预算的公共性特征是伴随着我国的经济社会发展而逐渐清晰的,这种转变还需置于我国经济社会转型、政府转型、财政转型以及政府和纳税人关系改变的大背景之下。

改革开放以后,我国经济由计划经济向市场经济转轨,资源配置主体由政府单一主体向政府、市场两个主体转变,在厘清政府与市场边界的要求下,按照解决政府"越位与缺位"问题的改革思路,政府的职能由无所不包的无限责任向有限责任转型。按照上述市场经济发展和政府转型的要求,财政改革的目标定位于建立公共财政框架体系,由此国家预算也要向公共预算转型,即在满足社会公共需要的市场失灵领域要"尽力而为",而在市场竞争领域则要"无为而治"。

2. 从预算支出结构上看

伴随着市场在资源配置中起决定性作用前提下的政府职能的转变,政府预算的支出结构发生了重大的变化,生产性和营利性的投资支出逐步缩小,而公共性、民生性的支出比重迅速上升。《中华人民共和国预算法》(以下简称《预算法》)[①]第六条规定了我国以税收为收入主体的一般公共预算,其支出的重点主要集中在四大公共领域:安排用于保障和改善民生、推动经济社会发展、维护国家安全、维持国家机构正常运转。

3. 从预算编制和运行方式上看

政府预算的公共性必然要求其预算决策民主、预算运行规范、公开透明并接受监督。

---

① 如无特殊说明,本书所称《预算法》均指 2018 年修正的《中华人民共和国预算法》。

因此,原有财政集中和集权体制机制下的预算制度正被充分体现预算公共性理念的现代预算制度所取代。

(四) 综合性

综合性是指政府预算是各项财政收支的汇集点和枢纽,综合反映了国家财政收支活动的全貌,即预算内容应包含政府的一切事务所形成的收支,全面体现政府年度整体工作安排和打算。具体包括两层含义:

1. 全面反映政府各种性质的收支

政府预算应反映政府所有收支活动的内容和范围,以综合反映政府收支活动的全貌。由于政府预算全面反映了政府施政的方针和战略部署,因此通过预算就可以了解到政府在预算计划期内的整体工作安排和打算。

2. 集中反映政府收支的规模与结构

预算资金作为集中性的政府财政资金,其规模、来源、去向、收支结构比例和平衡状况,由政府按照社会公共需要,从国家全局和整体利益出发进行统筹安排,集中分配。

要保证实现政府基本职能,满足全社会的共同需要,必须建立集中性的财政资金,在全社会范围内进行集中分配。预算收入的来源按照国家法定征收对象和标准在全社会范围内进行筹集,任何部门、单位或个人不能截留、坐支、挪用,以保证预算收入能及时、足额地缴入国库;预算资金是政府履行其职能所必需的财力,各地区、各部门、各单位必须按国家统一制定的预算支出用途、支出定额、支出比例等指标执行,不得各行其是。

第二节 政府预算的产生

政府预算是财政体系的重要组成部分,但它并不是伴随着财政的产生而与其同时出现的。随着商品经济的发展和政治民主化的推进,符合法治性、约束性、公共性、综合性等特征的现代政府预算制度于19世纪初产生于英国。

一、西方国家现代预算制度的产生及其影响

(一) 西方国家现代预算制度产生的过程

从世界范围看,现代政府预算制度产生于商品经济发展和资本主义生产方式出现时期,是在新兴资产阶级与封建专制统治阶级展开斗争的过程中,作为一种斗争手段和斗争方式产生的。

现代政府预算制度最早出现在英国。英国是资本主义发展最早、议会制度形成最早的国家,在14、15世纪,英国的新兴资产阶级、广大农民和城市平民就联合起来反对封建君主横征暴敛,要求对国王的课税权进行一定的限制,即要求国王在为了取得财政收入而开征新税或增加税负时,必须经代表资产阶级利益的议会同意和批准。随着新兴资产

阶级的力量逐步壮大,他们充分利用议会同封建统治者争夺国家的财政权。新兴资产阶级通过议会审查国家的财政收支,要求政府各项财政收支必须事先作出计划,经议会审查通过才能执行,财力的动用还要受议会的监督,从而限制了封建君主的财政权。1640年资产阶级革命后,英国的财政权已受到议会的完全控制,政府必须遵照执行议会核定的国家财政法案,在收支执行过程中要接受监督,并且财政收支的决算必须报议会审查。到1688年,英国议会进一步规定皇室年俸由议会决定,国王的私人支出与政府的财政支出要区分开,不得混淆。1689年,英国通过了《权利法案》(the Bill of Rights),其是英国资产阶级革命中的重要法律性文件,但并不是宪法。该法案重申财政权永远属于议会;君主、皇室和政府机关的开支都规定有一定的数额,不得随意使用;政府机关和官吏在处理国家的财政收支上都有其权限和责任,必须遵守一定的法令和规章。这样,国家在财政工作上与各方面所发生的一切财政分配关系都具有法律的形式,并由一定的制度加以保障。该法案奠定了英国君主立宪政体的理论和法律基础,确立了议会所拥有的权力高于王权的原则,标志着君主立宪制开始在英国建立。这种具有一定的法律形式和制度保障的财政分配关系,具备了现代预算制度的特征。但规范的现代预算制度又经历了很长时间才建立起来。1789年,英国首相威廉·皮特(William Pitt)在议会上提出了《联合王国总基金法案》,把全部财政收支统一在一个文件中,至此才有了正式的预算文件。至19世纪初,英国才确立了按年度编制和批准预算的制度,即政府财政大臣每年提出全部财政收支的一览表,由议会审核批准,并且规定设立国库审计部对议会负责,监督政府按指定用途使用经费。

自14世纪出现新兴资产阶级后,英国的预算制度经过几百年的发展,到19世纪才成为具有现代特征的政府预算制度。新兴资产阶级与封建专制君主夺取财权的斗争,是资产阶级革命斗争中的一项重要内容,也是现代国家的预算制度产生、建立和发展的前提条件。

其他西方国家预算制度的确立则较晚。比如,法国在大革命时期的《人权宣言》中对预算制度进行了规定,到1817年规定立法机关有权分配政府经费,从而完全确立了预算制度。美国在早期的宪法中没有关于预算制度的规定,直到1800年才规定财政部要向国会报告财政收支,但当时的报告仅仅是汇总性质的。美国第一任财政部长亚历山大·汉密尔顿(Alexander Hamilton)强有力的行政领导对美国联邦预算制度的形成作出了巨大贡献。第一次世界大战后,在美国"进步时代"的历史背景下,美国国会于1921年通过了《预算与会计法案》,其中规定总统每年要向国会提出预算报告,至此,美国现代政府预算制度产生。

(二)西方国家现代预算制度产生的原因、条件及意义

1. 现代预算制度产生的原因和条件

现代预算制度产生的根本原因是资本主义生产方式的出现。从西方国家看,资本主义生产方式出现后,新兴资产阶级登上历史舞台,在此背景下,资产阶级强大的政治力量

才有可能通过议会控制全部财政收支,要求封建君主编制财政收支计划。也正是由于西方资本主义生产方式的发展,其理财的思潮影响到中国,中国才产生了现代预算制度。

现代预算制度发展的决定性因素是加强财政管理和监督的需要。现代预算制度随资本主义生产方式产生后,又因财政管理监督的需要而得以进一步发展。在资本主义生产方式下,社会生产力迅速发展,财政分配规模日益扩大,财政收支项目增加,收支之间的关系也日益复杂,财政收支的发展变化客观上要求加强财政的管理和监督,以及编制统一的财政收支计划。因此,现代预算制度是适应财政管理的需要而发展的。

现代预算制度产生的必备条件是财政分配的货币化。随着商品经济的高度发展,货币关系渗透到整个再生产领域,财政分配有可能充分采取货币形式。只有在财政分配货币化的条件下,才能对全部财政收支事先进行比较详细的计算,并统一反映在平衡表中。这样不仅能完整反映国家的财政分配活动,而且也有利于议会对国家预算进行审查和监督。

2. 现代预算制度产生的意义

(1) 实现了新兴资本势力代替封建没落势力的社会变革。现代预算制度是作为新兴资产阶级与封建统治阶级进行斗争的一种经济手段而产生的。比如,英国现代预算制度是以君主为代表的没落封建势力和以议会为代表的新兴资本势力之间长达数百年的政治角逐与较量的结果,体现了新兴资产阶级在其发展壮大的过程中逐步形成的以独立的经济主体维护自身利益的要求。政府预算制度的形成从表面上看是争夺经济利益的产物,但背后却体现了政治权力的较量。

(2) 实现了政府财政制度与社会政治制度变革的衔接。从世界范围看,政府预算制度的产生是国家政治权力和财政权力在国王与议会之间争夺的最终结果。这场斗争最初集中于课税权,后来扩大到财政资金支配权,最终发展到取消封建统治阶级对财政的控制和在财政上的特权。政府预算制度的产生实现了国家财政权由封建王权制向有产者议会控制的转变,使国家财政管理与经济结构转变和社会结构转变相适应,实现了政府财政制度与社会政治制度变革的衔接。

(3) 确立了现代国家理财的法治化管理模式。现代预算制度是政府管理财政资金的一项重要财政制度,是具有一定法律形式和制度保障的财政分配关系。从这一制度形成所经历的数百年的发展演变过程来看,只有在现代预算制度产生后,封建统治阶级的皇室收支同国家的财政收支界限才严格划分清楚,从而奠定了现代国家财政分配制度的基础,确立了与依法治国相适应的依法治财制度,赋予了财政管理更适应现代社会及经济发展的方法体系。因此,政府预算制度并不是资本力量发展壮大的被动产物,它反过来又积极推动着新兴资本力量和市场经济的发展,奠定了现代国家制度的经济基础。

(4) 确立了社会公众与政府的委托代理关系。政府预算体现的是公众将税收委托给政府代理的关系,以处理市场或个人无法处理或无法有效处理的社会公共事务。政府预算经立法机关审议批准,意味着纳税人授权政府按纳税人意愿使用其提供的资源。政府预算制度确保了政府开支向纳税人负责,并为立法机关监督约束政府财政提供了一种制度安排。

二、中国现代预算制度的产生

中国是一个具有悠久历史的国家。中国的预算制度产生于何时?历史学界和经济学界的看法并不一致,有炎黄时期论①、夏代论②、周代论③、战国论④等,但主流观点较为认同中国现代预算思想和预算制度不是从中国社会内部自发产生的,而是伴随着近代西方思想潮流的涌入而进入的,立足于中国古代农耕文明与封建专制制度的中国古代预算制度和预算思想都只能算是预算的萌芽,没有近代民主政体是不可能有严格意义上的现代预算制度和思想的。应该说,中国现代预算制度萌芽于清朝末年。

清朝末年,国家财政陷入极端混乱之中。1905 年,清政府为了挽救危亡,准备立宪,派载泽等"五大臣"出洋考察。"五大臣"重点考察了美国、德国、俄国、日本、英国、法国等国家,特别是日本和德国的君主立宪政体,并对西方近代财政制度进行了考察,依照西方的经验描绘出中国预算制度的蓝本。资政院于 1911 年通过的总预算案被视为中国历史上第一个近代意义上的国家预算。这是因为:第一,总预算案依照法定程序审批。1911 年,清政府依据《清理财政章程》公布了《试办全国预算暂行章程》,该章程规定了具体的预算程序,要求自宣统三年起,度支部⑤汇总编制的全国岁入岁出总预算案,在奏交内阁行政会议政务会集议后,送资政院⑥议决,不经过资政院就不能通过,且只有资政院同意才能修改预算。第二,总预算案对皇室和国家支出进行了区分。根据《预算册式及例言》,预算岁出主要包括行政费、财政费、军费、交通费、民政费、司法费、教育费、各省应缴赔款、洋款等十九类。在"普天之下,莫非王土;率土之滨,莫非王臣"的封建社会时期,帝王和国家的收支虽然很难区分,但从当时的支出分类可以看出,用于国家的公共支出(如行政费、军政费、民政费、教育费等)都已经区别于王室支出单独列示。第三,总预算案是统一的综合收支计划。清代普遍使用统一的货币——白银,这为记录综合的财政收支计划提供了计量单位。而财政收支都经由度支部汇总编制,预算的执行有月报、季报;执行机关是大清银行,这也为综合反映财政收支提供了组织基础。虽然当时清政府已摇摇欲坠,各省处于割据状态,上报的数据只是凑合的数字,但总预算案起码在形式上是一个财政年度内统一的综合反映国民经济发展的财政收支计划。1911 年,辛亥革命推翻了清政府,因此,中国历史上第一部现代意义上的政府预算只有预算而无决算。此后,北洋政府和国民政府也有其政府预算,但都属于半封建半殖民性质的预算。

---

① 陈光焱、边俊杰:《中国预算制度的发展与改革》,载西南财经大学财政税务学院编,《光华财税年刊 2007》,西南财经大学出版社 2008 年版。
② 刘汉屏:《也谈中国预(决)算制度起源问题》,《江西财经大学学报》1986 年第 2 期。
③ 许毅、陈宝森主编:《财政学》,中国财政经济出版社 1984 年版。
④ 孙翊刚主编:《中国财政史》,中国社会科学出版社 2003 年版。
⑤ 光绪三十二年(1906 年),为适应"新政"的需要,户部改为度支部。
⑥ 1907 年,清政府诏令在中央筹设资政院,在地方各省设立谘议局。

三、现代预算制度产生过程的比较及启示

1. 西方国家预算制度的产生——自下而上

英、美、法等西方国家现代预算制度产生的历史背景主要包括两点:一是资产阶级在经济上的强大和商品经济的发展;二是战争及皇室挥霍等原因使财政状况严重恶化,导致封建统治者大幅增加公众包括新兴资产阶级的税负。由于当时的资产阶级已经具备了保护自身利益及监督财政的意识和能力,他们要求统治者通过法定的程序使用并报告财政收支情况,从而使国家预算应运而生。可见,西方国家预算的产生路径是自下而上的,是由以资产阶级为首的公众推动完成的,而这个过程正是民主化的过程,建立了民主的机制,切实保障了公众的民主权利。

2. 中国预算制度的产生——自上而下

随着清政府的腐败,清朝末年出现了严重的财政危机。当时,虽然中国的民族资本主义经济有了一定的发展,但商品经济还没有建立起来,仍以自给自足的自然经济为主,资产阶级这一社会阶层也没有完全形成,更谈不上经济上的强大。事实上,戊戌变法的失败就证明了资产阶级的力量还不成熟。变法也试图"改革财政,编制国家预算",而且还设计了具体的预算内容,但由于变法失败,预算并未真正编制。因此,资产阶级力量的缺失或不足是制约当时中国预算民主化的重要因素。清政府编制预算的重要动因是当时财政状况混乱,其试图通过引入西方的预算制度以改变局面。清末预算的产生是由政府推动的,是自上而下的过程,并未包含公众参与的因素,没有经历民主化的过程。

3. 回顾中国预算制度产生过程的启示

作为现代预算制度,民主法治是其必要特征之一,不具备民主法治特征的预算不能称为真正意义上的现代预算。从逻辑上讲,在预算产生之初就应该体现民主与法治。但正如上述分析所表明的,预算的产生过程是自上而下还是自下而上,直接影响着预算是否具有民主法治的特征。西方国家预算的产生是自下而上进行的,使预算一开始就伴随着民主法治的进程,符合现代预算民主法治的要求。中国预算制度在产生之初,由于新兴资产阶级力量不足而不具备关键的"推动力"条件,只能自上而下地进行。因此,清朝末年的政府预算制度虽然形式上具备了现代预算的一些特征,但本质上仍存在先天不足。

清朝末年预算制度萌芽出现后,历经北洋政府时期、国民政府时期,至中华人民共和国成立后,人民当家作主的社会主义制度为预算制度的民主法治建设提供了良好的发展空间,人民代表大会制度的建立使预算在民主法治方面有了质的飞跃。尤其是20世纪90年代以来,国家推行了一系列力度较大的预算改革,如部门预算编制、规范化的政府采购、国库集中收付、预算收支两条线、预算的全面规范与公开透明等。实践证明,这些预算改革在加强预算法治性、公共性、完整性、透明性等方面都发挥了重要作用。

第三节 政府预算的原则

政府预算的原则是国家选择预算形式和体系的指导思想,是一国预算立法、编制及执行所必须遵循的。现代预算原则是伴随着现代预算制度的产生而产生的,预算制度的建立和完善又需要遵循一定的原则,并且随着社会经济和预算制度的发展变化而不断变化。早期的预算原则比较注重控制性,即立法机构将预算作为监督和控制政府的工具;而后随着财政收支内容的日趋复杂,开始强调预算的周密性,即注重研究预算技术的改进;功能预算理论发展后,预算的功能趋于多样化,由此,预算原则又更注重发挥预算的功能性作用,即正确合理地运用预算调控功能来实现国家的整体利益。

一、西方的政府预算原则

(一) 带有立法控制性的预算原则

现代预算制度产生后,各国预算学者对预算原则进行了一系列的探索,较具代表性的有:意大利财政学家 F. 尼琪(F. Nitti)提出传统预算的六原则,即公开性、确实性、统一性、总括性、分类性和年度性。德国财政学者 F. 诺马克(F. Neumark)提出预算的八原则:公开、明确、事前决定、严密、限定、单一、完全、不相属。[①] 德国经济学家 A. 瓦格纳(A. Wagner)提出预算的六原则:完整性、统一性、年度性、可靠性、公开性和法律性。[②] 这些预算原则对预算实践产生了较大的影响,西方财政预算理论界对这些原则加以归纳总结,形成了一套为多数国家所接受的一般性预算原则,主要包括:

(1) 预算必须具有完整性,即要求政府的预算包括政府全年的全部预算收支项目,完整地反映政府全部的财政收支活动。

(2) 预算必须具有统一性,即要求预算收支按照统一的程序来编制。

(3) 预算必须具有年度性,即政府预算的编制、执行以及决算这一完整的工作流程是周期性进行的,通常为一年。这里的一年是指预算年度。预算年度指预算收支的起讫时间,它是各国政府编制和执行预算所依据的法定期限。年度性要求政府预算按年度编制,预算中要列明全年的预算收支,并进行对比。一般不容许预算收支上有跨年度的规定。

(4) 预算必须具有可靠性,即要求编制预算的过程中科学地估计各项预算收支数字,对各项收支的性质必须明确加以区分。

(5) 预算必须具有公开性,即预算应是公开的法律文件,其内容必须明确,以便于社会公众了解、审查和监督政府如何支配公共资金。

[①] 马蔡琛编著:《政府预算》,东北财经大学出版社 2007 年版,第 53—54 页。
[②] 上海财经大学公共政策研究中心编:《2010 中国财政发展报告——国家预算的管理及法制化进程》,上海财经大学出版社 2010 年版,第 562 页。

（6）预算必须具有分类性，即要求各项财政收支必须依据其性质明确地分门别类，在预算中清楚地列示。

（二）带有行政主动性的预算原则

一种预算原则的确立，不仅要以预算本身的属性为依据，而且要与本国的经济实践相结合，充分体现国家的政治经济政策。资本主义发展到垄断阶段，西方国家政府加强了对经济的干预，在预算上则明显地表现出主动性。

最具代表性的就是美国联邦政府预算局局长 H. D. 史密斯（H. D. Smith）为了适应联邦政府加强对经济干预的需要，于1945年提出的旨在加强政府行政部门预算权限的八条预算原则：

（1）预算必须有利于行政部门的计划。说明美国联邦预算必须反映总统的计划，在国会通过后，就成为施政的纲领。

（2）预算必须加强行政部门的责任。说明国会只能行使批准预算的权力，至于预算中已经核准的资金如何具体使用，则是总统的责任。

（3）预算必须提高行政部门的主动性。说明国会只能对资金使用的大致方向和目标作原则性的规定。至于如何达成目标，则要由总统及其所属各个部门来决定。

（4）预算收支在时间上要保证灵活性。说明国会通过的预算收支法案可以授权总统在一定范围内进行调整，总统有权把本年度预算中的拨款在以后年度的适当时机随时支用。

（5）预算应以行政部门的报告为依据。说明当总统向国会提出预算草案及执行情况报告时，应当提供国内外的情况作为国会立法的依据。

（6）预算的"工具"必须充分。说明在总统的领导下必须有预算编制和执行的专职机构及众多的成员，总统有权规定季度和月度的拨款额，有权建立准备金并在必要时使用。

（7）预算程序必须多样化。说明政府的各项活动在财政上应当采取不同的管理方式，财政收支数字上也应当采用不同的预算形式。

（8）预算必须"上下结合"。说明无论是在编制还是执行预算时，总统都必须充分利用其所领导的各种机构和成员的力量。

可以看出，上述八项原则总的精神是加强总统的财政权，减弱国会的控制权。这一方面反映了政府加强对财政的控制，另一方面也反映了西方国家充分运用财政作为政府调节经济的手段的倾向。

二、我国的政府预算原则

按照《预算法》的要求，借鉴上述各国预算原则的成功经验并结合我国的政府预算实践，我国的预算遵循以下原则。

（一）全面完整原则

全面完整原则是指政府的预算应包括政府的全部预算收支项目，完整地反映以政府为主体的全部财政收支活动,全面体现政府活动的范围和方向,不允许在预算规定范围之外还有任何以政府为主体的资金收支活动。

预算的全面完整有利于政府控制、调节各类财政性资金的流向和流量,完善财政的分配、调节和监督职能;预算的全面完整也便于立法机关的审议批准和广大公众的了解,对政府预算收支起到监督和控制作用。

要保证预算的全面完整,其重要的标准是预算报告的全面完整。一是各级政府预算应包括本级和所属下级政府的财政信息;二是政府预算应是各级政府预算内与预算外财政收支的集合;三是财政政策目标、宏观经济筹划、预算的政策基础和可确认的主要财政风险等财政决策依据要完整。总之,预算报告要以量化了的经济收入可能和支出需要等预算信息为基础,从政府对资源的消费、工作的履行以及对外部影响的角度为公众提供一个完整具体的财政分配画面。

近年来,随着预算管理体制改革的不断深化,我国已经取消了预算外资金,所有财政收支全部纳入政府预算,接受人大的审查监督。这一实践符合现代预算完整性的要求,体现了建立全口径预算的改革方向。《预算法》第四条第二款明确规定:政府的全部收入和支出都应当纳入预算。第五条第一款明确预算包括一般公共预算、政府性基金预算、国有资本经营预算、社会保险基金预算。同时,对四本预算的功能定位、编制原则及相互关系作出规范,从而实现政府预算的全面性、完整性,彻底解决由于部分收支游离于预算管理的范围而造成大量的财政资源配置低效率,甚至腐败等问题,以消除预算监管财政性资金的死角,提高预算管理的刚性。

(二) 公开透明原则

公开透明原则是指政府预算应该是对全社会公开的文件,其内容应为全社会所了解,并且预算资金的运行过程要公开透明,易于监督。

政府预算的本质意味着它始终都要承担公开政府财政的职责,除涉及国家秘密的内容外,所有财政资金的安排及使用情况都要公开,包括财税政策、预决算管理制度、预算收支安排、预算执行调整情况、决算情况、绩效评价等。

预算作为政府财政行动的重要载体,表明了政府财政活动的责任,是政府政绩与政治职责的体现,预算过程本身就是政府向立法机关说明其决策与行动并为之辩护。通过预算将政府财政决策公之于众,可以加强政府与公众的沟通,使公众了解政府的部署,从而更好地配合政府落实有关决策。不仅如此,通过预算向公众公布政府决策的过程,也体现了民主化、科学化的决策方法,这种决策程序的公开透明反过来更能促进决策程序的民主化,更能充分发挥预算的监督约束作用。政府预算还为公众提供了一个相对开放的渠道,公众可以确信他们缴纳的税款没有被用于私人目标,也没有被乱用和浪费掉,而是被用在了政府向他们承诺的公共事务上。预算信息公开只是一种形式,公开以后还要有一个透明状态,即公开的目的是要让"内行说得清,外行看得懂",所以就有一个透明度的问题。"阳光财政"就是让大家都知道钱到底是从哪里来,到哪里去;要求能让公众不仅知其然,而且知其所以然;不仅知道政府做了什么决策,而且知道为什么要这样做以及应该怎样做。这不仅是保证公众知情权的问题,更是公众行使监督权的前提,要据此判断政府决策程序是否规范、决策结论是否正确、执行是否合规有效等。预算透明度低不仅直接导致"暗箱操作"盛行,增加了政府执政的代理成本,而且损害了政府执政的公信力,造成政府宏观调控政策的有效性大打折扣。因此,政府预算的结构、内容要易于被公众理解以及便于其审查。这就要求在制度上使预算形成的依据科学合理,在技术上使预算收支的分类翔实具体。如对财政收支采用按部门分类、按功能分类和按经济性质分类的逐步细化的方法,采用预算附件的形式对基本预算文件进行详细说明等。

预算公开透明的目标就在于要把"看不见的政府"变为"看得见的政府",实行阳光财政,确保政府预算的民主性、公开性,从而有效地约束政府的权力。

专栏 1-1 《预算法》及《预算法实施条例》[①]中涉及预算公开的主要条款

《预算法》第一条规定:为了规范政府收支行为,强化预算约束,加强对预算的管理和监督,建立健全全面规范、公开透明的预算制度,保障经济社会的健康发展,根据宪法,制定本法。

第十四条规定:经本级人民代表大会或者本级人民代表大会常务委员会批准的预算、预算调整、决算、预算执行情况的报告及报表,应当在批准后二十日内由本级政府财政部门向社会公开,并对本级政府财政转移支付安排、执行的情况以及举借债务的情况等重要事项作出说明。经本级政府财政部门批复的部门预算、决算及报表,应当在批复后二十日内由各部门向社会公开,并对部门预算、决算中机关运行经费的安排、使用情况等重要事项作出说明。各级政府、各部门、各单位应当将政府采购的情况及时向社会公开。本条前三款规定的公开事项,涉及国家秘密的除外。

第八十九条第二款规定:对预算执行和其他财政收支的审计工作报告应当向社会公开。

上述条款表明我国通过法律明确了预算公开的范围、重点内容、时间节点及责任主体。

(1) 预算公开的范围。一是经本级人民代表大会或者本级人民代表大会常务委员会批准的预算、预算调整、决算、预算执行情况的报告及报表;二是经本级政府财政部门批复的部门预算、决算及报表;三是各级政府、各部门、各单位进行政府采购的情况,以及对预算执行和其他财政收支的审计工作报告。也就是说,预算公开,是全面的公开。既包括中央预算,也包括地方预算;既包括预算,也包括预算调整和决算;既包括政府总预算,也包括部门预算。除了依照国家保密法规定属于国家秘密的事项,预算活动的全部内容都要向社会公开。

---

① 如无特殊说明,本书所称《预算法实施条例》均指 2020 年 10 月 1 日起施行的《中华人民共和国预算法实施条例》。

（2）预算公开的重点内容。《预算法》在全面公开的原则下，特别强调对一些重要事项的重点说明。如公开政府预算、决算时，应当对本级政府财政转移支付安排执行情况以及举借债务的情况等重要事项作出说明；公开部门预算、决算时，应当对部门预算、决算中包括"三公经费"在内的机关运行经费等涉公经费的安排、使用情况作出说明。

（3）公开的时间节点。一是预算、预算调整、决算、预算执行情况的报告及报表应当在批准后二十日内由本级政府财政部门向社会公开；二是部门预算、决算及报表应当在批复后二十日内由各部门向社会公开并对部门预算、决算中机关运行经费的安排、使用情况作出说明；三是政府采购要及时向社会公开。

（4）明确负责公开的部门。一是经批准的预算、预算调整、决算、预算执行情况的报告及报表由本级政府财政部门负责公开；二是批复的部门预算、决算及报表由各部门向社会公开。

《预算法实施条例》第六条规定：一般性转移支付向社会公开应当细化到地区。专项转移支付向社会公开应当细化到地区和项目。政府债务、机关运行经费、政府采购、财政专户资金等情况，按照有关规定向社会公开。部门预算、决算应当公开基本支出和项目支出。部门预算、决算支出按其功能分类应当公开到项；按其经济性质分类，基本支出应当公开到款。各部门所属单位的预算、决算及报表，应当在部门批复后 20 日内由单位向社会公开。单位预算、决算应当公开基本支出和项目支出。单位预算、决算支出按其功能分类应当公开到项；按其经济性质分类，基本支出应当公开到款。

专栏 1-2　　财政数据的易得性：来自美国密歇根州的经验

财政透明度的重要性已广为人知。透明的财政制度不但要能在较少的预算文件中披露更多的信息，而且这种信息更要是容易理解和容易获得的。[①] 地方政府的财政状况是否健康一直都是学界关注的问题之一。然而，一个关键问题是，由于数据和工具的缺乏，人们无法准确地了解政府的财政状况，也无法在危机爆发之前发现任何迹象。换句话说，易于获得的高质量财务数据对于促进财政健康以及数据驱动的政府决策至关重要。对于美国政府来说，若要了解一个地方政府的财政状况，最重要的信息可以在地方的年度综合财务报告（ACFR）或经审计的财务报告中找到。然而，这些财务报告当前是以 PDF 文档的形式提供的，因此对于普通民众，或是没有学习过政府会计的相关利益方来说，这严重地限制了其对这些数据的使用。

在密歇根州，虽然很多私营企业都在试图从财务报告中收集数据，但在具体操作过程中，因为要手动从 PDF 文档中收集或使用软件爬取数据，所以收集这些数据不仅

---

① Alt, James E., and Lassen, D. D., 2006, Fiscal Transparency, Political Parties, and Debt in OECD Countries, *European Economic Review*, 50(6)：1403-1439.

成本高昂，也会出现因为人为或者机器失误而导致的数据错误。因此，为了节省成本并提高地方政府的财政透明度，密歇根州政府将试用 XBRL（eXtensible Business Reporting Language，可扩展商业报告语言）这一数据标准整合系统，并在一些地方政府中试点使用。

XBRL 的数据标准为政府财政信息提供了一种通用的语言和格式，适用于不同的财务报告背景。同时，XBRL 创建了一个可以与不同利益相关方共享这些数据的框架。首先，对于地方政府来说，使用 XBRL 数据比使用 PDF 文档更加容易。比如，地方官员只需使用程序快速检索数据而不必阅读整个财务报告。其次，XBRL 可以储存并自动分析大量的财务数据，允许地方政府和市民了解该政府过去、现在的财政状况以及未来的财政趋势。再次，由于 XBRL 提供了更加可靠的数据，可以让投资者更容易评估信贷风险，削弱了投资者要求更高的利息以对冲不确定性的动机，因此可以使地方政府在与资本市场的沟通中降低成本。最后，由于 XBRL 使用了更多可视化等简单易懂的手段，因此 XBRL 格式的财务数据将大大增加公众与媒体对该数据的使用以及探索。

资料来源：Modernizing State and Local Government Fiscal Transparency, Center for Local, State, and Urban Policy, Noverber 2021, https://closup.umich.edu/research-projects/modernizing-michigan-local-government-fiscal-transparency, 访问日期：2023 年 2 月 22 日。

（三）执行有序原则

现代预算管理的灵魂在于通过预算约束规范政府收支行为，而硬化预算约束的关键就是不能随意开财政收支的口子。预算一经立法机关批准，就成为具有法律效力的文件，无预算的一律不得收支。各级政府、各预算部门和单位应该按照批准的预算执行，按照预算确定的收入预期依法积极组织预算收入；按预算支出计划及时合理拨付预算资金；执行中必需的预算调整要经过立法机关的批准。

严格按预算支出是国际通行的预算基本原则，也是依法理财的重要基础。我们在推进预算监督的过程中，必须不断硬化预算的约束力，使预算成为"带电的高压线"，并增强执法刚性，使其真正成为约束政府的制度笼子。

（四）绩效管理原则

政府预算的绩效管理，一是要以政府预算决策的社会机会成本作为评价预算决策绩效的重要依据，即只有当一笔资金交由公共部门使用能够创造出比私人部门使用更大的效益时，这笔资金的预算决策才是具有效益的；二是政府预算客观上存在效益问题，要求政府在预算决策过程中要考虑各个施政方案的绩效，作出理性的抉择，以对有限的资源作出最有效的配置。

政府是通过非市场机制提供公共产品，进行资源配置。要使社会资源能够得到有效配置，就要使政府提供的公共产品和服务符合消费者整体的偏好，而政府预算则是对基于公众偏好的政府决策的表达。如何在不同的公共产品和服务之间分配有限的资源反映了资源分配者的偏好，它实际上是公共资源分配者在经过复杂的决策过程后形成的集体偏好，这就要求政府预算决策必须建立在认真考察政府的政策设计基础上，从而力求把政府不当干预引起的资源配置的无效和低效降到最低限度。如果公共产品和服务的供给是由消费者整体的偏好选择所决定的，那么公共产品和服务的供给整体上说就是有效率的，在实践中通常体现在预算安排的决策中。

在公共财政条件下，政府财政分配活动与一般经济主体活动有所区别，它是为满足社会公共需要而进行的分配活动，绩效的主体是公共部门。因此，政府预算绩效不同于一般的经济效率，而有其特殊性。主要表现在绩效指标具有多元性，即政府预算的绩效指标除经济、政治指标外，应更多地反映社会发展和公众满意度等绩效指标。绩效指标的多元性决定了政府预算绩效的测算和评价的复杂性，即许多政府活动领域并不能单纯地以货币为尺度进行有效的分析，因此，在对政府预算进行绩效评价时，应对不同的预算项目采用不同的评价方法。

专栏1-3　《预算法》及《预算法实施条例》中涉及绩效的主要条款

《预算法》第十二条第一款规定：各级预算应当遵循统筹兼顾、勤俭节约、量力而行、讲求绩效和收支平衡的原则。

第三十二条第一款规定：各级预算应当根据年度经济社会发展目标、国家宏观调控总体要求和跨年度预算平衡的需要，参考上一年预算执行情况、有关支出绩效评价结果和本年度收支预测，按照规定程序征求各方面意见后，进行编制。第三款规定：各部门、各单位应当按照国务院财政部门制定的政府收支分类科目、预算支出标准和要求，以及绩效目标管理等预算编制规定，根据其依法履行职能和事业发展的需要以及存量资产情况，编制本部门、本单位预算草案。

第四十九条第三款规定，人大审查结果报告要"对执行年度预算、改进预算管理、提高预算绩效、加强预算监督等提出意见和建议"。

第五十七条第三款规定：各级政府、各部门、各单位应当对预算支出情况开展绩效评价。

第七十九条规定：县级以上各级人民代表大会常务委员会和乡、民族乡、镇人民代表大会对本级决算草案，重点审查下列内容：……（二）支出政策实施情况和重点支出、重大投资项目资金的使用及绩效情况……

《预算法实施条例》第二十条规定：预算法第三十二条第一款所称绩效评价，是指根据设定的绩效目标，依据规范的程序，对预算资金的投入、使用过程、产出与效果进行系统和客观的评价。绩效评价结果应当按照规定作为改进管理和编制以后年度预算的依据。

第五十一条规定：预算执行中，政府财政部门的主要职责：……（八）组织和指导预算资金绩效监控、绩效评价……

第五十三条规定：预算执行中，各部门、各单位的主要职责……（二）：依法组织收入，严格支出管理，实施绩效监控，开展绩效评价，提高资金使用效益……

（五）平衡稳健原则

预算的基本问题实际上是预算收支之间的对比关系问题。从理论上说，预算收支之间的对比关系不外乎三种情况：收支相等、收大于支、支大于收，即平衡、结余和赤字。收支数字绝对平衡的情况只会出现在预算报表的编制中，在实际执行中一般出现的是后两种情况，即结余或赤字，因此我们通常所说的平衡一般是指预算的基本平衡。

平衡稳健原则即要求预算的结余或赤字在可控的范围之内，以保持政府预算的稳健。由于政府预算资金结余过多或长期大量的赤字会对私人资本产生挤出效应，对国民经济发展不利，因此预算如何平衡一直是预算理论中的重要问题。

1997 年，欧盟《稳定与增长公约》对预算的平衡稳健设置了三条原则：①公共赤字占 GDP（国内生产总值）的比重不得突破 3% 的上限；②公共债务占 GDP 的比重不能超过 60%；③中期预算应实现平衡。如果违规，成员国将受到警告、限期改正甚至罚款等处罚。

要做到预算平衡稳健首先要"量入为出"，这里对"入"的理解有两种：一是狭义的，即在既定的预算收入范围内安排支出；二是广义的，即在可能的预算收入范围内安排支出，是将债务收入等因素考虑进去。在现代经济条件下，特别是在预算成为政府调控经济的手段后，保持预算的平衡稳健尤其要注意政府财政开支的扩大引起的赤字增加，以及由此引发的债务危机和财政危机。

收支应保持平衡，这是任何预算都必须遵循的铁律，也是对国家预算决策最关键的约束之一。但是在预算被作为调控手段后，这种预算收支平衡将突破以往的简单年度平衡，将视平衡条件建立跨年度动态平衡机制。

我国《预算法》第十二条第二款规定"各级政府应当建立跨年度预算平衡机制"。表明与传统的年度平衡相比，预算的平衡可在一定条件下采取跨年度周期平衡。

年度平衡预算是指每一年的财政收支结果都应是平衡的预算。这一理财思想是基于简单的政府预算行为应"量入为出"这一观念，即政府预算应根据收入能力安排支出，不能出现赤字，认为预算的平衡就表明政府是具有责任感和高效率的。这一理念是健全财政政策的具体反映，年度平衡预算政策强调的是对政府财政活动实施"控制"和"管理"。而跨年度平衡是指在预算收支的对比关系上可在一定的经济周期内保持收支平衡，而不一定是在某一个特定的财政年度内保持平衡。这种预算平衡政策强调的是实现宏观经济"目标"，保持国民经济整体的平衡，而不单纯强调保持预算收支的年度平衡。前者关心的是分配和配置问题，后者则特别注重总体经济运行和经济增长目标，它将人们的注意力由关心年度收支平衡转移到关心周期平衡上来。

在一定前提条件下的跨年度预算平衡机制将年度预算纳入一个带有"瞻前顾后"特

点的中长期财政规划中,并不断根据经济和财政情况的变化予以修订。其突出的优点就是有利于政策的长期可持续性,使决策者能够尽早发现问题,鉴别风险,采取措施,防患于未然。单纯的年度预算存在一些缺陷:一是年度预算容易忽略潜在的财政风险,一些预算决策在年度间的实施不易做到"瞻前顾后",容易在决策的合理性和资金保证上出现偏差;二是在年度预算中,各项收支已由预算确定好了,具有法律性,这样在一个预算年度内进行收支结构的调整就受到了限制,与年度内的不确定因素产生了矛盾;三是年度预算限制了政府对未来的更长远的考虑。鉴于此,许多国家已采用了3~5年的中期财政规划甚至更长期的多年财政规划,以弥补年度预算的不足。

(六)监督问责原则

监督问责是现代预算制度的重要原则之一。追溯现代预算的源头,政府预算是在新兴资产阶级限制国王滥用财权的斗争中诞生的,议会(立法机关)取代国王掌握财政税收决定权是现代预算制度最基本的标志和灵魂,实质就是以"法治"代替"人治",以"公权"代替"私权"。法律赋予了政府获取与使用公共资源的权力,政府在行使权力的过程中就应当受到监督与制约,这就促成了监督问责机制的产生。只有让权力受到监督、滥用权力的行为受到责罚,才能保证权力公正、公平地运行。预算作为现代国家治理体系的重要工具,势必要发挥其对权力的监督问责作用。

监督是立法机关对财政部门的预算编制、执行情况的监督。在我国主要包括从各级人民代表大会对政府财政部门编制的预算草案进行审查和批准,到各级人民代表大会常务委员会对财政预算执行过程进行监督和对财政收支预算的调整或变更情况进行审查与批准,再到人民代表大会对财政预算执行情况及其结果进行审查和批准这一全过程的监督。问责就是对违法、违约行为追究其相应的法律责任的过程。现代公共预算制度最重要、最本质的核心功能是法定授权,明确相关政府部门及其人员在政府预算收支活动中的法律责任就成了预算管理的重要内容之一。

第四节 政府预算的政策

一、财政政策与预算政策手段

(一)财政政策的概念

财政政策是一国宏观经济政策体系的重要组成部分,是指通过主动运用政府预算、税收和公共支出等手段,来实现一定的经济、社会发展等宏观经济目标的长期财政战略和短期财政策略。

对财政政策理解的这种转变经历了一个过程。20世纪60年代初,美国财政学家V. 阿盖笛(V. Urduidi)对财政政策作出如下解释:财政政策可以被认为是税制、公共支出、举债等种种措施的整体,通过这些手段,作为整个国家支出组成部分的公共消费与投资在总量和配置上得以确定下来,而且私人投资的总量与配置受到直接或间接的影响。这一定义是从财政政策手段的运用及其影响方面对财政政策进行界定的。

美国另一位财政学家 M. 格罗夫斯(M. Groves)认为:财政政策一词业已形成一种特殊的思想和研究领域,即研究有关国家资源的充分、有效利用以及维持价格水平稳定等问题。财政政策的短期目标是消除经济周期波动的影响;而它的长期目标则是防止长期停滞和通货膨胀,与此同时,为经济增长提供一个有利的环境。这个定义已经从强调财政政策手段转移到强调财政政策目标方面。

对财政政策概念所作界定的侧重点转移的原因主要是,随着经济、社会的发展和政府职能的扩展,以及宏观经济学理论的兴起,财政政策的各种手段越来越多地被应用,因此,人们自然更加关注财政政策所能达成的政策目标。

（二）预算政策手段

为实现财政政策目标,必须有一定的手段可供操作,一定的财政政策手段是财政政策效果的传导机制。

经济学家一般把财政政策手段分为三大类,即预算、公共收入和公共支出。公共收入包括税收和公债,公共支出(广义的公共支出)包括一般性公共支出(狭义的公共支出)和政府投资。因此,财政政策手段主要包括预算、税收、公债、公共支出和政府投资等五大类。

预算作为一种控制财政收支及其差额的机制,在各种财政政策手段中居于核心地位,它能系统和明显地反映政府财政政策的意图及目标。预算政策作为一种财政政策工具,主要通过预算的预先制定和在执行过程中的收支必要调整,来实现其调节功能。从预算的不同级次来看,中央预算比地方预算担负着更为重要的宏观调节任务。

预算政策手段的调节功能主要体现在财政收支规模、收支差额和收支结构上。预算通过集中性分配与再分配,可以决定民间部门的可支配收入规模、政府的投资规模和消费总额,影响经济中的货币流通量,从而对整个社会的总需求以及总需求和总供给的关系产生重大影响。

预算收支差额包括三种情况:赤字预算、盈余预算和平衡预算。赤字预算对总需求产生的影响是扩张性的,在有效需求不足时可以对总需求的增长起到刺激作用;盈余预算对总需求产生的影响是收缩性的,在总需求膨胀时,可以对其起到有效的抑制作用;平衡预算对总需求的影响是中性的,在总需求和总供给相适应时,可以维持总需求的稳定增长。

预算手段有两个显著的特点:首先,预算手段既影响收入,又影响支出和收支差额,所以,预算手段的作用范围和途径更广泛;其次,预算手段一般只涉及对总量的调节,不涉及对个量(如相对价格)和个体经济行为的调节。

二、预算政策的类型及分析

政府预算包括政府每一财政年度的收入与支出,预算是否保持平衡会对宏观经济产生扩张或紧缩作用。因此,政府可以根据宏观经济形势,运用预算政策,有计划地使政府预算产生赤字、盈余或实现平衡,以达成有效调节国家宏观经济的政策目标。预算政策的主要类型包括:

(一)年度平衡预算政策

年度平衡预算是指每一年的财政收支结果都应是平衡的预算。这一理财思想基于政府预算行为应"量入为出"这一观念,即政府预算应根据年度收入能力安排支出,不能出现赤字,预算的平衡表明政府是具有责任感和高效率的。这一理论是健全财政政策的具体反映。

年度平衡预算政策是古典学派经济学家的一贯主张。在资本主义自由竞争时期,经济学家主张尽量节减政府支出,力求保持年度预算收支的平衡,并以此作为衡量财政是否健全的标志。上述观点一直延续到 20 世纪初。在此期间,虽然有些国家的预算存在赤字,但舆论认为这是财政的不健全,而健全财政的标志则是保持预算平衡。

古典经济学家将年度预算平衡作为政府预算行为准则的主要理由是:第一,政府通过发行公债弥补赤字,使得私人部门能够用来取得资本品的资金转移到了公共部门,造成公共部门的相对扩张,从而阻碍了私人部门的经济发展,即认为公共部门的发展是以牺牲私人部门为代价的;第二,政府施行赤字预算会导致国家债务累积额增加,进而引发通货膨胀和财政危机。

从经济资源合理配置的角度看,古典经济学家关于政府预算年度平衡的理论有其合理性,因为在以市场为导向进行资源配置的社会里,年度平衡预算政策具有控制政府超额支出、防止公共部门过度扩张从而造成社会发展不平衡的作用。但到了 20 世纪中叶,由于社会的高度工业化、市场失灵和宏观经济的失衡,以及公众要求公共部门所应提供的服务范围的不断扩大,政府支出呈现不断增长的趋势。这些情况与年度平衡预算政策产生了较大的冲突,各国政府发现年度平衡预算政策对经济波动的调节作用十分有限。所以,尽管年度平衡预算政策在相当长的时期内在约束政府财政行为上发挥了重要作用,但随着资本主义市场经济的发展,它也受到了与之相反的观点的冲击。

(二)功能财政预算政策

功能财政预算是指应以财政措施实施的后果对宏观经济所产生的作用为依据来安排政府的预算收支。

功能财政预算政策是与年度平衡预算政策截然相反的预算政策。年度平衡预算政策强调的是对政府财政活动实施"控制"和"管理"的重要性,功能财政预算政策强调的则是实现宏观经济"目标",保持国民经济整体平衡的重要性,而不单纯强调政府预算收支之间的对比关系以保持预算收支的平衡。前者关心的是分配和配置问题,后者则注重总体经济运行和经济增长目标。

功能财政的概念创建于凯恩斯①时期之初,以凯恩斯经济理论为基础。该政策的早期表述主要考虑的是稳定,强调消除20世纪30年代存在的失业,并没有强调经济增长的功能。美国经济学家阿巴·勒纳(Abba Lerner)于20世纪40年代提出了较为完整的功能预算政策观点,他认为政府不应只保持健全财政的观点,而应将公共支出、税收、债务等作为调节经济的重要工具。当整个社会的需求不足以致失业率过高时,政府就应当增加支出和减少税收;当社会上的需求过多导致通货膨胀发展时,政府就应当减少财政支出和提高税收;当社会上借贷资本过剩时,就应当出售政府债券;当社会上现金不足时,就应当收回政府债券。按照功能财政预算政策的要求,政府行政部门和立法部门应当根据经济周期的不同状况,采取恰当的预算收支策略:

(1)为消除失业和通货膨胀,政府可以采取赤字预算或盈余预算,以实现政府政策目标。当经济萧条时,以赤字预算的方式主动刺激经济的复苏;当经济繁荣时,采取盈余预算方式主动削减过度的需求,以抑制通货膨胀的发生。

(2)为达到社会最佳的投资水平和利率水平,政府可以利用公债的发行和清偿来调整社会货币或公债的持有水平。当市场利率水平偏低或投资压力过大以致可能发生通货膨胀时,需要减少私人部门的货币支出而增加公共部门的支出,此时,政府应发行债务;反之,政府则应偿还一定数量的债务。

(3)当政府的公共支出大于税收收入和债务收入时,其差额应采取向中央银行借款或增发货币的方式弥补;反之,当政府税收收入超过公共支出时,其预算盈余应用于偿还以往政府借款或采取买入公债等方式,使超额收入以货币形式重新流入社会。

以上措施的选择应以价格稳定和充分就业的政策目标为依据,采取相机抉择的方式来实现政策目标。所以,功能财政预算政策是把政府的课税、支出、举债等行为作为一种具有调节经济功能的工具加以采用。

(三)周期平衡预算政策

周期平衡预算政策是指在预算收支的对比关系上,应在一个完整的经济周期内保持收支平衡,而不是在某一个特定的财政年度或一个日历时期内保持平衡。

周期平衡预算政策是美国经济学家阿尔文·汉森(Alvin Hansen)于20世纪40年代提出的。他主张预算的平衡不应局限于年度预算的平衡,而应从经济波动的整个周期来考察预算收支的平衡。政府应以繁荣年份的预算盈余补偿萧条年份的预算赤字。在经济发展下降阶段,政府应当扩大支出(包括购买支出和转移支出)和减少税收,以增加消费和促进投资,恢复经济的活力。这时从预算收支的对比关系上看,表现为支大于收,在年度预算上必然会产生赤字。在经济已经复苏、投资增加和失业减少的情况下,政府可以适当减少支出,或酌量提高税率以增加税收,以减轻通货膨胀的压力。这时在年度预算上就会出现收大于支的盈余,这样就可以用繁荣年份的盈余补偿萧条年份的赤字,预

---

① 指英国经济学家约翰·凯恩斯(John Keynes)。

算盈余和预算赤字会在一个周期内相互抵消。因此,从各个年度来看,预算不一定是平衡的,但从整个经济周期来看则是平衡的,即所谓"以丰补歉、以盈填亏",从而可以达到维持和稳定经济的目的。

周期平衡预算政策突出的优点表现在以下两个方面:第一,该政策接受了功能财政预算政策的合理要素,即肯定调整预算收支会对宏观经济产生积极的影响,有助于宏观经济目标的实现;第二,它仍然保持了有效配置经济资源的预算控制机制,继承了年度平衡预算政策的主要优点。

(四)充分就业预算平衡政策

充分就业预算是指要求按充分就业条件下估计的国民收入规模来安排预算收支,这样达到的预算平衡就是所谓的充分就业预算平衡。也就是设想在现有的经济资源能够得到充分利用的条件下,国民生产总值可以达到最大值,税收收入也随着国民生产总值的增长而增长。此时,政府在安排预算时,为了达到充分就业水平,就必须增加财政支出以刺激生产和增加就业。但由于当年的实际国民生产总值要低于希望达到的充分就业水平,所以在预算上就会出现赤字。安排这样的赤字有利于实现充分就业预算平衡,也是达到充分就业水平所必需的。

凯恩斯学派的经济学家提出了"充分就业"的假定。所谓"充分就业",是指在一定的货币工资水平下,所有愿意工作的人都实现了就业。实际上,出于种种原因(如结构性失业等),充分就业并不是失业率等于零。

充分就业预算平衡政策的突出特点是以财政自动稳定器理论为基础。由于政府的主要税种都与国民收入水平有密切联系,所以税收收入与国民收入的升降呈正相关关系。与周期平衡预算政策不同的是,其预算收支的调整是自动发生的,并不取决于对税率的人为变动,即国民收入的不断提高将伴随着税收收入的增加,同时,由于失业人数的减少,失业保险等转移性支付也将随之减少;相反,国民收入的下降将伴随着税收收入的减少,而失业保险支付将增加。所以无论是在经济繁荣还是衰退时期,税收与政府转移性支出都具有自动调整预算收支的内在机制,进而可以起到"熨平"经济周期波动、促进经济增长的作用。

可以看出,充分就业预算平衡政策正是依靠财政的内在稳定器特征,以合理的反周期调节方式在起作用:在经济扩张时期,总需求会自动受到"抑制";在经济衰退时期,总需求会自动得到"激励",从而在充分就业和价格稳定的条件下,仍可以保持预算的平衡并有一定的盈余。

充分就业预算平衡政策与功能财政预算政策及周期平衡预算政策有很大的不同,在实现预算政策目标及达到一定经济周期内预算收支平衡的方式上,充分就业预算平衡政策主张主要利用自动稳定机制,而功能财政预算政策及周期平衡预算政策则主张充分利用人为的财政措施。

（五）综合性预算政策

可以看出，以上各种预算政策都存在各自的优点及缺陷：①年度平衡预算政策，其目标在于限制或控制预算或财政，这对于主要以市场配置资源的社会尤为重要。但是，过于强调这种"财政纪律"的预算政策，很可能导致经济稳定和增长的巨大牺牲。②功能财政预算政策，其目标是在市场经济中实现充分就业、物价稳定、经济增长以及国际收支平衡等宏观经济目标。但是，该政策最大的缺陷是忽视了"财政纪律"，也就是说，不受预算控制，把部门间的资源配置问题放在了次要位置上。一些经济学家认为，上述两种政策都走向了极端。合理的财政政策应包括"控制"和"宏观经济目标"两方面的因素。③周期平衡预算政策和充分就业预算平衡政策都包括了有关实现资源配置的预算控制和改善总体经济运行的预算行为这两方面的内容。

因此，为了实现"稳定"和"增长"的宏观经济目标以及"配置"和"分配"的微观经济目标，一种有效而合理的经济政策应包括各种预算政策的合理因素。所以，必须设计一种兼具上述各种预算政策优点的综合性预算政策，其政策内容除包括上述各种预算政策的合理因素外，还应合理运用自动稳定和相机抉择政策措施以及协调运用财政政策与货币政策。

总之，为实现充分就业、物价稳定、经济增长及国际收支平衡等综合的国民经济发展目标，应建立一种综合而富有弹性、灵活的预算政策，其有助于促进资源的合理配置，实现宏观经济的健康运行。

第五节 政府预算的功能

财政收支活动是预算的执行过程，因此，预算的功能是就预算与财政的关系而言的，是预算对财政以及对经济的影响和作用。

一、政府预算功能的历史演进

（一）分配和监督

预算发展的早期阶段，其在分配中担负着两项职责：首先是法律控制职责，通过控制税收来控制支出，监督财政"不能干什么"。其次是管理职责，即政府行政管理依预算而展开。如在欧洲，预算的主要目的是确立立法机关的职责。首先使立法机关能够控制税收，在取得课税权、批税权之后，预算又把注意力转移到控制支出上，要求政府每年提交既包括支出说明书也包括为此组织收入的说明书的预算报告，并在此基础上形成制度，逐步确立起规范与节约等有关收支的原则，在政府内部建立起相关机构，控制、监督政府资金的管理和使用。预算及其执行结果直接表明政府活动的成本、效率，其作为政府确立行政标准的依据，目的是提高行政效率和管理水平。因此，分配和监督是公共财政制度确立及市场经济时期产生的预算功能，是基本的功能。

（二）调节与调控

伴随着政府职能的日益扩大，尤其是第一次世界大战以后各国政府支出剧增，再加上经济大萧条影响到就业与稳定，财政担负起更多的职责，成为政府调节经济、实施经济政策的手段，预算的功能也随之发生了变化，派生出积极的调节经济的功能，决定财政应该"干什么"。

如何实现调节与调控？主要是构建财政政策甚至货币政策的结构框架。如为了达到某项政治、经济、社会目标，政府制定政策；为了实施政策，政府选择行动方案；为了落实方案，政府统筹资金的获得和使用。所以方案一经确定，政策就在预算框架中反映出来并通过预算实施得以落实。第一，从政策操作角度来讲，预算要分析、判断经济变化趋势，表达有效利用社会资源的意向，决定政府预算规模在国民收入中的份额，更具体地说，就是在税收、消费、转移支出及投资支出以及各个部门之间配置资源。第二，预算要确定促进宏观经济平衡的财政政策，要求对收入、支出和货币政策作通盘考虑，作出与就业、价格稳定、国际收支平衡相协调的经济增长的政策选择；预算必须力求使支出的社会效益与向私人部门抽取资源的社会成本相等；预算要对政府债务作谨慎评估。第三，预算已成为减少社会不公平现象的工具。税收和财政支出的作用及其对分配产生的影响必须由预算进行筹划。尽管分配目标须通过各种手段来实现，但预算是其中的一个重要手段。第四，预算要就财政政策对国民经济总体的影响作出接近实际的评价。

二、现行政府预算的功能

通过预算制度发展的历史可以看出，现行政府预算的功能包括财政分配、宏观调控、反映和监督。

（一）政府预算的财政分配功能

政府预算是分配财政资金的主要手段。财政分配是指财政参与国民生产总值的分配和再分配，集中必要的资金，用以满足社会的公共需要。财政分配功能需要由财政部门运用预算、税收、转移支出、财政投资、财政补贴、国有企业上缴收益等一系列分配工具来实现，其中主要是通过预算进行的。

第一，政府预算集中了相当数量的社会资源。国家通过税收、公债、上缴利润等分配工具把分散在各地区、各部门、各企业单位及个人手中的国民生产总值的一部分集中起来，形成政府预算收入。

第二，政府预算是分配资金以满足社会公共需要的主要形式。公共产品和服务的特性决定了市场无法有效提供这些产品和服务，往往需要通过政府预算进行资源的配置，因此，国家根据社会公共需要，将集中起来的预算收入在全社会范围内进行再分配，合理安排各项支出，保障重点建设、行政、国防和科教文卫等方面的需要，为公共产品和服务提供必要的财力保障。

总之,政府预算的收入来源和支出用途能够全面反映财政的分配活动,体现集中性财政资金的来源结构和去向用途,即政府预算收入的来源结构、数量规模和增长速度能够反映国民经济的收支结构、发展状况、经济效益、积累水平和增长速度;政府预算支出的比例结构、支出流向体现国民经济和社会发展以及政府各部门之间的比例关系。

(二) 政府预算的宏观调控功能

在市场经济条件下,宏观调控也是不可缺少的,因为单靠市场调节往往会造成资源配置浪费,也会失去社会公平,所以,当市场难以保持自身均衡发展时,政府可以根据市场经济运行状况,选择适当的预算政策,以保持经济的稳定增长和社会的公平发展。

政府预算作为财政分配的中心环节,在对财政资金进行筹集、分配和使用的过程中,并非只是作为一般的财政收支活动,还通过该收支活动有意识地为财政的调控功能服务,因此这种收支活动就又成为对经济进行宏观调控的重要工具,即它主要通过预算的预先制定和在执行过程中的收支调整,实现对经济及社会发展进行调节和调控的功能。

政府预算调控经济功能的特征包括以下几点:一是具有直接调控性。因为政府预算是由收、支两类指标组成的,这些指标一经立法机构批准,就具有指令性,带有强制执行的效力。二是调节力度大。这不仅是因为政府预算是一种直接调控手段,而且因为它是政府集中对社会产品进行的分配。预算资金的统一安排使用,有助于解决国民经济和社会发展中迫切需要的重大项目资金来源问题,可以做到时效强、收效快。

政府预算的宏观调控功能主要表现在以下几个方面:

1. 通过预算收支规模的变动,调节社会总供给与总需求的平衡

由于预算收入代表可供政府集中支配的公共资源,是社会供给总量的一部分,预算支出代表通过预算分配形成的社会购买力,是社会需求总量的一部分,因此通过调节政府预算收支之间的关系,就可以在一定程度上影响和调节社会供求总量的平衡。具体表现在以下几个方面:

(1) 当社会总需求大于社会总供给时,预算可采取紧缩支出和增加税收的办法,实行收大于支的盈余政策进行调节,以减少社会总需求,使供求之间的矛盾得以缓解;

(2) 当社会总需求不足时,可以适当扩大预算支出和减少税收,采取支大于收的赤字政策进行调节,以增加社会总需求;

(3) 当社会供求总量基本平衡时,预算可实行收支平衡的中性政策与之相配合,即预算调节经济的作用主要反映在收支规模和收支差额的调节上。

赤字预算体现的是一种扩张性财政政策,在有效需求不足时,可以对总需求的增长起到刺激作用。盈余预算体现的是一种紧缩性财政政策,在总需求过旺时,可以对总需求膨胀起到有效的抑制作用。平衡预算体现的是一种均衡财政政策,在总需求和总供给相适应时,可以保持总需求的稳定增长。

2. 通过调整政府预算收支结构,进行资源的合理配置

资源配置是社会可利用的经济资源在公共部门和民间部门之间以及在其内部各领

域之间的分配。其中,民间部门资源的最优配置是通过市场价格机制实现的,公共部门和民间部门之间的资源配置与公共部门内部的资源配置是通过政治程序编制预算实现的。

政府预算首先决定了整个资源在公共部门和民间部门之间分配的比例,即各自的规模,然后决定了被分配到公共部门的资源的内部配置,即配置结构。可以说,在现代市场经济国家,市场是资源配置的基础机制,而政府预算则是整个社会资源配置的引导机制。

(1) 调节公共部门与民间部门的资源配置。我国经济体制改革的重要着力点就是资源配置机制的重构问题,即由计划经济体制下的政府一元化资源配置,转变为现代市场经济体制下的政府与市场,也即公共部门与民间部门的二元化资源配置。政府配置资源的机制是预算,市场配置资源的机制是价格。社会可利用的经济资源通过预算在公共部门与民间部门之间如何分配,实际上是政府财政参与国民生产总值的分配比例问题。在对国民生产总值的分配中,通过政府预算集中资金的比重究竟应为多少,应当有一个比较符合我国国情的合理的数量界限。在国民生产总值一定的情况下,政府集中多了,会挤占社会其他方面的利益,不利于国民经济和社会的发展;而集中少了,政府掌握不了足够的财力,会影响政府职能的充分发挥。因此,应合理确定符合我国国情的政府预算收入占国民生产总值比重的数量界限。确定政府预算规模的依据是以政府预算支出的范围为导向,而政府预算支出的范围又取决于市场经济条件下政府的职能范围。在我国传统的计划经济体制下,政府是社会资源配置的主体,财政作为以国家为主体的分配,必然在社会资源配置中居于主导地位。因此,财政形成了大而宽的职能范围,覆盖了社会生产、投资、消费的各个方面。在市场经济条件下,社会资源的主要配置者是市场,而不是政府,即政府财政只应在社会资源配置中起补充和辅助作用。财政所要解决的只能是通过市场解决不了或者解决不好的事项,诸如提供公共产品和部分准公共产品、纠正外部效应、维持有效竞争、调节收入分配和稳定经济,等等。因此,各国政府配置资源的领域通常是政权建设、事业发展、公共投资、收入分配调节等领域。在我国市场经济条件下,需要转变政府职能,重新认识市场经济条件下我国财政职能的范围,并在此基础上调整作为财政分配重要手段的政府预算集中社会资源的比例,以调节社会资源在公共部门和民间部门的配置。

(2) 调节国民经济和社会发展中的各种比例关系结构。民间部门的经济活动通过市场由价格机制决定其活动方向,即价格机制引导私人部门的资源配置;财政活动通过政治程序编制预算决定其活动方向,调整各种利益关系,即预算机制引导政府部门的资源配置,如预算支出增加对某个地区或部门的投资,就能促进该地区或部门的发展,相反,减少对某个地区或部门资金的供应,就能限制该地区或部门的发展。因此,调整政府预算的收入政策和支出结构,就能起到调节国民经济各种比例关系和社会发展结构的作用,并且这种调节具有直接、迅速的特点。

第一,调节资源在地区之间的配置。在世界范围内,地区之间的经济发展不平衡是普遍现象,这一问题在我国显得更加突出,这有自然和历史等多方面的原因。解决这一问题,仅仅依靠市场机制是难以完全奏效的,有时利用市场机制还会产生逆向调节作用,使资源从经济落后地区向经济发达地区转移,这与整个经济和社会的发展与稳定是相悖的。因此,要求财政资源配置职能发挥作用,其主要手段是通过预算安排,以税收、投资、财政补贴和转移支付等政策形式来实现。

第二,调节资源在经济和社会各部门之间的配置。合理的部门结构对提高宏观经济效果、促进国家健康发展具有重要意义。预算调整部门结构有两条途径:一是调整投资结构。比如,增加对国家需要优先发展的部门的投资,则会加快该部门的发展;相反,减少对某部门的投资,就必然会延缓其发展。二是改变现有产业部门的生产方向,即调整资产的存量结构,进行资产重组,调整产业结构。政府预算在两个方面发挥着调节作用:一是调整预算支出中的直接投资,如增加教育科技、医疗卫生、社会保障等部门的投资,减少一般加工制造部门的投资;二是利用预算收支,安排有利于竞争和对不同产业区别对待的税收、财政补贴等引导企业的投资方向,以调整资产存量结构。

3. 公平社会分配

改革开放以来,由于打破旧的分配格局以及进行经济结构调整,加之市场经济的消极影响,我国出现了地区之间收入悬殊和个人之间分配不公的问题。这种状况将影响经济的持续、均衡发展及社会的稳定。因此,可以充分利用政府预算在财政分配中的中心地位,采取税收、财政转移支付及财政补贴等手段,调节社会分配,调节中央与地方之间、地区之间、行业之间以及公民个人之间的收入分配。

(三)政府预算的反映和监督功能

1. 反映国民经济和社会发展状况

政府预算具有综合性强的特点,即预算收入可反映国民经济发展规模、结构和经济效益水平,预算支出可反映国民经济及社会事业发展的基本情况。而这些综合情况可通过国民经济各部门、各企事业单位、税务部门、国家金库以及财政部门内部各职能单位的预算报告制度,按照一定的信息渠道及时反映到预算管理部门。也就是说,预算收支指标及其完成情况,可反映政府活动的范围和方向,反映国民经济和社会发展各方面的活动状况以及政府各部门的情况。这就使预算的编制及执行情况本身成为整个国民经济和社会发展的观察哨,通过它可以掌握国民经济和社会发展的趋势,发现问题,及时采取对策,以使国民经济和社会发展植根于稳固的基础之上。

2. 监督各方依法理财

预算监督是预算对财政活动的规范和控制,是对预算履行其职责的状况及结果的检验,是预算的最终目的。内含于预算之中的法律控制职责始终支配着预算:一方面,预算本身具有法律效力;另一方面,预算是在法令规章的网络中形成和执行的。检验预算的优劣,不仅在于预算本身的形式或内容如何完善,更重要的是它能否起到对政府行为及财政活动的控制和约束作用。在政府财政活动的每一阶段都有政府行为是否合法的问题，而且随着社会、经济、技术的发展会越来越突出，尤其表现在防止滥用职权或转移公款方面，因此，预算的监督控制职责也日益加重。

预算监督的理论依据是，政府与公民之间存在一种社会契约关系，在这种契约关系中，政府向公民提供公共产品及服务，而公民则向政府缴纳政府提供公共产品的价值补偿——税收。作为财政资金的提供者，公民有权全面了解政府是如何花费自己所缴纳的税款的。历史也表明，实行代议制的政体比实行专制王权的政体更有利于取得财政收入。原因无非是前者给公民参与决策和监督的机会，公民相信由代议机构作出的决定具有合法性，因此更愿意依法纳税；反之，在专制王权下，如何征税、税款如何使用都是统治者说了算，因此，人们千方百计地逃税，致使政府征税代价高而成效低。由此得出的结论是，民主决策与监督有利于政府财力的动员，原因在于，公民通过行使民主决策与监督权，可以使政府将有限的资金投向人们最需要的公共产品，可以有效防止政府官员对公共财产的侵蚀，而公民监督政府对公共资金使用情况的一个重要工具就是政府预算。

预算作为财政的控制系统，本身是一种制度体系。预算的监督控制效力乃是制度效力问题。美国的预算管理者进行预算改革的理论观点认为，腐败现象的根源不是出在人品上，而是出在制度上。从这个意义上来说，预算实际上是对政府及政府官员实施制度控制的一种方法。因此，应通过一系列的制度建设来保证预算监督效力的发挥。

本章小结

就公共财政而言，政府预算是指经法定程序审批的具有法律效力的政府财政收支计划，是政府筹集、分配和管理财政资金及宏观调控的重要工具。通常，狭义的预算指预算文件或预算书，而广义的预算则包括编制决策、审查批准、执行调整、决算绩效、审计监督等预算过程。

政府预算的内涵包括：从形式上看，政府预算是政府财政收支计划；从性质上看，政府预算是具有法律效力的文件；从内容上看，政府预算反映着政府分配活动的范围和方向；从程序上看，政府预算是通过政治程序决定的；从决策过程看，政府预算是公共选择机制。

政府预算的基本特征包括法治性、约束性、公共性、综合性。

政府预算的原则是一国预算立法、编制和执行所必须遵循的指导思想，它随着社会经济及预算制度的发展而不断变化。我国的政府预算原则包括全面完整原则、公开透明原则、执行有序原则、绩效管理原则、平衡稳健原则、监督问责原则。

政府预算的政策是一定时期的财政政策得以实现的重要手段和传导机制，它随着宏观经济形势的变化而有不同的类型，主要包括年度平衡预算政策、功能财政预算政策、周期平衡预算政策、充分就业预算平衡政策、综合性预算政策。

政府预算的功能包括财政分配功能、宏观调控功能、反映和监督功能。

思考题

1. 如何理解政府预算的内涵?
2. 政府预算有哪些基本特征?
3. 现代预算制度产生的原因和条件分别是什么?
4. 请对西方和我国现代预算制度产生的过程进行比较,它对我们有何启示?
5. 怎样理解政府预算的原则?
6. 政府预算的政策手段有哪些类型?它们是如何发挥作用的?
7. 政府预算的功能有哪些?它们是如何发挥作用的?

第二章

政府预算管理的基础

【学习目标】

　　本章主要介绍了政府预算管理的相关理论与实务。通过本章的学习,读者应该能够掌握预算管理的内涵、要素及流程,掌握预算年度和预算标准周期的含义,理解政府预算管理的组织系统和各管理主体的职责,掌握政府收支分类及其意义。

第一节 政府预算管理概述

一、政府预算管理的内涵及地位

(一) 政府预算管理的内涵

政府预算管理(以下简称"预算管理")是指政府依据法律法规对预算过程中的预算决策,资金的筹集、分配、使用,以及绩效等进行的组织、协调和监督等活动。预算管理是财政管理的核心组成部分,也是政府对经济实施宏观调控的重要手段。整个预算过程,包括预算编制、执行和决算形成都要依据国家的法律法规和方针政策加强组织、协调和监督,严肃财经纪律,以保证预算收支任务的完成。

预算管理是经济管理的组成部分,是财政管理的中心环节,其手段包括计划、组织、协调、控制、评价、监督,目标则是使预算过程规范、预算资金有序高效运行。

(二) 政府预算管理在财政管理中的地位

1. 主导地位

财政管理由预算管理、税收管理、国家金库管理、政府采购管理等财政各环节的具体管理构成,其中预算管理是核心内容,也是财政管理的重要依据和综合反映。抓住预算管理这个中心环节,就可以带动和推进整个财政管理。

预算在财政收支系统中处于中心地位的主要表现为:预算总揽财政收支计划全局,制约和支配其他各单项财政收支计划,使之服从于预算总的要求。预算的这种中心地位决定了它必须对整个财政收支系统进行统筹安排、综合平衡,确保满足国家整体利益的需要。在处理一些财政经济关系方面,预算也处于主导地位,如预算与公众的关系、预算收入与支出的关系、财政赤字与财政平衡的关系、中央财政与地方财政的关系等,因此是财政管理的核心内容。

2. 基础地位

根据各项预算资金来源编制政府收支计划,可以全面掌握政府可动用的财力资源,为政府及时制定财政预算、科学合理地安排各项财政支出、履行政府经济社会管理职能奠定财力基础。通过编制部门预算,各部门可以明确资金来源构成;同时,也使财政部门可以充分掌握各部门的基本情况,为财政统筹安排预算资金、优化资源配置、提高财政资金使用效益创造条件。

3. 基本手段

预算管理是财政宏观管理的基本手段。预算形式上是财政收支计划,本质上则是一种财政宏观控制手段。财政资金通过预算集中和分配,使预算收支规模、结构和增长速度能够反映国民经济与社会发展的要求。通过对预算收支及其平衡状况进行调整,能够直接影响社会总供求的平衡。

二、政府预算管理的要素

预算管理的要素主要包括预算管理的主体、预算管理的客体、预算管理的范围、预算管理的目标、预算管理的手段,各要素构成一个有机的管理系统。

(一)预算管理的主体

预算管理是一个复杂的管理系统,管理主体是多层次的,主要包括财政预算法律法规的立法主体、财政预算政策的决策主体、政府预算的执行主体等。不同主体的地位和责任不同。

1. 立法主体

预算的立法主体负责制定具有重要地位、用以明确基本法律责任和义务、具有全局性和长期性的财政预算法律,以及审查和批准年度预算和决算、进行预算调整等。我国的立法主体可以分为全国人民代表大会和地方各级人民代表大会及其常务委员会。

2. 决策主体

由于预算的决策涉及各方的利益关系,因此,在预算案的决策过程中,立法机关、行政部门、政党、审计机构、公务人员、政府退休金及养老金领取者、政府服务供应商、政府债券购买者、普通公民、新闻媒体等各利益集团都会以某种方式参与到预算过程中。决策主体可以分为资金需求方、资金供给方、监督制衡方。

3. 执行主体

财政预算管理的具体执行主体负责制定财政预算规章制度,全面、具体地实施财政预算收支计划,对财政预算活动进行日常管理。在我国,国务院和地方各级人民政府负责制定财政预算法规规章、重大财政预算政策,并负责组织预算执行;财政部和地方各级财政部门实施财政预算收支计划,对财政预算活动进行管理;政府预算部门和预算单位负责具体执行财政批复的本部门以及单位的预算。

(二)预算管理的客体

预算管理的对象涉及国民经济与社会发展的各个方面,涵盖政府宏观调控与微观主体活动的全过程:从预算本身讲,既包括预算法律制度的制定、预算政策的制定、预算收支体系的构建、预算收支形式和结构的选择以及预算管理体制的确定,又包括预算机构的设置、人员的配备、预算信息的传导、预算收入的具体征纳、预算支出的资金拨付和具体运用等,贯穿于预算活动的全过程。

(三)预算管理的范围

从管理过程来看,《预算法》第二条规定:预算、决算的编制、审查、批准、监督,以及预算的执行和调整,依照本法规定执行。从管理范围来看,《预算法》第四条规定:预算由预算收入和预算支出组成。政府的全部收入和支出都应当纳入预算。

(四)预算管理的目标

预算管理的目标是预算管理活动的基本方向,也是检验和考核管理成效的标准。一是通过对预算分配活动的决策、计划、组织、协调和监督,优化财政资源配置,促进国民经济健康发展和社会各项事业全面进步。一般而言,市场经济体制下,公共财政通常担负着资源配置、收入分配和稳定经济的职能。与财政职能相对应,预算管理要实现的也是这三大目标。二是通过预算管理活动,使财政资金运行在规范、透明、严格、高效的轨道之上,这也是政府通过预算承担公共受托责任使然。

(五)预算管理的手段

预算管理的手段是指预算管理主体为了达成管理目标所选择的各种方法和工具。它大体上分为经济手段、法律手段和行政手段三大类。

1. 经济手段

经济手段是指预算管理主体按照客观经济规律的要求,利用财政预算方面的各种经济杠杆,对被管理对象的经济利益进行调整,控制、约束和引导其预算行为,以达成管理目标。预算管理运用经济手段,是在不损害各经济主体经营权利和市场运行机制的前提下进行的。

2. 法律手段

法律手段是指为了保证政府职能的实现而进行的财政预算立法、执法、监督等一系列管理活动。预算立法是运用法律手段强化预算管理的基础与前提,而执法和监督机制则是依法管理政府预算的核心内容。

3. 行政手段

行政手段是指政府预算机关依靠行政力量,采用命令、指示、规定、指令性计划等方式,对财政预算分配活动实施的各种管理,它应建立在预算法治基础之上。

第二节 政府预算管理的流程与周期

一、政府预算管理的流程

政府预算管理的流程是指一个相对完整的预算管理运行过程,按照各个运行阶段的管理内容,主要分为预算的规划与决策、预算的编制与审批、预算的执行与决算、预算的审计与评价、预算的控制与监督等(如图2-1所示)。

政府施政行为的开展必须有相应的预算资金作为保障,因此,控制了政府预算的资金流,也就对政府的行政权力形成了有效的监督和制约。在我国建设现代预算的条件下,预算活动的过程更需要强化的是预算结果的绩效评价以及预算全过程的监督。

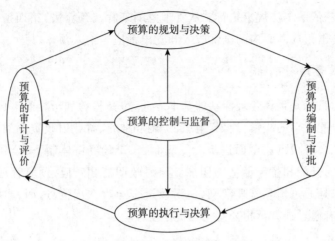

图 2-1　政府预算管理的流程

(一) 预算的规划与决策

如前所述,政府预算问题并不单纯是管理问题,还有其深刻的政治、经济和社会背景,因此预算方案即政府收支计划的安排要受到一国法律法规、政策制度、公众意愿的制约,而这一切都要通过政府预算的中长期规划和短期计划来体现。政府的年度预算属于短期计划,其是以中长期财政计划为基础,根据国内外的政治经济形势,结合本国国民经济运行和社会发展的诸多现实情况,按照财政收支状况,区分轻重缓急进行决策的结果。

(二) 预算的编制与审批

在通过规划与决策将有关预算问题纳入政府的议事日程后,就要进入预算方案的设计预测、制定阶段了。此阶段财政部门要根据法律法规的要求、国民经济和社会发展计划指标等测算主要财政收支指标,各预算单位和部门要按照财政部门经过决策下达的收支控制指标以及部门预算的编制要求、基本支出的编制原则和定员定额标准、项目支出的编制原则和排序规定,经过"两上两下"的编制程序编制完成预算草案。预算草案编制完成后要按照法定的程序进入审查和批准阶段,这也是公众及代议机构参与决策的重要步骤,能够促进预算方案的合法化。这一过程在我国表现为各级人民代表大会对政府预算的审查和批准。

(三) 预算的执行与决算

政府预算经过审查和批准后即进入执行阶段,预算的执行既是预算安排的收支计划指标的实现过程,也是各项预算决策能否落实到位的关键环节。这一阶段财政部门要通过合理组织收入和有序安排支出实现既定目标。每个执行周期完成后还要对预算的执行情况进行总结,即进入决算过程。

（四）预算的审计与评价

预算的审计与评价是指按照一定的财务、会计、预算规定与预算绩效评价指标对政府预算实施的结果进行检查与评价的过程。其目的是通过对预算结果与预算目标的差异、预算执行成本与效益（包括社会效益）的分析，及时发现问题，调整和矫正预算中的偏差，纠正预算资金使用中的铺张浪费、截留挪用等问题。应通过预算审计与评价的过程来掌握预算的基本规律，加强预算的严肃性、科学性和效率性，以提升预算的政策效应。

（五）预算的控制与监督

预算的控制与监督是指对政府预算编制、执行、决算和评价等过程进行的控制与监督，其目的是保证政府预算的法治性与严肃性，提高预算编制与执行的效率和效益，实现政府预算的政策目标。预算的控制与监督是政府预算整个流程中的重要内容，贯穿于预算过程的始终。

二、政府预算的期限与时效

（一）预算年度

1. 预算年度的定义

预算年度，也称财政年度，是指编制和执行预算所应依据的法定时限，也就是一国预算收支起止的有效期限。这里包含政府预算编制与执行所必须确定的预算期限和时效。预算期限是指按预算计划组织收支实际经历的时间；预算时效是指经法定程序认可而具有法律效力的预算收支起讫时间，即该预算发生效力的时间。就多数国家而言，预算期限和预算时效是一致的，即预算中所列收支预计的发生时间和这一计划付诸实施发生效力的时间是一个统一的过程，这一过程通常被确定为一年，称为预算年度。

2. 预算年度的类型

在实践中，世界各国采用的预算年度类型主要有两种：一种是历年制，即预算年度按日历年度计算，由每年的1月1日起至12月31日止。实行历年制的国家主要有中国、法国、德国、意大利、西班牙等。另一种是跨年制，即一个预算年度跨越两个日历年度，具体起讫时间又有若干不同的情况。跨年制预算年度具体包括：①4月制，即预算年度从每年的4月1日起至次年的3月31日止，如英国、日本、印度、新加坡、新西兰等。②7月制，即预算年度从每年的7月1日起至次年的6月30日止，如澳大利亚、巴基斯坦、孟加拉国、埃及、科威特等。③10月制，即预算年度从每年的10月1日起至次年的9月30日止，如美国、泰国等。

我国的预算年度采用历年制。《预算法》第十八条规定：预算年度自公历一月一日起，至十二月三十一日止。

3. 决定一国预算年度类型的主要因素

一是每年立法机构召开会议审议政府预算的时间,审议批准后即进入预算的执行阶段,以保证预算的执行具有法律效力;二是收入入库的时间,一般以收入集中入库比较多,在库款比较充裕时开始一个预算年度有利于预算的执行;三是历史原因,主要是原殖民地国家沿用其原宗主国预算年度;四是宗教风俗的影响,一些国家将最高权力机构开会审议预算的时间与重要宗教活动错开,并据此确定预算年度。

(二)标准预算周期

标准预算周期就是从时间序列上将预算管理划分为预算编制、预算执行、决算三个标准阶段,并对各个阶段的实施时限、工作任务、工作要求及工作程序和步骤等作出统一的制度规范。

政府预算管理是一个周而复始的循环过程,所谓预算周期是指从预算编制、预算执行再到决算的完整过程。其中,上述每一个环节又包括若干具体内容。预算编制包括预算编制准备、收支预测、具体编制等内容;预算执行包括事中审计、评估分析和提交预算报告等内容;决算包括年终清理、编制决算表格、事后审计、评估分析和提交预算报告等内容。一个预算周期结束后进入下一个预算周期,不断重复实施,具有鲜明的周期性特征。

标准预算周期是我国在预算管理改革中借鉴国外先进经验引入的新的预算管理程序,它涵盖了预算管理的全过程,将预算管理的编制、执行、决算三个标准阶段有机衔接起来,并加以制度化、规范化管理,各个阶段彼此关联、相互影响和相互约束,形成了一个完整的预算管理链条。

(三)预算年度与标准预算周期

标准预算周期与预算年度是一个既相互联系又相互区别的概念。首先,标准预算周期与预算年度密切关联。预算年度是标准预算周期的基础,标准预算周期是围绕某一年度预算的管理确定并展开的,预算年度作为一个阶段(预算执行阶段)存在于一个标准预算周期之中。其次,标准预算周期与预算年度有很大的区别。预算年度是静态的,具有明显的时段性,标准预算周期则是动态和滚动发展的;预算年度与标准预算周期存在时间上的交叉重叠,标准预算周期跨越了预算年度,同一标准预算周期存在于不同预算年度中,而在每一个预算年度内不同标准预算周期的三个阶段同时存在。

专栏 2—1   美国联邦政府标准预算周期

美国联邦政府的财政年度是从每年的 10 月 1 日到次年的 9 月 30 日。从联邦政府各机构编制预算开始,到联邦预算执行后的审计,每个预算周期长达 33 个月。在一个财政年度内,联邦政府要在执行本财政年度预算的同时,审核上一财政年度的预算,并编制下一财政年度的预算。

（一）预算编制阶段

美国联邦政府在每个财政年度开始前18个月就开始准备预算方案，其间大致经历以下程序。

（1）每年4—6月：总统在预算和管理办公室（Office of Management and Budget）以及"经济三角"（国民经济委员会、经济建议委员会和财政部）的协助下，确定预算年度的政策目标。

（2）每年7—8月：总统制定年度预算的指导方针和联邦政府各部门的预算规划指标，并通过预算和管理办公室向各部门下达。

（3）每年9月：联邦政府各部门将本部门年度预算的建议提交预算和管理办公室汇总。最后，由预算和管理办公室将联邦政府各部门提交的预算汇总成联邦政府预算草案，提交总统审查。总统则要在每年2月的第一个星期一之前向国会提交年度联邦预算草案。

（二）预算审批阶段

国会收到总统提交的年度联邦预算草案后，将其交给对支出有管辖权的委员会以及两院筹款委员会审议。

（1）每年2月：国会预算局向两院预算委员会提出预算报告。两院的各专门委员会则在收到总统预算案的6周内，提出关于预算收支的意见并作出评估。

（2）每年4月：两院预算委员会提出国会预算决议案，提交众、参两院讨论，并通知总统。

（3）每年4—6月：总统对这一预算决议案提出修改意见，并报告国会。在第一个预算决议案通过后，两院拨款委员会和筹款委员会即按照决议规定的指标，起草拨款和征税法案。

（4）国会应在6月30日前完成所有拨款方案的立法工作，并在9月15日前通过规定预算收支总指标的具有约束力的第二个预算决议案，并将其提交总统。

（三）预算执行阶段

预算由国会通过并经总统签署后，就以法律的形式确定下来。

行政部门在执行预算的过程中，如果遇到某些特殊情况可以推迟或取消某些项目的支出，但必须向国会报告。

财政部负责执行收入预算，并负责国内各种税款的征收和国内税收法律的执行。预算和管理办公室负责控制预算执行，检查各部门开支是超支还是节余。国会会计总署负责监督联邦预算是否按照国会通过的法案执行。

（四）预算审计阶段

预算年度结束后，由财政部与预算和管理办公室共同编制反映预算年度内的预算收支执行情况的决算报告，经审计机构审核、国会批准后即成为正式决算。

国会会计总署负责审查联邦预算的执行结果与国会通过的法案是否相符，并对各部门的预算执行情况进行审计。此阶段一般需要3个月的时间。

三、我国政府预算周期的构成

我国政府预算周期的构成具体来说包括以下几个环节:

(一)预算编制前的准备工作

1. 国务院下达预算编制的指示

国务院每年在预算正式编制前,根据经济增长和社会发展要求向省、自治区、直辖市政府和中央部门下达编制下年预算草案的指示,提出编制预算草案的原则和要求。《预算法》第三十一条规定:国务院应当及时下达关于编制下一年预算草案的通知。编制预算草案的具体事项由国务院财政部门部署。各级政府、各部门、各单位应当按照国务院规定的时间编制预算草案。

2. 财政部门测算预算收支指标

根据《预算法》第三十二条第一款的规定,各级预算应当根据年度经济社会发展目标、国家宏观调控总体要求和跨年度预算平衡的需要,参考上一年预算执行情况、有关支出绩效评价结果和本年度收支预测,按照规定程序征求各方面意见后,进行编制。也就是说,通过总结、分析上年度预算执行情况,掌握财务收支和业务活动的规律,客观分析本年度国家有关政策计划对预算的要求,找出本期影响预算收支的各种因素。

财政部门要加强经济与财政分析及预测工作,除 1 年期预测外,还要对未来 3~5 年的宏观经济前景进行客观而科学的预测。既要对未来 5 年的财政发展进行规划预测,又要按照我国目前编制中期财政规划的部署,预测 3 年滚动财政规划,包括分阶段的投资计划,预测经常性支出的需要和获得收入的可能性。

3. 财政部制定并颁发政府预算科目和表格,具体组织部署预算编制事项

财政部根据国务院编制下一年度预算草案的有关指示,部署编制预算草案的具体事项,制定统一的预算表格,包括财政总预算表格和预算部门预算表格;规定和调整预算收支科目、报表格式、编报方法,并安排预算收支计划,部署预算编制的内容、方针和任务,各项主要收支预算的编制要求、编制方法、报送程序、份数与期限等。

(二)编制审批预算

编制审批预算即编制机构编制并提出预算、立法机构审批预算。编制预算是预算计划管理的起点,必须以有关法律法规为准绳,以国家一定时期的发展规划和财政经济方针政策为指导,以国民经济和社会发展计划的主要指标为依据,参考上一年预算执行情况和收支预测正确编制预算。政府的预算草案要经过法定的程序经立法机构审查批准后方可执行。

(三)执行预算

经过各级人民代表大会批准的预算具有法律效力,各级政府必须认真组织实施。预算规定的收入任务,必须依法及时足额征收并上缴国库;预算规定的各项支出,必须及时足额地予以拨付。各级政府对于法定范围内必须进行的预算调整,须按程序报请同级人民代表大会常务委员会审批,未经批准,不得调整预算。各级财政部门要监督检查本级各部门预算的执行,做好预算执行情况的分析,并向本级政府和上一级财政部门报告预算执行情况,保证预算收支任务的圆满完成。

整个预算管理必须取得数据,获得信息反馈,这就需要依托预算管理的基础工作。预算管理的基础工作包括政府会计和财务报告、国家金库、财政统计、信息系统等。政府会计为预算管理提供基础核算资料,通过会计报表反映预算执行情况,通过会计监督提高管理水平。国家金库处于预算执行的第一线,反映预算收支执行情况,通过国家金库的预算收支基础核算资料和定期的金库报表,可以分析检查预算收支执行情况。财政统计是财政部门的业务统计,是财政部门信息工作的重要组成部分,通过占有和分析这些数据资料,为掌握财政发展趋势、制定财政政策提供依据。信息系统是财政信息化的技术支撑,支持财政部门应用现代信息技术,整合财政部门的预算、执行、监督等管理流程,及时、准确地向财政管理者提供充分和有用的信息支持,加工和利用财政信息,实现对政府财政活动的控制和管理。

(四) 编制决算

决算即审计评估预算,是对预算执行的总结。正确编制决算可以全面反映预算执行的结果。为此,必须做好决算编制的准备工作,必须自下而上经过层层审核汇编,不得估算代编。决算的编制必须符合国家有关的法律法规,要划清预算年度、预算级次和资金界限,按照《预算法》第七十五条第一款的规定,做到"编制决算草案,必须符合法律、行政法规,做到收支真实、数额准确、内容完整、报送及时"。通过编制决算,总结预算管理中的经验,为提高今后的预算管理水平创造条件。

第三节 政府预算管理的组织体系

一、政府预算管理组织体系的内涵

政府预算管理的组织体系是指为政府预算服务的各种组织、机构、程序、活动等构成要素的总称,它们共同构成一个完整的体系,以保证政府预算的实现。政府预算管理要按照一定的组织层次和职责分工来进行,如果政府预算管理没有一套完整的组织体系,或各管理机构没有明确的职责分工,就会造成预算管理的困难。

我国政府预算管理按照国家政权结构、行政区划和行政管理体制,实行"统一领导,分级管理,分工负责",因此政府预算管理涉及中央和地方、各地区、各部门、各单位。其组织体系的构成从纵向来看,由中央和地方各级政府预算组成;从横向来看,由国家政权机关、行政领导机关、财政职能部门及各类专门机构所组成。

二、纵向——各级预算及编制主体

(一) 按预算管理级次划分

1. 预算管理体系

由于政府预算是政府的基本收支计划,为政府履行职责、提供公共产品与服务提供财力保障,因此预算管理体系一般与行政管理体制相一致,即一级政府,一级财政,一级预算。与目前我国政府层级相适应,《预算法》第三条第一款规定:国家实行一级政府一级预算,设立中央,省、自治区、直辖市,设区的市、自治州,县、自治县、不设区的市、市辖区,乡、民族乡、镇五级预算。第二款规定:省、自治区和直辖市预算以下为地方预算。其基本关系如图2-2所示。

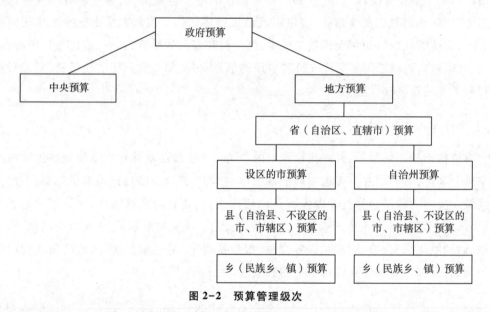

图2-2 预算管理级次

2. 预算管理职责权限划分

预算管理体制的核心是如何处理政府间预算资金管理权限的划分,以及相应的责任与利益。首先需要解决的问题就是中央财政与地方财政的关系,即怎样在集权与分权之间取得均衡。这也是世界各国财政面临的一个共同难题。在两者的关系方面,由于中央政府在提供全国性公共产品与服务方面的重要责任,预算体制安排要保证中央财政的宏观调控能力,赋予其相应的管理权限。具体而言,就是有关全国的财政方针、政策、制度,必须由中央统一制定,国家主要财力应该由中央统一支配,以保证中央财政有充裕的财力,对地方实施转移支付,调节地区收入差距,组织全国性、跨区域的大型公共工程建设,支持全国性科技、教育、文化、卫生事业发展,保障国防、外交支出需要,等等。

在保证中央财政宏观调控能力的前提下,预算管理体制安排需要注意维护地方财政自主权,充分调动地方政府积极性。我国是一个幅员辽阔的多民族国家,各地区在经济、文化、自然环境上都有很大的差异,许多事情要由各级政府因地制宜地去办理;同时,由于财政资金的筹集与分配有很大一部分是由地方和基层单位组织实施的,因此实行分级管理有其客观必然性。通过预算体制安排,使各级地方政府在规定的权限内,组织预算收入,根据地方经济社会发展需要,自主安排预算支出,自求平衡,形成相对独立的地方分级预算管理体制,充分调动地方政府预算管理的积极性。

(二) 按预算编制主体划分

1. 总预算

总预算是各级政府的基本财政计划,由各级财政部门编制。

《预算法》第三条第二款、第三款规定:全国预算由中央预算和地方预算组成。地方预算由各省、自治区、直辖市总预算组成。地方各级总预算由本级预算和汇总的下一级总预算组成;下一级只有本级预算的,下一级总预算即指下一级的本级预算;没有下一级预算的,总预算即指本级预算。

本级预算指经法定程序批准的本级政府的财政收支计划,它由本级各部门(含直属单位)的预算组成,同时包括下级政府向上级政府上解的收入和上级政府对下级政府的返还或补助。

2. 部门预算

部门预算反映本级各部门(含直属单位)所属所有单位全部收支的预算,由本部门及其所属各单位预算组成。本级各部门是指与本级政府财政部门直接发生预算缴款、拨款关系的国家机关、政党组织和社会团体(中央部门含军队),直属单位是指与本级政府财政部门直接发生缴款、拨款关系的企业和事业单位。

3. 单位预算

单位预算是指列入部门预算的国家机关、社会团体和其他单位的收支计划。

(三) 按行政隶属关系和经费领拨关系划分

1. 一级预算单位

一级预算单位是指与同级政府财政部门发生预算领拨关系的单位,如一级预算单位还有下级单位,则该单位又称主管预算单位。

2. 二级预算单位

二级预算单位是指与一级预算单位发生经费领拨关系,下面还有所属预算单位的单位。

3. 基层预算单位

基层预算单位是与二级预算单位或一级预算单位发生经费领拨关系,下面没有所属预算单位的单位。

上述根据国家政权结构、行政区域划分和财政管理体制等所确定的预算级次与预算部门及单位,按照一定的方式进行组合就形成了政府预算的组织体系(如图2-3所示)。

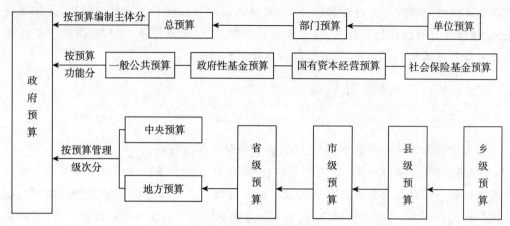

图2-3 政府预算的组织体系

注:按预算功能区分的政府预算在后文中会有详细阐述。

三、横向——各监督管理机构

(一)管理组织体系

1. 政府预算的监督管理机构——立法机关

各国的立法机关(西方国家的议会、国会,我国的人民代表大会)均具有对政府预算方案制订、预算收支执行、预算调整、预算结果评价等的审查批准和监督管理权限。《预算法》第八十三条规定:全国人民代表大会及其常务委员会对中央和地方预算、决算进行监督。县级以上地方各级人民代表大会及其常务委员会对本级及下级预算、决算进行监督。乡、民族乡、镇人民代表大会对本级预算、决算进行监督。

(1)各级人民代表大会。实施预算管理是《宪法》和《预算法》等法律赋予各级人民代表大会(包括全国人民代表大会和地方各级人民代表大会)的一项基本权利。中华人民共和国全国人民代表大会,简称"全国人大",是最高国家权力机关,行使国家立法权;地方各级人民代表大会主要包括省(自治区、直辖市)级人民代表大会、市级人民代表大会、县级人民代表大会以及乡镇级人民代表大会。每年全国及省、市、县、乡地方各级人民代表都要举行一次由全体代表出席参加的人民代表大会。各级人民代表大会的常设机关是各级人民代表大会常务委员会和专门委员会。全国人民代表大会及其常务委员会的构成如图2-4所示。

(2)各级人民代表大会常务委员会。各级人民代表大会常务委员会是人民代表大会的常设机关,在人民代表大会闭会期间依法行使相关预算管理权力。我国乡、民族乡、镇一级人民代表大会不设常务委员会,其预算管理职权由乡、民族乡、镇人民代表大会直接行使。

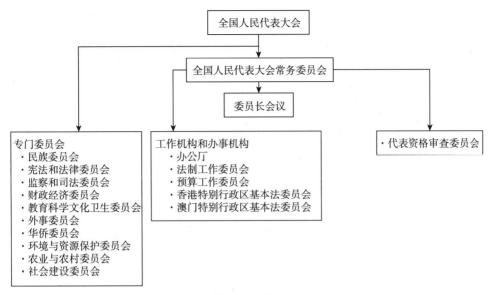

图 2-4　全国人民代表大会及其常务委员会的构成

（3）各级人民代表大会专门委员会。各级人民代表大会专门委员会是各级人民代表大会的常设工作机构，由各级人民代表大会产生，受各级人民代表大会领导，对各级人民代表大会负责，在人民代表大会闭会期间协助各级人民代表大会及其常务委员会开展经常性工作。专门委员会工作的最大特点是专业化和经常化。由于专门委员会的组成人员一般都是相关领域里的专家、学者和实际工作者，他们对有关问题比较熟悉，且人员较少，便于分门别类地研究、讨论问题，可以考虑得更深入、周到。同时，他们不会因人民代表大会闭会而停止工作，可以协助人民代表大会及其常务委员会开展经常性工作。因此，各级人民代表大会专门委员会的工作，对各级人民代表大会及其常务委员会有效地行使立法、监督、决定、任免等各项职权，更好地履行国家权力机关的职能，从而规范政府预算行为，起着不可替代的作用。

（4）预算工作委员会。人民代表大会预算工作委员会是人民代表大会常务委员会的工作机构，其主要职责是：协助财政经济委员会承担人民代表大会及其常务委员会审查预算决算、审查预算调整方案和监督预算执行方面的具体工作；承担国有资产管理情况监督、审计查出突出问题整改情况跟踪监督方面的具体工作；承担预算、国有资产联网监督方面的具体工作；等等。

2. 政府预算的组织领导机构——各级政府

政府预算的日常管理贯穿于政府预算编制、执行和决算的全过程。按照《预算法》的规定，各级预算由本级政府组织编制、执行和决算，即负责政府预算管理的组织领导机关是国务院及地方各级人民政府。国务院作为国家最高行政机关，负责组织中央预算和全国预算的管理；地方各级人民政府负责本级政府预算和本行政区域内总预算的管理，并负责对本级各部门和所属下级政府预算管理进行检查和监督。

3. 政府预算的主管职能部门——财政部门

按照《预算法》的规定，政府预算的具体编制、执行和决算机构是本级政府财政部门，即各级政府财政部门是对预算管理进行具体负责和管理的职能机构，是预算收支管理的主管机构。财政部对国务院负责，在国务院的领导下，具体负责组织中央预算的管理，指导和监督地方预算的管理，并定期向国务院报告预算情况；地方各级财政部门对地方各级政府负责，并在其领导下，具体负责组织本级预算的管理，监督和指导所属下一级预算的管理，并定期向同级人民政府和上一级财政部门报告预算情况。

4. 政府预算收支的具体管理机构

政府预算收支的具体管理工作，由财政部门统一负责组织，并按各项预算收支的性质和不同的管理办法，分别由财政部门和各主管收支的专职机构负责组织管理，即除财政部门外，国家还根据预算收支的不同性质和不同的管理办法，设立或指定了专门的管理机构，负责参与组织政府预算的有关管理工作。

（1）组织预算收入执行的机关主要有税务机关和海关，参与组织预算支出执行的机关主要有中央银行、有关商业银行和有关政策性银行。国家金库担负着政府预算执行的重要任务，具体负责办理预算收入的收纳、划分和留解，办理预算资金的拨付，办理现金余额的管理等。

（2）各职能部门、预算单位是预算管理中部门预算和单位预算的执行主体。中央和地方各级主管部门负责执行本部门的部门预算和财务收支计划，提出本部门预算调整方案，定期向同级财政部门报告预算执行情况；各行政事业单位、国有企业负责本单位预算和企业财务收支计划的执行。

除上述机构外，我国预算管理机构还包括审计部门及有关社会中介组织，其参与对政府预算的审计与评价。

（二）预算管理职权划分

预算管理职权是国家政治权力的重要组成部分。为有效实施预算管理，维护社会公共利益，需要将各项管理职权在有关方面合理划分。

预算管理职权的依据是国家宪法和法律的规定。《宪法》《中华人民共和国全国人民代表大会组织法》《中华人民共和国地方各级人民代表大会和地方各级人民政府组织法》《中华人民共和国各级人民代表大会常务委员会监督法》（以下简称《监督法》）以及《预算法》等法律制度，对我国各级人民代表大会及其常务委员会、各级人民政府、各级财政部门以及其他有关机构在预算过程中的职权做了规定。这是各级人民代表大会依法监督、政府依法理财的依据，任何单位和个人不得超越权限，滥用职权。

根据《预算法》等相关法律法规的规定，政府预算管理职权主要包括：

1. 立法机关的预算管理职权

立法机关的预算管理职权即各级人民代表大会及其常务委员会，以及各级人民代表大会专门机构的预算管理职权。主要包括：审查、批准权，即各级人民代表大会及其常务委员会，以及各级人民代表大会专门机构享有审查、批准、监督其他预算主体的经济行为，并赋予其法律效力的权力；改变、撤销权，即各级人民代表大会及其常务委员会依法对某种法律行为作出修正、补充或撤销的权力；监督权，对预算依法行使监督、检察和督导的权力。按照《预算法》的规定，立法机关的预算管理职权具体体现在以下几个方面：

（1）各级人民代表大会的主要预算管理职权

第一，全国人民代表大会审查中央和地方预算草案及中央和地方预算执行情况的报告；批准中央预算和中央预算执行情况的报告；改变或者撤销全国人民代表大会常务委员会关于预算、决算的不适当的决议。

第二，县级以上地方各级人民代表大会审查本级总预算草案及本级总预算执行情况的报告；批准本级预算和本级预算执行情况的报告；改变或者撤销本级人民代表大会常务委员会关于预算、决算的不适当的决议；撤销本级政府关于预算、决算的不适当的决定和命令。

第三，乡、民族乡、镇的人民代表大会审查和批准本级预算和本级预算执行情况的报告；监督本级预算的执行；审查和批准本级预算的调整方案；审查和批准本级决算；撤销本级政府关于预算、决算的不适当的决定和命令。

全国人民代表大会及县级以上地方各级人民代表大会只批准本级政府预算，不批准汇总的下一级总预算。这就避免了出现同一级预算要由上下级人民代表大会重复审批的情况，从而使预算审批的法律关系更加清晰。

在我国，各级人民代表大会行使这些预算管理职权，主要是通过每年举行的各级人民代表大会听取并审议各级政府提交的预算草案及预算执行情况的报告进行的。各级人民代表大会的预算审查权、批准权和改变或撤销权，体现了立法机构对政府预算的编制、执行和决算管理，符合国家的长远利益、整体利益，体现了预算为社会主义市场经济和全体人民服务的特点。当然，全国人民代表大会对预算管理的这种职权，还体现在对预算管理的立法上，以法律形式规范中央及地方预算管理。

（2）各级人民代表大会常务委员会的主要预算管理职权

第一，全国人民代表大会常务委员会监督中央和地方预算的执行；审查和批准中央预算的调整方案；审查和批准中央决算；撤销国务院制定的同宪法、法律相抵触的关于预算、决算的行政法规、决定和命令；撤销省、自治区、直辖市人民代表大会及其常务委员会制定的同宪法、法律和行政法规相抵触的关于预算、决算的地方性法规和决议。

第二，县级以上地方各级人民代表大会常务委员会监督本级总预算的执行；审查和批准本级预算的调整方案；审查和批准本级决算；撤销本级政府和下一级人民代表大会及其常务委员会关于预算、决算的不适当的决定、命令和决议。

（3）各级人民代表大会有关专门委员会的预算管理职权

第一，全国人民代表大会财政经济委员会对中央预算草案初步方案及上一年预算执行情况、中央预算调整初步方案和中央决算草案进行初步审查，提出初步审查意见。

第二,省、自治区、直辖市人民代表大会有关专门委员会对本级预算草案初步方案及上一年预算执行情况、本级预算调整初步方案和本级决算草案进行初步审查,提出初步审查意见。

第三,设区的市、自治州人民代表大会有关专门委员会对本级预算草案初步方案及上一年预算执行情况、本级预算调整初步方案和本级决算草案进行初步审查,提出初步审查意见,未设立专门委员会的,由本级人民代表大会常务委员会有关工作机构研究提出意见。

第四,县、自治县、不设区的市、市辖区人民代表大会常务委员会对本级预算草案初步方案及上一年预算执行情况进行初步审查,提出初步审查意见。县、自治县、不设区的市、市辖区人民代表大会常务委员会有关工作机构对本级预算调整初步方案和本级决算草案研究提出意见。

(4)人民代表大会常务委员会有关工作机构的主要预算管理职权

全国人民代表大会常务委员会和省、自治区、直辖市、设区的市、自治州人民代表大会常务委员会有关工作机构,依照本级人民代表大会常务委员会的决定,协助本级人民代表大会财政经济委员会或者有关专门委员会承担审查预算草案、预算调整方案、决算草案和监督预算执行等方面的具体工作。如人民代表大会预算工作委员会在预算审查监督中的主要职责包括:一是协助财政经济委员会承担全国人民代表大会及其常务委员会审查预决算、审查预算调整方案和监督预算执行方面的具体工作,受常务委员会委员长会议委托,承担有关法律草案的起草工作,协助财政经济委员会承担有关法律草案审议方面的具体工作。二是经委员长会议专项同意,预算工作委员会可以要求政府有关部门和单位提供预算情况,并获取相关信息资料及说明。三是经委员长会议专项批准,可以对各部门、各预算单位、重大建设项目的预算资金使用和专项资金使用进行调查,政府有关部门和单位应积极协助、配合。在人民代表大会提前介入预算编制工作的基础上,预算工作委员会在部门预算审查中主要是进行"预审",即预先审查,这是人民代表大会预算审查和批准程序中的"第一道关",在政府正式向人民代表大会提交预算草案之前,预算工作委员会先对预算草案进行预先审查,提出意见和建议,供政府财政部门修改时参考,并及时与财政部门沟通。财政部门根据这些意见对预算草案进行修改,并将修改情况反馈给预算工作委员会。

2.各级政府的预算管理职权

各级政府是本级预算的行政管理机关,其主要职权有:预算编制权,即国家行政机关对预算编制的指导思想、收支范围、收支安排进行统筹决策的权力;组织执行权,即国家行政机关将预算通过一定的方式付诸实施的权力;提请审批、报告权;改变或撤销权;等等。

第一,国务院编制中央预算、决算草案;向全国人民代表大会作关于中央和地方预算草案的报告;将省、自治区、直辖市政府报送备案的预算汇总后报全国人民代表大会常务委员会备案;组织中央和地方预算的执行;决定中央预算预备费的动用;编制中央预算调整方案;监督中央各部门和地方政府的预算执行;改变或者撤销中央各部门和地方政府关于预算、决算的不适当的决定和命令;向全国人民代表大会、全国人民代表大会常务委员会报告中央和地方预算的执行情况。

第二,县级以上地方各级政府编制本级预算、决算草案;向本级人民代表大会作关于本级总预算草案的报告;将下一级政府报送备案的预算汇总后报本级人民代表大会常务委员会备案;组织本级总预算的执行;决定本级预算预备费的动用;编制本级预算的调整方案;监督本级各部门和下级政府的预算执行;改变或者撤销本级各部门和下级政府关于预算、决算的不适当的决定和命令;向本级人民代表大会、本级人民代表大会常务委员会报告本级总预算的执行情况。

第三,乡、民族乡、镇政府编制本级预算、决算草案;向本级人民代表大会作关于本级预算草案的报告;组织本级预算的执行;决定本级预算预备费的动用;编制本级预算的调整方案;向本级人民代表大会报告本级预算的执行情况。

第四,经省、自治区、直辖市政府批准,乡、民族乡、镇本级预算草案、预算调整方案、决算草案,可以由上一级政府代编,并依照《预算法》第二十一条的规定报乡、民族乡、镇的人民代表大会审查和批准。

3.各级政府财政部门的预算管理职权

各级政府财政部门是政府预算管理的职能部门,具体负责预算编制、执行和决算的各项业务工作,其主要职权有:

第一,国务院财政部门具体编制中央预算、决算草案;具体组织中央和地方预算的执行;提出中央预算预备费动用方案;具体编制中央预算的调整方案;定期向国务院报告中央和地方预算的执行情况。

第二,地方各级政府财政部门具体编制本级预算、决算草案;具体组织本级总预算的执行;提出本级预算预备费动用方案;具体编制本级预算的调整方案;定期向本级政府和上一级政府财政部门报告本级总预算的执行情况。

4.各部门、各单位的预算管理职权

第一,各部门编制本部门预算、决算草案;组织和监督本部门预算的执行;定期向本级政府财政部门报告预算的执行情况。

第二,各单位编制本单位预算、决算草案;按照国家规定上缴预算收入,安排预算支出,并接受国家有关部门的监督。

四、财政部门内部各职能机构

财政部门作为肩负着组织预算收支及管理、国家宏观调控等重要职能的部门,其内部要按收支性质和宏观调控要求由各业务职能机构负责管理。以财政部为例,目前其内部主要业务司局构成为:办公厅、政策研究室、综合司、条法司、税政司、关税司、预算司、国库司、国防司、经济建设司、行政政法司、科教和文化司、社会保障司、自然资源和生态环境司、农业农村司、资产管理司、金融司、国际经济关系司、国际财金合作司、会计司、监督评价局、人事教育局、机关党委、离退休干部局。

地方各级财政与上级对口,根据需要设置内部职能部门,一般不设置条法、关税、国防、国际等机构。

第四节 政府预算收支分类

一、政府预算分类与预算管理

(一)政府预算收支分类与科目

政府预算收支分类,是指在政府预算管理中,按照一定的标准,对庞杂的预算收支项目进行划分和归类,以准确体现各类收支的性质、运行规律,反映国家一定时期内的公共政策取向,为政府预算的编制、执行和决算服务。如何对政府预算收支进行科学分类,涉及政府预算管理的各个环节、层次,关系到政府预算管理的水平与质量。

政府预算的具体分类通过政府预算收支科目反映。政府预算收支科目是政府收支的总分类,由财政部统一制定,全国统一执行。政府预算收支科目按层次分为类、款、项、目,其关系是:前者是后者的概括和汇总,后者是前者的具体化和补充。政府预算收支科目是财政编制政府预决算、组织预算执行以及预算部门和单位进行会计明细核算的重要依据,也是了解政府具体收支活动和内容的重要窗口。

(二)政府预算收支分类与管理

按不同标准、从不同角度对各项预算收支进行科学、系统的分类,是政府预算管理的客观需要,在一定程度上体现着人们对政府预算的认知水平、管理水平,也反映着一个国家的政治、经济制度与国情。

1. 体现政府职能,反映国家一定时期的公共政策取向

在宏观管理领域,预算收支分类体现了政府职能,反映了一定时期政府活动的范围,可较准确地体现一个国家一定时期内所承担内外部职能的具体情况。

2. 研究各项预算收支规律,为预算管理服务

政府预算收支,从政府公共资金运行的角度反映了国民经济和社会发展中各种错综复杂的关系。对预算收支按不同标准、从不同角度进行分类,可以充分认识和掌握各项预算收支规律,更科学、合理、有效地编制政府预算,并付诸实施,为政府履行职责、满足社会公共需要提供财力保障。

3. 直接为政府预算的编制、执行和决算服务

利用预算收支分类，设置科学、合理、规范的预算收支科目，将整个政府预算收支项目系统化、具体化，为编制、执行和总结政府预算服务。在预算编制环节，通过预算收支科目，将预算收支在各个收支项目之间予以安排，并利用预算收支科目的层次性，对每类收支进行详细计划，满足预算管理的要求。具体应用于编制和汇总预决算，办理预算缴、拨款，组织会计核算，报告预算执行情况，进行财务考核分析和财政收支统计等。

4. 全面反映政府预算运行状况，加强预算监督

政府预算收支反映了一定时期内国民经济和社会发展的有关情况，涉及社会各阶层的利益，历来是社会矛盾的焦点。通过预算收支分类，从不同角度、不同侧面反映政府预算运行状况，便于加强预算监督。对社会公众而言，通过预算收支分类，可了解和掌握政府预算资金的来源及运用，行使纳税人的监督权利；对国家立法机关而言，通过预算收支分类，可掌握具有法律效力的政府预算具体执行情况，监督政府依法理财，保护社会公共利益；对新闻机构而言，通过预算收支分类以及预算科目设置，可提高预算透明度，揭露、分析预算管理中的各种问题，发挥舆论监督功能。

专栏 2-2　　国际货币基金组织收支分类方法

一、收入分类

国际货币基金组织在《2001年政府财政统计手册》中将政府收入划分为税收收入、社会缴款、赠与、其他收入四类。

（1）税收收入。包括：对所得、利润和资本收益征收的税收，对工资和劳动力征收的税收，对财产征收的税收，对商品和服务征收的税收，对国际贸易和交易征收的税收，其他税收等。

（2）社会缴款。包括：社会保障缴款和其他社会缴款。其中，社会保障缴款又按缴款人细分为雇员缴款、雇主缴款、自营职业者或无业人员缴款、不可分配的缴款。

（3）赠与。包括：来自外国政府的赠与、来自国际组织的赠与和来自其他广义政府单位的赠与。

（4）其他收入。包括：财产收入，出售商品和服务，罚金、罚款和罚没收入，除赠与外的其他自愿转移，杂项和未列明的收入等。

二、支出分类

国际货币基金组织的支出分类方法分为功能分类和经济分类两套既相互独立又相互联系的分类体系。

1. 支出的功能分类

(1) 一般公共服务。包括：行政和立法机关、金融和财政事务,对外事务,对外经济援助,一般服务,基础研究,一般公共服务"研究和发展",未另分类的一般公共服务,公共债务操作,各级政府间的一般公共服务等。

(2) 国防。包括：军事防御、民防、对外军事援助、国防"研究和发展"、未另分类的国防等。

(3) 公共秩序和安全。包括：警察服务、消防服务、法庭、监狱、公共秩序和安全"研究和发展"、未另分类的公共秩序和安全等。

(4) 经济事务。包括：一般经济、商业和劳工事务,农业、林业、渔业和狩猎业,燃料和能源,采矿业、制造业和建筑业,运输,通信,其他行业,经济事务"研究和发展",未另分类的经济事务等。

(5) 环境保护。包括：废物管理、废水管理、减轻污染、保护生物多样性和自然景观、环境保护"研究和发展"、未另分类的环境保护等。

(6) 住房和社会福利设施。包括：住房开发、社区发展、供水、街道照明、住房和社会福利设施"研究和发展"、未另分类的住房和社会福利设施等。

(7) 医疗保障。包括：医疗产品、器械和设备,门诊服务,医院服务,公共医疗保障服务,医疗保障"研究和发展",未另分类的医疗保障等。

(8) 娱乐、文化和宗教。包括：娱乐和体育服务,文化服务,广播和出版服务,宗教和其他社区服务,娱乐、文化和宗教"研究和发展",未另分类的娱乐、文化和宗教等。

(9) 教育。包括：学前和初等教育、中等教育、中等教育后的非高等教育、高等教育、无法定级的教育、教育的辅助服务、教育"研究和发展"、未另分类的教育等。

(10) 社会保护。包括：伤病和残疾、老龄、遗属、家庭和儿童、失业、住房、未另分类的社会排斥、社会保护"研究和发展"、未另分类的社会保护等。

2. 支出的经济分类

(1) 雇员补偿。包括：工资和薪金(分为现金形式的工资和薪金、实物形式的工资和薪金)以及社会缴款(分为实际的社会缴款和估算的社会缴款)。

(2) 商品和服务的使用。

(3) 固定资产的消耗。

(4) 利息。包括：向非居民支付的、向除广义政府外的居民支付的和向其他广义政府单位支付的。

(5) 补贴。包括：向公共公司提供的(分为向金融公共公司提供的和向非金融公共公司提供的)和向私人公司提供的(分为向金融私人公司提供的和向非金融私人公司提供的)。

(6) 赠与。包括：向外国政府提供的(分为经常性和资本性两种)、向国际组织提供的(分为经常性和资本性两种)和向其他广义政府单位提供的(分为经常性和资本性两种)。

(7)社会福利。包括:社会保障福利(分为现金形式的社会保障福利和实物形式的社会保障福利)、社会救济福利(分为现金形式的社会救济福利和实物形式的社会救济福利)、雇主社会福利(分为现金形式的雇主社会福利和实物形式的雇主社会福利)。

(8)其他开支。包括:除利息外的财产开支和其他杂项开支(分为经常性和资本性两种)。

二、我国政府预算收支分类

(一)我国政府预算收支分类的一般原则

1. 全面完整

预算收支分类应包含政府预算所有的收支,要完整反映政府收支的来源和性质,不仅要包括一般公共预算收支,还要包括政府性基金收支、国有资本经营收支、社会保险基金相关收支等应属于政府收支范畴的各项收支。

2. 科学规范

收支分类要按照科学标准和国际通行做法进行,将政府收支按收入分类、支出功能分类和支出经济分类进行划分,为进一步加强收支管理和数据统计分析创造有利条件。

3. 细致透明

从分类结构上看,收入分类分设类、款、项、目四级;支出功能分类分为类、款、项三级;支出经济分类分为类、款两级。科目逐级细化,以满足不同层次的管理需求和公开透明的要求。

(二)我国现行政府预算收支科目的主要内容

我国政府预算收支分类改革的目标是借鉴国际经验,结合我国国情,实行包括收入分类、支出分类(包括支出功能分类和支出经济分类)的政府收支分类体系。

1. 收入分类

对收入进行统一分类,完整反映政府收入的来源和性质,全面、规范、细致地反映政府各项收入,说明政府的钱都是从哪里来的。

可按大类将政府收入划分为税收收入、非税收入、债务收入以及转移性收入等。

2. 支出分类

现行支出分类体系将政府支出按职能和经济性质分设了两层既相互独立又紧密联

系的支出分类体系。这种设置的理论依据与财政资金使用去向细化透明的要求有关,现实依据则是财政资金的分配和使用分为两个阶段:第一阶段,财政部门将资金分配到部门和单位;第二阶段,部门和单位使用财政资金购买相应的商品和服务。

(1) 支出功能分类。支出功能分类属于财政资金分配的第一阶段,是要完整地反映政府的各项职能活动,说明政府做了什么。财政支出按支出功能分类一般可分为四个部分:①一般政府服务。支出一般没有具体的受益人,主要包括一般公共管理、国防、公共秩序与安全等。②社会服务。支出具有明确的受益人,主要包括教育、卫生、社会保障等。③经济服务。支出重在提高经济运行效率,包括交通、电力、工业、农业等。④其他支出。如利息、转移支付等。

按照这一要求并充分考虑我国国情,现行政府支出分类根据公共财政建设、政府管理和部门预算编制的要求,统一按支出功能设置逐步细化的类、款、项三级科目。就一般公共预算收支科目来说:

一是类级科目。其综合反映了政府的职能活动,主要分为:一般公共服务、外交、国防、公共安全、教育、科学技术、文化旅游体育与传媒、社会保障和就业、医疗卫生、节能环保、城乡社区、农林水、交通运输、资源勘探工业信息、商业服务业、金融、援助其他地区、自然资源海洋气象、住房保障、粮油物资储备、预备费、其他支出、转移性支出、债务还本支出、债务付息支出、债务发行费用支出等。

二是款级科目。反映为完成某项政府职能所进行的某一方面的工作,如"教育"类下的"普通教育""职业教育"等。

三是项级科目。反映为完成某一方面的工作所发生的具体支出事项,如"普通教育"款下的"小学教育""高等教育"等。

现行支出功能分类更加凸显了现阶段我国政府支出的方向,其科目能够比较清晰地反映政府各项职能活动支出的总量、结构和方向,便于根据建立公共财政体制的要求和宏观调控的需要,有效进行总量控制和结构调整。

(2) 支出经济分类。支出经济分类属于财政资金分配的第二阶段,反映政府支出的经济性质和具体用途,即反映政府的钱是怎么花出去的,多少用于支付人员工资,多少用于公用开支,多少用于购买办公设备和进行基本建设等。因此,支出经济分类是对政府支出活动更为明细的反映,也是进行政府预算管理、部门财务管理以及政府统计分析的重要手段。

现行支出经济分类包括政府预算经济分类和部门预算经济分类,设类、款两级科目:

一是类级科目。一般分为工资福利、商品和服务支出、对个人和家庭的补助、对企事业单位的补贴、对社会保障基金的补助、资本性支出、债务利息及费用支出、债务还本支出、其他支出等。

二是款级科目。款级科目是对类级科目的细化,主要体现部门预算编制和预算单位财务管理等有关方面的具体要求。如商品和服务支出下的款级科目又分为办公费、差旅费、因公出国(境)费用、会议费、公务接待费等。

支出功能分类与支出经济分类相配合,能够对每一项支出进行"多维定位",可以形成一个相对稳定、既反映政府职能活动又反映支出性质、既有总括反映又有明细反映的支出分类框架,从而为全方位的政府支出分析、提升政府预算透明度创造了有利条件。多维定位的具体表现如表2-1、表2-2、图2-5所示。

表2-1 支出功能分类和支出经济分类交叉

功能分类	经济分类						
	工资福利	商品和服务支出	对个人和家庭的补助	对企业的补贴	基本建设支出	……	合计
一般公共服务	50	100	150	200	150	100	750
外交	50	100	150	200	150	100	750
国防	50	100	150	200	150	100	750
公共安全	50	100	150	200	150	100	750
教育	50	100	150	200	150	100	750
科学技术	50	100	150	200	150	100	750
医疗卫生	50	100	150	200	150	100	750
……	50	100	150	200	150	100	750
合计	400	800	1 200	1 600	1 200	800	6 000

资料来源:财政部国库司编,《政府收支分类改革预算执行培训讲解》,中国财政经济出版社2006年版,第46页。

表2-2 支出功能分类与部门分类、项目分类的联用

单位编码	功能分类			科目名称	项目分类	经济分类			合计
	类	款	项			工资福利支出	基本建设支出	……	
331				××农业局*					
	213			农林水事务					
		01		农业					
			18	灾害救助		163	271	……	670
					××救助	12	35	……	230
					××重建	43	80	……	210
					……	……	……	……	……

资料来源:财政部国库司编,《政府收支分类改革预算执行培训讲解》,中国财政经济出版社2006年版,第46页。

注:* 机构改革后,农业局一般称为农业农村局。

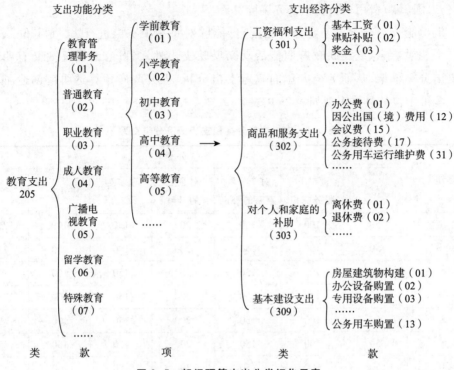

图 2-5 部门预算支出分类细化示意

本章小结

预算管理是政府依据法律法规对预算资金的筹集、分配、使用进行的组织、协调及监督等活动,是财政管理的核心组成部分,也是政府对经济实施宏观调控的重要手段。预算管理要素主要包括预算管理的主体、预算管理的客体、预算管理的范围、预算管理的目标和预算管理的手段,各要素构成一个有机的管理系统。

政府预算管理的流程是指一个相对完整的预算管理运行过程,按照各个运行阶段的管理内容,主要分为预算的规划与决策、预算的编制与审批、预算的执行与决算、预算的审计与评价、预算的控制与监督等阶段。

预算年度,也称财政年度,是指编制与执行预算所应依据的法定时限,也就是预算收支起止的有效期限。这里包含政府预算编制与执行所必须确定的预算期限和时效。

政府预算管理的组织体系是指为政府预算服务的各种组织、机构、程序、活动等构成要素的总称,它们共同构成一个完整的体系,以保证政府预算的实现。

政府预算收支分类是指在政府预算管理中,按照一定的标准,对庞杂的预算收支项目进行划分和归类,以准确体现各类收支的性质、运行规律,反映国家一定时期内的公共政策取向,为政府预算的编制、执行和决算服务。政府预算的具体分类通过政府预算收支科目反映。政府预算收支科目是政府收支的总分类,由财政部统一制定,全国统一执行。

思考题

1. 预算管理在财政管理中处于什么地位?
2. 预算管理要素及管理的流程主要包括哪些?
3. 预算年度和预算标准周期有什么区别和联系?
4. 我国预算管理的组织体系和职责划分是怎样的?
5. 我国政府预算收支是如何分类的?

21世纪经济与管理规划教材

财政学系列

第三章

政府预算管理体制

【学习目标】

　　本章介绍了政府预算管理体制的相关理论与实践问题。通过本章的学习,读者应该能够掌握政府预算管理体制的内涵以及划分政府间收支的理论依据、基本原则,掌握中国现行分税制预算管理体制的基本框架,掌握政府间转移支付的概念及种类,了解政府预算管理体制在财政制度安排中的定位,了解我国省以下财政体制改革的基本方向。

第一节　政府预算管理体制概述

在存在多层级政府的国家政权结构下,政府预算管理体制(以下简称"预算管理体制")主要处理中央政府和地方政府及地方政府间事权和支出责任配置的问题。在事权划分上,首先应明确哪些是中央事权并由中央承担支出责任,哪些是地方事权并由地方承担支出责任,哪些是中央委托地方事权并由中央承担相应的支出责任,哪些是中央与地方共同事权并明确各自的支出责任。科学、合理、规范的预算管理体制,是为了实现事权和支出责任相匹配、相适应。这对于促进国家治理体系和治理能力现代化、优化资源配置、维护市场统一、促进社会公平、实现国家的长治久安均具有重要意义。

一、预算管理体制的概念

预算管理体制是国家经济体制、财税管理体制的重要组成部分,是确定中央政府和地方政府以及地方各级政府之间的事权和支出责任划分的一项根本制度。

作为中央与地方财政分配关系的集中表现形式,预算管理体制规定财政分级管理的原则,划定各级政权在财政管理方面的事权分配、财力划分和支出责任,正确处理财政分配中各方面的责、权、利关系,实现财政管理和财政监督。预算管理体制的选择与一国的经济社会发展、资源配置效率、历史文化背景、政治民主化程度以及国家统一等目标和依赖条件高度相关,内在目标是多元的,外部约束是综合的,并非简单的财政收支划分。[1]

预算管理体制包含的基本内容可概括为:在市场经济体制下,中央政府与各级地方政府各自应承担的职责;政府作为一个整体,其提供公共产品和公共服务的范围、规模及相应的成本费用在各级政府之间进行合理界定、划分与分摊的依据及标准;为履行政府职能及相应的支出责任所需要的政府财政收入在各级政府间进行分配的制度及办法;中央政府或上级地方政府对地区间的财政能力与财政支出需要之间的纵向不均衡和横向不均衡的协调制度及措施等。

二、预算管理体制的特征

一般来说,世界各国的预算管理体制都具有以下基本特征:

(一)整体性特征

预算管理体制的首要任务是为树立中央权威、保证国家机器正常运转奠定财力基础,重点解决"全国整体性"问题,实现固本强基。即使在法治较为完备的社会,中央或联邦政府也都在政府间初次分配时确立对地方的财力优势,并结合实行普遍补助制度,对

---

[1] 楼继伟:《中国政府间财政关系再思考》,中国财政经济出版社2013年版,序言。

地方政府的施政行为进行必要的控制、引导与干预。因此,中央预算和地方预算共同构成了一国的总预算,其能够保持预算的完整性,同时,给予地方政府适当的分权,确保预算管理体制的效率。具体实践而言,一方面,预算管理体制对各级政府的事权和财权加以明确划分,并由各级政府编制相对独立的预算;另一方面,作为一个统一的国家和统一的政治经济实体,为了实现全国的经济、社会发展目标,中央财政又必须充分发挥其宏观调控职能,对不同的地区实行财政的纵向与横向平衡,并以此把多级财政连接成为一个相互依存、相互帮助的统一整体。无论在何种政体的国度里,这种整体性特征都是保证国家统一、促进地区经济和社会协调发展不可或缺的因素。纵观我国历史,凡是"弱干强枝"的时期,大多社会动荡、战乱频发,而"太平盛世"时期,往往有雄厚的中央财力的支撑。

(二)规范性特征

在绝大多数情况下,各国都是以法律法规的形式对各级政府和财政的责、权、利关系,包括中央与地方各级政府拥有的税收立法权、税收减免权和调整权,以及中央对地方进行财政调节的方式方法等,加以明确、规范化的界定,并使这种界定具有相对的稳定性。在进行这种界定时,一方面,中央政府应对不同的地区采取统一的、规范化的标准,另一方面,各个地区不能因强调本地的特殊性而破坏法治的统一性和规范性。

(三)稳定性特征

预算管理体制一经确定,就应在较长的时期内保持相对稳定,尽量避免因体制的频繁变动而造成的诸多消极影响。理论和世界各国的实践都已证明,由于预算管理体制所涉及的责、权、利关系较为广泛,而且其相关的经济、社会"联动性"效应较强,往往与地方、企业和居民的切身利益密切相关,与各地的经济社会发展规划、利益和福利预期也紧密相连,因此预算管理体制一旦确立就不应轻言改变,须力求保持相对稳定。

三、预算管理体制的功能

从世界范围来看,不管是单一制国家还是联邦制国家,其预算管理体制多具备以下四项功能:

(一)履行各级政府职能的保障功能

预算管理体制对各财政主体,特别是对各级政府的财权、财力划分,既要以它们各自的事权范围或其承担的财政责任为基础,又要把履行政府职能所需的财力保障的落实作为体制规范的归宿。理论和实践证明,公共财政的基本要求,就是必须保证各级财政都能提供适应经济社会发展需要的最低限度的公共产品和公共服务,这是履行政府职能和公共财政职能的起码条件。预算管理体制在规范以及处理各级政府间的财权划分和相应的财力分配关系时,尽管在不同国家、不同经济发展阶段可采取不同的方式,但其要解决的首要问题都是充分考虑其为履行政府职能提供足够的财力保障的基本需要,实现事权与支出责任的统一。

(二)对财政能力差异的调节功能

无论在哪个国家,在多级财政条件下,全国各地的经济发展和各级政府的收入水平都不可能完全均衡,各地之间的财政能力差异普遍存在。这种客观存在的差异与各地都要履行同样的公共财政职能、提供均质化的公共服务水平的现实需要相矛盾,故需通过中央政府的财政调节,或建立必要的补助金制度来加以解决。市场经济中的通行做法是,在进行预算管理的财权、财力界定时,中央政府通常掌握了超出其履行自身职能所需的财力,因此会把其中的一部分通过规范化的转移支付形式,对财政能力不足的地方实行资金转移,以此为各地区实现公共服务水平的均等化创造必要条件。预算管理体制下的这种调节,不仅是实现国家财政纵向与横向平衡的重要手段和必要途径,是构建和规范政府间财政关系的核心内容之一,而且也是市场经济条件下分级财政体制的一大基本功能。这种功能发挥的程度和状况,是衡量分级财政体制是否健全、机制是否灵活有效的一个重要标志。

(三)对公平与效率的促进功能

现代市场经济中的预算管理体制,既要以公平和效率的兼顾作为基本的出发点,以此来促进社会稳定目标和提高经济效益、资源配置效率目标的实现,同时又要把促进公平和效率视为财政体制的一项基本功能。这一点,在诸如各级政府的事权界定、政府间财权和财力关系的规范及其收支划分、分级预算的组织与调节、以实现各地区公共服务水平均等化为主旨的财政转移支付制度的确立和调整、全社会收入再分配原则和相关制度的建设等方面表现得尤为重要。

预算管理体制之所以应该而且必须具有促进公平的功能,其根源就在于它以克服市场失效的弊端为基本着眼点,从体制上保证为全社会提供必要的公共产品和公共服务,为各地经济社会的协调发展创造条件。而预算管理体制之所以应该而且必须具有促进效率的功能,则是因为公平不是平均主义、不是"大锅饭",它要以有助于提高效率、有利于调动社会成员和各方面的积极性为前提。总之,预算管理体制的确立和调整,既要以克服市场失灵、促进社会公平为基点,又要使这种公平有助于提高经济和资源配置效率,使二者相辅相成。在市场经济中,只有具备这种功能的分级财政体制,才是有效和持久的财政体制。

(四)对统一市场体系形成的促进功能

建立统一的市场体系,是市场经济内在和本质的要求,也是使市场经济高效有序运行最基本的条件。预算管理体制是按市场经济的要求设立的体制,它的建立有助于打破行政设置的障碍和地区封锁,促进资源、信息、技术、资金、人才的合理流动,因此具有促进统一市场的形成的功能。

四、政府间预算收支划分的理论依据与原则

政府间预算收支的划分,是政府预算的全部收入和支出在中央与地方政府之间划定收支范围以及划分收支的方法、有效期限等问题的总称。预算收支的划分,反映了各级预算活动范围和财力分配的大小,是正确处理中央与地方之间分配关系的重要方面。

(一)预算收支划分的理论依据

1. 公共产品理论

公共产品理论,是处理政府与市场关系、政府职能转变、构建公共财政收支、公共服务市场化的基础理论。根据公共经济学理论,社会产品分为公共产品和私人产品,公共产品或服务具有与私人产品或服务显著不同的三个特征:效用的不可分割性、消费的非竞争性和受益的非排他性。

以预算管理的视角研究体制问题,应将分析公共产品和服务受益范围的层次性作为切入点,进而为分析不同特征的公共产品和服务与各级政府职责及行为目标之间的内在联系提供基础,并为科学、合理地界定和划分各级政府间的事权及支出范围提供必要的依据。绝大多数公共产品和服务都有其特定有限的受益区域,这就意味着,社会成员对公共产品或服务的享用程度,要受到来自地理和空间等因素的影响。由此,公共产品和服务的性质不同,其受益范围也就不同,因此其提供主体也应该是不同的。所以就有了全国性公共产品和服务与地方性公共产品和服务这两个既相互区别又密切联系的范畴。

所谓全国性公共产品和服务,是指那些与国家整体有关的、社会各成员均可享用的产品和服务,其受益范围是全国性的,如国防。这样的公共产品和服务应当由中央政府来负责提供。所谓地方性公共产品和服务,是指那些只能满足某一特定区域(而非全国)范围内居民公共需要的产品和服务,如路灯等一系列城市基础设施,其受益范围具有地方局限性。这类公共产品和服务的受益者主要是本辖区的居民,因此应由各级地方政府负责提供。鉴于公共产品和服务的受益范围与提供的空间特点,要保证其有效供给,客观上就要求中央政府和地方政府分工负责,各自承担起提供相应公共产品和服务的职责,体现在预算管理体制上,就要求中央和地方财政实行分级、分权管理。

2. 集权分权理论

一般来说,在任何国家,无论是联邦制国家,还是单一制国家,中央政府(联邦政府)都是国家利益的代表者,而地方政府则是地方利益的代表者。国家利益是一个国家的整体利益,而地方利益则是一个国家内部各个地方的局部利益。由此,就必然会引出政府在预算管理上的集权与分权关系问题。自20世纪70年代末以来,许多发达国家,以及相当数量的发展中国家,都开展了下放权力的变革运动。这一变革既包括基本政治框架的变革,又包括经济框架的变革,而这意味着政治上的分权必定会引发经济上的分权,因此财政分权是不可避免的。

> **专栏 3-1　　法国 20 世纪 80 年代的地方分权改革**
>
> 20 世纪 80 年代，法国进行了大规模的地方分权改革，并产生了良好的效果。法国 1982 年地方分权改革的主要内容包括以下几个方面：第一，增加行政区划层次，将大区正式设立为一级地方自治单位，并对各级政府进行准确定位。第二，重新划分中央与地方的权限，扩大地方的自治权。改革前，地方议会的权力只限于本地区的财政预算与税收事务，以及公用和慈善事业，并且这几项权力还要受到中央的严格监控。1982 年的地方分权改革通过立法进一步明确了中央与地方的权限划分，规定国家只有在地方政府无条件或无能力执行的事项上才享有管理的权力，并将过去由中央负责的部分事务下放给地方管理。第三，改变中央对地方政府的监管模式，将行政权从中央驻地方代表转移至民选产生的各级地方议会。第四，增强地方自治单位的财力。随着部分职能从中央转移到地方，为确保地方能够获得与其职权相适应的财政能力，提升其行动能力，法国建立了保障地方分权的财税制度。地方政府在一系列税收上享有比过去更大的自主权，国家将过去属于中央的一些税收转移给地方，同时还建立了丰富的转移支付制度，成立了地方分权基金、装备总基金、运行总基金等各种专项基金。
>
> 资料来源：库德华，《法国权力下放改革对调整我国中央与地方关系的启示》，《理论观察》2010 年第 1 期。

3. 财政联邦主义

财政联邦主义（Fiscal Federalism）是指给予地方政府一定的税收权力和支出责任范围，并允许地方政府自主决定其预算支出规模与结构。财政联邦主义是关于财政分权的一种理论学说，它源自财政学者对于联邦制国家财政分权体制的分析，被广泛应用于对各种国家制度下财政体制的分析。

财政联邦主义为地方分权提供了强有力的理由：首先，地方政府存在的理由是它比中央政府更接近民众，即它比中央政府更了解其辖区民众的需求和效用。而当实施地方分权时，地方政府显然会更加关切地方百姓的需要。其次，一个国家内部不同地区的人有权对不同种类与数量的公共产品和服务进行各自的选择，而地方政府就是实现不同地区不同选择的制度机制。1956 年，美国学者查尔斯·蒂布特（Charles Tiebout）在《地方支出的纯理论》一文中提出了地方政府之间的竞争理论。他认为，人们之所以选择某一个地方作为自己的居住地，是因为他们想在一个国家内部寻找地方政府所提供的公共产品和服务与其所征税收之间的最佳关系。如果根据效用最大化原理去寻找适当的地方居住，那么充分自由选择的结果就会实现地方公共产品和服务的最佳供给。地方政府之间要进行竞争，其最为重要的条件就是要有地方自主权，显然地方分权是必要的。

4. 俱乐部理论

所谓俱乐部理论，就是假定地方是一个由自愿聚合在一起的人们所组成的聚合体或者社群,我们可以形象地称之为"俱乐部"。俱乐部向各位会员提供公共产品和服务,但成本由各位会员分担(即税收份额)。如果俱乐部接收新的会员,那么现有成员原来所分担的公共产品和服务的成本就可以由更多的会员来分担了,实际上等于是在固定成本的情况下由更多的人来分担。

但是,俱乐部的这种"扩张"并不是无限制的。俱乐部物品的一个重要特征就是,新会员的加入达到一定程度时会产生拥挤效应。也就是说,在超过拥挤点以后,随着新会员的加入,公共产品和服务的边际收益会呈现出递减状态。这就存在一个俱乐部最佳规模的确定问题。一个俱乐部的最佳规模就在由负的外部效应所产生的边际成本(外部边际成本,即拥挤成本)正好等于由新会员分担运转成本所带来的边际节约那一点上。俱乐部产品一般具有"拥挤性"的特点,像公园、公共游泳池、公共电影院等,在消费者的数目增加到某一个值后,就会出现边际成本为零的情况。俱乐部产品达到"拥挤点"后,每增加一个人,都将减少原有消费者的效用。俱乐部理论实际上论证了地方政府的适当规模问题。也就是说,一个地方政府的规模,应该确定在边际成本(拥挤成本)正好等于由新成员承担税收份额所带来的边际收益那一点上。因此,如果在理论上能够断定存在多个适当规模的地方政府,就可以通过人们在不同辖区之间进行移居来提高资源配置的效率。

(二) 预算收支划分的原则

预算收支划分总的来说应贯彻统一领导、分级管理的基本原则,在保证中央宏观调控和监督的条件下,赋予地方相应的财政自主权,具体来说应坚持以下原则:

1. 中央宏观调控和地方自主性相结合原则

中央宏观调控和地方自主性相结合原则,即在处理政府间预算收支范围划分时,既要强化中央政府的集权与宏观调控能力,又要兼顾地方政府的分权和自主管理能力,实现二者之间的平衡与协调。

在现代市场经济条件下,政府调控是不可缺少的,其中中央调控占主导地位:

(1) 为了保证中央宏观调控的需要,在收入的划分上,凡是关系到国民经济全局、便于中央发挥宏观调控的税种,均应划归中央作为中央收入,使中央有稳定的财力保障国家全局的需要。在支出划分上,凡是关系到国民经济全局、地方无力承担或不宜由地方承担的支出,均应划归中央支出,以充分发挥中央预算的主导作用。

(2) 为了发挥地方政府的积极性,凡是与地方关系密切、税源分散、需要发挥地方积极性来组织征收的税收,均应划归地方收入。在支出划分上,凡是与地方社会经济发展关系比较密切、地方有可能承担又不会对全局产生消极影响的支出,均应划归地方支出。这样有利于充分调动地方政府的积极性,从地方的实际出发,加速地方经济文化建设事业的发展,从而保证整个国民经济和社会发展的稳定、协调,使国家预算的职能作用得到充分发挥。

2. 外部性原则

所谓外部性,是指某个经济实体的行为使他人受益(正外部性)或受损(负外部性),却不会因此得到补偿或付出代价。由于外部性的存在,社会收益或成本大大高于行为者的个体收益或成本。因此,在外部性很强的领域,市场机制(价格信号)就不可能对社会资源进行有效的分配。如果单靠市场中的自愿交易,经济的外部性就无法被内在化。

在多层级政府条件下,必须合理划分各级政府职能,尽量避免局部利益和整体利益的冲突,既让不同层级的政府各司其职,高效提供相应的公共产品和服务,又要有效避免相互之间的扯皮推诿和恶性竞争。因此,外部性原则是划分各级政府事权的一项基本原则。政府提供公共产品和服务会产生外部性,在决定政府职责划分的过程中,要看公共产品和服务的外部性由哪一级政府来承担,根据公共产品和服务的受益范围,确定中央与地方之间的事权和支出责任划分。一般意义上,全国性受益的公共产品和服务由中央政府提供,仅地方一定区域受益的公共产品和服务由地方政府提供,跨区域的公共产品和服务由上一级政府提供。

3. 效率性原则

效率性是指组织活动过程中投入资源与产出成果之间的对比关系,即要用最少的投入成本取得尽可能完美的产出与结果。预算管理体制的效率性原则主要体现在两个方面:一是市场效率,即处理好政府与市场之间的关系问题。预算管理体制提供了一个让市场引导资源配置的中性制度环境和市场秩序,要让市场主体充分公平竞争,市场机制在资源配置中发挥决定性作用。二是政府效率,即处理好各级政府间的职责划分问题,明确各级政府的职责所在,使其各司其职、各负其责,形成良好的行政与社会秩序,提供优质的公共服务。

由于信息不对称,再加上我国各地区经济发展水平存在明显的地区差异,各级政府的财力状况千差万别,而且地方政府与居民更为接近,因此比中央政府更了解居民的偏好,获取和处理信息的成本要比中央政府更低。同时,我国地理、文化、自然和人力资源禀赋等方面的多样性,以及地方政府提供更符合居民偏好的区域性公共产品和服务的比较优势决定了必须充分发挥地方政府履行社会职责的积极性。

4. 激励相容原则

在市场经济中,每个理性经济人都会有自利的一面,个人会按自利的规则实施行为;如果能有一种制度安排,使行为人追求个人利益的行为正好与企业实现集体价值最大化的目标相吻合,这一制度安排就是"激励相容"。激励相容由2007年获得诺贝尔经济学奖的美国明尼苏达大学经济学名誉教授利奥尼德·赫维茨(Leonid Hurwicz)在其创立的机制设计理论中提出。

现代经济学理论与实践表明,贯彻激励相容原则能够有效地解决个人利益与集体利益之间的矛盾冲突,使行为人的行为方式、结果符合集体价值最大化的目标,让每个员工在为企业多做贡献的过程中成就自己的事业,即个人价值与集体价值的目标函数实现一致化。应用在政府间事权划分上,就是要设计一种体制,使所有的参与人(中央政府和地方政府)即使按照自己的利益去运作,也能实现整体利益最大化,这种体制设计就是激励相容原则的体现。①

(三) 政府间事权划分的通行规则

政府职责划分是分级财政体制的逻辑起点,依据政府职责划分事权又是合理划分财权的出发点。财政属于政府的分配行为,而不同级次的政府所履行的特定职能或其侧重点是不同的,因此应根据各级政府行使职能的需要,相应地划分财权和财力,为不同级次的政府履行其职责提供物质保障。政府事权的行使须借助于财政职能的履行才能体现并完成。市场经济国家公共财政的职能包括稳定、分配和资源配置。根据公共产品和服务的层次性及受益区域的不同,市场经济国家对这些职能进行大致划分的做法具有一定的相似性,反映了政府间事权划分的通行规则。

1. 稳定职能主要由中央政府履行

稳定职能主要是指保持宏观经济的持续、健康、协调发展,稳定的标志通常是实现充分就业、物价稳定、国际收支平衡。要实现经济稳定目标,政府运用财政、货币政策进行调控是必不可少的。这包括内在稳定器和相机抉择政策。在经济高度开放的背景下,若由地方政府来设计和执行反周期政策,效果不会理想。如地方政府为了增加就业,将设计某些财政优惠政策来吸引投资,这不但会使其他地方政府受损,而且会引起其他地方政府的报复,最终两败俱伤。地方政府为谋求各自辖区局部稳定的政策,可能导致其他地区乃至全国的不稳定。因此,稳定职能应由中央政府履行。正如美国财政学家哈维·罗森(Harvey Rosen)所说:实际上,人们普遍同意,旨在影响就业水平和通货膨胀率的收支政策,应由联邦政府制定。没有一个州或地方政府大到可以影响整个经济活动的程度。例如,让每个地方政府各自发行货币和执行独立的货币政策,是没有道理的。

2. 分配职能主要由中央政府履行

分配职能是财政最基本和最重要的职能,包括收入的再分配和地区间资源要素的再分配。收入分配职能是指通过财政分配活动实现收入在全社会范围内的公平分配,将收入差距保持在社会可以接受的范围内。劳动者和生产要素的投入者在分配中遵循机会均等、规则公平的原则,允许合理拉开收入差距,但又要防止两极分化。

政府财政之所以要履行收入再分配职能,就是要通过分配政策和手段对由种种原因造成的社会成员在收入或财富分配上差异较大的情况进行调整,以缩小差距,均等化收入和财富,削减不公平负担,实现社会公平。社会公平的基本表现是公众享受基本同等的公共产品和公共服务待遇。在全国范围内实现公平原则,需要把高收入者的部分收入

---

① 楼继伟:《中国政府间财政关系再思考》,中国财政经济出版社 2013 年版,第 24 页。

再分配给低收入者,这就要制定完整的税收制度和公共支出方案。这种分配和再分配方案的制定及实施权必须由中央政府来掌握,以避免出现不同地区的不公平现象。反之,如果由地方政府行使再分配的权力,则会在全国范围内出现地区间的差别税收、差别转移支付等制度,从而导致人口、资源等要素的不合理流动,以及经济效率的缺失。地区间资源要素的再分配是指通过财政分配活动实现资源在地区间的公平分配,将地区经济发展差距保持在社会可以接受的范围内。中央政府通过转移支付,解决地区间由经济发展水平差距造成的公共服务水平差异化问题,使各个地方提供公共服务的能力趋向均等化。

3. 资源配置职能主要由地方政府履行

财政的资源配置职能即在社会与私人之间对社会总资源进行划分,对社会公共产品和服务的构成作出选择,以此为依据提供公共产品和服务,使人力、物力、财力的分配向资源配置的帕累托最优效率状态逼近。

财政配置资源的内容是多方面的,其中主要包括:提供基础设施;资助基础性科学研究;对过度竞争的行业进行适当的限制或调节;反垄断;制定和实施国家的产业政策,保证社会资源的配置符合国家的发展战略等。由于中央政府和地方政府都要在不同的受益范围内提供公共产品,因此配置职能一般由中央政府和地方政府共同履行。由于资源配置具有较强的地域性,为了能够更好地实现因地、因事制宜,地方政府在履行资源配置职能方面应多有所作为。相较于中央政府,地方政府只是在较小的地域范围内进行资源配置,但因地方政府对于本地区居民的需要、偏好等信息更为了解,因此可以根据地方情况进行项目选择,这样的话,配置的针对性明显增强,资源配置效率较高,可以更好地履行其资源配置职能。其中,提供地方性公共基础设施和公共服务、城市维护与建设、地方交通运输、就业训练等,是地方政府资源配置职能的主要内容。但是,对处于地方而具有外部效应的项目,则需要中央政府参与。

（四）政府间事权划分的一般模式

因各国国情不同,各级政府职责和事权划分也会有所差异,但市场经济国家各级政府的事权划分,依据其通行规则及公共产品和服务性质,仍有共同点和一般规律可循,因此可将其归纳、概括为事权划分的一般模式:

1. 全国性公共产品和服务应由中央政府提供

全国性公共产品和服务主要包括国防、外交、外贸管理、全国性的立法和司法、中央银行、中央税的征管等。宏观经济稳定(包括财政、货币政策)是一种特殊的全国性公共产品,其也应由中央政府来提供。

2. 地方性公共产品和服务应由地方政府提供

地方性公共产品和服务包括地区性的交通、警察、消防、教育、环保、供水、下水道、垃垃圾处理、公园、对地区经济发展的支持、地方性法规的制定和实施等。为了达成资源配置高效化的目标,地区性公共产品和服务的决策应尽可能留给该层级的政府。这样做还有利于促进地方政府间的竞争,从而推动政策创新。

3. 中央政府应参与具有跨地区外部效应公共产品和服务的提供

这类公共产品和服务包括跨地区的公路、铁路、水路运输及邮电通信等项目。另外,有些项目(如航空港、环保、教育等)虽然位于某个地区,但受益者却不仅限于本地居民。从理论上讲,这些项目在多大程度上使外地居民受益,应成为中央政府在多大程度上参与及分摊成本的主要依据。但在实践中,这个程度很难判断和测算,因此,各国的做法也十分不同。一些发达国家的做法是中央政府按一定比例支付该类项目的成本。

4. 调节收入分配的职责多由中央政府承担

中央政府在收入分配调节方面主要涉及的事权和支出责任有:收入分配政策的制定,调节收入分配,保持社会分配公平;就业政策的制定,促进就业;养老保险政策的制定和实施;中央对地方政府的转移支付等。当然,中央政府在这些方面承担较大职责并不意味着由它承担全部成本,可能只需中央政府提供某种补贴。各国中央政府与地方政府主要事权划分的一般情况如表 3-1、表 3-2 所示。

表 3-1 各国中央政府与地方政府事权划分的基本框架

内容	事权归属	理由
国防	中央	全国性公共产品和服务
外交	中央	全国性公共产品和服务
国际贸易	中央	全国性公共产品和服务
金融与银行政策	中央	全国性公共产品和服务
管理地区间贸易	中央	全国性公共产品和服务
对个人的福利补贴	中央、地方(省、州)	收入重新分配
失业保险	中央、地方(省、州)	收入重新分配
全国性交通	中央、地方	全国性公共服务、外部效应
地区性交通	地方	地区性公共服务
环境保护	省、州级地方,中央	地区性服务、外部效应
对工业、农业、科研的支持	地方、中央	地区性外部效应
教育	地方、中央	地区性福利
卫生	地方、中央	地区性福利
公共住宅	地方、中央	地区性福利
供水、下水道、垃圾处理	地方	地区性公共服务

(续表)

内容	事权归属	理由
警察	地方	地区性公共服务
消防	地方	地区性公共服务
公园、娱乐设施	地方	地区性公共服务

资料来源:马骏,《论转移支付:政府间财政转移支付的国际经验及对中国的借鉴意义》,中国财政经济出版社 1998 年版,第 138—139 页。

表 3-2　部分国家基本公共服务的职责划分情况

政体	国别	公共服务项目			法律依据
		教育	公共卫生	社会保障	
联邦制	澳大利亚	联邦、州	联邦、州	联邦、州	宪法
	美国	州、地方	州、地方	联邦、州	宪法及其修正案
	德国	州	州、地方	联邦	基本法
单一制	英国	中央、郡县	中央、郡县	中央	宪法
	日本	中央、都道府县、市町村	中央、都道府县、市町村	中央	宪法、地方自治法

资料来源:楼继伟,《中国政府间财政关系再思考》,中国财政经济出版社 2013 年版,第 167—182 页。

第二节　分税制预算管理体制

一、分税制的内涵与特征

(一) 分税制的内涵

1. 什么是分税制

分税制是市场经济国家普遍推行的一种预算管理体制模式,是分税分级财政体制的简称,这种体制的实质是通过划分中央与地方税收收入来源和管理权限,进一步理顺中央与地方财政的分配关系,充分调动中央和地方财政的积极性。

分税制在明确划分中央与地方政府事权和支出责任的基础上,按照税种划分中央与地方预算收入,各级预算相对独立,各级政府和地区之间的财力差异通过规范的转移支付制度来进行调节。

2. 分税制的要点

分税制的要点体现在以下四个方面:

(1) 一级政府、一级预算,各级预算相对独立、自求平衡;

（2）在明确划分各级政府职责的基础上划分各级预算支出范围；

（3）收入划分实行分税制，主要按税种划分，也可对同一税种按不同税率进行分配或实行共享制；

（4）对预算收入水平的差异通过政府间转移支付制度加以调节。

3. 分税制的类型

在各国税收实践中，实行分税制的国家基本上可划分为完全分税制与不完全分税制两种形式：

（1）完全分税制是指各级政府都有独立的税种，独立征税，不设共享税；各级财政在法定收支范围内自求平衡，各级财政之间不存在转移支付或转移支付的规模很小；中央财政立法权和地方财政立法权划分明确，地方财政权独立。采取这种分税制的国家大多是联邦制国家，如美国等。它具有如下特点：政府首脑由民众选举产生并对选民负责，政府事权明晰，民众意愿对政府行为有较大的影响，税权和事权严格对应，税收管理权限划分清楚，中央与地方税务机构分设。一般来说，实行这种制度需要有良好的法治环境作为支撑。如果民众没有对立法、执法的有效建设和监督权力，实行彻底的分税制只会带来官本位下的腐化和短期行为，使地方经济受到损害。因此，在法治建设不太完善的国家和时期，想要实行彻底的分税制是行不通的。

（2）不完全分税制是指税收管理权限交叉，设置中央税、地方税以及中央和地方共享税的一种分税制制度。它既具有固定性的特点，又具有灵活性的特征。采用这种分税制的大多是管理权限比较集中的国家，如英国、日本等。

（二）分税制的特征

分税制在不同国家有不同的具体形式，但一般而言具有以下基本特征：

1. 规范性

规范性主要体现在两个方面：一是各级政府收支范围的划分和调节制度的安排是规范的，支出范围的划分严格以事权范围的规定为依据，收入范围的划分在遵循财权与事权相匹配的原则基础上，主要以税种或税权的标准来确定，预算调节制度的安排充分体现公平与效率相结合的原则，并有规范的计算依据。同时，分税制中的各项基本制度在全国具有统一性，如中央税或地方税的税种或税权在全国各地的划分是一致的。二是分税制的运作过程是规范的，各级政府各司其职，分级治事，收入分征、分管，国家的收入分配和宏观调控也有序进行。

2. 层次性

层次性是指在分税制预算管理体制中，各级财政相对独立，实行分级管理，财政体制的运作具有明显的层次性。各级财政在划定的收支范围内安排本级的财政活动，负有明确的平衡责任，一级财政既不能任意向外转移自身的财政负担，也不能随意包揽应由其他级次财政承担的事务。预算管理的这种层次性有利于明确各级和各地方财政的职责,调动各方面的积极性,提高财政管理的效能。

3. 法治性

法治性要求对各级政府事权、财权、税权的划分及其相互关系以一定的法律法规的形式加以规定,这是市场经济的法治化在财政活动领域的体现。法治性可以提高预算管理的透明度,加强制约和监督,同时也能保障预算管理体制的稳定性,使国家财政管理体系的运行不受一般政治经济事件的影响,各级政府能以长远的眼光来运筹和规划自身的财政活动。

二、我国的分税制预算管理体制

(一) 我国实行分税制的背景

1. 我国预算管理体制的历史沿革

随着政治经济环境的变化,新中国成立以来的预算管理体制经历了若干次调整。总体来看,可以分为三个阶段:"统收统支"阶段、"分灶吃饭"阶段和"分税制"阶段,如表 3-3 所示。

表 3-3 新中国成立以来的预算管理体制沿革

	实行时间	预算管理体制简述
统收统支	1950 年	高度集中,统收统支
	1951—1957 年	划分收支,分级管理
	1958 年	以收定支,五年不变
	1959—1970 年	收支下放,计划包干,地区调剂,总额分成,一年一变
	1971—1973 年	定支定收,收支包干,保证上缴(或差额补贴),结余留用,一年一定
	1974—1975 年	收入按固定比例留成,超收另定分成比例,支出按指标包干
	1976—1979 年	定收定支,收支挂钩,总额分成,一年一变,部分省(市)试行"收支挂钩,增收分成"
分灶吃饭	1980—1984 年	划分收支,分级包干
	1985—1987 年	划分税种,核定收支,分级包干
	1988—1993 年	财政包干
分税制	1994 年至今	按照统一规范的基本原则划分中央和地方收支范围,建立并逐步完善中央对地方财政的转移支付制度

2. 实施财政包干制度的背景

财政包干制度是预算管理体制中处理中央与地方关系的一种制度,指地方的年度预算收支指标经中央核定后,由地方包干负责完成,超支不补,结余留用,地方自求平衡,对少数民族地区,中央予以特殊照顾。这项制度是我国20世纪80年代末到90年代初的财政模式。

财政包干的方法于1971年开始实行,在当时的情况下,财政包干被证明是一种有效的方法,它扩大了地方的财政收支范围和管理权限,调动了地方筹集财政资金的积极性,有利于国家财政的综合平衡。从1980年起,我国财政部门又采用"划分收支,分级包干"的新体制。这一体制的特点是:明确划分中央和地方的收支范围,以1979年各地方的财政收支数为基础,核定地方收支包干的基数,对收入大于支出的地区,规定收入按一定比例上缴,对支出大于收入的地区,将工商税按一定比例留给地方,作为调剂收入;工商税全部留给地方后仍收不抵支的,再由中央给予定额补助。收入分成比例或补助支出数额确定后,五年不变。地方多收可以多支,少收可以少支,中央不再增加补助,地方财政必须自求平衡。这种办法把地方权力结合起来,改变了吃"大锅饭"的现象,所以又被称为"分灶吃饭"的财政体制。1985—1987年,又调整基数,实行"划分税种,核定收支,分级包干"的体制,使得财政包干制度更加完善。

但随着市场在资源配置中作用的不断增强,财政包干的弊端日益显现。主要表现在:税收调节功能弱化,影响统一市场的形成和产业结构的优化;国家财力偏于分散,制约财政收入合理增长,特别是中央财政收入比重不断下降,弱化了中央政府的宏观调控能力,在此背景下,我国于1994年开始实施分税制预算管理体制改革。

(二)我国实施分税制的意义

在我国社会主义市场经济快速发展的情况下,推行分税制具有很强的理论和现实意义。第一,分税制可以规范和稳定中央与地方之间的财政分配关系,减少其相互之间的利益冲突和摩擦,使中央和地方各得其所,有效配置各自的财力。第二,分税制有利于增强中央政府的宏观调控能力,因为通过分税制对公共财力进行划分能确保中央财政的主导地位,使国家的收入分配调节和宏观政策实施有必要的财力保证。第三,分税制有利于打破地区分割,规范地方政府行为,避免地方政府为争夺财政收入而画地为牢、干预企业、重复建设、保护落后,促使生产要素的合理流动和全国统一市场的形成。第四,分税制能改变企业隶属于某一级政府的状况,既有利于企业转换经营机制,真正成为独立的市场经济主体,也有利于政府转变职能,致力于提高公共产品供给的效率和公共服务的水平。

1993年12月15日颁布的《国务院关于实行分税制财政管理体制的决定》,明确了我国分税制改革的原则和主要内容。1994年,"国家实行中央和地方分税制"被写入《预算法》。作为新中国成立以来规模最大、范围最广、内容最深刻的一次财政体制改革,分税制初步建立了适应社会主义市场经济体制需要的财税体制,对于保证财政收入,调整优化税制结构,加强宏观经济调控,理顺中央与地方的财政分配关系,促进经济与社会的发展,都起到了重要作用。

(三）分税制改革的指导思想

1. 正确处理中央与地方的利益关系

通过分税制促进国家财政收入合理增长,并且逐步提高中央财政收入在全国财政收入中的比重。既要考虑地方利益,调动地方发展经济、增收节支的积极性,又要适度增加中央财力,提高中央财政的宏观调控能力。为此,中央要从财政收入的增量中多得一些,建立中央财政收入的稳定增长机制。

2. 合理调节地区之间的财力分配

既要有利于发达地区继续保持较快的发展势头,又要通过中央财政对地方的税收返还和转移支付制度扶持经济不发达地区的发展和老工业基地的改造。

3. 坚持统一政策与分级管理相结合的原则

划分税种不仅要考虑中央与地方的收入分配,还必须考虑税收对经济发展和社会分配的调节作用。中央税、共享税以及一些重要的地方税的立法权都要集中在中央,以保证中央政令统一,维护全国统一市场和企业平等竞争。税收实行分级征管,中央税和共享税由中央税务机构负责征收,共享税的地方部分由中央税务机构直接划入地方国库,地方税由地方税务机构负责征收。

4. 坚持整体设计与逐步推进相结合的原则

分税制改革既要借鉴国外经验,又要从本国实际出发。在明确改革目标的基础上,力求办法规范化,但必须抓住重点,分步实施,逐步完善。

（四）我国分税制的基本内容

1. 政府间事权和支出责任划分

分税制财政体制改革确定中央与地方支出划分的基本原则是:中央财政主要承担国家安全、外交和中央国家机关运转所需经费,调整国民经济结构、协调地区发展、实施宏观调控所必需的支出,涉及由中央直接管理的事业发展支出。中央与地方各自的财政支出范围如表3-4所示。

表3-4　1994年中央与地方财政支出划分

中央财政支出	地方财政支出
1. 国防费	1. 地方行政管理费
2. 武警经费	2. 公检法支出
3. 外交和援外支出	3. 部分武警经费
4. 中央级行政管理费	4. 民兵事业费
5. 中央统管的基本建设投资	5. 地方统筹的基本建设投资

(续表)

中央财政支出	地方财政支出
6. 中央直属企业技改和新产品试制费	6. 地方企业技改和新产品试制费
7. 地质勘探费	7. 支农支出
8. 由中央财政安排的支农支出	8. 城市维护建设支出
9. 由中央财政安排的还本付息支出	9. 地方文化支出
10. 中央本级负担的公检法支出	10. 地方教育支出
11. 中央本级负担的文化支出	11. 地方卫生支出
12. 中央本级负担的教育支出	12. 价格补贴支出
13. 中央本级负担的卫生支出	13. 其他支出
14. 中央本级负担的科学支出	

资料来源:谢旭人主编,《中国财政60年》(上、下卷),经济科学出版社2009年版,第382页。

2. 政府间收入划分

根据事权与财权相结合的原则,按税种划分中央与地方的收入,将维护国家权益、实施宏观调控所必需的税种划分为中央税;将同经济发展直接相关的主要税种划分为中央与地方共享税;将适合地方征管的税种划分为地方税,并补充地方税税种,增加税种收入。中央与地方税收的具体划分如表3-5所示。

表3-5 1994年中央与地方税收划分

中央固定收入	地方固定收入	中央与地方共享收入
1. 关税	1. 营业税(不含铁道部门、各银行总行、各保险总公司集中缴纳的营业税)	1. 增值税 中央分享75% 地方分享25%
2. 海关代征的消费税和增值税	2. 地方企业所得税(不含地方银行和外资银行及非银行金融企业的所得税)	2. 资源税 海洋石油资源税归中央 其他资源税归地方
3. 消费税	3. 地方企业上缴利润	3. 证券交易印花税 全部为中央收入
4. 中央企业所得税	4. 个人所得税	
5. 地方银行和外资银行及非银行金融企业所得税	5. 城镇土地使用税	
6. 铁道部门、各银行总行、各保险总公司等集中缴纳的营业税、所得税、利润和城市维护建设税	6. 固定资产投资方向调节税	

(续表)

中央固定收入	地方固定收入	中央与地方共享收入
7. 中央企业上缴的利润	7. 城市维护建设税(不含铁道部门、各银行总行、各保险总公司集中缴纳的部分)	
	8. 房产税	
	9. 车船使用税	
	10. 印花税	
	11. 屠宰税	
	12. 农牧业税	
	13. 农业特产税	
	14. 耕地占用税	
	15. 契税	
	16. 遗产和赠与税	
	17. 土地增值税	
	18. 国有土地有偿使用收入	

资料来源：谢旭人主编，《中国财政60年》(上、下卷)，经济科学出版社2009年版，第383页。

注：① 国务院决定从2002年1月1日起实施所得税收入分享改革。除少数特殊行业或企业外，对其他企业所得税和个人所得税收入实行中央与地方按比例分享。
② 从2016年1月1日起，证券交易印花税由中央97%、地方3%的比例分享全部调整为中央收入。
③ 从2016年5月1日起，营业税改为增值税，增值税中央与地方分享比例改为各50%。
④ 随着税制的改革，有些税种已经取消或停征，如固定资产投资方向调节税、农牧业税、屠宰税等。
⑤ 遗产和赠与税尚未开征。

3. 税收返还制度

为了使财政体制改革顺利运行，分税制财政体制的方案确定了维持地方1993年既得利益的政策，即以1993年为基期年，以分税后地方净上划中央的收入数额作为中央对地方的税收返还基数，基数部分全额返还地方。以后年度中央财政对地方财政返还数额以1993年为基期年，1994年以后，税收返还基数在1993年基数基础上逐年递增，递增率按本地区增值税和消费税平均增长率1：0.3的系数确定。

4. 所得税收入分享改革

1994年实行分税制财政体制时，所得税按企业产权隶属关系划分，即中央企业所得税作为中央财政固定收入，地方企业所得税作为地方财政固定收入。随着社会主义市场经济的发展，这种划分方式制约了国有企业改革的逐步深化和现代企业制度的建立，客观上助长了重复建设和地区封锁，妨碍了市场公平竞争和全国统一市场的形成，不利于促进区域经济协调发展和实现共同富裕，也不利于加强税收征管和监控。随着政府机构改革的全面推进、企业新财务制度的顺利实施和分税制财政体制的平稳运行,国务院决定从 2002 年 1 月 1 日起实施所得税收入分享改革。除少数特殊行业或企业外,对其他企业所得税和个人所得税收入实行中央与地方按比例分享。中央保证各地区 2001 年地方实际的所得税收入基数,实施增量分成。

5. 2004 年出口退税负担机制改革

2004 年出口退税负担机制改革的基本原则是"新账不欠,老账要还,完善机制,共同负担,推动改革,促进发展",对出口退税率进行结构性调整,具体就是加大中央财政对出口退税的支持力度,建立中央和地方财政共同负担出口退税的新机制,结合出口退税机制改革推进外贸体制改革,累计欠退税由中央财政负担。

6. 转移支付制度的建立与完善

分税制改革引入了过渡时期转移支付管理办法。过渡时期财政转移支付额由客观因素转移支付额和政策因素转移支付额构成。客观因素转移支付额主要参照各地标准财政收入和标准财政支出差额以及客观因素转移支付系数计算确定。2002 年所得税共享改革后,引入一般性转移支付管理办法。

7. 现代财政制度背景下的预算管理体制完善

2014 年 6 月审议通过的《深化财税体制改革总体方案》提出了建立现代财政制度的总体框架,现代财政制度改革主要包括预算管理制度改革、现代税收制度建立、政府间财政关系重构三方面的内容。

《深化财税体制改革总体方案》明确在保持中央和地方收入格局大体稳定的前提下,合理划分中央和地方收入,进一步明确政府间事权和支出责任,实现事权和支出责任相匹配。

2016 年 8 月,国务院印发《关于推进中央与地方财政事权和支出责任划分改革的指导意见》,进一步指明在促进中央财政事权加强的同时保障地方履行财政事权,实现中央和地方政府共同事权的规范化,并建立财政事权划分动态调整机制;进一步落实事权和支出责任相匹配的原则,除了强调中央政府和地方政府各自的事权和支出责任匹配,还对中央政府和地方政府共同事权视具体情况划分支出责任。

2018 年 1 月,国务院印发《基本公共服务领域中央与地方共同财政事权和支出责任划分改革方案》,明确中央与地方共同财政事权的八大类事项的具体规定,初步界定了中央和地方支出责任的承担方式。

2018 年 8 月以来,国务院先后印发了医疗卫生领域、科技领域、教育领域、交通运输领域、生态环境领域、公共文化领域、自然资源领域、应急救援领域等中央与地方财政事权和支出责任划分改革方案,进一步细分上述领域中央和地方财政事权和支出责任划分,财政事权和支出责任划分标准的不断清晰和完善也说明,我国财政体制在自我完善的同时,也在向国家治理现代化的目标迈进。

第三节 政府间转移支付制度

政府间转移支付制度是预算管理体制的一个重要组成部分,是确保各级地方政府正常履行职能的一个必要条件,科学规范的转移支付制度是规范化分税制的重要组成部分,完善的预算管理体制离不开规范的政府间转移支付制度。

一、政府间转移支付的概念与类型

(一) 政府间转移支付的概念

政府间转移支付,是指在一定的预算管理体制下,中央政府与地方政府之间或上级政府与下级政府之间财政资金的转移(包括下拨和上缴)。政府间转移支付实质上是存在于政府间的一种补助。

在分税制的框架下,由于政府之间既定的职责、支出责任和税收划分,在上下级政府、同级政府之间普遍存在着财政收入能力与支出责任不对称的情况。这样,为平衡各级政府之间的财政能力差异,实现各地公共服务水平的均等化,就必须实行政府间的转移支付制度。这种转移支付,实际上是财政资金在各级政府间,特别是在中央政府与地方政府间的一种收入再分配形式,体现为各级政府间在财政资金再分配中所形成的一种内在的财政分配关系。

(二) 政府间转移支付的类型

虽然各国实行转移支付的具体做法不同,但从性质上来讲,政府间转移支付都可以归结为两类:无条件转移支付与有条件转移支付。

1. 无条件转移支付

无条件转移支付又称一般性补助,指中央政府向地方政府拨款,不附加任何条件,也不指定资金的用途,地方政府可以按照自己的意愿自主决定如何使用这些资金。

由于无条件转移支付不影响相对价格,也没有限定用途,因此,中央政府向地方政府提供无条件转移支付最主要的目的是解决纵向的和横向的财政不平衡,即弥补地方的收支缺口,以保证每个地方政府都能提供基本水准的公共服务。一般来说,因为无条件转移支付增加了地方政府的可支配收入,所以在一定程度上会降低地方政府对地方税的征收,同时也能够有效地增加公共部门和个人消费。

2. 有条件转移支付

有条件转移支付又称专项补助,指中央政府向地方政府指定拨款的用途,地方政府必须按指定的用途使用这些资金,或中央政府在向地方政府拨款时,要求地方政府按一定比例提供配套资金。

有条件转移支付的资金必须"专款专用",适用于特定的支出目的,因此,能够有效地贯彻中央政府的政策意图,在一定程度上干预地方政府的自主权。

二、政府间转移支付的目标

政府间转移支付是财政转移支付的一种特定形式,它是在各级政府间或同级政府之间通过财政资金的无偿拨付来调节各预算主体收支水平的一项制度。在分级预算管理体制中,收支的划分不可能使各级预算主体的收支完全对应,并且同级预算主体之间在收支的对应程度上也存在差别,从而出现所谓财政收支的纵向不均衡和横向不均衡。前者是指各预算级次之间,上级预算收大于支有剩余,下级预算支大于收有缺口;后者是指同级地方预算之间,由于客观因素决定的支出需求和收入能力的不对称而出现的差别。因此,需要运用转移支付方式来实现财政体系内各级次和各地方预算收支的最终均衡。构建和实施政府间财政转移支付制度的基本目标如下:

(一)实现公共资金的公平分配

无论是财政收支的纵向不均衡还是横向不均衡,都会影响相应级次和地方政府对公共产品或服务的合理供给,从而造成社会成员之间在获得公共产品或服务上的差异性,这是背离社会公平原则的,因此,必须通过政府间转移支付对公共资金的分配进行调节,以保证各地财政能力的大体均等。实际上,在分税制预算管理体制下,基于税收的收入功能与调节功能的"分税"是公共资金在政府间的第一次分配,而以财政能力均等化为目标的转移支付则是公共资金在政府间的第二次分配。从各国的实践看,政府间转移支付无不以使一国的社会成员均能享有与经济发展水平相应的基本公共福利为主要目标。我国是一个大国,各地的自然条件和经济发展水平存在较大的差异,通过政府间转移支付来协调地区间的利益关系,满足各地居民基本的公共需要,是政府必须承担的一项重要责任。

(二)保持中央政府对地方政府行为的必要控制力

一般来说,在分税制体制下,为保证国家的集中统一管理,有效实施中央的政策,赋予中央政府的财权通常会大于其事权,因此从整体上看,这种转移支付首先表现为中央政府对地方政府的资金拨付,其次才是地方各级政府间的资金拨付。即使是地方政府间的横向转移支付,也要由中央来主持,否则就难以达到标准化和实现普遍性。应当说,政府间财政转移支付是分级预算体制中中央政府控制和引导地方政府行为的重要手段,它从利益机制上确定了中央政府的主导地位和权威性。

(三)解决区域性公共产品的外溢问题

区域性公共产品的外溢是由地方政府管理的区域性和由地方政府提供的部分公共产品的效益不完全局限在其辖区内所决定的。比如地方公路交通网络的建设,不仅当地的企业和居民能够受益,其他地方也能从该区域较为便捷的交通中获益;再如防洪设施,其受益范围并不局限在设施所在的行政区域,流域内的其他地区也可以从中获得好处。在区域性公共产品存在外溢性和此类公共产品的成本完全由所在地的地方政府承担的情况下,其提供公共产品时所采取的策略会容易产生某种程度的扭曲和偏差,即地方政府从本地利益出发,有可能高估提供公共产品的成本,而低估其整体效益,并以无法完全负担成本为理由,减少此类整体效益较理想的公共产品的供给。这种扭曲性政策的实施,不仅影响着区域性公共产品的提供和本地区及相关地区居民的利益,而且也不利于地区间经济关系的协调。在这种情况下,实行政府间转移支付,由上级政府给予下级政府一定的财政补助,对具有外溢性的公共产品的提供进行适当的调节,便是一种较为有效的干预方式。

（四）促进落后地区的资源开发和经济发展

对于具有一定规模的国家而言,由于各地地理条件、人口素质、资源状况以及其他要素禀赋的差异,一定时期内地区间在经济发展水平上存在某种差距是必然的。但如果这种差距过大或任其发展,会引起资金、人才、劳动力的非规则流动,造成地区间的利益矛盾,严重时甚至会导致社会动荡。因此,国家应以一定的政策措施促进落后地区的资源开发和经济发展,逐步缩小地区间的经济差距。运用政府间转移支付手段,可以增加对落后地区的资金投入,加大其资源开发、基础设施和公共项目建设的力度,引导资源向落后地区流动,协调区域经济关系。实际上,各国政府间转移支付的对象主要是经济相对落后因此财政能力较为低下的地区,这不仅是实现社会公平的需要,同时也是促进资源在区域间合理配置的内在要求。

三、政府间转移支付的方式

政府间转移支付的方式有三种:一是自上而下的纵向转移,即中央政府对地方政府、上级政府对下级政府的转移支付,当然也可以有相反的情况,但在规范的分税制体制下这种情况并不多见;二是地区间的横向转移,即由富裕地区将其部分富余财力直接转移给贫困地区,实行地区间的互助;三是纵向转移与横向转移相结合。目前世界主要国家的政府间转移支付制度大都实行以纵向转移为主的方式,只有少数国家(如德国)地区间的横向转移占有重要地位。

政府间转移支付所要解决的一个基本问题是受援地区的政府对所接受的转移支付资金能否自主决定其用途,据此可以分为一般均衡补助和专项补助两种基本方式。

（一）一般均衡补助

1. 一般均衡补助的含义

一般均衡补助又称无条件补助,是指对所拨出的资金不规定具体用途的转移支付方式,受援地方可用该项资金弥补其一般预算的缺口。一般均衡补助可以提高受援地方的基本财政能力,是缩小地区间财力差距、促进社会公平、实现财政能力均等化的主要形式。一般均衡补助的分配应与各地的支出需求成正比,与税收能力成反比,因此其拨款安排应当以对各地方的支出需求和税收能力的科学测定为依据。

2. 一般均衡补助的计算公式及影响因素

确定一个地方是否具有接受一般均衡补助的资格、可以接受多少这种补助的基本计算公式为:

一般均衡补助 =(标准支出需求 − 标准税收能力)× 调整系数

标准支出需求的测算,要根据影响地方财政支出的主要因素(如人口数量及密度、人口构成、财政供养人数及费用标准、公共产品或服务的供给标准及成本等),按费用类别或支出项目(如行政、教育、卫生、道路、环保等)分别计算,然后综合起来得出标准支出需求总额,它反映的是地方政府应达到的起码的公共供给水平。

标准税收能力的测算,首先要根据各地方影响财政收入的经济指标和税制因素,按划归地方掌握的各收入项目(税种)分别计算,然后将各收入项目综合起来得出该地方的标准税收能力。这样测算出的税收能力是指"理论收入能力",反映地方按既定的经济总量和在税收制度正常的情况下应达到的税收总额,其实际收入水平还与其组织收入的努力程度有关。

计算出标准支出需求和标准税收能力以后,将两者加以比较,支出需求小于税收能力者,不能接受一般均衡补助;支出需求大于税收能力者,可获得该项补助,其差额根据国家实际可用的转移支付财力、地区协调的需要以及激励受援地政府增加收入和节约支出的要求等因素设定的系数进行调整后,即为应安排的补助额。

(二)专项补助

专项补助又称有条件补助,是指对所拨付的资金规定了使用方向或具体用途的转移支付方式,受援地方必须按规定要求运用该种资金。安排专项补助一般是为了配合宏观调控政策、解决区域性公共产品外溢问题或促进特定公共事业的发展。专项补助又可分为无限额配套补助、有限额配套补助和非配套补助三种形式。

1. 无限额配套补助

无限额配套补助是指中央或上级政府对指定支出项目给予的资金补助,是按受援地政府以自有资金在该项目上的支出数的一定比例来安排的,地方政府在规定项目上的支出额大,中央或上级政府相应的补助数就多,没有上限。例如,若中央政府对地方政府的教育支出按 1∶0.5 的比例安排配套补助,且不规定上限,那么如果地方政府安排 1 亿元的教育支出,则中央政府拨付 5 000 万元的教育补助;如果地方政府安排 2 亿元的教育支出,则中央政府拨付 1 亿元的教育补助;以此类推。无限额配套补助实际上是对接受补助的地方政府提供特定公共物品或服务的成本补贴,它一方面会增加受援地政府的可利用资金,另一方面会影响受援地公共产品的供给行为和供给结构。但这种补助也容易导致地方政府对补助品的过度供给,增加中央或上级政府的财政负担。

2. 有限额配套补助

有限额配套补助是指中央或上级政府明确规定对指定的支出项目补助的最高数额,在此数额内,按受援地政府在规定项目上的实际支出数的一定比例进行配套补助,超过这一数额,则不再增加拨款。这种补助方法既可以引导受援地政府的公共供给行为,也能防止无限额配套补助中容易出现的地方政府行为扭曲和加重补助主体财政负担的问题,因此为许多国家所采纳。

3. 非配套补助

非配套补助是指中央或上级政府对规定支出项目提供固定数额的资金补助,由受援地政府作出具体的支出安排,不要求受援地政府在该项目上提供资金。非配套补助一般适用于区域外溢性比较强或受援地政府财政困难较大难以保障供给的项目。实际上,非配套补助安排可以使受援地政府将其自有资金集中在非补助项目的提供上,从而提高地方公共供给的总体水平。但非配套补助不利于强化受援地政府的用款责任和扩大补助项目的支出规模。

专项补助的数量规模取决于补助主体(中央或上级政府)和补助对象(地方或下级政府)的财力状况,以及补助项目的重要程度与耗资水平。一般来说,补助主体的财力状况越好,能用于专项补助的余额就越多;补助对象的财力状况越差,对特定支出进行补助的需求就越大;补助项目的重要程度与耗资水平越高,相应的补助安排也就越多。

不同的政府间转移支付方式对受援地政府有不同的影响,因此具有不同的政策效应。中央政府应根据不同的社会经济目标,选择合理的转移支付方式,并加强各种转移支付方式的协调配合,这样才能达到理想的转移支付效果。正常情况下,一般均衡补助有利于实现公共资金分配的纵向和横向公平,而专项补助则有利于提高公共资金的配置效率,包括促进外部效益高的地方性公共产品的供给、增大特定公共产品的规模效应、促进落后地区的经济开发等。

四、我国现行转移支付形式

(一) 一般性转移支付

一般性转移支付,指中央政府对有财力缺口的地方政府(主要是中西部地区)按照规范的办法给予的补助。一般性转移支付用于均衡区域间基本财力配置,向革命老区、民族地区、边疆地区、欠发达地区以及重要功能区域倾斜,主要包括均衡性转移支付、中央对地方重点生态功能区转移支付、老少边穷地区转移支付、成品油税费改革转移支付、共同财政事权转移支付等。

1. 均衡性转移支付

均衡性转移支付不规定具体用途,由接受补助的省(自治区、直辖市)政府根据本地区实际情况统筹安排。中央财政建立均衡性转移支付规模稳定增长机制,确保均衡性转移支付增幅大于转移支付的总体增幅。对于中央出台增支政策需要纳入均衡性转移支付测算的,中央财政相应增加均衡性转移支付规模。均衡性转移支付资金分配选取影响财政收支的客观因素,按照各地标准财政收入和标准财政支出差额及转移支付系数计算确定。其中,标准财政收入反映地方收入能力,根据工业增加值等因素及全国平均有效税率计算确定;标准财政支出旨在衡量地方支出需求,考虑人口规模、人口密度、海拔、温度、少数民族等成本差异计算确定。

2. 中央对地方重点生态功能区转移支付

为深入贯彻习近平生态文明思想,加快生态文明制度体系建设,深化生态保护补偿制度改革,特设立中央对地方重点生态功能区转移支付。重点生态功能区转移支付列为一般性转移支付,用于提高重点生态县域等地区的基本公共服务保障能力,引导地方政府加强生态环境保护。重点生态功能区转移支付不规定具体用途,中央财政分配下达到省、自治区、直辖市、计划单列市以及新疆生产建设兵团[以下统称为"省(区、市)"]省级财政部门,由相关省(区、市)根据本地区实际情况统筹安排使用。

3. 老少边穷地区转移支付

为落实《中华人民共和国民族区域自治法》,配合西部大开发战略的实施,体现党中央、国务院对民族地区的政策支持,经国务院批准,中央财政从2000年起,对民族地区专门实行民族地区转移支付制度,用于解决民族地区的特殊困难,推动民族地区经济社会的全面发展。2006年,为进一步体现党中央、国务院对民族地区的关怀,又将非民族自治区以及非民族自治州管辖的民族自治县纳入民族转移支付范围。自2012年起,将革命老区转移支付、边境地区转移支付由其他专项转移支付调整列入一般性转移支付,并与民族地区转移支付合并,改名为革命老区、民族和边境地区转移支付,同时加大支持力度。

4. 成品油税费改革转移支付

2008年,国务院实施成品油价格和税费改革,取消公路养路费等收费,提高成品油消费税单位税额,逐步有序取消政府还贷二级公路收费。新增成品油消费税连同由此相应增加的增值税、城市维护建设税和教育费附加具有专项用途,不作为经常性财政收入,不计入现有与支出挂钩项目的测算基数,除由中央本级安排的替代航道养护费等支出外,其余全部由中央财政通过规范的财政转移支付方式分配给地方。

5. 共同财政事权转移支付

财政事权是一级政府应承担的运用财政资金提供基本公共服务的任务和职责,支出责任是政府履行财政事权的支出义务和保障。在财政事权划分中,中央政府主要承担保障国家安全、维护全国统一市场、体现社会公平正义、推动区域协调发展等方面的财政事权。像国防、外交、国家安全、出入境管理、国防公路、国界河湖治理、全国性重大传染病防治、全国性大通道、全国性战略性自然资源使用和保护等基本公共服务被确定为中央的财政事权。地方政府主要承担地方公共服务、社会管理等方面的财政事权。像社会治安、市政交通、农村公路、城乡社区事务等受益范围地域性强、信息较为复杂且主要与当地居民密切相关的基本公共服务被确定为地方的财政事权。把体现中央战略意图、跨省（区、市）且具有地域管理信息优势的基本公共服务确定为中央与地方共同财政事权，并明确各承担主体的职责。像义务教育、高等教育、科技研发、公共文化、基本养老保险、基本医疗和公共卫生、城乡居民基本医疗保险、就业、粮食安全、跨省（区、市）重大基础设施项目建设和环境保护与治理等被确定为中央与地方共同财政事权。

共同财政事权转移支付与财政事权和支出责任划分改革相衔接，用于履行本级政府应承担的共同财政事权支出责任。各级政府根据基本公共服务保障标准、支出责任分担比例、常住人口规模等，结合政策需要和财力可能等，足额安排共同财政事权转移支付，下级政府确保上级拨付的共同财政事权转移支付资金全部安排用于履行相应的财政事权。编制预算时，共同财政事权转移支付列为一般性转移支付。各级政府根据基本公共服务保障标准、支出责任分担比例、常住人口规模等，结合政策需要和财力可能等，足额安排共同财政事权转移支付，落实各级政府支出责任，确保共同财政事权履行到位。

此外，还包括分税制改革之初的税收返还制度。

（二）专项转移支付

专项转移支付，是指中央政府为实现特定的经济和社会发展目标无偿给予地方政府，由接受转移支付的政府按照中央政府规定的用途安排使用的预算资金。专项转移支付预算资金来源包括一般公共预算、政府性基金预算和国有资本经营预算。专项转移支付在实现中央政府意图、引导地方政府行为等方面发挥了重要作用。

按照事权和支出责任划分，专项转移支付可分为委托类、共担类、引导类、救济类、应急类等五类。委托类专项是指按照事权和支出责任划分属于中央事权，中央委托地方实施而相应设立的专项转移支付。共担类专项是指按照事权和支出责任划分属于中央与地方共同事权，中央将应分担部分委托地方实施而设立的专项转移支付。引导类专项是指按照事权和支出责任划分属于地方事权，中央为鼓励和引导地方按照中央的政策意图办理事务而设立的专项转移支付。救济类专项是指按照事权和支出责任划分属于地方事权，中央为帮助地方应对因自然灾害等发生的增支而设立的专项转移支付。应急类专项是指按照事权和支出责任划分属于地方事权，中央为帮助地方应对和处理影响区域大、影响面广的突发事件而设立的专项转移支付。

属于委托类专项转移支付的，由中央政府足额安排预算，不要求地方安排配套资金。属于共担类专项转移支付的，应当依据公益性、外部性等因素明确分担标准或者比例，由中央政府和地方政府按各自应分担的数额安排资金。根据各地财政状况，同一专项转移支付对不同地区可以采取有区别的分担比例，但不同专项转移支付对同一地区的分担比例应当逐步统一规范。属于引导类、救济类、应急类专项转移支付的，由中央政府严格控制资金规模。

通过转移支付制度的改革,我国形成了一个庞大的转移支付体系,具体如表3-6所示。

表3-6 2022年中央对地方转移支付预算表　　　　　　　　单位:亿元

项　目	2021年执行数	2022年预算数	预算数为上年执行数的%
一、一般性转移支付	75 530.69	82 138.92	108.7
均衡性转移支付	19 029.00	21 179.00	111.3
重点生态功能区转移支付	885.75	992.04	112.0
县级基本财力保障机制奖补资金	3 379.00	3 779.00	111.8
资源枯竭城市转移支付	222.90	232.90	104.5
老少边穷地区转移支付	3 037.70	3 288.20	108.2
产粮大县奖励资金	482.04	506.14	105.0
生猪(牛羊)调出大县奖励资金	37.00	37.00	100.0
共同财政事权转移支付	34 645.71	36 969.04	106.7
税收返还及固定补助	11 678.18	11 714.62	100.3
体制结算补助	2 133.41	3 440.98	161.3
二、专项转移支付	7 486.02	7 836.08	104.7
三、支持基层落实减税降费和重点民生等专项转移支付	8 000.00		
中央对地方转移支付	83 016.71	97 975.00	118.0

资料来源:《2022年中央对地方转移支付预算表》,财政部中央预决算公开平台,http://yss.mof.gov.cn/2022zycys/202203/t20220324_3797807.htm,访问日期:2023年3月28日。

第四节　省以下财政体制改革

省以下财政体制是政府间财政关系制度的组成部分,对于建立健全科学的财税体制、优化资源配置、维护市场统一、促进社会公平、实现国家长治久安具有重要作用。党的十八大以来,按照党中央、国务院决策部署,根据中央与地方财政事权和支出责任划分改革安排,各地不断完善省以下财政体制,充分发挥财政职能作用,在推动经济社会发展、保障和改善民生以及落实基层"三保"(保基本民生、保工资、保运转)任务等方面取得了积极成效。同时,省以下财政体制还存在财政事权和支出责任划分不尽合理、收入划分不够规范、转移支付定位不清、一些地方"三保"压力较大、基本公共服务均等化程度有待提升等问题。为了更好地发挥财政在国家治理中的基础和重要支柱作用,健全省以下财政体制,增强基层公共服务保障能力,国务院办公厅出台了《关于进一步推进省以下财政体制改革工作的指导意见》(国办发〔2022〕20号),明确了改革的方向及框架。

一、清晰界定省以下财政事权和支出责任

(一) 合理划分省以下各级财政事权

要结合本地区实际,加快推进省以下各级财政事权划分改革,根据基本公共服务受益范围、信息管理复杂程度等事权属性,清晰界定省以下各级财政事权。适度强化教育、科技研发、企业职工基本养老保险、城乡居民基本医疗保险、粮食安全、跨市县重大基础设施规划建设、重点区域(流域)生态环境保护与治理、国土空间规划及用途管制、防范和督促化解地方政府债务风险等方面的省级财政事权。将直接面向基层、由基层政府提供更为便捷有效的社会治安、市政交通、城乡建设、农村公路、公共设施管理等基本公共服务确定为市县级财政事权。

(二) 明晰界定省以下各级财政支出责任

按照政府间财政事权划分,合理确定省以下各级财政承担的支出责任。省级财政事权由省级政府承担支出责任,市县级财政支出责任根据其履行的财政事权确定。共同财政事权要逐步明确划分省、市、县各级支出责任,按照减轻基层负担、体现区域差别的原则,根据经济发展水平、财力状况、支出成本等,差别化确定不同区域的市县级财政支出责任。推动建立共同财政事权保障标准,按比例分担支出责任,研究逐步推进同一市县不同领域的财政支出责任分担比例统一。上级财政事权确需委托下级履行的,要足额安排资金,不得以考核评比、下达任务、要求配套资金等任何形式,变相增加下级支出责任或向下级转嫁支出责任。

二、理顺省以下政府间收入关系

(一) 参照税种属性划分收入

将税基流动性强、区域间分布不均、年度间收入波动较大的税收收入作为省级收入或由省级分享较高比例;将税基较为稳定、地域属性明显的税收收入作为市县级收入或由市县级分享较高比例。金融、电力、石油、铁路、高速公路等领域税费收入,可作为省级收入,也可在相关市县间合理分配。除按规定上缴财政的国有资本经营收益外,逐步减少直至取消按企业隶属关系划分政府间收入的做法。

(二) 规范收入分享方式

税收收入应在省以下各级政府间进行明确划分,对主体税种实行按比例分享,结合

各税种税基分布、收入规模、区域间均衡度等因素,合理确定各税种分享比例。对非税收入可采取总额分成、分类分成、增量分成等分享方式,逐步加以规范。

(三)适度增强省级调控能力

结合省级财政支出责任、区域间均衡度、中央对地方转移支付等因素,合理确定省级收入分享比例。基层"三保"压力较大的地区以及区域间人均支出差距较大的地区,应逐步提高省级收入分享比例,增强省级统筹调控能力。区域间资源分布不均的地区,省级可参与资源税收入分享,结合资源集中度、资源税收入规模、区域间均衡度等因素确定省级分享比例。

三、完善省以下转移支付制度

(一)厘清各类转移支付功能定位

建立健全省以下转移支付体系,根据财政事权属性,加大对财力薄弱地区的支持力度,健全转移支付定期评估机制。一般性转移支付用于均衡区域间基本财力配置,向革命老区、民族地区、边疆地区、欠发达地区,以及担负国家安全、生态保护、粮食和重要农产品生产等职责的重要功能区域倾斜,不指定具体支出用途,由下级政府统筹安排使用。共同财政事权转移支付与财政事权和支出责任划分改革相衔接,用于履行本级政府应承担的共同财政事权支出责任,下级政府要确保上级拨付的共同财政事权转移支付资金全部安排用于履行相应财政事权。编制预算时,共同财政事权转移支付暂列一般性转移支付。专项转移支付用于办理特定事项、引导下级干事创业等,下级政府要按照上级政府规定的用途安排使用。

(二)优化转移支付结构

调整省以下转移支付结构,优化横向、纵向财力格局,推动财力下沉,增强基层公共服务保障能力,推动落实中央重大决策部署。建立一般性转移支付合理增长机制,结合均衡区域间财力需要,逐步增大一般性转移支付规模。根据基本公共服务保障标准、支出责任分担比例、常住人口规模等,结合政策需要和财力可能等,足额安排共同财政事权转移支付,落实各级支出责任,确保共同财政事权履行到位。合理控制专项转移支付新增项目和资金规模,逐步退出市场机制能够有效调节的相关领域,整合政策目标接近、资金投入方向类同、资金管理方式相近的项目。

(三)科学分配各类转移支付资金

按照规范的管理办法,围绕政策目标主要采用因素法或项目法分配各类转移支付资金。采用因素法分配资金,应选择与财政收支政策有较强相关性的因素,赋予不同因素相应权重或标准,并结合实际情况运用财政困难程度、支出成本差异、绩效结果等系数加以调节,采取公式化方式测算,体现明确的政策导向和支持重点。确需以项目形式下达的转移支付可采用项目法分配资金,遵循公平、公正、公开的原则,结合实际采取竞争性评审等方式,按照规范程序分配。转移支付资金分配应与下级政府提供基本公共服务的成本相衔接,同时充分考虑下级政府的努力程度,强化绩效管理,适度体现激励约束。

此外,省以下财政体制改革还包括:建立健全省以下财政体制调整机制,如建立财政事权和支出责任划分动态调整机制、稳步推进收入划分调整、加强各类转移支付动态管理;规范省以下财政管理,如规范各类开发区财政管理体制、推进省直管县财政改革、做实县级"三保"保障机制、推动乡财县管工作提质增效、加强地方政府债务管理,等等。

本章小结

政府预算管理体制主要处理中央政府和地方政府及地方政府间事权和支出责任配置的问题。政府预算管理体制规定财政分级管理的原则,划定各级政权在财政管理方面的事权分配、财力划分和支出责任。

分税制是政府预算管理体制中的一种重要形式。现代分税制是建立在市场经济基础上,具有规范性、层次性和法治性等基本特征的一项制度。1994年分税制预算管理体制改革作为新中国成立以来规模最大、范围最广、内容最深刻的一次预算管理体制改革,初步建立了适应社会主义市场经济体制需要的预算管理体制,对于保证财政收入,调整优化税制结构,加强宏观经济调控,理顺中央与地方的财政分配关系,促进经济与社会的发展,都起到了重要作用。

财政事权是一级政府应承担的运用财政资金提供基本公共服务的任务和职责,支出责任是政府履行财政事权的支出义务和保障。共同财政事权转移支付与财政事权和支出责任划分改革相衔接,各级政府安排财政资金履行本级政府应承担的共同财政事权支出责任,下级政府确保上级拨付的共同财政事权转移支付资金全部安排用于履行相应的财政事权。

政府间转移支付制度是在各级政府间或同级政府之间通过财政资金的无偿拨付来调节各预算主体收支水平的一项制度。构建和实施政府间转移支付制度的基本目标是:实现公共资金的公平分配,保持中央政府对地方政府行为的必要控制力,解决区域性公共产品的外溢问题,促进落后地区的资源开发和经济发展。

省以下财政体制是政府间财政关系制度的组成部分,对于建立健全科学的财税体制、优化资源配置、维护市场统一、促进社会公平、实现国家长治久安具有重要作用。

思考题

1. 政府预算管理体制确定的基本原则包括哪几条？
2. 政府间预算收支划分的基本依据是什么？
3. 我国分税制的概念、类型、特征和基本内容是怎样的？
4. 政府间转移支付的目标及方式是什么？
5. 我国省以下财政体制改革包括哪些主要内容？

第四章

政府预算的编制

【学习目标】

　　本章介绍了政府预算编制的理论与实务。通过本章的学习,读者应该能够掌握政府预算编制的依据,掌握政府预算编制的模式和预算体系,掌握部门预算和总预算的内容及编制方法,了解政府预算测算的一般方法。

第一节 政府预算编制的依据

政府预算的编制即政府预算收支计划的预测及确定。政府预算的编制就是要在考察公共财政资源在过去已经使用情况的基础上,分析已经实现的预算目标及其成本与绩效,并为未来的预算期分配新的财政资源的过程。从各国情况来看,这一预算过程不论是对战略性计划进行缜密思考的结果,还是建立在多年重复性工作的惯性基础上,抑或是预算组织机构内各利益集团对有限财政资源分配相互竞争的结果,一旦财政资源通过预算过程进行分配,这种战略性计划就被确定了,且具有法律效力。

因此,政府预算的编制必须符合国家有关法律法规和制度的规定,必须反映国家一定时期的战略发展规划、宏观政策及年度国民经济和社会发展的要求,必须满足预算管理的需要。

一、国家的法律法规和宏观政策制度

政府预算的编制就是制定预算资金筹集和分配的计划,即政府预算资金从哪里筹集,筹集多少,又分配到哪里去。因此,预算是政府用以促进社会政治经济政策目标实现的最基本的工具,是实现国家治理体系和治理能力现代化的基础及重要支柱。所以,每一项预算收支的安排都要有其法律依据和政策制度依据。一般来讲,国家制定的有关法律法规及根据各个历史时期政治经济形势制定的政策制度代表着公众的根本利益,体现了国家政治经济发展的客观要求,政府预算是国家分配财政资金的重要手段,必须为实现国家的各项政策任务服务。

（一）法律依据

目前,我国政府预算编制的直接法律依据主要是《预算法》和《预算法实施条例》,以及其他相关的法律法规。如《预算法》及《预算法实施条例》对预算编制的原则、内容、形式、举债的要求、财政后备资金的建立、结余结转资金的处理、编制及批复的时间和程序等都做了明确的规定,特别是政府收入的取得要严格遵循税收法定的原则,依法征收,政府的每一笔开支都要事先列入预算,并经法定程序批准。

（二）政策依据

一国一定时期的政策取向是政府预算编制的政策依据,特别是预算当年国家结合发展战略及规划、配合当年国民经济和社会发展计划的相关财税政策是编制年度预算的基本依据。

政府预算编制贯彻国家的公共政策、体现政府的战略意图,主要是通过预算收支规模及范围的调整以及预算收支结构的变动来实现的。预算收支范围的变化直接体现政府对经济和社会发展管理范围的变化,预算收支结构的变动反映政府执行的产业政策及部门和地区发展政策的调整。尽管各个财政年度的基本方针政策不尽相同,但是作为年度财政计划的政府预算必须紧密围绕当年的基本政策要求进行安排,只有这样,才能发挥预算的保障作用,把国家的公共政策落到实处,并为顺利完成年度预算收支任务打好基础。

(三) 制度依据

政府预算编制的制度依据包括预算管理体制的有关规定,以及政府、财政部门及有关部门的规范性文件等。比如,预算编制应以预算管理体制所规定的管理权限和收支范围为依据,属于哪一级政府的收入和开支,就列入哪一级预算,并按照预算体制规定的方法和比例确定预算资金的上缴或补助数额;预算部门与单位编制预算时要依据国务院财政部门制定的政府收支分类科目、绩效目标、预算支出标准和要求、存量资产情况等预算编制的规定进行。

二、国民经济和社会发展计划与财政预算规划

(一) 经济社会发展预测与多年期预算规划

1. 经济社会发展预测

在编制年度预算的准备中,提供一份清晰的关于经济社会发展和财政发展的报告是非常重要的。因为经济与财政规划的核心内容是建立在对中长期宏观经济和社会发展预测及财政预测基础上的,以此为依据编制的短期及中期预算将有利于引导和约束政府的财政行为,有助于增强政府预算及部门预算管理的可预见性,确保政府对公众的受托责任。

在许多国家的年度预算文件中,除了列示未来一年中政府财政收支和债务方面的信息,还有一份清晰的政策报告书,它以对财政总额(预算总量)的中期预测为基础,阐明政府所关注的财政政策目标及其优先性、当前财政政策对未来年份的影响,以及中长期财政状况。政策报告书一般应区分为对当前政策的预算承诺和新政策所能产生的财政效应,这样,在年度预算中就可以清楚地看出继续执行现行政府规划的成本,以及新引入的政府规划的成本。

2. 多年期预算规划

在上述政策报告书的基础上,通常还需要一份多年期滚动的预算规划,也称多年期(中期)预算。多年期预算规划是一个通常为期3~5年(有些国家更长)的滚动的、具有一定约束力的预算总量规划,它为政府和政府各部门提供了每个未来财政年度中支出预算必须遵守的预算限额,其核心是确立支出限额,据以对支出、赤字和债务总量实施控制。多年期预算框架对于预算编制应该具有较强的约束力,但并不是不可调整的。事实上,在很多国家的该规划中,每年的支出估计数都会依据政府的政策、经济状况的改变以及各项规划的修正而作出相应的调整,然而一旦调整完毕,支出限额便成为编制年度预

算时务必遵守的界限。

与一年一定的预算限额(年度预算)办法相比,以多年期预算规划实行预算限额管理的好处是便于政府编制年度预算并研究开支重点,更强有力地约束各支出部门的支出需求,更好地确保政府政策的连续性,减弱政府官员的长官意志及更替对预算和政策造成的负面影响等。

专栏4-1　　　　　　　　　我国实施中期财政规划

一、中期财政规划的定义

中期财政规划是指财政部门会同政府各部门在分析预测未来3~5年重大财政收支情况,对规划期内的一些重大改革、重要政策和重大项目研究政策目标、运行机制和评价办法的基础上,编制形成的跨年度财政收支方案。

二、实行中期财政规划管理的原因

当前,我国经济社会发展面临的国内外环境错综复杂,财政可持续发展面临较大挑战,财政收入增速下降,与支出刚性增长的矛盾进一步加剧;现行支出政策考虑当前问题较多,支出结构固化僵化;地方政府性债务存在一定的风险隐患;专项规划、区域规划与财政规划衔接不够,不利于预算统筹安排。通过实行中期财政规划管理,强化财政规划对年度预算的约束性,有利于解决影响财政可持续发展的体制机制问题,有利于提高财政政策的前瞻性和有效性,也有利于增强财政对稳增长、调结构、促改革的作用,为实现经济社会可持续发展打下良好的基础。

三、中期财政规划的期限和类型

实行中长期财政规划管理是工业化经济体预算制度的一个共同特征。经济合作与发展组织(OECD)国家的中期预算一般为3~5年。我国香港特别行政区是5年,其"长远财政计划工作小组"对未来30年的财政收支进行预测分析。国际上,中期财政规划有三种常见的形式。根据对年度预算约束详细程度的不同,可分为中期财政框架、中期预算框架和中期绩效框架。

我国初步实施的中期财政规划按照三年滚动方式编制,更接近于中期财政框架,也是中期预算框架的过渡形态。今后我国将在对总体财政收支情况进行科学预判的基础上,重点研究确定财政收支政策,做到主要财政政策相对稳定,同时根据经济社会发展情况适时研究调整,使中期财政规划渐进过渡到中期预算框架。

四、中期财政规划与年度预算的关系

分年度来看,中期财政规划的第一年规划约束对应年度预算,后两年规划指引对应年度预算。年度预算执行结束后,根据经济社会发展情况对后两年规划及时进行调整,再添加一个年度规划,形成新一轮三年中期财政规划。通过逐年更新,确保中期财政规划符合实际情况,有效约束和指导年度预算。

分级次来看,全国中期财政规划对中央年度预算编制起约束作用,对地方中期财政规划和年度预算编制起指导作用。地方中期财政规划对地方年度预算编制起约束作用。部门三年滚动财政规划对部门预算起约束作用。

五、中期财政规划如何与其他规划相衔接

财政部门要主动加强与其他部门的沟通协调,做好中期财政规划与国民经济和社会发展计划及相关专项规划、区域规划的衔接工作,中期财政规划草案送同级政府批准前,要征求同级相关部门和社会有关方面的意见。

各部门也要树立中期财政观念,拟出台的增支事项必须与中期财政规划相衔接,制定延续性政策要统筹考虑多个年度,可持续发展,不得一年一定。对于农业、教育、科技、社会保障、医疗卫生、扶贫、就业等方面涉及财政支持的重大政策,有关部门应会同财政部门建立中长期重大事项科学论证机制。

六、实行中期财政规划管理要做好的基础性工作

各部门要编制好本部门本行业的相关规划,合理确定年度工作任务,并及时提供部门基础信息和相关行业数据,为中期财政规划编制提供良好的支撑。

财政部门要加强财政数据信息管理、支出项目化管理和定额标准体系建设,为规划编制提供必要的人员保障和技术支持。

(二) 国民经济和社会发展计划的主要指标

国民经济和社会发展计划是我国政府有计划地组织和管理国民经济与社会发展的重要手段,是国家进行国民经济宏观管理的重要工具。它规定着国民经济的发展速度、建设规模以及各部门之间的比例关系。

国民经济和社会发展计划的主要指标是测算预算收支指标的基本依据。政府预算与国民经济和社会发展计划的关系,实质上是财政同经济与社会发展的关系。经济决定财政,财政影响经济。预算收入主要来源于国民经济的各个部门,预算支出又主要用于满足国民经济发展的需要。表现在计划上,政府预算的编制要以国民经济和社会发展计划为基础,国民经济和社会发展指标是预算收入及支出编制的重要依据;同时,政府预算又是国民经济和社会发展计划在财力上的重要保证及主要反映,对国民经济和社会发展计划的执行起着促进、监督及制约作用。

1. 国民经济和社会发展计划对政府预算的决定作用

政府预算的编制要以年度国民经济和社会发展计划的主要指标为依据,这是因为国民经济和社会发展计划所规定的国民经济的发展规模和速度决定着政府预算收支的规模和速度。预算收入指标,如税收、利润等指标,主要是根据国民经济和社会发展计划中的生产指标、商品流转额等指标确定的;而预算支出指标,如文教科学卫生支出、基本建设支出等,主要依据国民经济和社会发展计划的相关指标来确定。正是国民经济和社会发展计划与政府预算的这种关系,决定了政府预算的编制必须与国民经济和社会发展计划相适应,并以其为基础。

2. 政府预算对国民经济和社会发展计划的促进及制约作用

政府预算的编制以国民经济和社会发展计划为依据,并不是说政府预算只是国民经济和社会发展计划的简单反映,政府预算通过对国家财力的集中与分配可以对国民经济和社会发展计划起促进、制约及调节的作用。这种作用主要表现在以下两个方面:

(1) 政府预算是国民经济和社会发展计划在财源及财力上的主要反映,它可以通过货币形式综合反映国民经济和社会发展计划的发展规模、速度与效益,以及国民经济各部门的比例关系,便于发现、检查国民经济和社会发展计划中存在的问题。

(2) 政府预算是国民经济和社会发展计划的实现在财力上的主要保证。国民经济和社会发展计划的发展规模及速度要受国家财力的制约,在制定国民经济和社会发展计划时,不仅要考虑国家建设和发展的需要,同时还必须考虑国家财力的可能,不能编制没有资金保证的大计划。也就是说,政府预算收支指标并不是机械地根据国民经济和社会发展计划的指标进行测算,而是要根据政府预算本身的收支规律和中期的财政规划,分析各种主客观因素进行测算。从这一点上讲,政府预算的编制过程也就是政府预算与国民经济和社会发展计划相互协调、相互平衡的过程。财政部门可以从财力分配的角度对国民经济和社会发展计划的安排提出修改意见,使计划安排切合实际。

三、确定年度预算限额

(一) 预算限额制度

中期预算规划的主要作用是确定未来各年度的预算限额,并以年度预算限额作为预算编制的重要依据。预算限额不仅对预算编制所涉及的财政资源总量形成约束,而且对整个预算执行过程都具有强大的约束力。这就意味着,在正常情况下,一旦预算通过法定程序进入执行阶段,将不允许任何支出机构随意安排超过预算限额的支出。

1. 预算限额的类型

预算限额分为总量预算限额和部门预算限额。总量预算限额是指政府整体(在单一制国家中包括各级政府)的预算限额,通常在宏观经济政策、国民经济走势、中期财政规划的预测基础上确定。总量预算限额确定后,还必须分解为部门预算限额,作为编制部门预算的依据。部门预算限额同样必须是强约束性的;否则,来自各部门的支出需求压力将迫使政府全部开支最终突破预算总额。所以,各部门必须确保总量预算限额得到遵守,正常情况下各部门只能在部门预算限额内配置财政资源。

2. 预算限额的内容

预算限额的主要内容是支出限额,此外还应包括财政收入限额、预算盈余或赤字,以及政府债务限额。不难理解,如果不对收入规模实施法定意义上的有效控制,政府可能就会随意通过增加财政收入(包括出售资产)来满足支出需要,从而加剧支出控制和赤字控制的难度;如果不对债务加以限制,可能就会导致政府债务规模的膨胀并加重纳税人未来的负担及偿债风险。

3. 预算限额的形式

预算限额的形式包括平衡限制和比例限制。平衡限制的形式是要求预算编制和执行必须遵守收支平衡的原则,实际上是"以收定支"的方法。比例限制的形式包括很多,比如将支出总额限定为 GDP 的一定比例,规定本年支出相对于上年或基准水平的变动幅度,再如欧盟规定各成员的预算赤字不得超过本国 GDP 的 3%,等等。

(二)我国预算限额的制定

我国预算限额的制定包括平衡限制和比例限制。

1. 平衡限制

平衡限制在《预算法》对预算编制的要求中体现,如《预算法》第十二条规定:各级预算应当遵循统筹兼顾、勤俭节约、量力而行、讲求绩效和收支平衡的原则。各级政府应当建立跨年度预算平衡机制。第五十五条要求:各级政府不得向预算收入征收部门和单位下达收入指标。收入预算作为预期,执行中强调依法征收,《预算法》第三十四条第二款规定:对中央一般公共预算中举借的债务实行余额管理,余额的规模不得超过全国人民代表大会批准的限额。第三十五条规定:地方各级预算按照量入为出、收支平衡的原则编制,除本法另有规定外,不列赤字。经国务院批准的省、自治区、直辖市的预算中必需的建设投资的部分资金,可以在国务院确定的限额内,通过发行地方政府债券举借债务的方式筹措。……

2. 比例限制

比例限制的形式之一是通过财政部门下达主要预算收支控制指标,即按照预算编制程序,各级财政部门要在各职能部门上报的预算收支建议数的基础上,根据国家一定时期的公共政策着力点及财政收入可能进行综合平衡,拟定主要预算收支控制指标,作为各预算部门与单位编制预算草案的重要依据。

下达预算收支控制指标的目的主要是保证一些特定的收支满足特定的法律要求,如《预算法》第三十六条第一款规定:各级预算收入的编制,应当与经济社会发展水平相适应,与财政政策相衔接。第三十七条第二款、第三款规定:各级预算支出的编制,应当贯彻勤俭节约的原则,严格控制各部门、各单位的机关运行经费和楼堂馆所等基本建设支出。各级一般公共预算支出的编制应当统筹兼顾,在保证基本公共服务合理需要的前提下,优先安排国家确定的重点支出。这些法律规定在实践中将会以各种财政制度规范的形式体现在预算管理中,如对"三公经费"的比例限制等。

在支出矛盾占主要方面的情况下,预算支出控制指标就显得尤为重要。比如,在我国,各支出项目在国家事务管理与国民经济运行中所处的地位不同,预算安排的顺序和数额也不相同,因此,在预算编制中就必须从全局出发,区分轻重缓急,正确处理不同支出项目之间的比例关系,保证重点,兼顾一般,以促进国民经济和各项事业的健康发展。而这一切都需要通过确定预算控制指标来实现。

比例限制的形式之二就是对一些特定的支出设定支出上限。如《预算法》第四十条规定:各级一般公共预算应当按照本级一般公共预算支出额的百分之一至百分之三设置预备费,用于当年预算执行中的自然灾害等突发事件处理增加的支出及其他难以预见的开支。

专栏4-2　　债务余额限额管理

《预算法实施条例》第四十二条规定:预算法第三十四条第二款所称余额管理,是指国务院在全国人民代表大会批准的中央一般公共预算债务的余额限额内,决定发债规模、品种、期限和时点的管理方式;所称余额,是指中央一般公共预算中举借债务未偿还的本金。

《预算法实施条例》第四十三条规定:地方政府债务余额实行限额管理。各省、自治区、直辖市的政府债务限额,由财政部在全国人民代表大会或者其常务委员会批准的总限额内,根据各地区债务风险、财力状况等因素,并考虑国家宏观调控政策等需要,提出方案报国务院批准。各省、自治区、直辖市的政府债务余额不得突破国务院批准的限额。

我国自1981年恢复发行政府债券,由于当时不允许地方政府发债,因此我国的政府债券基本上都是国债,即中央政府债券。我国一开始都是采取逐年审批年度发行额的方式管理国债,这种方式存在五大问题:不能全面反映国债规模及其变化情况,不利于合理安排国债期限结构,不利于促进国债市场平稳发展,不利于财政与货币政策协调配合,不利于提高国债管理效率。2005年12月,第十届全国人民代表大会常务委员会第四十次委员长会议通过了常务委员会预算工作委员会关于实行国债余额管理的意见。

国债余额管理是指立法机关限定年末不得突破的国债余额的上限以达到科学管理国债规模的目的。国债余额管理制度是国际通行做法,与年度审批制相比,它具有以下优点:增强立法机关对国债规模的控制能力;降低财政筹资成本;降低国库运行成本,提高国库运行效率;使国债作为宏观调控的工具更加灵活;等等。

自2006年起我国不再实行控制当年发行规模的国债发行年度限额管理办法(也称"赤字管理办法"),开始采用新的国债发行管理办法——国债余额管理。当时国债余额包括中央政府历年预算赤字和盈余相互冲抵后的赤字累计额、向国际金融组织和外国政府借款统借统还部分(含统借自还转统借统还部分),以及经立法机关批准发行的特别国债累计额。在国债余额管理制度下,财政部在一个预算年度内可以自行安排发行国债的规模,只要保证年末国债余额不超过人民代表大会审批的限额即可,因此财政部拥有了更多利用国债筹集预算收入的空间。即便如此,财政部在发行国债时也要慎重考虑,合理确定发行国债的数量。主要应考虑以下因素:

（1）当年预算赤字。发行国债是弥补赤字最为普遍的方式之一，因此在确定国债规模时首先要考虑当年的预算赤字。根据全国人民代表大会常务委员会预算工作委员会的要求，一般情况下，年度预算赤字即为当年新增国债限额。

（2）对企业债券的挤出效应。目前中国债券市场中国债比例过高，而国债本身比企业债券更具吸引力，如果国债余额过多，则国债发行增量也会相对较大，这对企业债券的发行将产生很大的冲击。

（3）应债能力。国债余额管理调节的是国债供给，而需求的变化也会对国债发行产生重要影响。目前商业银行是中国债券市场中主要的交易者，但随着居民收入水平的日益提高，个人开始成为重要的国债购买者。因此，在发行国债时也要考虑居民对国债规模和种类的需求。

（4）与货币政策的协调。国债余额管理的实施将使财政部更倾向于发行中短期国债，而这些具备高流动性、高安全性的国债品种某种程度上是央行票据的一种替代物，是央行实施公开市场操作的重要金融工具。因此，除考虑财政融资需要外，还应考虑执行货币政策的需要。

第二节　政府预算编制的模式

一、政府预算编制模式的含义及其变革依据

（一）政府预算编制模式的含义

模式（Pattern）是指从经验中经过抽象和升华提炼出来的核心知识体系，即把解决某类问题的方法归纳总结到理论高度，其是解决某一类问题的方法论。良好模式的指导有助于作出一个优秀的设计方案，得到解决问题的最佳办法。

政府预算编制的模式是指根据预算理论和政策，在提高公共资金管理效率的前提下，按某种规则，将资金有效地分配和最终落实到预算部门及单位以及政府的各项事业上，即政府预算编制的模式是要解决政府机构如何分配和管理公共资金，并将它有效地转化为公共产品和服务，以完成公众委托的事项的问题。

因此，政府预算编制的模式是一个既有一定的理论作为指导，又有相应的实施制度作为保障的体系。在这一体系的建设中，预算编制理论处于重要地位，它为政府预算制度的建设提供了依据，而在不同理论的指导下，资金分配的规则和管理方法都将是不同的。例如，在以"养人办事"为主要目的的预算模式下，预算编制只是向公众报告钱用到了哪里；如果采用以"办事效果"为基础的预算模式，预算编制则不仅需要了解钱用到了哪里，更需要了解购买某项公共产品和服务的成本，以及这一成本与市场成本的比较等。

（二）政府预算编制模式变革的依据——政府效率和效益

从世界范围来看，政府预算编制的模式在不同历史时期经历过多次变革，而每一次

变革又都是伴随着政府改革进行的。政府改革主要围绕着建立"效率政府"的目标而进行,即通过改革政府的管理机制,强化公共管理,克服官僚主义,提高政府效能。在政府改革中,政府预算制度改革处于核心地位,而预算编制模式的改革与建立又是政府预算制度优化的轴心。

提高政府效率和效益,意味着在同等服务量条件下人员和经费的节约,或者在同等公共资金条件下提供更多、更好的服务。因此,效率和效益是政府改革及优化的核心。在建设"效率政府"上,几乎所有国家都通过政府预算改革来进行。这表明,政府预算改革是政府改革的核心,由于政府效率及效益与预算资金效率及效益存在高度的相关性,因此人们可以通过预算资金的效率及效益测定,来检验政府机构的效率及效益。

二、政府预算编制模式的主要类型

随着经济的发展和社会的进步,需要政府提供的公共产品和服务规模不断扩大、结构日趋复杂,政府职能相应拓展,政府预算编制的模式也经历了由简单到复杂、由低级向高级发展的过程,特别是在现代信息技术的推动下,预算编制模式得到了迅速发展。

(一) 按预算编制结构划分——单式预算与复式预算

1. 单式预算

单式预算,是将财政收入和支出汇编在一个预算内,形成一个收支项目安排对照表,而不区分各项收支性质的预算组织形式。

单式预算的优点是,有利于反映预算的整体性、统一性,可以明确体现政府财政收支的规模和基本结构。在政府收支规模较小、收支结构较为简单、国家基本不干预经济运行的条件下,单式预算便于立法机构审议和公众监督,可满足政府预算管理的需要。因此,在预算产生后一个相当长的时期内,各国政府主要实行单式预算。单式预算的不足是,无法清晰地反映各项预算收支的性质,如资本性支出与消耗性支出的区别,不利于预算管理和监督,也不利于体现政府在不同领域活动的性质和特点。

2. 复式预算

复式预算是根据政府预算收支的不同性质,将全部收支在两个或两个以上的预算中反映。复式预算是伴随着政府职能扩大、预算收支规模增大、收支性质趋于复杂,需要进一步加强预算管理和监督而产生的。复式预算最早出现在丹麦、瑞典,后为英国、法国、印度等国陆续采用。

常见的复式预算是将政府预算分为经常性预算和资本预算:

(1) 经常性预算主要反映政府日常收支,收入以税收为主要来源,支出主要用于国防外交、行政管理、科教文卫等。经常性预算收支在性质上体现了政府为履行内外职责、提供公共产品和服务所发生的消耗,这部分支出虽然不形成资本,却是政府实现其职能必不可少的。

（2）资本预算反映了政府在干预经济过程中的投资等活动，这部分支出可形成一定量的资本，在较长的时间内为社会提供公共服务。资本预算的收入主要包括国有资本经营收益、资产处置收入、债务收入、经常预算结余转入等，支出主要包括各类投资、贷款等。在性质上，资本预算收支体现了政府干预经济活动的广度和深度，所发生的支出不是社会财富的消耗，而是形成一定量的资本，可以在较长时间内发挥作用。

各国复式预算具有明显的国别特色。复式预算的优点是，体现了不同预算收支的性质和特点，政府通过编制两个或两个以上的预算，分别进行管理，既能反映财政预算资金的流向和流量，又能全面反映资金性质和收支结构，有利于提高预算编制质量，加强预算资金监督与管理，满足不同类型的社会公共需要。复式预算的缺点是，由于全部政府收支在不同的预算中反映，在反映政府预算的整体性、统一性方面不如单式预算，因此有些收支在不同预算之间划分有一定的困难。此外，复式预算也不利于反映政府预算赤字的真正原因，如在预算分为经常性预算和资本预算的情况下，预算赤字主要表现为资本性预算赤字，似乎赤字是因为政府经济建设类支出过多，但现实并不完全如此。

（二）按预算编制方法划分——基数预算与零基预算

1. 基数预算

基数预算是指在安排预算年度收支时，以上年度或基期的收支为基数，综合考虑预算年度国家政策变化、财力增加额及支出实际需要量等因素，确定一个增减调整比例，以测算预算年度有关收支指标，并据以编制预算的方法。其基本公式可表示为：预算年度某项收支数额＝上年度或基期该项收支的基数(1±增减率)。

基数法是我国预算编制过程中常用的方法之一。该方法的优点在于简便易行，编制效率高。在数据资料有限、预算管理的科学性和规范性要求不高的条件下，可满足财政决策和预算编制的需要。但基数法编制预算也有以下缺点：一是收支基数的科学性、合理性难以界定。在实际工作中，往往以上年度实际数或以前若干年度平均数为预算收支基数，这实际上是以承认既得利益为前提，使以前年度不合理的收支因素得以延续。二是编制方法显得过于简单，主观随意性较大，缺乏准确的科学依据。

2. 零基预算

零基预算(Zero-base Budgeting)是指在编制预算时对预算收支指标的安排，要根据当年政府预算政策要求、财力状况和经济与社会事业发展需要重新核定，而不考虑该指标以前年度收支的状况或基数。

零基预算的优点是，预算收支安排不受以往年度收支的约束，预算编制有较大的回旋余地，可突出当年社会经济政策的重点，充分发挥预算政策的调控功能，防止出现预算收支结构僵化和财政拖累。但零基预算也有以下缺点：一是并非所有的预算收支项目都能采用零基预算，有些收支在一定时期内具有刚性，如国债还本付息支出、公务员的工资福利支出等。二是每年对所有的收支都进行审核，是一项需要耗费大量人力、物力和财力的工作,难免出现不必要的浪费。

该编制方法自 20 世纪 90 年代被引入我国,然而受制于法治体系不健全、政治约束、部门阻力等因素,自 21 世纪开始进入发展停滞阶段,2014 年以后我国经济进入新常态,财政收支矛盾加剧,同时伴随着全面深化改革的启动,财税体制改革力度空前,各地陆续将零基预算理念融入预算编制当中。

(三) 按预算编制的导向划分——投入预算与绩效预算

1. 投入预算

投入预算是指传统的线性预算(Line-item Budgets)在编制、执行时主要强调严格遵守预算控制规则,限制甚至禁止资金在不同预算项目之间转移,因此预算反映的是投入,即政府对资源的使用,而不是结果或产出。

投入预算的政策重点在于如何控制资源的投入和使用,保证预算按预定的规则运行,而不强调是否达成政府的政策目标,投入与产出相比的效率如何。线性预算以提供公共服务的组织为单位编制,将拨款分为行政性支出、公共事业支出和专项支出等。对行政性支出、公共事业支出实行按管理因素分类的方式,即将人员经费与公用经费分开安排。

投入预算的优点是,有利于预算管理的规范化、制度化,也便于立法机关审议。其不足之处在于:如果不重视产出,就无法有效控制行政机构和人员膨胀,预算支出效率低下,这些规则的实际意义就会大打折扣。

2. 绩效预算

"绩"是成绩,"效"是效率、效益。绩效的内涵包括"经济""效率"和"效果",其中,"经济"指输入成本的降低程度,"效率"指一种活动或一个组织的产出及其投入之间的关系,"效果"指产出对最终目标所做贡献的大小。绩效是与支出相联系的概念,主要包括以下问题:花钱购买的产品、服务是否符合需要?以什么价格购买?与支出相比,购买的服务是否值得?这种绩效管理理念用于预算管理的实践主要是通过在预算全过程中嵌入绩效管理的方法,即设定绩效目标、监控绩效目标的实现、对结果的绩效评价来实现的。预算的绩效管理即更强调财政支出活动所取得的成绩及产生的效果,更重视预算的外部关系,即政府与社会、政府与公民的关系,更重视公民利益和公民的反馈,即公共支出所提供与获得的有效公共服务,所以,要以绩效管理制度为保障。

因此,与投入预算相反,绩效预算(Program Budgeting)强调预算投入与结果的关系,其宗旨在于有效降低政府提供公共产品和服务的成本,提高财政支出的效率和效益,从而约束政府支出的扩张,因此又被称为"以结果为导向的预算",即绩效预算的编制目标是政府提供公共产品和服务的"结果",而不是政府机构的简单产出。例如修一条公路,即使能够按时保质保量完工,但如果没有实现缓解交通拥堵的设计初衷,则这种投入仍应被视为低效或无效。

(四)按预算作用的时限划分——年度预算和多年预算

1. 年度预算

年度预算是指预算收支计划执行期为一年的预算。传统意义上的政府预算主要是指年度预算。预算的时间跨度称为预算年度或会计年度。由于各国的政治体制和历史文化传统不同,预算年度可以和日历年度一致,也可以不一致,即可分为历年制和跨年制。

在编制年度预算时,一般是当年开始编制第二年的预算,以便于根据当年经济社会发展水平、预算实际执行情况、下年度政府政策变化等因素,较准确地预测预算收支指标,合理配置资源,实现政府政策目标,满足社会公共需要。同时,也便于立法机关审议、批准和监督预算的执行。

2. 多年预算

多年预算是指预算收支安排时间在两年以上的预算。这种预算实际上是一种对年度预算具有指导功能的财政发展规划。从预算收支的特点分析,有些支出项目需要连续跨年度拨款才能完成,如大型公共设施建设、重大科技攻关项目等,而税收等预算收入的增长在经济运行周期内具有一定的稳定性,因此预算安排在各年度之间需要保持连续性、稳定性,仅通过编制年度预算则难以达到这一要求。利用对跨年度滚动预算的编制,并与年度预算相衔接,使预算收支安排既满足当年执行的需要,便于立法机关审查、批准和监督,又具有前瞻性、连续性,提高预算编制的质量与科学性、合理性,为经济和社会发展提供优质的公共服务。从各国编制多年预算的实践看,主要为3～5年的中期预算,长期预算并不多。

(五)按预算收支平衡状况划分——平衡预算与差额预算

1. 平衡预算

平衡预算是指在预算编制、执行过程中保持收入与支出基本相等。

在我国古代财政管理中就有"量入为出"之说。在西方国家,1929—1933年大危机以前,以亚当·斯密(Adam Smith)为代表的古典经济学家都主张政府预算收支平衡,反对政府发行公债扩大支出,其目的在于维护自由竞争的市场经济,通过市场这只"看不见的手"自动调节经济运行,实行资源的合理配置。实际上,平衡预算既是一种预算政策选择,也是一种理财思想,反映了不同历史时期人们对政府财政职能的理解、认识。政府预算收支平衡,减少财政赤字和国债发行,固然对加强财政管理、完善财政制度等有益,但从根本上讲,还要看预算平衡是否有利于宏观经济的稳定与增长,是否有利于各项社会事业的发展与文明进步,单纯追求预算平衡目标的实际意义是有限的。

2. 差额预算

差额预算是指在预算编制过程中,为了实现一定的政策目标,使预算支出大于收入而有赤字,或者使预算收入大于支出而有结余。赤字预算是差额预算的典型形式。

最为典型的是西方国家在1929—1933年大危机以后,奉行凯恩斯主义的赤字财政政策,编制和执行赤字预算,大量发行国债,扩大政府支出,以刺激社会有效需求,缓解生产过剩的经济危机。赤字预算成为政府干预经济运行的重要政策工具。但长期实行赤字预算政策,也产生了政府债台高筑、还本付息支出额巨大、财政支出结构僵化、政府宏观调整能力削弱、经济增长受到影响等一系列问题,财政的可持续性以及发展和安全问题越来越受到关注。

专栏4-3　　　　　　　　我国实施跨年度预算平衡机制

一、跨年度预算平衡机制的提出

《预算法》第十二条在规定"各级预算应当遵循统筹兼顾、勤俭节约、量力而行、讲求绩效和收支平衡的原则"的同时提出"各级政府应当建立跨年度预算平衡机制"。简单的预算收支平衡的原则是要求预算编制中必须遵守"以收定支"。这种看似严格的平衡限制在实践中会带来严重的预算软约束,并且容易违反预算的逆向调节作用而出现预算调节的"顺周期"问题,即在经济不景气时,收入预算原本难以完成,但在平衡限制的情况下,政府面对收支矛盾和政绩考核,为了在不突破预算赤字规模的情况下满足支出需要往往"竭泽而渔",不是通过限制支出而是不考虑税源的实际情况一味强调和固化税收的任务意识,通过增加税收甚至出售资产来实现平衡。这种简单而不是动态调整的"税收任务意识"扭曲了正常的征管行为,容易引发"过头税""寅吃卯粮""杀鸡取卵"等税收执法乱象,从而增加经济实体的负担,进一步加剧经济的衰退。并且各地为了争取税源,竞相出台税收优惠政策,制造税收洼地,带来了"税基的侵蚀和利润的转移",扰乱了市场经济公平竞争的秩序。而当经济过热时,税源充裕,本可以通过增加税收加以调节,但此时财政部门基于预算平衡目标以及避免抬高收入预算基数,反而对采取这种逆向调节的手段不积极,"藏富于民",从而加剧了经济的过热。

因此,现代预算管理改革的趋向是将预算限额集中在控制支出总额方面,并且独立于收入限额,即不与收入限额挂钩。预算支出限额制度作为一种严格的资源"定量配给"机制发挥作用,不允许支出部门随意提出超过限额的支出需求。

为了解决"顺周期"调节问题,党的十八届三中全会审议通过的《中共中央关于全面深化改革若干重大问题的决定》明确提出实施全面规范、公开透明的预算制度。审核预算的重点由平衡状态、赤字规模向支出预算和政策拓展,并提出建立跨年度预算平衡机制。为贯彻落实这一要求,2018年3月,中共中央办公厅印发《关于人大预算审查监督重点向支出预算和政策拓展的指导意见》,对人大监督方的监督重点作出了明确的要求。

就一级政府来说,如果将目前预算控制的重点转到预算支出政策和具体支出预算上来,而收入预算只作为预期目标,就有可能会使预算收支平衡状态在预算执行中因经济的波动而被打破,并且还会出现支出增长过快的问题,在建设和发展任务很重的发展中国家尤为如此。当前,我国正处在经济与社会变革的关键时期,预算支出及预算赤字呈快速刚性增长态势,地方债务问题严重。要能够遏制政府债务快速增长的势头,保持经济、财政可持续发展,制度设计之一就是在建立起中长期重大事项科学论证的机制基础上,改年度预算平衡约束机制为跨年度预算平衡约束机制,即将预算收支平衡的评价期限由年度扩展至跨年,与之配套的是要将预算支出政策、支出重点及支出规模置于跨年度中期财政滚动规划的基础之上。跨年度中期财政滚动规划通常是为期3~5年(有些国家更长)的、具有一定约束力的财政规划,它为政府和政府各部门提供每个未来财政年度中支出预算必须遵守的预算限额,并以年度预算限额作为预算编制的重要依据。对于有着巨大投资冲动的我国各级政府来说,跨年度中期财政滚动规划的核心就是要确立支出限额,据以对支出、赤字和债务总量实施控制及约束。该规划每年的支出估计数可以依据政府的政策、经济状况的改变以及各规划的修正作出相应的调整,然而一旦调整完毕,支出限额便成为编制年度预算时务必遵守的界限。与一年一定的预算限额(年度预算)办法相比,以跨年度中期财政滚动规划实施预算支出限额控制的好处是显而易见的,它便于政府实施与国情相适应的财政及福利制度,以避免过高的福利承诺,研究分年开支重点并落实到年度预算上,并以此更强有力地约束各支出部门的支出需求,有利于更好地确保政府预算支出政策的前瞻性和可持续性,减弱经济波动及政府领导人的更替对预算和政策造成的负面影响。但是它的实施应该建立在一国经济社会能够比较平稳发展的基础之上,以使年度之间的预算衔接能够平滑过渡,从而避免预算的大起大落,只有在此前提下才能真正实现预算的硬约束。

二、跨年度预算平衡机制的构建

(一)预算超收及短收的平衡机制

《国务院关于深化预算管理制度改革的决定》(国发〔2014〕45号)规定:对于一般公共预算执行中出现的超收收入,在冲减赤字或化解地方债务后用于补充预算稳定调节基金;出现短收则通过调入预算稳定调节基金或其他预算资金进行补充、削减支出等实现平衡,如若仍不能平衡则通过调整预算,增列赤字。

(二)预算赤字的弥补机制

跨年度预算平衡机制还必须对不可避免的预算赤字的弥补作出制度安排,对此,《国务院关于深化预算管理制度改革的决定》(国发〔2014〕45号)规定:中央预算赤字在经全国人大或其常委会批准的国债余额限额内发债平衡,省级政府报本级人大或其常委会批准后增列的赤字,在报财政部备案后,在下一年度预算中予以弥补;市、县级政府通过申请上级政府临时救助实现平衡,并在下一年度预算中归还。可以看出,跨年度预算平衡机制对所出现的预算赤字进行弥补时仍要经过法定程序按照规定的弥补方式办理。

《预算法实施条例》第七十八条第五款规定:设区的市、自治州以下各级一般公共预算年度执行中出现短收的,应当通过调入预算稳定调节基金或者其他预算资金、减少支出等方式实现收支平衡;采取上述措施仍不能实现收支平衡的,可以通过申请上级政府临时救助平衡当年预算,并在下一年度预算中安排资金归还。

(三) 实施中期财政规划管理

《国务院关于进一步深化预算管理制度改革的意见》(国发〔2021〕5号)提出要加强跨年度预算平衡。要加强中期财政规划管理,进一步增强与国家发展规划的衔接,强化中期财政规划对年度预算的约束。对各类合规确定的中长期支出事项和跨年度项目,要根据项目预算管理等要求,将全生命周期内对财政支出的影响纳入中期财政规划。地方政府举借债务应当严格落实偿债资金来源,科学测算评估预期偿债收入,合理制定偿债计划,并在中期财政规划中如实反映。鼓励地方结合项目偿债收入情况,建立政府偿债备付金制度。

资料来源:改编自李燕主编,《新〈预算法〉释解与实务指导》,中国财政经济出版社2015年版,第30—31、37页。

第三节 政府预算体系

一、构建全口径预算体系

(一) 预算的全口径

预算的完整性要求政府预算应包括政府的全部预算收支项目,以完整地反映以政府为主体的全部财政收支活动,全面体现政府活动的范围和方向,不允许在预算规定范围之外还有任何以政府为主体的资金收支活动。要保证预算的完整性,其重要的标准就是预算体系的全面完整。

关于预算的全口径通俗的解释是,将凭借政府权力取得的收入与政府行为所发生的支出都纳入预算体系中进行系统、有效的管理。狭义的"全口径"解释主要包括各种税收、收费与罚没、国有资本收益等以及相应安排的支出。而伴随着现代国家政府职能的扩大,政府履行公共责任的方式也不限于传统意义上财政资金的收支。因此,广义的"全口径"解释还包括政府购买、政府债务、政府贷款和担保、税式支出、接受捐赠、社会保障基金、政府对企业的补贴、超收收入、年终结余结转等,其在履行公共职能的过程中也发挥了越来越大的作用。因此,政府性收支不仅限于政府机构自身的收支,还应包括政府履行公共职责直接或间接控制和管理的各种形式的资金收支及相应的责任,即以公权力取得的全部收入及相应的支出。

国际上并无"全口径预算"的说法,这一预算管理的基本精神一般通过一以贯之的预算完整性原则体现。如国际组织对预算范围作出了一定的要求,OECD在《预算透明度最佳实践》(2002)中指出,预算报告是政府的关键政策文件,它必须是全面的,包含所有政府收入和支出,以便对不同的政策选择进行评估。国际货币基金组织则要求政府预算文件包括最终账户和其他财务报告,应该涵盖中央政府预算内和预算外的所有活动；预算文件应该报告下级政府和国有公司的财政状况；政府应向公众提供有关过去、现在和计划的财政活动和主要的财政风险的全面信息。因此可以说政府收支的"全口径预算"管理，一直是OECD、国际货币基金组织等国际组织推荐的政府收支预算管理中重点强调的问题，又主要体现在对预算外资金的管理上。按照相关国际组织的意见，政府的预算外收支并不要求在预算程序上与法定预算完全一致，但是应当在预算过程中得以体现。除此之外，预算的全口径还包括政府为达成一定的政策目标，对一些特定纳税人或课税对象提供的税收优惠等税式支出、中央银行和金融类公众公司以及非金融类公众公司进行的政府性活动①，也称准财政活动以及或有负债等。但目前还很少有国家能够完全遵循上文所讨论的"全口径预算"的标准，各国关注的焦点还主要在预算外资金以及税式支出方面。

专栏 4-4　　美国联邦政府的税式支出预算

税式支出这一概念是由美国时任财政部长助理斯坦利·萨里（Stanley Surrey）于20世纪60年代提出的。根据美国税法的规定，税式支出是通过税收减免以及豁免、抵免、纳税义务递延以及优惠税率等对特定人群的税收政策导致的纳税义务的减少。在1974年通过《国会预算与截留控制法案》之后，国会要求美国的财政部和税务联合委员会（Joint Committee on Taxation）记录这些税式支出，并将其作为联邦预算的一部分。编制税式支出有两个目的：第一，税式支出存在的意义与其他财政工具一样，都是为了实现一些社会和经济目标，因此，如果不对税式支出的规模进行计算和统计，就无法清晰地了解这些税式支出是否实现了其政策目标。第二，由于税式支出更像是权利津贴项目，而不是像自由裁量支出那样受预算授权的约束，因此若不对税式支出进行预算编制的话，其透明度将会远远低于其他支出。

与财政支出类似，税式支出可以被视为联邦政府针对某些领域的一种政策工具，旨在对一些特定的人群或者行为给予财政补贴。事实上，税式支出属于政府干预市场经济的另一种方式，且必须通过提高税收或减少其他地方的支出来筹集资金。多年以来，学界对税式支出是否真的能够促进经济发展这一问题进行了深入的研究。最近的一些研究表明税式支出对经济增长有积极的作用，尽管这种作用强度取决于是何种税式支出、减税的对象以及政策时间。Mertens 和 Montiel Olea（2018）使用1946—2012年的数据来估计边际税率变化对个人收入的影响。② 他们发现个人所得税边际税率的下降导致GDP的增长以及失业率的下降。Ljungqvist 和 Smolyansky（2015）研究了1970—2010年250项

---

① 国际货币基金组织《2001年政府财政统计手册》把公共部门界定为广义的政府部门和公众公司，其中，公众公司又分为金融类公众公司和非金融类公众公司。

② Mertens, K., and Montiel Olea, J. L., 2018, Marginal Tax Rates and Income: New Time Series Evidence. *The Quarterly Journal of Economics*, 133(4), 1803-1884.

州公司所得税的变化以评估就业和收入的影响。① 他们的研究发现当公司所得税的名义税率降低 1 个百分点时,就业将增加 0.2 个百分点,工资则将增加 0.3 个百分点。他们认为这一影响在经济衰退期间能产生更积极的作用。

《国会预算与截留控制法案》明确了六类税式支出,如表 4-1 所示。

表 4-1 税式支出分类

税式支出	定义	举例
排除	排除构成纳税人总收入一部分的收入	雇主为员工提供的健康保险
豁免	由于纳税人身份的特殊性或其他特殊情况而减少其应纳税总收入	若纳税家庭的扶养人是 19~23 岁的全日制学生,则可以减轻该家庭的税负
扣除	从总收入中减去纳税人产生的某些特殊费用从而减少应纳税收入	纳税人可以在联邦税中扣除他们向地方政府缴纳的税款(如房地产税)
税收补贴	以某比率减少应纳税收入,一些抵免额是可退还的,这意味着超过应纳税额的抵免额会导致现金退款	若纳税家庭抚养 6 岁以下儿童,则可获得 3 000 美元的税收补贴
优惠收率	对于特定的收入形式采取降低的税率	某些收入的资本收益的税率适用于相对较低的税率
延期	延迟确认应纳税收入或加速某些可归于未来年份的扣除	纳税人在美国储蓄债券上的利息收入可一直延期到债券被赎回时再缴纳所得税

资料来源:根据《国会预算与截留控制法案》以及相关资料整理得到。

从政策工具选择的角度来讲,税式支出一直是饱受争议的。首先,税式支出的表现形式为税收收入的减少,而并不是财政支出的增加。从直觉上来说,这看起来像是缩小了政府的规模。因此,对于政治家来说,税式支出具有很强的吸引力。然而,众多学者对税式支出的效率产生了质疑。例如,Sammartino 和 Toder(2020)发现对于小型企业资本利得税以及信用合作社所得税的减免等规模较小的税式支出并不能提高社会总福利。②

其次,美国联邦政府的税式支出规模较为庞大,对政府和社会造成了巨大的财政成本。根据美国财政部的统计,自 2020 年起,联邦政府每年的税式支出大概为 1.5 万亿美元,这相当于国民生产总值的 6%~7%,并已经超过联邦政府 1/3 的支出。受新冠肺炎疫情影响,拜登政府在 2021 年又递交了高达 1.35 万亿美元的新增税式支出。

最后,许多税式支出并没有既定目标,且会进一步造成收入的不平等。比如,与住房

---

① Ljungqvist, A., and Smolyansky, M., 2016, To Cut or Not to Cut? On the Impact of Corporate Taxes on Employment and Income. Washington, D.C.: Finance and Economics Discussion Series Divisions of Research & Statistics and Monetary Affairs Federal Reserve Board.

② Sammartino, F., and Toder, E., 2020, How did the Tax Cuts and Jobs Act Change Tax Expenditures?. Washington, D.C.: Urban-Brookings Tax Policy Center.

相关的税收支出,如一些抵押贷款利息的支付是可以从应税收入中扣除的,因此这一税收优惠具有高度的累退性,会进一步造成美国社会的财富分化。

资料来源:根据相关资料整理得到。

(二) 我国的全口径预算管理

我国对于"全口径预算"的研究源于预算外、制度外资金的存在,就我国现实来说,全口径预算管理是财政管理与监督的一场革命:既有发展阶段的问题,也有制度基础的问题;既有管理能力的问题,也有管理效率的问题;既涉及观念问题,也涉及各方面关系的衔接及技术问题。比如,政府预算的全口径首先应建立在政府范围边界的口径及政府职能边界的口径比较清晰明确的基础之上,而这又将伴随着我国政府转型、体制改革的深化,通过机构改革、事权的厘清、人大监督能力的提升、立法的保障等逐步实现。因此,标准意义上的"全口径预算"应是一个逐步改善的过程,应当根据国情逐步推进,既要有整体的目标顶层设计,也要有具体的实现路径,并且理想状态的"全口径预算"框架也不应是一成不变的,而应根据实际管理需要及管理效率动态地确定。

(1) 从横向上看,将政府全部收支纳入预算中。在建立一个包括政府公共预算、政府性基金预算、国有资本经营预算、社会保障预算和政府债务预算等在内的预算体系的基础上,将税式支出等政府活动按照立法机构的要求在预算报告体系中进行专门的列示和说明。

(2) 从纵向上看,政府预算应该包括过去、现在及未来的数据,即要引入中期滚动预算,"建立跨年度预算平衡机制",使政府部门在进行决策时能够"瞻前顾后",从而保证预算信息的连续性,提高预算透明度,加强年度预算的约束性,促进财政的可持续发展。同时,要完善财政各类总预算与部门预算的关系,使部门预算与总预算能够有机结合,充分反映政府各部门及政府总体的收支情况。

二、我国政府预算体系的构成

我国对完整的政府预算报告体系的提出最早可追溯到 2003 年 10 月召开的党的十六届三中全会,全会通过的《中共中央关于完善社会主义市场经济体制若干问题的决定》中提出了"实行全口径预算管理和对或有负债的有效监控。加强各级人民代表大会对本级政府预算的审查和监督"。《国务院关于 2005 年深化经济体制改革的意见》中进一步指出"改革和完善非税收入收缴管理制度,逐步实行全口径预算管理"。党的十八大报告更进一步提出了"加强对政府全口径预算决算的审查和监督"。

全口径预算管理的基本含义是所有政府收支都应纳入预算管理。全口径预算管理改革的目标可以概括为通过预算制度体系的建立,将全部政府收支纳入预算之中。

20世纪90年代以来,我国政府预算体系不断拓展和完善,在一般公共预算基础上,先后建立了政府性基金预算、国有资本经营预算和社会保险基金预算,初步形成了由一般公共预算、政府性基金预算、国有资本经营预算和社会保险基金预算组成的政府预算体系。政府预算体系的建立健全,提高了政府预算编制的完整性,对加强政府预算管理、提高财政资金效益、提升财政预算透明度起到了积极作用。《预算法》给予政府预算体系以法律地位,对其相互关系进行了法律定位。

《预算法》第五条第一款规定:预算包括一般公共预算、政府性基金预算、国有资本经营预算、社会保险基金预算。按照《预算法》的规定,我国政府预算体系由政府一般公共预算、政府性基金预算、国有资本经营预算和社会保险基金预算构成,以全面完整地反映我国政府预算的全貌。规定要将所有预算收入和支出按照不同性质分门别类地纳入不同的预算之中,各个预算自身应当按照有关法律法规对预算内容的要求保持完整、独立,同时也要保持与一般公共预算的衔接,即在这一预算报告体系内的各项预算之间,应建立起规范、明确、透明的资金界限及往来渠道。

(一) 一般公共预算

《预算法》第六条第一款规定:一般公共预算是对以税收为主体的财政收入,安排用于保障和改善民生、推动经济社会发展、维护国家安全、维持国家机构正常运转等方面的收支预算。

一般公共预算的收入来源主要是国家以社会管理者的身份取得的税收收入,主要安排用于保障和改善民生、推动经济社会发展、维护国家安全、维持国家机构正常运转等。具体来说:一是保证科学、文化、教育、卫生、社保等民生事业发展中必须由财政提供资金部分的需要;二是满足大型公共工程设施、公益性基础设施等非营利性工程项目的支出需要,如邮政、能源、交通、水利、气象、环保等方面;三是保证国防以及公检法等维护国家公共安全的支出需要;四是保证国家机构如立法、行政、外交等履行社会管理职能的政府部门的资金需要。

应该说,所有政府收支预算都应该属于公共预算的范畴,包括政府性基金预算、国有资本经营预算等。但是在复式预算体系中,各个预算又都因各自的收支性质不同而保持各自的完整、独立,因此,有必要对它们进行范围上的划分。由于政府用税收收入形式取得收入,且主要用于政府提供一般公共产品和满足一般公共服务需求的预算在预算体系中居于本源的、核心的地位,反映着政府的一般公共服务功能,因此被称为一般公共预算。

(二) 政府性基金预算

1. 政府性基金预算的含义

《预算法》第九条第一款规定:政府性基金预算是对依照法律、行政法规的规定在一定期限内向特定对象征收、收取或者以其他方式筹集的资金,专项用于特定公共事业发展的收支预算。

在政府所提供的公共服务中,一部分属于满足大众需求的普遍性公共服务,普遍性公共服务通过征税方式弥补其供给成本;另一部分属于满足部分群体受益的特定公共服务,特定公共服务按照"谁受益,谁付费"的原则,通过收费方式分摊公共服务成本,而不宜通过税收将成本转嫁给全体纳税人负担。政府性基金属于非税收入,与税收有着明显的区别。政府性基金一般具有设定程序规范、来源特定、专款专用等特点。征收政府性基金,一方面可以避免低效或无效占用公共资源,通过收费建立成本约束机制,使人们根据自己的需求和意愿采取付费方式选择公共物品,避免产生过度需求和消费,提高公共物品的供给效率;另一方面可以为特定公共基础设施建设和公共事业发展提供稳定的资金来源。

2. 政府性基金预算的内容

《预算法实施条例》第十四条规定:政府性基金预算收入包括政府性基金各项目收入和转移性收入。政府性基金预算支出包括与政府性基金预算收入相对应的各项目支出和转移性支出。

政府性基金包括中央政府性基金及地方政府性基金。

20世纪80年代以来,国家在水利、电力、铁路、民航等领域设立了多项基金,促进了基础设施的建设和相关事业的发展。但由于管理制度不完善,造成重复设置、项目越来越多、规模越来越大的问题。因此,要进一步规范政府性基金的设立、使用、退出机制,从而加强预算管理,降低企业税费负担,提高政府的公信力。近些年来,我国也逐步将一些已完成特定事项而基本属于保机构人员运转的基金从政府性基金预算转入一般公共预算。目前,我国政府性基金的内容主要包括农网还贷资金、铁路建设基金、民航发展基金、旅游发展基金、国家电影事业发展专项资金、国家重大水利工程建设基金、污水处理费、国有土地收益基金、农业土地开发基金、国有土地使用权出让、彩票公益金等几十项。

政府性基金支出按照基金的内容和性质分别用于科学技术、文化体育与传媒、社会保障与就业、节能环保、城乡社区、农林水、交通运输、资源勘探、商业服务业、金融等方面。按资金的来源包括通过设立政府性基金项目取得的资金以及通过发行政府专项债纳入政府性基金的资金等。

政府性基金预算应当根据基金项目收入情况和实际支出需要,按基金项目编制,做到以收定支。

3. 政府性基金预算的规范管理

(1) 建立目录清单制度。目录清单制度包括项目名称、设立依据、征收标准、征收期限等信息,如果相关政府性基金政策作出调整,将在目录清单上及时更新,以清晰地反映有多少种基金、怎么征、征多少、用在什么地方等信息。目录清单之外的,企业、个人均有权拒绝缴纳。

（2）加强与一般公共预算的统筹使用。政府性基金的使用及预决算的公开透明与政府一般预算等同，以提高财政资金的使用效益并接受监督，同时也使财政性资金管理纳入统一、规范的轨道上来。

（3）加强基金使用效益的绩效评价。引入第三方评估，为政府保留、取消或调整政府性基金的决策提供专业与公正的依据，规范政府的行为，使政府治理经济的过程、方式、能力能够更加公开透明。

（4）加强监督检查。通过设立电子信箱、网络平台等多种方式，完善举报和查处机制，及时发现和查处乱收费的行为。

（三）国有资本经营预算

《预算法》第十条第一款规定：国有资本经营预算是对国有资本收益作出支出安排的收支预算。也就是说，国有资本经营预算是国家以所有者身份依法取得国有资本收益，并对所得收益进行分配而发生的各项收支预算，是对政府在一个财政年度内的国有资本经营性收支活动进行价值管理和分配，是政府预算的重要组成部分。

国有资本经营预算与政府一般公共预算的主要区别：一是一般公共预算的分配主体是作为社会管理者的政府，其分配的目的是满足社会公共需要；分配的手段是凭借政治权力进行分配，具有强制性和无偿性；分配的形式是以税收为主要收入，并安排各项具有社会公共需要性质的支出，因此一般公共预算从性质上看是供给型预算。而国有资本经营预算的分配主体是作为生产资料所有者代表的政府；它以国有资本的宏观经营并取得宏观经济效益为分配目的，以资产所有权为分配依据；其收支内容基本上是围绕着对经营性国有资产进行价值管理和分配形成的，因此国有资本预算属于经营型预算。二是国有资本经营预算在编制上相对独立于一般公共预算，即国有资本经营预算按照收支平衡的原则编制，以收定支，不列赤字。建立国有资本经营预算制度后，国家用于国有企业的改革支出将逐步从政府一般公共预算中退出。三是与一般公共预算相比，目前国有资本经营预算的收支规模还很小。我国目前的国有资本经营预算范围可概括为自然垄断行业和一般竞争性领域的经营性企业的国有资产，即国有资本，而非整个国有资产。

1. 国有资本经营预算收入

《预算法实施条例》第十五条第一款规定：国有资本经营预算收入包括依照法律、行政法规和国务院规定应当纳入国有资本经营预算的国有独资企业和国有独资公司按照规定上缴国家的利润收入、从国有资本控股和参股公司获得的股息红利收入、国有产权转让收入、清算收入和其他收入。

国有资本经营预算收入反映各级人民政府及部门、机构履行出资人职责的企业（即一级企业，下同）上交的国有资本收益。主要包括：

（1）国有独资企业按规定上交国家的利润，即国有企业按年度和规定比例将税后利润的一部分上交国家，是国有资本经营预算的主要部分。

（2）国有控股、参股企业国有股权（股份）获得的股利、股息，即国有控股、参股企业依据《中华人民共和国公司法》,按照股东会或董事会批准的利润分配方案,将国有股权、股份取得的股利或股息上交国家。

（3）企业国有产权(含国有股份)转让或出售收入。

（4）国有独资企业清算收入(扣除清算费用),以及国有控股、参股企业国有股权(股份)分享的公司清算收入(扣除清算费用)。

（5）国有产权转让收入、国有企业清算收入以及公司制企业清算时,国有股权、股份分享的清算收入按实际取得的收入据实上交国家。

2. 国有资本经营预算支出

《预算法实施条例》第十五条第二款规定:国有资本经营预算支出包括资本性支出、费用性支出、向一般公共预算调出资金等转移性支出和其他支出。也就是说,国有资本经营预算支出范围除调入一般公共预算和补充社保基金外,限定用于:

（1）资本性支出。对关系国家安全、国民经济命脉的重要行业和关键领域国有企业的资本金注入。

（2）费用性支出。解决国有企业历史遗留问题及相关改革成本支出。

（3）国有企业政策性补贴等方面。

（四）社会保险基金预算

《预算法》第十一条第一款规定:社会保险基金预算是对社会保险缴款、一般公共预算安排和其他方式筹集的资金,专项用于社会保险的收支预算。

为加强社会保险基金管理,规范社会保险基金收支行为,明确政府责任,促进经济社会协调发展,国务院决定自2010年起试行社会保险基金预算,并规定了依法建立、规范统一的原则要求,即依据国家法律法规建立,严格执行国家社会保险政策,按照规定范围、程序、方法和内容编制。社会保险基金预算通过对社会保险基金筹集和使用实行预算管理,增强政府宏观调控能力,强化社会保险基金的管理和监督,保证社会保险基金安全完整,提高社会保险基金运行效益,促进社会保险制度可持续发展。我国目前编制的社会保险基金预算属于一种窄口径的社会保障预算,待条件成熟后再向社会保障预算过渡。

1. 社会保险基金收入预算

《预算法实施条例》第十六条第一款规定:社会保险基金预算收入包括各项社会保险费收入、利息收入、投资收益、一般公共预算补助收入、集体补助收入、转移收入、上级补助收入、下级上解收入和其他收入。社会保险基金预算按险种分项编列,收入主要包括:一是企业单位及个人缴纳的保险费收入;二是一般公共预算安排的财政补贴收入,用于弥补社会保险基金预算的收支差额;三是其他收入(利息收入、滞纳金等)。

2. 社会保险基金支出预算

《预算法实施条例》第十六条第二款规定:社会保险基金预算支出包括各项社会保

待遇支出、转移支出、补助下级支出、上解上级支出和其他支出。

社会保险基金支出预算应根据上年度享受社会保险待遇对象存量、上年度人均享受社会保险待遇水平等因素确定,同时考虑本年度经济社会发展状况、社会保险政策调整及社会保险待遇标准变动等因素。社会保险基金是专项基金,所以,社会保险各项基金预算要严格按照有关法律法规规范收支内容、标准和范围,专款专用,不得挤占或挪作他用。

3. 预算按险种分项编列

社会保险基金预算按险种分项编列,包括企业职工基本养老保险基金、失业保险基金、职工基本医疗保险基金、工伤保险基金、城乡居民基本养老保险基金、机关事业单位基本养老保险基金、城乡居民基本医疗保险基金、国库待划转社会保险费利息、其他社会保险基金等内容。

4. 预算收支平衡

社会保险基金预算坚持收支平衡是由于社会保障基金支出主要是为面临困难的社会成员提供资助的,而困难的成因又是多方面的,其中有许多是不确定因素,诸如寿命的不确定性、失业、病残的风险等,这就意味着社会保障基金支出有相当一部分在编制预算时难以测算,因此,为减轻公共预算的压力,年度社会保险基金预算应收支平衡,并建立与一般公共预算的衔接机制,以有利于社会保险资金的投资和调剂。

(五) 预算体系的衔接

在预算报告体系的四本预算中,如何妥善处理四本预算之间的关系是深化改革的着力点。因为其中涉及政府财力的使用如何与其所要达到的政策意图保持一致,如何使政府各种财力的使用结构与公共产品和服务的提供要求保持一致,如何解决政府财力对同一项目的多头重复投入问题,等等。《预算法》第五条第二款规定,"政府性基金预算、国有资本经营预算、社会保险基金预算应当与一般公共预算相衔接",这解决了各类预算资金调剂使用的法律依据问题,反映出一般公共预算在预算报告体系中的核心地位,这是由它的性质及其所担负的职责决定的,同时允许将国有资本经营预算资金调入一般公共预算,一般公共预算要补充社会保险基金预算的规定,也意味着这种全口径预算体系相互间的综合平衡和突出重点的关系。

《预算法》第五条第二款规定:一般公共预算、政府性基金预算、国有资本经营预算、社会保险基金预算应当保持完整、独立。政府性基金预算、国有资本经营预算、社会保险基金预算应当与一般公共预算相衔接。

1. 政府性基金预算与一般公共预算的衔接

主要将政府性基金预算中用于提供基本公共服务以及主要用于人员和机构运转方面的项目收入转列一般公共预算。

2. 国有资本经营预算与一般公共预算的衔接

《预算法》第十条第二款规定:国有资本经营预算应当按照收支平衡的原则编制,不列赤字,并安排资金调入一般公共预算。

国务院于 2007 年发布的《国务院关于试行国有资本经营预算的意见》中明确了国有资本经营预算与一般公共预算的关系为"相对独立,相互衔接",即国有资本经营预算和政府一般公共预算分别编制,分别反映各自的收支情况,既保持国有资本经营预算的完整性和相对独立性,又保持与政府一般公共预算(指一般预算)的相互衔接。在如何衔接上又规定,国有资本经营预算的"具体支出范围依据国家宏观经济政策以及不同时期国有企业改革和发展的任务,统筹安排确定。必要时,可部分用于社会保障等项支出"。

党的十八届三中全会审议通过的《中共中央关于全面深化改革若干重大问题的决定》中指出,"完善国有资本经营预算制度,提高国有资本收益上缴公共财政比例,二〇二〇年提到百分之三十,更多用于保障和改善民生"。

3. 社会保险基金预算与一般公共预算的衔接

应根据社会保险基金收支、财政收支等情况,合理安排本级财政对社会保险基金的补助支出。在预算体系中,社会保险基金预算单独编报,与公共财政预算和国有资本经营预算相对独立、有机衔接。应加强社会保险基金预算管理,做好基金预算结余的保值增值,在精算平衡的基础上实现社会保险基金预算的可持续运行。

《预算法实施条例》第三条规定:社会保险基金预算应当在精算平衡的基础上实现可持续运行,一般公共预算可以根据需要和财力适当安排资金补充社会保险基金预算。

第四节 政府预算收支测算的一般方法

财政部门为各预算部门分配预算资金时,首先要根据国家相关方针政策对政府预算的收入能力和各部门的支出需求进行测算,从而决定本财政年度(甚至是今后若干年)预算资金的总规模和发展趋势。

预算收支测算是影响预算管理水平的基础环节,测算是否准确直接决定着后续的预算收支安排及保障能力,因此加强预算管理首先就要重视预算收支测算工作。政府预算收支测算是指各预算编制主体依据有关预算编制的原则、各项方针政策以及当时的经济社会情况,运用一定的方法来预测各项收支预期规模的行为。

目前世界各国较常用的收支测算方法可以分为四类,即定性法(也称判断法、经验法)、时间序列法、因果分析法和模型法。其中,定性法将测算建立在主观经验判断基础上,当无历史数据可依据或政治因素对预测结果影响重大时,通常会运用这种方法;后三种方法则主要是应用一定的数学分析工具进行预测,当历史数据较为丰富并且发展趋势较为稳定时,采用这些方法较为可靠。

一、定性法

按照主观或经验预测是否以往年数据为基础,可以将定性法分为基数法和零基法两类。

(一) 基数法

基数法是以报告年度预算收支的执行数或预计执行数为基础,分析影响计划年度预算收支的各种有利因素和不利因素,并预测这些因素对预算收支的影响程度,从而测算出计划年度预算收支数额的方法。其计算公式为:

计划年度某项预算收入或支出数额 = 某项预算收入或支出的上年基数
± 计划年度各种增减因素对预算收支的影响

例 4-1 假设某地区上年教育支出为 135 000 万元,计划年度由于高校扩招,研究生增加 1 000 人,本科生增加 1 200 人。按照财政部门的要求,每名学生的财政综合定额为研究生 1.8 万元、本科生 1.2 万元。另外,由于教师工资调整,计划年度需多支出工资 140 万元。试测算计划年度该地区的教育支出。

计划年度该地区的教育支出 = 教育支出上年基数 ± 各种增减因素
= 135 000 + 1.8 × 1 000 + 1.2 × 1 200 + 140
= 138 380(万元)

基数法的优点是计算简便、容易操作,并考虑到了事业发展和经济发展的延续性,是目前世界各国比较普遍使用的收支测算方法,但这种方法也有其自身难以克服的缺点:首先,增减因素的确定往往靠经验取得,有很强的主观性,难以与实际的动态管理相一致。其次,基数本身可能包含着不合理的因素,基数法会使不合理因素继续放大,造成单位之间苦乐不均,也容易使预算规模失控。最后,容易造成预算支出规模固化及不断扩张。因此,通常在预算规模不大、信息不足的情况下采用基数法比较合适。

(二) 零基法

零基法与基数法正好相反,它不完全以上年度预算执行数据为基础,而是综合分析计划年度可能存在的各种影响因素,来测算预算收支指标。换言之,每个预算年度的测算都相当于从零开始,因此称为零基法。

零基法克服了基数法的缺陷,能充分考虑计划年度最新的影响因素,数据基础得到了及时更新,从而在一定程度上提高了预测的准确性。然而,首先,零基法在实际操作中存在很大的困难,如果每个预算年度都要重新调查和核算数据,会带来非常大的工作量。其次,有些项目(如工资支出、延续项目)没有必要完全重新进行测算。此外,零基法的实施还需要以完善的预算支出标准与分类体系为基础,以健全的预算绩效管理制度为支撑,以及以清晰的支出责任划分、预算公开与监督制度为配套,因此,是否采用零基法还要综合考虑某项预算收支的具体情况,零基法的应用效果也有待探讨和提升。

二、时间序列法

时间序列法是通过收集和整理需要估计变量的历史数据,寻找到一定的变化规律,从而预测计划年度该变量数值的方法。实践中经常采用的时间序列法包括移动平均法和指数平滑法。

(一) 移动平均法

移动平均法是在算术平均法基础上发展起来的一种预测方法,它将观察期的数据按时间先后顺序排列,然后由远及近,以一定的跨越期进行移动平均,求得平均值,并以此为基础,确定预测值的方法。移动平均法包括一次移动平均法、二次移动平均法和加权移动平均法等。在此举例说明如何运用一次移动平均法进行预测。二次移动平均法和加权移动平均法是在此基础上进行二阶或加权移动。一次移动平均法是直接以本期(t期)移动平均值作为下期($t+1$期)预测值的方法,其预测模型为:

$$\widehat{x}_{t+1} = M_t^{(1)} = \frac{x_t + x_{t-1} \cdots + x_{t-n+1}}{n}$$

其中,$\widehat{x}_{t+1}$ 为 $t+1$ 期的预测值;$M_t^{(1)}$ 为 t 期一次移动平均值;n 为跨越期数,即参加移动平均的历史数据的个数。

例 4-2 假设某地区近年财政收入如表 4-2 所示,选择移动期数 n 等于 3,用一次移动平均法预测 2023 年财政收入。

$$X_{2023} = (x_{2020} + x_{2021} + x_{2022})/3$$
$$= (7\,928 + 8\,957 + 8\,250)/3$$
$$\approx 8\,378$$

表 4-2 应用一次移动平均法预测财政收入　　　　单位:万元

年份	财政收入实际值	财政收入预测值:一次移动平均数
2016	5 463	
2017	6 221	
2018	7 128	
2019	7 526	6 271
2020	7 928	6 958
2021	8 957	7 527
2022	8 250	8 137
2023		8 378

移动平均法通过计算一定周期内的历史数据平均数,消除短期内数据的偶然性,得出一定的规律性,从而利用这种规律性来预测未来的数值,因此适用于具有周期性变化规律的数据的预测。移动平均数的选择直接影响预测的结果,一般来说,移动平均数的项数越多,所得出的移动平均数越少;反之则越多。在选择移动项数时也要根据数据本身的周期而定,移动平均法通常对短期预测较为有效,如果用于预测长期的未来数据则会使误差扩大,失去参考价值。

(二)指数平滑法

指数平滑法是通过对最新数据加权而预测下一时期的数值。这种方法克服了移动平均法要求大量观测数据和无法反映数据中包含的最新的、迅速出现的变化的缺陷。指数平滑法的计算公式为:

$$\hat{Y}_{t+1} = S_{t+1} = \hat{Y}_t + \alpha(Y_t - \hat{Y}_t)$$
$$= \alpha Y_t + (1-\alpha)\hat{Y}_t$$

其中,$\hat{Y}_{t+1}$为$t+1$期的预测值;S_{t+1}为$t+1$期的指数平滑值;$\hat{Y}_t$为t期的预测值,Y_t为t期的实际值;α为平滑系数,该系数是根据时间序列的变化特性来选取的,取值为0~1。

其具体计算过程如下例所示。

例4-3 假设某县2022年第一季度的实际财政收入为5 000万元,第二季度的实际财政收入为4 500万元,第三季度的实际财政收入为4 600万元。假设取平滑系数为0.4,用指数平滑法预测第四季度的预算收入。

当时间序列观察期足够长时,初始值(第一季度预测值)可用实际值(第一季度实际值)代替,但本例由于时间序列观察期过短,因此初始值(第一季度预测值)可借用移动平均法,设为前三季度的简单平均值。

第一季度预测值=(第一季度实际值+第二季度实际值+第三季度实际值)/3
  =(5 000+4 500+4 600)/3=4 700(万元)

第二季度预测值=第一季度预测值+(第一季度实际值-第一季度预测值)×平滑系数
  =4 700+(5 000-4 700)×0.4=4 820(万元)

第三季度预测值=第二季度预测值+(第二季度实际值-第二季度预测值)×平滑系数
  =4 820+(4 500-4 820)×0.4=4 692(万元)

第四季度预测值=第三季度预测值+(第三季度实际值-第三季度预测值)×平滑系数
  =4 692+(4600-4 692)×0.4=4 655.2(万元)

从本例可以看出,只需要较少的历史数据即可预测未来的数据,这是指数平滑法的优点,但是这种方法在很大程度上依赖于权数因子即平滑系数的准确性。平滑系数起到调节历史预测误差的作用:如果历史预测误差大,则权数因子应较小;如果历史预测误差小,则权数因子应较大。

三、因果分析法

因果分析法运用统计联系方法,依据自变量与因变量之间的函数关系,由一些变量的数值来推测另一因变量的数值。这种联系既可能是前因后果,也可能是同步联系,还可能是另外一种未经查明的变量发挥因果联系作用的结果。揭示这种因果联系,用得最多的方法是回归分析法和系数法。

(一)回归分析法

回归分析法包括一元回归分析法和多元回归分析法,二者原理相同,只是后者包含多个因变量。

一元回归分析法是先根据已知条件估计一条趋势线(通常用最小二乘法估计),再依据确定的趋势线预测下一时期的数值,适用于因变量只受一个自变量影响的情况或自变量与因变量之间的函数关系所需的大量数据为已知的简单情况。

其基本过程如下所示。

(1)设所求的直线趋势方程为:$Y = a + bX$

(2)根据最小二乘法,可以得到参数 a、b 的计算公式如下:

$$b = \frac{\sum (X - \overline{X})(Y - \overline{Y})}{\sum (X - \overline{X})^2}$$

$$a = \overline{Y} - b\overline{X}$$

其中,$\overline{X}$ 和 $\overline{Y}$ 分别为 X 和 Y 的均值。

(3)将 a、b 的计算结果代入方程中,即可在给定 X 值的情况下预测 Y 值。

例 4-4 假设某地区的财政收入与其支柱产业总收入的五年数据如表 4-3 所示,已知 2022 年度的支柱产业总计划收入为 2 268 万元,试测算 2022 年度该地区的财政收入。

表 4-3 某地区五年期财政收入与支柱产业总收入数据 单位:万元

项目	年度				
	2017	2018	2019	2020	2021
Y(财政收入)	455	585	750	812	975
X(支柱产业总收入)	378	756	1 134	1 512	1 890

假设财政收入与当地支柱产业总收入的关系为:$Y = a + bX$

其中,

$$b = \frac{\sum (X - \overline{X})(Y - \overline{Y})}{\sum (X - \overline{X})^2}$$

$b = 0.3352 \quad a = 335.3$

则
$$Y = 335.3 + 0.3352X$$
预测 2022 年度财政收入
$$Y = 335.3 + 0.3352 \times 2\,268 \approx 1\,095.5（万元）$$

（二）系数法

系数法是指利用预算收支与国民经济有关数量指数之间的比例关系即系数，根据已知的一项指标求得另一项指标的方法。系数法可分为绝对系数法和增长速度系数法。

1. 绝对系数法

绝对系数法是指利用以两项指数的绝对值相比求出的系数进行财政收支预测的方法。

例 4-5　某市 2022 年的 GDP 为 6 490 亿元，财政收入总额为 654 亿元，则其绝对系数为 0.1008。

设该市 2023 年度 GDP 的计划数为 7 009.2 亿元，按 0.1008 的比例系数计算，则 2023 年度的财政收入总额测算数为：
$$7\,009.2 \times 0.1008 \approx 706.5（亿元）$$

2. 增长速度系数法

增长速度系数法是指利用两项指标增长速度相比求出的系数进行财政收支预测的方法。

例 4-6　某市 2022 年的 GDP 增长速度为 6.6%，财政收入总额增长速度为 8.1%，则其增长速度系数为：
$$8.1\%/6.6\% \approx 1.2273$$

设该市 2022 年度财政收入总额实际数为 605 亿元，2023 年的 GDP 预计增长速度为 8%，则按 1.2273 的比例系数计算，2023 年度的财政收入总额测算数为：
$$605 \times (1 + 1.2273 \times 8\%) \approx 664.4 \text{ 亿元}$$

四、模型法

模型法即计量经济模型法，它通过建立计量经济模型来进行预测。从广义上说，回归分析法也属于计量经济模型法，但回归分析假定自变量不受外界影响，且各自变量之间相互不发生作用，变量之间的联系是从自变量到因变量的单项联系，这显然不符合实际情况，因此，除了因果分析法，基于其他原理的计量经济模型也逐渐被应用到财政预算收支预测当中。实践中探索较多的有 ARIMA 模型（差分自回归移动平均模型）、VAR 模型（向量自回归模型）、灰色预测模型、神经网络以及组合预测模型等。下文将根据单一时间序列和多时间序列简要介绍其代表性方法：ARIMA 模型和 VAR 模型。

（一）ARIMA 模型

ARIMA 模型是基于单一时间序列的预测分析方法，其可视为自回归模型（AR 模型）

和移动平均法(MA模型)的组合。采用ARIMA模型预测财政收支数据,必须保证数据是稳定的(平稳性),因此需要通过差分将原财政收支数据转化为平稳序列。ARIMA(p,d,q)具体模型如下:

$$Y_t = \mu + \varphi_1 Y_{t-1} + \cdots + \varphi_p Y_{t-p} + \theta_1 e_{t-1} + \cdots + \theta_q e_{t-q}$$

其中,Y_t为时间序列经过差分转换后的序列t期数值,$Y_{t-1}, \cdots, Y_{t-p}$为时间序列数据的滞后项,$\theta_1, \cdots, \theta_q$为MA模型预测误差的滞后项。

ARIMA模型含有三个参数:p,d,q,其中,p代表预测模型中采用的时序数据本身的滞后数(lags),d代表时序数据需要进行几阶差分化才是稳定的,q代表预测模型中采用的预测误差的滞后数(lags)。通过模型拟合得到相关系数后即可对之后年度的收支进行预测。

(二) VAR模型

VAR模型是可基于多时间序列进行收支预测分析的典型方法。与因果分析不同,它并不需要建立不同变量之间的函数关系,而是要分析联合内生变量间的动态关系,适用于预测相互联系的时间序列系统。VAR模型将系统中的每一个内生变量作为系统中所有内生变量的滞后值的函数。VAR(p)模型的公式为:

$$y_t = c + \alpha_1 y_{t-1} + \alpha_2 y_{t-2} + \alpha_3 y_{t-3} + \cdots + \alpha_p y_{t-p} + \varepsilon_t$$

其中,y_t为一组$n \times 1$的变量向量,c是$n \times 1$的常数向量,α_2是$n \times n$的矩阵,p是自回归的滞后阶数,ε_t是$n \times 1$的误差向量。可以看到,VAR模型其实集合了回归分析(研究n个变量之间的关系)和时间序列法(引入滞后期的影响)的优点。在具体操作中,首先需要根据影响财政收支的因素,使用格兰杰(Granger)因果关系检验来确定引入哪些变量,其次则是使用AIC信息准则(Akaike Information Criterion)等方法进行滞后阶数的确定,拟合后即可进行预测。该方法也适用于长期预测。

在预算收支预测方法方面,西方国家较早地使用了经济计量模型并取得了一定的成果,但需要注意的是,我们不应忽视计量经济模型本身的局限性,因为它的假设条件较多,主观判断可能出现的偏差和带偏差的数据资料往往会影响预测结果。

此外,上述四种方法并不是绝对独立的,而是应根据具体情况综合采用,以提高预测的准确性。[1]

事实上,实践中这些预测方法并不令人十分满意,根据美国的一项研究,其预测值可能低估31.6%,或者高估40.6%。[2] 当然,不可否认,有时预测不够精确并不是预测方法本身的问题,而可能是因为涉及政治因素或者自然因素等。为尽量减少预测偏差可能造成的负面影响,各国政府都建立了储备金制度,通常都留有5%的储备金。我国《预算法》第四十条规定:各级一般公共预算应当按照本级一般公共预算支出额的百分之一至百分

---

[1] 〔美〕托马斯·D.林奇:《美国公共预算(第四版)》,苟燕楠、董静译,中国财政经济出版社2002年版,第125页。

[2] 同上书,第127页。

之三设置预备费,用于当年预算执行中自然灾害等突发事件处理增加的支出及其他难以预见的开支。

我国预算收支测算在很长一段时期内都以定性法为主,近年来,随着我国统计预测能力的提高,在预算收支预测中也开始逐步引入时间序列、回归分析、模型法等方法。不少地区在进行财政预算收支预测时也会尝试借鉴市场预测、经济预测等领域的先进方法不断探索和优化相关的计量模型应用,从而提高预算收支预测的科学性。也有一些地方采取模型预测和经验预测相结合的方法。虽然这些方法目前的应用还有很大的局限性,但可以肯定的是,未来这些定量预测的方法将会成为我国重要的收支测算方法,并弥补定性法的不足,从而提高预测的准确性。

专栏 4-5　　　　　　　　美国联邦政府预算预测方法

预算收入预测是对政府的预算收入进行测算,这一过程是根据税收环境中的经济、人口、行政和其他结构性条件的预测进行的。在美国联邦一级,由财政部的税务分析办公室(Office of Tax Analysis in the Department of Treasury)负责收入预测,预算和管理办公室使用这些预测数据来编制总统的预算草案。国会预算办公室(Congressional Budget Office)为国会议员们同时提供预算的预测。这些预测有利于推动预算的执行,并在国会预算委员会制定预算决议时向他们提供建议。

预算收入预测采用多种不同的方法进行,当前使用较多的包括主观判断法、基线预测、计量模型和使用纳税数据的模拟。主观判断法依赖于财政工作人员的主观判断能力。这些直观且主观的估计可能非常有用,特别是达成共识的预测。然而,在数据驱动决策的年代,政府越来越少地采用这一方法来对预算收入和支出进行测算。

单变量预测是很多政府常用的预测方法。单变量预测有一个共同特征,即仅使用过去的收入数据来预测未来的收入数据,不涉及其他人口、经济、社会或文化变量。一种方法是简单的时间序列回归,并有以下几种变形:①加入假定的预算增长量;②加入假定的百分比变化;③使用年均复合公式的简单增长模型;④加入线性或非线性时间趋势,其中预算年的收入估计为时间的算术函数或时间的对数函数。举例来说,$R = a + bt$,其中,R 等于预测的收入来源,t 为时间。

另外一种预测的方法为分解法,即将时间序列分解为趋势、周期、季节性和不规则的组成部分,然后将这些元素重新组合以作出预测。具体来说,

$$R_t = T_t \cdot C_t \cdot S_t \cdot I_t$$

其中,S 为季节性,T 为趋势调整,C 为周期性影响,I 为其他干扰因素,t 为时间。

第三种方法是多元回归。多元回归模型是最广泛使用的预测工具,它根据收入模型之外的一个或多个独立变量来预测收入。用于估计收入的每个方程都是独立于其他方程的。例如,一个地区可能会使用 OLS(普遍最小二乘)回归分析方程来预测季度企业所得税的征收。

美国财政部税务分析办公室以及国会预算办公室使用来自样本数据文件的微观模拟进行税务预测。一般来说,这种预测方法将会从纳税人数据样本中抽样,并模拟预算年度中的经济活动将对这些纳税人产生何种影响。之后,将把这种影响扩展到整个样本,并获得新预算年度的税收预测。举例来说,美国国会预算办公室对于个人所得税的预测一般遵循以下步骤。

第一步,获得2005—2015年的纳税人申报:
- 预测人口和就业变化;
- 使用国会预算办公室的微观数据,预测个人收入项目,如工资、利息、资本收益和退休收入等;
- 获得2006—2016年预计税基。

第二步,使用CBO应税计算器:
- 加入现行税制和税法的参数;
- 加入国会预算办公室对消费者价格指数的宏观预测;
- 获得2006—2016年预测的个人所得税纳税义务。

第三步,获得最后的预测结果:
- 按付款类型细分纳税义务;
- 针对第二步中未纳入的近期立法进行调整。

资料来源:Congressional Budget Office, Description of CBO's Models and Methods for Projecting Federal Revenues, May 2001, https://www.cbo.gov/sites/default/files/107th-congress-2001-2002/reports/revenueprojections.pdf,访问日期:2023年4月28日。

第五节 部门预算的编制

一、部门预算的含义与特征

(一)部门预算的含义

部门预算是由政府各职能部门依据国家有关法律法规及其履行职能需要编制,反映部门所有收入和支出情况的综合财政计划,是政府各职能部门履行职能和推动事业发展的物质基础。部门预算作为编制政府预算的一种制度和方法,由部门及其所属各单位预算综合而成,是编制政府财政总预算的基础。

部门预算是与市场经济体制相适应的现代政府预算管理模式,也是市场经济国家的通行做法。在一些发达国家,现代民主制度的一个重要体现就是部长责任制,即民选的政府部长要向议会承担政治责任。这一要求体现在政府预算中,就是各部部长需要就本部门的预算向立法机关承担受托责任,即通过编制、执行部门预算,确立公共资金管理的受托责任单位,因此,发达国家普遍实行部门预算。

由于一国一定时期的政策重点均要部署和体现在政府各具体职能部门中,如教育、医疗、社会保障等,因此部门预算集中反映了一定时期政府工作的重点及各预算部门的工作任务,其是预算管理的核心环节,也应该成为审查监督的重点。

(二) 部门预算与总预算的关系

按照编制主体划分,我国政府预算可分为部门预算和财政总预算。部门预算由各预算部门在所属预算单位的预算基础上编制,是财政总预算的基础;财政总预算由各级财政部门编制,是以各部门预算为基础的汇总和综合。但是,由于部门预算是综合预算,既包括财政拨款或补助形成的收支,又包括部门按规定自行组织的收支,因此,这种汇总和综合并非简单的加总关系。由此,政府预算编制应主要包括三个方面的内容,即单位预算编制、部门预算编制和总预算编制。

专栏4-6　　　　　　　　　我国政府预算的构成

《预算法》第三条规定:国家实行一级政府一级预算,设立中央,省、自治区、直辖市,设区的市、自治州,县、自治县、不设区的市、市辖区,乡、民族乡、镇五级预算。全国预算由中央预算和地方预算组成。地方预算由各省、自治区、直辖市总预算组成。地方各级总预算由本级预算和汇总的下一级总预算组成;下一级只有本级预算的,下一级总预算即指下一级的本级预算。没有下一级预算的,总预算即指本级预算。

第六条第二款规定:中央一般公共预算包括中央各部门(含直属单位,下同)的预算和中央对地方的税收返还、转移支付预算。第三款规定:中央一般公共预算收入包括中央本级收入和地方向中央的上解收入。中央一般公共预算支出包括中央本级支出、中央对地方的税收返还和转移支付。

第七条第一款规定:地方各级一般公共预算包括本级各部门(含直属单位,下同)的预算和税收返还、转移支付预算。

第八条规定:各部门预算由本部门及其所属各单位预算组成。

《预算法实施条例》第四条规定:预算法第六条第二款所称各部门,是指与本级政府财政部门直接发生预算缴拨款关系的国家机关、军队、政党组织、事业单位、社会团体和其他单位。

第五条第一款规定:各部门预算应当反映一般公共预算、政府性基金预算、国有资本经营预算安排给本部门及其所属各单位的所有预算资金。

(三) 部门预算的特征

(1) 从编制主体看,"部门"的资质要求限定在那些与财政直接发生经费领拨关系的一级预算单位或称主管预算单位。

（2）从编制范围看，部门预算属于综合预算，它应该涵盖部门及所属单位所有的收入和支出。既包括一般公共预算收支、政府性基金收支，又包括部门组织的事业收支、经营收支以及其他收支等。

（3）从支出角度看，部门预算应全面地反映一个部门及所属单位各项资金的使用方向和具体的使用内容。

（4）从编制程序看，部门预算应是由基层预算单位开始编制，经逐级审核汇总形成的。单位预算是列入部门预算的国家机关、社会团体和其他单位的收支预算。

（5）从细化程度看，部门预算的编制应既细化到具体的预算单位和项目，又细化到按预算科目划分的各项具体支出。

（6）从合法性看，部门预算必须在符合国家有关法律法规、政策制度的前提下按财政部门核定的预算控制数编制；需在经过法定程序后，由财政部门将预算批复到各部门，再由各部门逐级批复到基层预算单位。

可以看出，部门预算为硬化预算约束奠定了制度基础。

二、部门预算的原则

（一）合法性原则

部门预算的编制要符合《预算法》和国家其他法律法规，根据法律赋予部门的职权范围进行编制。

（1）收入要合法合规。税收收入要严格依法征收，组织政府性基金收入要符合国家法律法规的规定；行政事业性收费要按财政部、国家发展和改革委员会核定的收费项目和标准测算等。

（2）各项支出的安排要符合国家法律法规、有关政策的规定和开支标准，遵守现行的各项财务规章制度。支出预算要结合本部门的事业发展规划、职责和任务测算；对预算年度收支增减因素的预测要充分体现与国民经济和社会发展计划相一致，与经济增长速度相匹配；项目和投资支出方向要符合国家产业政策；支出的安排要体现厉行节约、反对浪费、勤俭办事的方针；人员经费支出要严格执行国家的工资和社会保障的有关政策、规定及开支标准；日常公用经费支出要按国家、部门和单位规定的支出标准测算；部门预算需求不得超出法律赋予部门的职能。

（二）真实性原则

部门预算收支的预测必须以国家社会经济发展计划和履行部门职能需要为依据，对每一收支项目的数字指标应认真测算，力求各项收支数据真实准确。机构、编制、人员、资产等基础数据资料要按实际情况填报；各项收入预算要结合近几年实际取得的收入并考虑增收减收因素测算,不能随意夸大或隐瞒收入;支出要按规定的标准,结合近几年实际支出情况测算,不得随意虚增或虚列支出;各项收支要符合部门的实际情况,测算时要有真实可靠的依据,不能凭主观印象或人为提高开支标准编制预算。

（三）完整性原则

部门预算是全面反映政府部门所有收支活动的预算。部门预算编制时要体现综合预算的思想,各部门应将所有收入和支出全部纳入部门预算,全面、准确地反映部门各项收支情况,既包括财政部门的拨款和补助资金,也包括其他来源渠道及部门利用公共权力或提供公共服务取得的各种资金。因此,部门预算的编制内容,不仅包括一般公共预算收支,而且包括政府性基金预算收支等,就资金性质来说,不仅包括财政性资金,同时也包括部门组织的各种资金。

（四）科学性原则

部门预算编制要具有科学性,具体体现在:

(1)预算收入的预测和安排预算支出的方向要科学,要与国民经济和社会发展的状况相适应;

(2)预算编制的程序设置要科学,合理安排预算编制每个阶段的时间,既要以充裕的时间保证预算编制的质量,也要注重提高预算编制的效率;

(3)预算编制的方法要科学,测算的过程要有理有据;

(4)预算的核定要科学,基本支出预算定额要依照科学的方法制定,项目支出预算的编制要在以对项目绩效目标及项目实施条件进行评审为基础,以通过项目库管理进行科学排序的前提下进行。

（五）稳妥性原则

部门预算的编制要做到稳妥可靠、量入为出、收支平衡,不得编制赤字预算。收入预算要留有余地,没有把握的收入项目和数额,不得列入预算;预算要先保证基本工资、离退休费和日常办公经费等基本支出,以免在预算执行过程中不断调整预算。项目预算的编制要量力而行。

（六）重点性原则

部门预算编制要做到合理安排各项资金,本着"统筹兼顾、留有余地"的方针,在兼顾一般的同时,优先保证重点支出。根据重点性原则,要先保证基本支出,后安排项目支出;先重点项目和急需项目,后一般项目。基本支出是维持部门正常运转所必需的开支,如人员基本工资、国家规定的各种津贴补贴、离退休人员的离退休费,保证机构正常运转所必需的公用经费支出,以及完成部门职责任务所必需的其他支出,因此要优先安排预算,不能留有缺口;项目支出要根据财力情况,按轻重缓急,优先安排党中央、国务院确定的事项及符合国民经济和社会发展计划的项目。

(七) 透明性原则

部门预算要体现公开、透明的原则,要通过建立完善科学的预算支出标准体系,实现预算分配的标准化、科学化,减少预算分配中的主观随意性,使预算分配更加规范、透明。主动接受人大、审计和社会监督,建立健全部门预算信息披露制度和公开反馈机制,推进部门预算公开。《预算法》第十四条第二款规定:"经本级政府财政部门批复的部门预算、决算及报表,应当在批复后二十日内由各部门向社会公开,并对部门预算、决算中机关运行经费的安排、使用情况等重要事项作出说明。"实践中,我国各级政府职能部门的部门预算已经公开,并且趋向全面细化。

(八) 绩效性原则

部门预算应树立绩效管理理念,健全绩效管理机制,对预算的编制、执行过程和完成结果实行全面的追踪问效,不断提高预算资金的使用效益。在项目申报阶段,要填报绩效目标和绩效指标,并进行充分的可行性论证,以保障项目确实必需、可行;在项目执行阶段,要建立严格的绩效监控制度,以对项目进程和资金使用情况进行监督,对阶段性成果进行评价;在项目完成阶段,项目单位要及时组织验收和总结,并形成绩效报告报送部门;部门要及时开展绩效评价工作并将绩效评价报告汇总报送财政部门。

三、部门预算编制的前提

(一) 确定部门预算编制的目标

部门预算编制必须按照建立公共财政体制的要求,通过继续深化部门预算管理改革,完善预算决策机制和预算管理制度,实现预算编制的科学化、规范化和透明化,提高预算管理水平,提高公共财政资金的使用效率和效益。在部门预算编制过程中,首先,必须平衡各项计划并确定各项计划的优先顺序,以确保部门预算符合政府的各项公共政策和事业发展目标;其次,必须选择符合公共资金性质的成本效益最高的方案;最后,通过部门预算编制探求提高政府管理效率的途径。因此,必须在部门预算编制过程中建立各种预算控制和约束机制。

部门预算编制过程的主要目标是:在政府总体财政目标以及与政府总体财政目标相协调的支出水平基础上,明确部门预算的各项收入和支出政策,根据政府政策和总体财政目标决策配置公共财政资源,提高部门预算管理效率与绩效,其重点是部门预算编制的决策过程以及总支出控制和战略性资源配置的实现机制。

(二) 科学地进行部门预算决策

在设计部门预算时,需要提前作出各种必要的决策,但现实中,出于政治因素、外部环境以及信息不对称等原因,一定时期的短期决策在各种跨期目标选择面前往往显得比较困难,结果会使部门预算决策过程的效率降低。如果对部门预算收入和支出预测不科学,造成预算不实,就必然会导致支出调整、延迟或拖欠,在一定程度上损害政府的信誉。虽然在部门预算执行过程中,通过预算追加、追减、调剂等临时性解决措施,能够缓解预算执行过程中的矛盾,但这些措施会导致公共财政稀缺资源的重新配置,在一定程度上降低部门预算的科学性和管理效率。

部门预算编制采用跨年度中期滚动预算方法,则有利于建立政府政策和预算编制之间的有机联系,有助于年度政府部门预算编制各项政策和要求的提前确定,便于政府各部门在预算政策和制度框架范围内高效率地完成预算编制工作。所以,应建立中期财政管理框架,理顺预算编制权责,根据我国中期财政规划和部门改革发展需求,编制部门三年滚动支出规划,合理确定部门支出限额。各类规划中涉及财政资金支持的,要与部门三年滚动规划相衔接,增强预算约束力。

(三)预算需求方与供给方需要协同

编制部门预算涉及部门大量的支出预算需求,与有限的政府公共财政资源分配之间会出现许多矛盾。因此,必须取得政府管理者强有力的支持,必须对政府支出部门采取严格的预算控制措施,必须严格按预算程序办事,从单纯的提出预算需求,向在可能的基础上提出预算需求和明确支出责任及提高绩效方面转变。年度部门预算编制必须在良好的宏观经济框架内,按照"自上而下或自下而上,两上两下"的程序设计:"自上而下"就是政府确定可用公共财政资源总额,制定符合部门预算政策和支出控制的措施,明确具体的部门预算编制方法,以及相应的编制技术、报表形式并在编制前实施培训;"自下而上"就是政府部门按照预算政策、支出控制措施以及相应的编制技术,在部门预算需求引进控制限额内,具体编制本部门详细的收入和支出计划。通过政府各支出部门与财政部门反复协调,确定政府各部门以及总体的支出计划。

四、部门收入预算的编制

(一)部门预算收入的内容

部门预算收入是部门编制年度预算时,预计在预算编制周期内从各种渠道依法取得的各类收入的总称,是部门履行职能、完成各项工作任务的财力保障。部门预算收入的构成依据行政单位和事业单位的不同性质以及全额预算管理或差额预算管理等不同的预算管理办法而有所不同。部门预算收入主要包括财政拨款收入、财政专户管理资金收入和单位资金收入。其中,财政拨款收入包括一般公共预算拨款、政府性基金预算拨款、国有资本经营预算拨款;财政专户管理资金收入是缴入财政专户、实行专项管理的教育收费收入;单位资金收入是指除财政拨款收入和财政专户管理资金以外的收入,包括上级补助收入、事业收入、事业单位经营收入、附属单位上缴收入及其他收入。部门预算收入在来源年度上又分为本年收入及上年结转,同时还可以使用以前年度非财政拨款结余弥补年度收支差额。

(1)上年结转。指以前年度安排、预计结转到本年度使用的资金,包括财政拨款结转资金、财政专户管理资金结转和单位资金结转。

(2)财政拨款收入。指由财政拨款形成的部门收入,不包括非本级财政拨款收入以及预计年度执行中从其他部门取得的财政拨款收入。根据《预算法实施条例》第五条第一款的规定,各部门预算应当反映一般公共财政预算、政府性基金预算、国有资本经营预算安排给本部门及其所属各单位的所有预算资金。

(3)上级补助收入。指预算单位从主管部门或上级单位取得的非财政拨款补助收入。

(4)事业收入。指事业单位开展专业业务活动及辅助活动取得的收入。

(5)事业单位经营收入。指事业单位在专业业务活动及辅助活动之外开展非独立核算经营活动取得的收入。事业单位经营收入必须具备以下两个特征:一是经营活动取得的收入,而不是专业业务活动及其辅助活动取得的收入;二是取得的经营收入是非独立核算的。

(6)附属单位上缴收入。指本单位所属下级单位(包含独立核算和非独立核算的相关支出纳入和未纳入部门预算的下级单位)上缴给本单位的全部收入(包括下级事业单位上缴的事业收入、其他收入和下级企业单位上缴的利润等)。

(7)其他收入。除上述收入以外的各项收入,主要包括非本级财政拨款、事业单位的投资收益等收入。

(8)使用非财政拨款结余。指预计用非财政拨款结余弥补本年度收支差额的数额。只有事业单位预计当年收入小于支出时,才可以使用非财政拨款结余资金弥补收支差额。

(二)部门收入预算编制的总体要求和预测依据

1. 部门收入预算编制的总体要求

部门在预测收入预算时,应本着科学、合理的原则,遵循项目合法合规、内容全面完整、数字真实准确的总体要求,充分、合理地预计部门各项收入,依法、准确、真实、完整地编制收入预算。

(1)项目合法合规。部门的各项收入必须是预计依法取得的各项收入。各部门必须认真做好主管部门集中收入、以政府名义接受的捐赠收入、政府财政资金产生的利息收入等编报工作,上述收入均应上缴国库、纳入一般公共预算管理,不得作为本单位收入反映。

(2)内容全面完整。部门收入预算的收入项目较多,资金来源各有不同,部门在报预算时应做到全面反映、完整填报,对单位预计取得的各项收入进行全面反映,不应在部门预算之外保留其他收入项目。

(3)数字真实准确。部门预算收入的预测必须以国民经济和社会发展计划以及履行部门职能的需要为依据,同时结合近几年实际取得的收入并考虑增收减收因素测算,不能随意夸大或隐瞒收入,力求各项收入项目预算数据真实准确。

2. 部门收入预算的测算依据

部门在进行收入预算测算时要根据部门的发展规划、行使职能的需要,对各项需求和资金来源进行认真测算和分析。

(1)明确预算目标。各部门要依据国家的中长期发展计划和本部门的职责,提出工作重点、任务,列出部门需要安排的重要事项,建立起各部门的年度预算目标。

(2)收集相关资料。部门财政拨款收入的测算要在占有大量信息的基础上进行,部门应全面收集与编制本部门预算相关的信息资料,如部门资产数量、资产分布状况、部门财务状况、财政和货币政策、经济增长速度、财政对部门的财政拨款需求的满足程度,等等。

(3)分析、归集部门预算需求。一方面,要对收集的有关部门预算的各类资料进行深入分析,确保数据、信息的真实准确;另一方面,要对收集的信息、资料进行归类汇总,形成部门完整的决策信息。

(4)测算部门预算需求。根据财政部门有关文件的规定,应将部门预算需求分为两个部分进行测算。一部分是基本支出。该项支出是以定员定额方式确定的,定员定额水平由财政部门根据当年国家的财政状况确定。因此,各部门应集中力量做好人员基础数据的整理工作,如人员数量、结构(编制内、编制外、行政、事业)等。另一部分是项目支出。该项支出是根据部门履行行政职能的实际需要确定的,各部门要根据本部门事业发展规划、国民经济发展计划以及财政的承受能力合理测算项目预算。

五、部门支出预算的编制

(一)部门支出预算的内容

部门支出预算主要分为基本支出和项目支出。

1. 基本支出

基本支出是为保障行政事业单位正常运转、完成日常工作任务所必需的开支而编制的年度支出计划。具体包括人员经费和日常公用经费。

(1)人员经费主要指维持机构正常运转且可归集到个人的各项支出。主要包括有关人员的工资福利支出以及对个人和家庭的部分补助支出,如基本工资、津补贴及奖金、社会保障缴费、离退休费、助学金、医疗费、住房补贴和其他人员经费等项目。

(2)日常公用经费主要指维持机构正常运转和完成日常工作任务而用于购买商品、服务、办公设备等方面的支出。日常公用经费主要包括办公及印刷费、水电费、办公用房取暖费、办公用房物业管理费、公务用车运行维护费、差旅费、日常维修费、会议费、专用材料费、一般购置费、福利费和其他费用等项目。在支出经济分类科目中主要体现为"商品和服务支出"等。

从编制2022年预算起,基本支出全部以项目形式纳入项目库。

2. 项目支出

项目支出是部门为完成其特定的行政工作任务或达成事业发展目标而安排的支出。主要包括基本建设、有关事业发展专项计划、专项业务费、大型修缮项目、大型购置项目、大型会议项目等。

(二)基本支出预算和项目支出预算的编制

1. 基本支出预算的编制

(1)基本支出预算编制的原则包括综合预算原则、优先保障原则、定员定额管理原则。

第一,综合预算原则。在编制基本支出预算时,各部门要将当年财政拨款和以前年度结转和结余资金、其他资金,包括单位财政补助收入、非财政拨款收入、非税收入和其他收入等,全部纳入部门预算,统筹考虑和合理安排。

第二,优先保障原则。各部门要根据财力可能,结合单位的行政事业工作任务需要,合理安排各项资金。首先要保障单位基本支出的合理需要,以维持行政事业单位日常工作的正常运转,履行基本职能。在此基础上,本着"有多少钱办多少事"的原则,安排各项事业发展所需的项目支出。

第三,定员定额管理原则。基本支出预算实行以定员定额为主的管理方式。同时结合部门资产占有情况,通过建立实务费用定额标准,实现资产管理与定额管理相结合。对于基本支出中没有财政拨款的事业单位,其基本支出预算可以按照国家财务规章制度的规定和部门预算编制的有关要求,结合单位的收支情况,采取其他方式合理安排。

(2)基本支出预算编制的基础——定员定额制度。定员定额是财政部门在审核人员编制数、实有人数、资产数量等基础数据的基础上,根据定额标准测算安排基本支出预算的方法。

第一,定员。是指根据行政事业单位的规模或工作量,对人员编制或定员比例规定人员指标额度。确定定员时需要考虑很多因素,对行政单位而言,要根据机构精简的原则和各地的经济情况、人口多少、区域大小以及行政任务的需要确定人员编制;对事业单位而言,或者根据工作任务的繁简、机构规模和级别来定员,或者根据定员比例来确定(如学校可根据师生比例来决定教职工的编制)。

第二,定额。是指国家根据行政事业单位的工作性质及特点对行政事业单位在一定时期内有关人力、物力、财力的补偿,以及消耗或利用方面所规定的各种经济额度。定额的形式包括:

一是人员经费定额和公用经费定额。人员经费定额项目以核定的编制内实有人数为计算对象。人员经费定额标准根据国家工资、福利、保险政策以及政策规定的开支范围和开支标准等情况确定。公用经费定额项目包括人员综合定额和若干实物定额。

二是实物定额和货币定额。实物定额一般以核定的资产为计算对象,如每个学生应该配备的教学设备等,定额标准根据物价水平、资产使用状况及运行维护需要等统筹确定。这种定额形式的优点在于能够保证不同区域的对象获得大体相同的财政支持,而且还不受通货膨胀因素的影响。货币定额是指以货币数量规定定额,如每个学生的助学金定额为多少元等。这种定额形式虽然简便易行,但容易导致不同地区的对象获得的财政支持不同,不符合财政的均等化原则。

三是单项定额和综合定额。单项定额是对某一项具体支出规定定额,如助学金定额、工资定额等。综合定额是把若干个单项定额合并为一个包括多项内容的定额。比如人员综合定额,以核定的人员编制为计算对象,其定额标准根据履职需要、有关政策规定、经济社会发展及物价水平、财力状况等情况,结合实际分类分档确定。再如医院门诊收入定额,其中包括药品收入、各医疗项目收入等。通常来讲,凡是经常性的开支项目都要实行单项定额;对无法细化成单项定额的支出项目可核定其综合定额。

四是支出定额和财政补助定额。目前,基本支出的定员定额标准由"双定额"构成,即支出定额和财政补助定额。支出定额是指财政部按人或物核定的部门、单位总体或某个定额项目的大口径支出标准,如核定某单位在职职工人均支出水平每年6万元,则人均6万元即为支出定额;财政补助定额是财政部对与其有预算缴拨款关系的部门、单位按人或物核定的财政补助标准,是为了保证财政预算分配的公平而制定的分配标准,如财政部按某单位在职职工人数人均补助每年1万元,则人均1万元即为财政补助定额。目前行政单位的支出定额和财政补助定额是一致的,因为行政单位除财政补助收入外,基本没有其他收入来源;而大部分事业单位由于有一定的收入来源,因此适用于"双定额"。

(3)基本支出预算的测算。基本支出预算的测算主要是在部门预算的"一上"到"一下"之间,具体包括定额标准制定、基础数据审核、预算控制数测算和控制数下达四个阶段:

第一,定额标准制定。财政部门根据规范的程序和方法,分别制定行政、事业单位和参公基本支出定额标准。

第二,基础数据审核。财政部门根据各单位报送的人员基本情况进行整理,提取出测算基本支出所需的人员数据,并对人员数据及有关情况进行审核。

第三,预算控制数测算。财政部门根据定额标准和核实的单位人员情况,结合部门基本支出结转情况,测算形成各部门的基本支出预算控制数或财政拨款补助数。

第四,控制数下达。财政部门按照预算编制规程,在规定时间内,将定额标准和按定额标准计算形成的基本支出预算控制数或财政拨款补助数下达给部门或单位。

(4)基本支出预算的调整。各部门在财政部门下达的基本支出控制数额或财政拨款补助数额内,根据本部门的实际情况和国家有关政策、制度规定的开支范围及开支标准,在人员经费和日常公用经费各自的支出经济分类之间,自主调整编制本部门的基本支出预算,并在规定时间内报送财政部门。应注意的是,基本支出自主调整的范围仅限于人员经费经济分类"款"级科目之间或日常公用经费支出经济分类"款"级科目之间的必要调剂,人员经费和日常公用经费之间不得自主调整。

2. 项目支出预算的编制

(1) 项目支出预算特征:①专项性。项目支出预算的专项性根植于预算与业务结合之中。预算围绕项目,项目围绕特定目标,项目预算是为完成特定工作任务而编制的经费支出计划,针对不同目标或任务应分别设立项目。②独立性。每个项目支出预算应有其支出的明确范围,项目之间支出不交叉,项目支出与基本支出之间也不能交叉,如果出现交叉则说明项目目标或任务有重叠,项目边界不清,设置不合理。③完整性。项目支出预算应包括达成特定目标或完成特定任务所涉及的全部经费支出,应避免将为一个目标或任务而发生的支出拆解分散到多个项目支出中去。

(2) 项目支出预算原则:①综合预算的原则。通常,项目所需的预算资金数额较大,因此,对项目支出要根据政府的政策目标、财力程度、部门事业发展需要和紧迫程度,统筹考虑各种资金、当年财政拨款和以前年度结余资金,编制综合项目预算。②科学论证、合理排序的原则。项目的设立要体现公共支出的需求,符合公共需要的才能列入项目库。由于项目实行项目库的管理办法,因此,在一个新项目进入项目库前,要在对申报项目进行充分的可行性论证和严格审核的基础上,按照轻重缓急进行排序,并结合财力状况,优先安排急需、可行的项目。③追踪问效的原则。项目支出要讲求经济效益和社会效益。因此,编制项目预算时,要坚持绩效原则,考核项目的成本、效益等因素,并据此作为排序的标准之一。财政部门和各部门对财政预算安排的项目的实施过程及其完成结果要进行绩效考评,追踪问效。

(3) 项目支出预算管理。为适应政府预算要从单纯的控制收支的工具向更加注重预算作为一种管理工具的转变,项目预算要由以往的"条目预算"制向"项目预算"制转变,主要目标是由传统的强调投入分配和支出保障功能,转向实现政府主要职能和中长期公共政策目标,突出预算的规划功能,发挥预算作为政策实施工具的作用。同时,促使各部门改善内部管理,转变行为方式,以更有效的方法和途径履行部门职责。具体包括以下内容:

第一,项目设置规则。项目设置要更加规范合理,要反映部门主要职责并具备可执行性,在保障运行、维护合理需要的前提下,更加突出重点,聚焦国家的重大改革、重要政策和重点项目,有效避免项目间和年度交叉重复。

第二,项目管理方式。实施项目分级管理,将部门的具体项目按照部门职责、行业或领域规划、项目内容等归集起来,形成若干个相对稳定的支出项目。具体分为一级项目和二级项目两个层次。项目分类客观反映项目本质特征,采取有针对性的管理方式,并按轻重缓急安排预算。

第三,项目规范分类:①按照使用范围,部门一级项目分为通用项目和专用项目。通用项目指根据部门的共性项目设立并由各部门共同使用的一级项目。通用项目由财政部门根据管理需要统一设立。专用项目指部门根据履行职能的需要自行设立和使用的一级项目。专用项目由部门提出建议,报财政部门核准后设立。②按照项目的重要性,二级项目分为重大改革发展项目、专项业务费项目和其他项目三类。其中,重大改革发展项目,指党中央、国务院文件明确规定中央财政给予支持的改革发展项目,以及其他必须由中央财政保障的重大支出项目等;专项业务费项目,指部门为履行职能、开展专项业务而持续、长期发生的支出项目,如大型设施、大型设备运行费,执法办案费,经常性监管、监测、审查经费,以及国际组织会费、捐款及维和支出等;其他项目,指除上述两类项目之外,部门为完成特定任务需安排的支出项目,基本建设项目统一列为其他项目。

六、加强项目库管理

项目库是预算支出管理的一项重要制度,是对财政预算支出进行规范化、程序化管理的数据库系统。项目库管理是预算管理的基础,预算支出全部以项目形式纳入预算项目库,预算管理环节均以项目为基本单元,实施项目全生命周期管理,主要分为前期谋划、项目储备、预算编制、项目实施、项目结束和终止等阶段,全流程动态记录和反映项目信息变化情况。坚持"先有项目再安排预算"原则,单位申请预算必须从项目库中挑选预算项目。

(一)管理流程及规则

(1)项目储备原则上由部门和单位发起,部门和单位完成评审论证和内部审批程序后,才能将预算项目报送财政部门。财政部门审核通过的项目作为预算储备项目,供预算编制时选取;退回修改的项目,部门和单位按照财政部门意见修改,并经财政部门审核通过后作为预算储备项目;审核不通过的项目,不作为预算储备项目。

(2)绩效目标是项目入库的前置条件,原则上,未按要求设定绩效目标或审核未通过的项目不得纳入项目库。对于新出台重大政策对应的项目需要开展事前绩效评估,评估结果作为申请入库的必要条件。

(3)预算项目逐年滚动管理,经常性项目、延续性项目及当年未安排的预算储备项目自动滚入下一年度储备。入库项目要规范、准确、完整地填报相关信息。

(二)项目库类型

预算项目按照预算支出性质和用途分为人员类项目、运转类项目和特定目标类项目三个项目类别。

1. 人员类项目

(1)人员类项目定义及分类。人员类项目是指部门和单位有关人员的工资福利支出、对个人和家庭的补助支出项目。人员类项目由财政部门统一设立,财政部门可根据本级人员类项目预算管理实际情况,设立人员工资项目、养老保险单位缴费项目、住房公积金项目等人员类项目。

（2）人员类项目管理流程及规则。一是前期谋划和项目储备。财政部门统一设立人员类项目并授权给部门和单位使用，部门和单位从授权项目中选择并确认本部门和单位适用的人员类项目和对应的功能科目，完善项目信息后纳入项目库作为预算储备项目。二是预算编制。单位在编报人员类项目预算前，需维护更新单位信息、人员信息等基础信息，合理确定项目资金性质，细化完善部门预算支出经济分类科目等项目信息，单位按照基础信息及支出标准测算形成人员类项目支出需求。各部门、各单位选取人员类项目，按预算编制要求报送财政部门审核。有充分依据确需对人员类项目支出需求进行调整的，一并报财政部门审核，经财政部门审核确认后，将各部门、各单位人员类项目按照预算编制程序列入预算。三是项目实施。动态记录和反映项目预算下达、预算调整和调剂、预算执行等情况。四是项目终止。人员类项目期限原则上与机构存续期一致。

2. 运转类项目

（1）运转类项目定义及分类。包括各部门、各单位为保障其机构自身正常运转、完成日常工作任务所发生的公用经费项目和专项用于大型公共设施、大型专用设备、专业信息系统运行维护等的其他运转类项目。公用经费项目主要按照定员定额方式管理，以人员编制、实有人员、通用资产等为计算对象，保障单位日常运转和基本履职需要。其他运转类项目主要以各类大型专用资产为计算对象，保障单位管理的大型公用设施、大型专用设备、专业信息系统运行维护等方面的需要，包括资产运行维护项目、信息化运行维护项目等。

（2）运转类项目管理流程及规则。一是前期谋划。各部门、各单位结合本部门、本单位的职责和事业发展规划，提前研究谋划本部门、本单位下一年度运转类项目支出需求。各部门、各单位按照中期财政规划管理要求，参照以前年度预算安排及执行等情况，组织申报其他运转类项目，开展其他运转类项目评审论证，根据评审报告和相关支出标准测算其他运转类项目支出。二是项目储备。①公用经费项目。财政部门设立公用经费项目并授权给部门和单位使用，部门和单位从授权项目中选择并确认本部门和单位适用的公用经费项目和对应的功能科目，完善项目信息后纳入项目库作为预算储备项目。②其他运转类项目。各部门、各单位根据项目申报、评审论证、支出测算、大型专用资产使用管理等情况，在项目库中规范、完整、准确地填报项目要素，报送财政部门审核。财政部门审核通过的项目，作为预算储备项目。项目需要明确大型专用资产对应的资产卡片编号等要素。三是预算编制。单位在编报预算前，需对已储备并计划纳入当年预算的项目进行细化。单位应合理确定运转类项目预算资金性质，细化编制部门经济分类科目、新增资产配置、政府采购、政府购买服务、年度绩效目标等信息。项目经费总额根据支出标准和有关测算模板进行测算，经单位确认后作为公用经费项目支出需求。项目细化完成后，各部门、各单位从储备项目中选取预算项目，按照预算编制程序列入预算。四是项目实施。动态记录和反映项目预算下达、预算调整和调剂、预算执行、绩效管理等情况。五是项目终止。公用经费项目原则上与机构存续期一致。其他运转类项目期限与相应的大型公用设施、大型专用设备、专业信息系统等的使用期一致,当大型公用设施、大型专用设备、专业信息系统等不再使用时,项目应标记"终止"。

3. 特定目标类项目

(1)特定目标类项目的定义。特定目标类项目指部门和单位为完成其特定的工作任务和达成事业发展目标所发生的支出项目。除人员类项目和运转类项目外,其他预算项目作为特定目标类项目进行管理。

(2)特定目标类项目管理流程及规则。一是前期谋划。各部门、各单位结合本部门、本单位的职责和事业发展规划,提前研究谋划本部门、本单位下一年度特定目标类项目支出需求。各部门、各单位按照中期财政规划管理要求,参照以前年度预算安排及执行等情况,组织项目申报,开展项目评审论证,根据评审报告和相关支出标准测算项目支出。二是项目储备。各部门、各单位将本部门、本单位特定目标类项目录入项目库,规范、完整、准确填报项目要素。涉及资产修缮、维修维护的特定目标类项目,各部门、各单位应将涉及资产作为项目立项依据,报送财政部门审核,财政部门审核通过的项目作为预算储备项目。储备项目需要配置资产的,各部门、各单位应当填报资产配置信息。有配置标准的,应当结合本单位履职需要和事业发展需求,合理预计填报。三是预算编制。各部门、各单位结合项目绩效目标和总投入,根据成本效益原则,从储备项目中挑选预算项目,对项目进行排序,按预算编制程序编制预算。财政部门对各部门、各单位选取的预算项目进行审核。四是项目实施。动态记录和反映项目预算下达、预算调整和调剂、预算执行等情况。五是项目终止。对执行完毕的项目和不再执行的项目标记"终止"。

部门预算是综合预算,因此,部门预算在财力分配上要统筹考虑部门的各项资金,即将财政预算内拨款、财政专户核拨资金和其他收入统一作为部门预算收入,财政部门核定的部门支出需求,先由财政专户核拨资金和部门其他收入予以安排,不足部分再考虑财政预算内拨款。

七、部门预算的编制程序

一般来说,部门预算的编制程序包括"两上两下",即预算部门两次将预算草案上报给财政部门,财政部门又两次返回预算的过程。

(一)"一上":部门编报预算建议数

本阶段,各预算单位应按照有关预算编制要求提出预算建议数,并提供与预算需求相关的基础数据和相关资料,主要涉及基本支出项目核定相关的编制人数和实有人数、增人增支的文件、必保项目的文件等,然后层层审核汇总,由一级预算单位审核汇编成部门预算建议数,上报财政部门。

(二)"一下":财政部门下达预算控制数

本阶段,财政部门各业务主管机构对部门上报的预算建议数进行初审,再由预算部门审核、平衡,在财政部门内部按照规定的工作程序反复协商和沟通,最后由预算部门汇总成本级预算初步方案报本级政府,经批准后向各部门下达预算控制限额。目前各地人大的各专门委员会也在积极参与这一过程。

(三)"二上":部门上报预算

本阶段,部门根据财政部门下达的预算控制限额编制部门预算草案上报财政部门。

(四)"二下":财政部门批复预算

本阶段,财政部门根据本级人民代表大会批准的预算草案批复部门预算。

具体工作程序可由图 4-1 来表示。

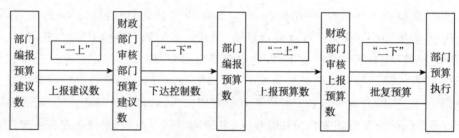

图 4-1 部门预算流程

专栏 4-7　　我国部门预算的编制程序

(一)职责分工

根据《预算法》《预算法实施条例》等国内法律法规及规范性文件的规定,在中期财政规划及年度预算编制工作中,有关各方的职责分工如下(以中央部门预算为例):

(1)全国人民代表大会。审查中央和地方预算草案及中央和地方预算执行情况的报告;批准中央预算和中央预算执行情况的报告;改变或者撤销全国人民代表大会常务委员会关于预算的不适当的决议。

(2)全国人民代表大会常务委员会。监督中央预算的执行;审查和批准中央预算的调整方案;撤销国务院制定的同宪法、法律相抵触的关于预算的行政法规、决定和命令。

(3)国务院。编制中央预算草案;向全国人民代表大会作关于中央和地方预算草案的报告;组织中央预算的执行;决定中央预算预备费的动用;编制中央预算调整方案;监督中央各部门预算的执行;改变或撤销中央各部门关于预算的不适当的决定、命令;向全国人民代表大会、全国人民代表大会常务委员会报告中央预算的执行情况。

(4)财政部。具体编制中期财政规划和中央预算草案;具体组织中央和地方预算的执行;提出中央预算预备费动用方案;具体编制中央预算的调整方案;定期向国务院报告中央和地方预算的执行情况。

(5)中央部门。编制本部门中期财政规划和预算草案;组织和监督本部门预算的执行;定期向财政部报告预算的执行情况。

（二）编制流程

中央部门预算按照"两上两下"的流程编制：

（1）预算编制准备阶段。主要是中央部门清理完善预算单位信息，开展项目清理和提前储备项目。财政部布置中央部门年度预算编制工作，修订《政府收支分类科目》，准备预算编制软件。

（2）"一上"阶段。中央部门根据本部门发展规划、年度工作目标和重点等，从基层预算单位开始编制年度预算建议，逐级审核汇总，由部门编制年度预算建议方案报送财政部，同时报送人员、资产等基础数据和项目库。

（3）"一下"阶段。财政部对中央部门报送的年度预算建议进行审核，综合考虑财力可能，研究提出中央部门预算安排总体建议方案，按程序报批后下达中央部门年度预算控制数。

（4）"二上"阶段。中央部门根据财政部下达的"一下"预算控制数细化编制部门"二上"预算。中央部门在财政部下达的控制数以内，按规定的预算科目、报表格式等汇总编制本部门年度预算草案，在规定的时间内报送财政部。财政部对部门报送的"二上"预算进行审核，汇编中央部门预算草案。

（5）"二下"阶段。在全国人民代表大会批准中央预算后，财政部批复各中央部门预算，中央部门根据财政部批复的部门预算，逐级批复所属单位预算。

第六节 财政总预算的编制

各级部门预算编制完成后，要交由本级财政部门统一进行汇编。各级财政部门以各所属部门预算为基础，加上财政部门自身掌握的有关收支编制的综合反映某一级政府收支计划的预算称为总预算。按照行政级别，总预算又可分为由财政部汇编的中央预算和地方总预算，以及由地方各级财政部门汇编的本级地方总预算。

按照目前的政府预算体系，财政总预算一般包括一般公共预算、政府性基金预算、国有资本经营预算、社会保险基金预算四本预算。实践中则根据不同层级预算收支的构成而有所差别。

全国预算由中央预算和地方预算组成。地方预算由各省、自治区、直辖市总预算组成。

一、中央预算编制

中央政府预算是经法定程序批准的中央政府的财政收支计划。由财政部负责编制。

（1）中央一般公共预算编制。中央一般公共预算收入编制内容包括本级一般公共预算收入、从国有资本经营预算调入资金、地方上解收入、从预算稳定调节基金调入资金、其他调入资金。中央一般公共预算支出编制内容包括本级一般公共预算支出、对地方的税收返还和转移支付、补充预算稳定调节基金。中央政府债务余额的限额应当在本级预算中单独列示。

（2）中央政府性基金预算编制。中央政府性基金预算收入编制内容包括本级政府性基金各项目收入、上一年度结余、地方上解收入。中央政府性基金预算支出编制内容包括本级政府性基金各项目支出、对地方的转移支付、调出资金。

（3）中央国有资本经营预算编制。中央国有资本经营预算收入编制内容包括本级收入、上一年度结余、地方上解收入。中央国有资本经营预算支出编制内容包括本级支出、向一般公共预算调出资金、对地方特定事项的转移支付。

（4）中央社会保险基金预算编制。中央社会保险基金预算收入编制内容包括各项社会保险费收入、利息收入、投资收益、一般公共预算补助收入、集体补助收入、转移收入、上级补助收入、下级上解收入和其他收入。中央社会保险基金预算支出编制内容包括各项社会保险待遇支出、转移支出、补助下级支出、上解上级支出和其他支出。

二、地方预算编制

地方政府预算是经法定程序批准的各级地方政府的财政收支计划。

根据当前我国政府预算管理体制，地方预算收入主要来源于地方税、中央和地方共享收入中的分成收入、上级政府的转移支付收入、上级政府的返还和补助、地方政府所属企业的上缴利润等。地方预算支出主要是承担本地区政权机关运转所需支出及本地区经济、事业发展所需支出。

（1）地方一般公共预算编制。地方各级一般公共预算收入编制内容包括本级一般公共预算收入、从国有资本经营预算调入资金、上级税收返还和转移支付、下级上解收入、从预算稳定调节基金调入资金、其他调入资金。地方各级一般公共预算支出编制内容包括本级一般公共预算支出、上解上级支出、对下级的税收返还和转移支付、补充预算稳定调节基金。

（2）地方政府性基金预算编制。地方政府性基金预算收入编制内容包括本级政府性基金各项目收入、上一年度结余、下级上解收入、上级转移支付。地方政府性基金预算支出编制内容包括本级政府性基金各项目支出、上解上级支出、对下级的转移支付、调出资金。

（3）地方国有资本经营预算编制。地方国有资本经营预算收入编制内容包括本级收入、上一年度结余、上级对特定事项的转移支付、下级上解收入。地方国有资本经营预算支出编制内容包括本级支出、向一般公共预算调出资金、对下级特定事项的转移支付、上解上级支出。

（4）地方社会保险基金预算编制。地方社会保险基金预算收入编制内容包括各项社会保险费收入、利息收入、投资收益、一般公共预算补助收入、集体补助收入、转移收入、上级补助收入、下级上解收入和其他收入。地方社会保险基金预算支出编制内容包括各项社会保险待遇支出、转移支出、补助下级支出、上解上级支出和其他支出。

三、有关债务预算

我国目前没有编制独立的政府债务预算,而是区分一般债务和专项债务并将其分别列入一般公共预算和政府性基金预算。一般债务是指列入一般公共预算用于公益性事业发展的一般债券、地方政府负有偿还责任的外国政府和国际经济组织贷款转贷债务;专项债务是指列入政府性基金预算,用于有收益的公益性事业发展的专项债券。

地方预算草案由地方各级政府财政部门具体编制,经本级政府审定后,提请本级人民代表大会审查和批准。同时,财政部汇总地方预算草案,提请全国人民代表大会审查。县级以上财政部门除编制本级预算草案外,仍要审核汇总本级政府所辖行政区域总预算草案,即将本级政府预算与下一级政府总预算汇总,经本级政府审定后,报上级政府以便汇总,同时提请本级人民代表大会审议。

财政部门在汇编中央或地方预算草案时,并不是简单地将各部门预算中的收支数额进行汇总,而是根据预算汇编的口径和预算管理办法,把同中央或地方预算有缴款、拨款关系的预算数字汇总编制。此外,还要把财政部门直接掌握的收支,如债务收入和债务支出、总预备费等一并编制,经过审核、汇总和综合平衡后,编制成中央或地方预算草案。

四、全国总预算的编制

财政部对中央预算、各省级财政总预算进行审核和汇编后即形成全国总预算,并编制政府预算说明书,报国务院审核和全国人民代表大会审议。

本章小结

政府预算需要依据国家法律法规、宏观政策以及国民经济和社会发展计划及财政规划,在年度限额内进行编制。

在现代信息技术条件下,政府机构分配和管理预算资金的方式,即政府预算编制模式,根据不同的预算管理要求,也逐步多样化。

预算的完整性要求实施全口径预算管理。我国目前的预算体系包括一般公共预算、政府性基金预算、国有资本经营预算、社会保险基金预算。

收支测算是编制政府预算的基础,直接决定着编制与审批的质量。国际上通行的测算方法可分为定性法、时间序列法、因果分析法、模型法等。

部门预算是综合预算,较传统的预算编制方法有很大的进步,其编制程序可概括为"两上两下"。部门的预算支出分为基本支出和项目支出两部分,前者按照定员定额制度进行管理,后者则主要按照项目库管理办法进行管理。

各部门编制预算后,由各级财政部门编制总预算。财政部汇编的中央预算和地方预算构成了完整的国家预算草案。

思考题

1. 预算编制的依据有哪些?
2. 政府预算编制的模式有哪些?应该根据什么来确定使用哪种编制模式?
3. 预算体系是如何构成的?
4. 中期财政规划的内涵是什么?如何实施?
5. 跨年度平衡机制的内涵是什么?如何实施?
6. 什么是债务余额限额管理?债务余额限额管理制度有哪些优点?
7. 预算收支测算的一般方法有哪些?
8. 什么是部门预算?其内涵、特征及编制原则如何?
9. 什么是部门预算中的基本支出和项目支出?如何对它们进行管理?
10. 总预算如何编制?

21世纪经济与管理规划教材

财政学系列

第五章

政府预算的审查和批准

【学习目标】

　　本章介绍了政府预算审查和批准的相关理论与实践。通过本章的学习，读者应该能够理解政府预算审查和批准的意义，了解国外政府预算审查和批准的流程及特点，掌握政府预算审查和批准的权限及类型，掌握政府预算审查和批准的内容及流程，思考我国政府预算审查和批准中存在的问题及改进对策。

第一节　政府预算的审查和批准概述

政府预算的审查和批准(以下简称预算审批)是指预算在具有法律效力之前相关部门(主要是财政部门)对预算草案进行的审查以及在此基础上立法机关对预算草案进行审查和批准的过程。立法机关的审批使得预算成为具有法律效力的预算,因此本章侧重于介绍立法机关对预算的审批。

一、预算审批的意义

(一)赋予政府预算法律效力

按照公共财政和委托代理理论,政府是接受公众委托代理其行使预算权,而作为委托人的公众是否认可代理人的行为,就需要通过预算审批环节予以确认。实践中通常由公众选举出的立法机关代表他们行使预算审批权。

我国的立法机关是全国人民代表大会和地方各级人民代表大会。政府预算在经过部门编制和财政部门审查之后,须交由各级人民代表大会进行审批。经过各级人民代表大会审批后的政府预算代表了全体社会成员对政府预算安排的认可。同时,因为人民代表大会是立法机关,由其审批后,政府预算就有了法律效力,从而能够保证政府预算依法得到顺利实施。

因此,一个法治社会应当"尽快建立起一个能够最大化体现公众意志的预算制度,确立以公共决策决定政府收支的程序与机制,有效地控制财政的规范运行"。只有当政府每花一分钱都必须经过预算审批时,才能表明政府的"钱袋子"掌握在人民手中,也只有发展到这一步,才能真正实现法治国家原则。[①]

(二)强化对政府行为的约束和监督

(1)立法机关与政府之间。如果说预算是政府向公众和立法机关解释受托责任的途径,那么预算审批就是这个途径中的关键环节。从某种程度上讲,立法机关审批预算并不是其目的,而是一种改进整个政府行政管理组织的非常重要的手段。因为如果缺乏资金支持,任何权力都将无法行使,所以财政资金的充裕与否将直接决定政府决策及其执行效果。因此,预算审批不仅是对财政资金的技术性审查,更是对行政机关国家治理事务的年度审批。可以说,立法仅仅确立了国家机关行使权力的可能性,而预算审批才足以确保任何权力行使的可行性。立法机关通过对行使权力所需用度的掌控,重新限制行政权力行使的范围。通过将权力限制在适当的范围以及将权力公开分配到特定的部门,产生权力限制的效果。

---

① 汤洁茵:《纳税人看得见的法治(之四)——预算审批权的规范与运作》,财新网,2014年9月19日,http://opinion.caixin.com/2014-09-19/100730730.html,访问日期:2023年3月28日。

（2）社会公众与政府之间。预算审批不仅能够实现对政府权力的约束，而且还是完善代议制民主的重要工具和途径。在民主选举制度下，公民以选票实现对国家事务的选择。然而，如果关于政府活动结果的公共信息缺乏，对政府的公开控制就是盲目的、摸索中的。此时，即使赋予公民广泛而完整的选举权，对民主的实现也无任何助益。

预算作为政府的财政收支计划，在其议案中表明政府行为和职能的事先计划与安排，揭示每一个部门及其官员的责任和支出。因此，预算及其执行结果的审批过程实际上是向公民提供与政府执政行为相关的可信赖的必要信息，使其可以通过预算文件来了解政府。在此前提下，公民与政府之间的联系可以有所加强，公民也因此可以更为有效地通过投票对政府的行为予以监督，从而促使政府对其所管理的事务更加负责任。因此，预算制度的完善可以在政治生活中将预算作为联系公民与国家之间的新途径，从而成为加强代议制民主的工具和手段。①

（三）保证党和国家重大战略的实施

党的十八大以来，以习近平同志为核心的党中央就人民代表大会制度和人大工作提出一系列新论断新举措新要求，为在新的历史条件下坚持、完善、发展人民代表大会制度，加强和改进人大预算审查监督工作，提供了科学理论指导和行动指南。人大加强预算审批有利于使预算安排和政策更好地贯彻落实党中央重大方针政策和决策部署；有利于加强和改善宏观调控，有效发挥财政在宏观经济管理中的重要作用；有利于提高支出预算编制质量和预算执行规范化水平，实施全面规范、公开透明的预算制度；有利于加强对政府预算的全口径审查和全过程监管，更好发挥财政在国家治理中的基础和重要支柱作用，更好发挥人民代表大会制度支撑国家治理体系和治理能力的根本政治制度作用。

2021年10月，习近平总书记在中央人大工作会议上指出，我国全过程人民民主"是全链条、全方位、全覆盖的民主，是最广泛、最真实、最管用的社会主义民主""人民代表大会制度是实现我国全过程人民民主的重要制度载体"。这一重要论述，丰富和发展了习近平新时代中国特色社会主义思想，为人类政治文明发展贡献了中国智慧和中国方案，为坚持和完善人民代表大会制度、做好新时代人大预算审查监督工作指明了前进方向、提供了根本遵循。

（四）增强预算的科学性和统筹性

相对于需求来说，国家的财政资源非常有限，因此在一定的财政年度内应该对资源进行最优配置，而政府预算作为综合性的财政收支计划，必须从宏观上进行统筹规划。财政部门作为一国财政资金的管理者，其对财政政策和资金状况的信息掌握程度是相对

---

① 汤洁茵：《纳税人看得见的法治（之四）——预算审批权的规范与运作》，财新网，2014年9月19日，http：//opinion.caixin.com/2014-09-19/100730730.html，访问日期：2023年3月28日。

比较全面充分的,但在现实中对各支出部门具体编报预算情况的信息掌握程度还存在一定的信息不对称状况。各支出部门在编制预算草案时会在某种程度上具有超出实际需要多编预算的风险动机,但这并不影响财政部门对整体财政资金的掌控程度。比如,财政部门通过定员定额标准体系就能在很大程度上约束各部门的基本支出,使各部门不能随意地多编预算,财政部门可以根据一定时期的国家战略规划及政策支持重点、同档次单位之间的差异和不同档次单位之间的相同点审查支出部门预算的合理规模及支出结构。同样的道理,立法机关在审查预算时,也会出于公共利益的考虑尽可能提高预算的科学性和统筹性。

（五）提高预算的公开性和透明度

在大部分国家,预算一旦经过立法机关的审批程序并获得通过后,就要向社会公开。一般地,在预算审批阶段,预算草案只是对立法机关公开或部分向公众公开,其公开的范围与程度比较有限,而预算经过审批后则要将整个预算文件向社会公开。政府预算的公开性正是现代预算的本质要求,有利于社会公众对政府的收支计划有详细的了解,继而行使其知情权以及监督权。

二、预算审批的主体

（一）国际视野的预算审批主体

由于各国政体不同,立法机关的名称和结构也不相同,通常可将立法机关分为两种类型:一院制和两院制。

在实行一院制的国家中,政府预算直接由其批准。属于这种类型的国家包括瑞典、荷兰、西班牙、丹麦等。

在实行两院制的国家中,大部分国家议会的两院都有批准政府预算的权力。一般地说,两院中的下议院(或众议院)在预算的批准上拥有比上议院(或参议院)更大的权力,往往拥有预算先议权和最后批准权,属于这种情况的有美国、法国、意大利、日本等国。但在另一些国家中,只有下议院才有批准政府预算的权力,上议院仅限于提出建议,属于这种情况的主要是英国。

在议会制(不论是一院制还是两院制)下,预算草案的具体审核由议院中的各种常设委员会与其所属的各种小组委员会进行。其一般程序通常是将待议决的年度预算草案分发给负责预算收入和支出审议的各小组委员会,由小组委员会研究以后向预算委员会提出意见和报告书,由预算委员会提出决议,最后由议院大会审议表决。

强硬而且有能力的委员会能够使立法机关发挥其专长,并能在政府预算决策过程中发挥更大的作用。一般来说,不同的委员会审理公共支出管理的不同方面(例如,财政或预算委员会审查收入和支出,公共会计委员会确保法律监督,部门或常设委员会处理部门政策和审查部门预算),并且这些委员会的活动应当得到有效协调。

在现代政府预算日益复杂和专业的情况下,立法机关及其委员会应当掌握专门的知识,以确保政府预算审查的有效合理。为此很多国家的立法机关都提供了较好的硬件和软件条件来提升其成员对于预算的审查能力。比如在印度,议员可利用议会图书馆获得所需的研究资料。又如在美国,国会拨款委员会和预算委员会都拥有一批懂财经、会计以及公共政策的高级人才,在预算审计方面能得到审计署这一专业机构的协助,还能与相关部门定期交换意见以及时获得信息。

(二)我国的预算审批主体

我国的人民代表大会制度规定国家的所有重要事项和重大决策都必须充分反映广大人民群众的愿望及要求,代表人民的意志,由人民来作出选择和决定。而由人民代表大会及其常务委员会对预算进行审批是人民代表大会制度的重要内容。预算经过人民代表大会审批后,表明政府提交的预算草案得到了人民的同意和认可,体现了人民的意志和要求。换言之,人民代表大会的预算审批,本质上是人民行使宪法权力的体现,因此,人民代表大会制度是预算审批的根基。

我国各级人民代表大会是国家法定的预算审批主体。《预算法》第四十三条对我国预算审查和批准主体及权限作出了规定:"中央预算由全国人民代表大会审查和批准。地方各级预算由本级人民代表大会审查和批准。"由于我国预算分为中央预算和地方预算,中央预算的审批权来自最高权力机关——全国人民代表大会,而地方各级政府预算则由地方各级人民代表大会审批。由于预算审批主体本身的民意性,各级人民代表大会及其常务委员会对本级政府预算的审批,直接关系到本区域内人民的利益。同时,这种分级审批制度也与我国的人民代表大会制度相吻合。

三、预算审批的权限

预算审批的权限是指各级政府编制的预算草案应由哪级权力机关审批后才能成为执行的依据,这实际上是预算审批级次的问题。各国的政府预算都是由权力机关审批的,但在预算审批级次方面,做法不太一致。在实行单一政体的国家中,预算级次一般分为中央预算和地方预算。国家最高权力机关审批国家预算,既包括中央预算,也包括各级地方预算,但也有些国家的联邦议会只审批中央预算。在实行联邦制政体的国家中,预算一般分为联邦预算、州预算和各级地方预算。在这类国家中,各级权力机关只负责审批本级政府的预算,不审批下级预算。

我国《预算法》出台前的做法是,全国人民代表大会审批包括中央预算及地方预算在内的国家预算,县级以上的地方各级人民代表大会审批包括本级政府预算及汇总的下一级总预算在内的本级总预算。这就出现了人民代表大会重复审批预算的问题,使预算审批关系不清。为解决这一问题,1995年施行的《预算法》规定:全国人民代表大会审查中央和地方预算草案,批准中央预算;县级以上地方各级人民代表大会审查本级总预算草案,批准本级预算。2014年修正的《预算法》延续了这一规定,第四十三条规定:中央预算由全国人民代表大会审查和批准。地方各级预算由本级人民代表大会审查和批准。①也就是说,全国人民代表大会负责审查中央和地方预算,并且只批准中央预算,不批准地方预算;县级以上地方各级人民代表大会只批准本级政府预算,不批准汇总的下一级总预算。这样规定可以较好地解决原来预算审批中存在的问题,明确各方职责,提高预算活动的效率,同时有利于中央政府和地方政府各司其职,避免责任的推诿和审批过程中的漏洞。

四、预算审批的类型

预算在很大程度上受制于本国的政治体制,因此不同政治体制下,预算审批的做法不尽相同。目前大部分发达国家都实行代议制,行政、立法和司法三种权力既相互独立又相互制衡。

(一) 根据立法机关的权力大小及其预算审批作用的强弱划分

按照这种方式,可将发达国家的预算审批分为两类:

一是立法机关权力较大,预算审批在预算管理流程中发挥实质性作用。如美国,由于国会拥有可以和总统相抗衡的政治权力,因此,国会在审批预算时,不仅可以自由增加或减少支出计划与经费额度,而且还可以自行起草预算案,实践中国会与总统也经常就预算产生争议和冲突。

二是立法机关权力较小,预算审批的形式意义大于实质作用。如英国、德国和日本,由于这些国家实行内阁制,政府由议会产生并对它负责,因此,议会对于政府提交的预算草案通常都会无条件通过。如果否决或大幅修改预算草案,将被视为对政府投下不信任票,会产生重大的政治影响。

(二) 按照立法机关修改政府预算的法律权限不同划分

按照这种方式,可将预算审批分为三种情况:

一是不受限制的权力。这是指立法机关无须行政部门同意即可调整政府预算收支。总统制适合这种模式,尽管立法机关拥有的财权会受到总统否决权的制约(如美国和菲律宾)。这说明权力很大的立法机关影响着公共支出管理的两个首要目标(即财政纪律和支出分配),并对第三个目标(即实际管理)在某种程度上有间接影响。

二是受限制的权力。这是指立法机关修改政府预算的权力被限制在规定的框架之内,通常指在增加支出或减少收入的最大幅度内进行调整。这种权力的受限制程度各国不尽相同,像英国、法国和英联邦国家,议会不能提出增加支出的修正案,因此权力十分有限。德国允许提出这样的法案,但只有在征得行政部门的同意后才可以。这说明权力受限制的立法机关只能影响公共资源的分配,并间接地影响运行管理。

---

① 现行《预算法》第四十三条延续了这一规定。

三是平衡预算的权力。这是指为了保持预算平衡,立法机关有权提出可实现政府预算均衡的措施,包括增减支出或收入。这种权力适中的制度安排旨在将立法机关的影响力聚焦于公共资源配置上。

第二节 我国政府预算审查和批准的内容及流程

一、我国预算审查的主要内容

审查预算是《宪法》和《预算法》《监督法》等法律赋予全国人大及其常委会、地方各级人大及其常委会的重要职权。人大依法开展预算审查,对规范预算行为、促进依法行政、推动经济社会发展都发挥着重要作用。为加强预算全口径审查,近年来我国出台了《关于人大预算审查监督重点向支出预算和政策拓展的指导意见》《全国人民代表大会常务委员会关于加强中央预算审查监督的决定》等文件,进一步拓展了人大预算审查的主要内容。

(一)财政政策

具体包括:财政政策贯彻落实国家方针政策和决策部署的情况;与经济社会发展目标和宏观调控总体要求相衔接的情况;加强中期财政规划管理工作,对国家重大战略任务保障的情况;财政政策制定过程中充分听取人大代表与社会各界意见建议的情况;财政政策的合理性、可行性、可持续性等情况。

(二)一般公共预算

(1)支出总量和结构。重点包括:支出总量和结构贯彻落实国家方针政策和决策部署的情况;支出总量及其增减的情况;财政赤字规模及其占年度预计 GDP 比重的情况;调整优化支出结构,严格控制一般性支出,提高财政资金配置效率和使用绩效等情况。

(2)审查重点支出与重大投资项目。重点包括:重点支出预算和支出政策相衔接的情况;重点支出规模变化和结构优化的情况;重点支出决策论证、政策目标和绩效的情况;重大投资项目与国民经济和社会发展计划相衔接的情况;重大投资项目决策论证、投资安排和实施效果的情况。

(3)审查部门预算。重点包括:部门各项收支全部纳入预算的情况;部门预算与支出政策、部门职责衔接匹配的情况;项目库建设情况;部门重点项目预算安排和绩效的情况;新增资产配置情况;结转资金使用情况;审计查出问题整改落实等情况。

(4)转移支付。重点包括:各类转移支付保障财政承担的财政事权和支出责任的情况;促进地区间财力均衡及增强基层公共服务保障能力的情况;健全规范转移支付制度、优化转移支付结构的情况;专项转移支付定期评估和退出的情况;转移支付预算下达和使用的情况;转移支付绩效的情况。

（5）审查一般公共预算收入。重点包括：预算收入安排与经济社会发展目标、国家宏观调控总体要求相适应的情况；各项税收收入与对应税基相协调的情况；预算收入依法依规征收、真实完整的情况；预算收入结构优化、质量提高的情况；依法规范非税收入管理等情况。

（三）政府债务

重点包括：科学确定当年国债余额限额，合理控制国债余额与限额之间的差额；评估政府债务风险水平情况，推进实现稳增长和防风险的长期均衡。审查监督地方政府债务，重点包括：地方政府债务纳入预算管理的情况；根据债务率、利息支出率等指标评估地方政府债务风险水平，审查地方政府新增一般债务限额和专项债务限额的合理性情况；地方政府专项债务偿还的情况；积极稳妥化解地方政府债务风险等情况。

（四）政府性基金预算

重点包括：基金项目设立、征收、使用和期限符合法律法规规定的情况；收支政策和预算安排的合理性、可行性、可持续性等情况；政府性基金支出使用情况；政府性基金项目绩效和评估调整等情况。

（五）国有资本经营预算

重点包括：预算范围完整、制度规范的情况；国有资本足额上缴收益和产权转让等收入的情况；支出使用方向和项目符合法律法规规定和政策的情况；国有资本经营预算调入一般公共预算的情况；政府投资基金管理的情况；发挥优化国有资本布局、与国资国企改革相衔接等情况。

（六）社会保险基金预算

重点包括：各项基金收支安排、财政补助和预算平衡的情况；预算安排贯彻落实社会保障政策的情况；推进基本养老保险全国统筹的情况；基金绩效和运营投资的情况；中长期收支预测及可持续运行等情况。

（七）预算调整

预算执行中，农业、教育、科技、社会保障等重点领域支出的调减，新增发行特别国债，增加地方政府举借债务规模，须经全国人民代表大会常务委员会审查和批准。中央预算执行中必须作出预算调整的，国务院应当编制中央预算调整方案，一般于当年六月至十月期间提交全国人民代表大会常务委员会。严格控制预算调剂，各部门、各单位的预算支出应当按照预算执行，因重大事项确需调剂的，严格按照规定程序办理。中央预算执行中出台重要的增加财政收入或者支出的政策措施，调入全国社会保障基金，或者预算收支结构发生重要变化的情况，国务院财政部门应当及时向预算工作委员会通报。

预算工作委员会及时将有关情况向财政经济委员会通报,必要时向全国人民代表大会常务委员会报告。

(八)决算

决算草案应当按照人民代表大会批准的预算所列科目编制,按预算数、调整预算数以及决算数分别列出,对重要变化应当作出说明。一般公共预算支出应当按功能分类编列到项,按经济性质分类编列到款。政府性基金预算支出、国有资本经营预算支出、社会保险基金预算支出,应当按功能分类编列到项。

(九)预算绩效

各部门、各单位应当实施全面预算绩效管理,强化事前绩效评估,严格绩效目标管理,完善预算绩效指标体系,提升绩效评价质量,加强绩效评价结果运用,促进绩效评价结果与完善政策、安排预算和改进管理相结合,推进预算绩效信息公开,将重要绩效评价结果与决算草案同步报送全国人民代表大会常务委员会审查。

二、预算审批的流程

预算审批的流程分为初步审查、审批、批复及备案四个阶段(见图5-1)。具体而言,预算部门上报给财政部门预算草案,财政部门审查后提交人民代表大会财政经济委员会进行初步审查,初步审查通过后提交人民代表大会进行大会审批。大会批准预算后,财政部门批复预算给各预算部门。

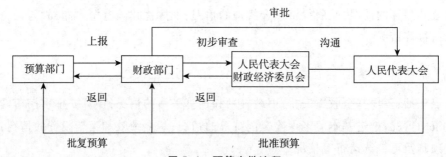

图 5-1 预算审批流程

注:本图流程未包括"备案"阶段,因其涉及上下级政府关系,而本图主要表述一级政府中不同部门之间的职责。

(一)初步审查

初步审查是指在召开人民代表大会之前,由各级人民代表大会财政经济委员会对预算草案的主要内容进行初步审查。

1. 提交初步审查的时间规定

《预算法》第四十四条规定:国务院财政部门应当在每年全国人民代表大会会议举行

的四十五日前,将中央预算草案的初步方案提交全国人民代表大会财政经济委员会进行初步审查。省、自治区、直辖市政府财政部门应当在本级人民代表大会会议举行的三十日前,将本级预算草案的初步方案提交本级人民代表大会有关专门委员会进行初步审查。设区的市、自治州政府财政部门应当在本级人民代表大会会议举行的三十日前,将本级预算草案的初步方案提交本级人民代表大会有关专门委员会进行初步审查,或者送交本级人民代表大会常务委员会有关工作机构征求意见。县、自治县、不设区的市、市辖区政府应当在本级人民代表大会会议举行的三十日前,将本级预算草案的初步方案提交本级人民代表大会常务委员会进行初步审查。

立法机关及其专门委员会对预算草案的初步审查时间必须有保障,否则难以对预算开展实质性的审查。目前规定提交初步审查的时间由过去的本级人民代表大会会议举行的三十日前提前到四十五日前,为进行初步审查的相关工作机构提供了更加充足的审查时间,确保政府预算的合理、合规与高效。

2. 初步审查的程序

按照《预算法》的规定,初步审查的程序包括:

(1)《预算法》第四十五条规定,县、自治县、不设区的市、市辖区、乡、民族乡、镇的人民代表大会举行会议审查预算草案前,应当采用多种形式,组织本级人民代表大会代表,听取选民和社会各界的意见。这一规定大大提高了初步审查过程的民主性和公开性。

(2)各级人民代表大会财政经济委员会或专门委员会首先对政府预算草案进行初步审查,在初步审查时,设区的市、自治州以上各级人民代表大会有关专门委员会进行初步审查,常务委员会有关工作机构研究提出意见时,应当邀请本级人民代表大会代表参加。在对各级政府预算草案等进行初步审查后,要提出初步审查意见。根据《全国人民代表大会常务委员会关于加强中央预算审查监督的决定》,在财政经济委员会开展初步审查阶段,全国人民代表大会有关专门委员会围绕国家方针政策和决策部署,对相关领域部门预算初步方案、转移支付资金和政策开展专项审查,提出专项审查意见。专项审查意见中增加相关支出预算的建议,应当与减少其他支出预算的建议同时提出,以保持预算的平衡性、完整性和统一性。有关专门委员会的专项审查意见,送财政经济委员会、预算工作委员会研究处理,必要时作为初步审查意见的附件印发全国人民代表大会会议。

(3)对各级人民代表大会常务委员会、财政经济委员会(专门委员会、有关工作机构)提出的意见,本级政府财政部门应当及时反馈处理情况。

(4)对各级人民代表大会常务委员会、财政经济委员会(专门委员会、有关工作机构)提出的意见以及本级政府财政部门反馈的处理情况报告,应当印发本级人民代表大会代表。

(二) 审批

在我国,审批是指各级人民代表大会对预算草案的审批。

按照《预算法》的规定,各级人民代表大会审查和批准预算草案的程序如下:

1. 政府向人民代表大会作关于预算草案的报告

《预算法》第四十七条规定:国务院在全国人民代表大会举行会议时,向大会作关于中央和地方预算草案以及中央和地方预算执行情况的报告。地方各级政府在本级人民代表大会举行会议时,向大会作关于总预算草案和总预算执行情况的报告。

向立法机构报告预算草案的制度安排体现了政府的公共受托责任和人民代表大会代表公众的权力行使,也是实现财政透明的重要保证。近年来,我国财政支出的扩大意味着政府受托责任的扩大,因此提高财政透明度,尊重和保障社会公众的知情权与监督权显得尤为必要。政府向人民代表大会作关于预算草案的报告使各级人民代表大会能够了解和确定预算收支目标的情况,按照《预算法》的规定,人民代表大会代表或者常务委员会组成人员,依照法律规定程序就预算、决算中的有关问题提出询问或者质询,受询问或者受质询的有关的政府或者财政部门必须及时给予答复。因此,这也是构建阳光政府、责任政府的重点所在。

2. 人民代表大会财政经济委员会作关于对政府预算草案的审查结果报告

《预算法》第四十九条规定:全国人民代表大会财政经济委员会向全国人民代表大会主席团提出关于中央和地方预算草案及中央和地方预算执行情况的审查结果报告。省、自治区、直辖市、设区的市、自治州人民代表大会有关专门委员会,县、自治县、不设区的市、市辖区人民代表大会常务委员会,向本级人民代表大会主席团提出关于总预算草案及上一年总预算执行情况的审查结果报告。审查结果报告应当包括下列内容:(一)对上一年预算执行和落实本级人民代表大会预算决议的情况作出评价;(二)对本年度预算草案是否符合本法的规定,是否可行作出评价;(三)对本级人民代表大会批准预算草案和预算报告提出建议;(四)对执行年度预算、改进预算管理、提高预算绩效、加强预算监督等提出意见和建议。

预算审查结果报告是全国人民代表大会财政经济委员会及地方各级相关委员会对预算草案、预算执行情况进行初步审查的结果。预算审查结果报告要对上一年的预算执行情况进行总结、回顾和反思,对本年度的政府预算草案进行合理评价,以更好地为计划年度的预算奠定良好的基础。

3. 大会批准

报告经讨论审查并通过以后,大会作出批准本级预算草案的决议,并应当在批准后二十日内由本级政府财政部门向社会公开。政府预算草案经人民代表大会审批后,就成为具有法律效力的文件,各地区、各部门、各单位都要严格贯彻执行。

(三)批复

所谓"批复"即政府预算草案经同级人民代表大会批准成为具有法律效力的文件后,财政部门应及时将这个预算批复给各职能部门,再由各职能部门批复给各预算单位,以便据以执行。

各级预算草案经各级人民代表大会批准后,财政部门应及时办理批复预算手续,以保证各级预算的执行。

《预算法》第五十二条规定:各级预算经本级人民代表大会批准后,本级政府财政部门应当在二十日内向本级各部门批复预算。各部门应当在接到本级政府财政部门批复的本部门预算后十五日内向所属各单位批复预算。中央对地方的一般性转移支付应当在全国人民代表大会批准预算后三十日内正式下达。中央对地方的专项转移支付应当在全国人民代表大会批准预算后九十日内正式下达。省、自治区、直辖市政府接到中央一般性转移支付和专项转移支付后,应当在三十日内正式下达到本行政区域县级以上各级政府。县级以上地方各级预算安排对下级政府的一般性转移支付和专项转移支付,应当分别在本级人民代表大会批准预算后的三十日和六十日内正式下达。对自然灾害等突发事件处理的转移支付,应当及时下达预算;对据实结算等特殊项目的转移支付,可以分期下达预算,或者先预付后结算。县级以上各级政府财政部门应当将批复本级各部门的预算和批复下级政府的转移支付预算,抄送本级人民代表大会财政经济委员会、有关专门委员会和常务委员会有关工作机构。

如果预算批复不及时,就会造成当年部门预算可执行的有效时间缩短,会直接影响到预算执行中的工作节奏,造成上半年按预算拨付财政支出的进度慢于序时进度,支出与项目进度及绩效考评严重脱节,导致"前半年花钱慢,后半年催花钱"。因此,通过对各个环节中的期限进行规定,可以保证预算的执行效率,推进预算的绩效管理工作。对于一般性转移支付和专项转移支付明确规定下达期限,有利于财政转移支付资金的及时到位,便于各项目支出的顺利进行,减少目前存在的"年底突击花钱"以及资金在下达过程中的"层层预留"现象。

明确各级政府预算批复的期限有利于预算的执行,但在法定的预付批复期限内,还应该注意预算批复的精细化。预算批复不精细是预算执行不规范的主要原因之一,因此,应重点从两个方面推进预算批复的精细化:一是要精细化批复重点预算支出项目;二是要精细化社会关注度高的经费预算批复,如"三公经费"支出是社会关注的热点问题,只有细化预算批复,加大公开力度,才能有效接受社会公众的监督。

(四)备案

对规范性文件备案审查是人民代表大会常务委员会监督工作中的一个重要组成部分,是维护国家法治统一的一项重要工作。

《预算法》第五十条规定:乡、民族乡、镇政府应当及时将经本级人民代表大会批准的本级预算报上一级政府备案。县级以上地方各级政府应当及时将经本级人民代表大会批准的本级预算及下一级政府报送备案的预算汇总,报上一级政府备案。县级以上地方各级政府将下一级政府依照前款规定报送备案的预算汇总后,报本级人民代表大会常务委员会备案。国务院将省、自治区、直辖市政府依照前款规定报送备案的预算汇总后,报全国人民代表大会常务委员会备案。

第五十一条规定:国务院和县级以上地方各级政府对下一级政府依照本法第五十条

规定报送备案的预算,认为有同法律、行政法规相抵触或者有其他不适当之处,需要撤销批准预算的决议的,应当提请本级人民代表大会常务委员会审议决定。

专栏 5-1   预算审查监督程序反映着全过程人民民主

审批预算、决算和监督预算执行是宪法和法律赋予人大及其常委会的重要职权,政府预算草案需要经过大会表决通过方可执行。在大会审议期间,人大财政经济委员会要向大会主席团提出关于上一年预算执行情况与计划年度预算草案的审查结果报告(以下简称审查结果报告),人大审查结果报告的形成过程以及人大审批预算的程序可以充分体现出预算的全过程人民民主。

1. 预算的初步审查

人民代表大会会议规定议程多、会期短,要想在较短的时间内对丰富的会议内容进行较为深入、详细和具体的审查,就需要根据《宪法》和《预算法》等相关法律的要求,在大会召开之前,由各级人大常委会有关机构提前介入,对政府准备提请大会审议的预算报告和预算草案的主要内容进行初步审查,做好预算的初审工作。依照法律规定和人大工作惯例,初步审查的具体程序如表 5-1 所示。

表 5-1   全国人大预算初步审查程序

程序	内容	依据	具体流程
预先审查	提前介入	《预算法》《中华人民共和国全国人民代表大会议事规则》《全国人民代表大会常务委员会关于加强中央预算审查监督的决定》等	1. 人大组织代表开展专题调研和视察等活动,提前了解预算编制有关问题 2. 人大常委会预算工作委员会进行前期调研,召开由政府有关部门、研究机构和专家学者等参加的座谈会,参加中央经济工作会议和政府有关预算编制会议,参加综合经济部门年度相关会议,分析研究经济运行和社会发展情况 3. 整理代表意见和会议简报,研究提出预算分析报告、预算概览、税收预测报告等,为人大代表、财政经济委员会组成人员审查预算提供参考
	预先审查		1. 人大会议举行五十日前,政府财政部门向人大预算工作委员会和预算审查联系代表通报预算执行情况和预算草案的主要内容 2. 人大预算工作委员会就有关重点问题听取相关部门介绍情况,开展预先审查
初步审查	初步审查		1. 人大会议举行四十五日前,人大财政经济委员会对预算报告和预算草案进行初步审查,其他专门委员会派员参加会议。在预算初步审查阶段,人大有关专门委员会对相关领域部门预算初步方案、转移支付资金和政策开展专项审查,提出专项审查意见 2. 人大财政经济委员会在初步审查的基础上,整理出对预算的初步审查意见,并送政府有关部门研究反馈 3. 政府有关部门将对财政经济委员会初步审查意见的反馈意见及时向人大财政经济委员会通报
	提出审查结果报告初稿		1. 财政经济委员会、预算工作委员会根据初步审查情况起草关于预算执行情况与预算草案的审查结果报告初稿,经讨论修改后送政府有关部门征求意见 2. 根据人大常委会负责同志及有关部门的意见对审查结果报告初稿进行修改

2. 大会预算审查程序

依照相关法律规定以及人大工作惯例,大会预算审查程序一般包括三个环节,即印发预算执行情况报告和预算草案,代表团进行审查,财政经济委员会、预算工作委员会和有关专门委员会进行审查等,具体程序见表5-2。

表5-2 全国人大的大会预算审查程序

程序	内容	依据	具体流程
大会审查程序	印发预算执行情况报告和预算草案	《预算法》《中华人民共和国全国人民代表大会议事规则》《全国人民代表大会常务委员会关于加强中央预算审查监督的决定》等	在人大会议期间,政府财政部门向全体会议提交关于预算执行情况的报告和预算草案的报告,并印发给代表团
	代表团进行审查		1. 人大各代表团对预算报告进行审议,对预算草案进行审查 2. 在代表团审查过程中,财政经济委员会、预算工作委员会有关人员听取代表团的意见和建议,及时了解和反映代表在审查中提出的意见和建议
	财政经济委员会、预算工作委员会和有关专门委员会进行审查		在人大会议期间,财政经济委员会召开全体会议,其他专门委员会派员参加,根据各代表团和有关专门委员会的审查意见,对预算草案进行审查,并对人大审查结果报告初稿进行修改

3. 预算批准程序

依照法律规定和人大工作惯例,批准程序一般包括四个环节,即提出审查结果报告、代拟预算决议草案、代表团审议、大会表决后向社会公布,具体程序见表5-3。

表5-3 全国人大预算批准程序

程序	内容	依据	具体流程
批准程序	提出审查结果报告	《预算法》《中华人民共和国全国人民代表大会议事规则》《全国人民代表大会常务委员会关于加强中央预算审查监督的决定》等	财政经济委员会向大会主席团提出关于预算执行情况与预算草案的审查结果报告。审查结果报告应当反映有关专门委员会和代表的审议意见
	代拟预算决议草案		大会秘书处为大会主席团代拟关于预算执行情况报告与预算的决议草案。决议草案应当包括是否批准预算草案和报告的内容
	代表团审议		1. 财政经济委员会关于预算执行情况与预算草案的审查结果报告,经大会主席团审议通过后,印发给全体会议 2. 大会秘书处为大会主席团代拟的关于预算执行情况报告与预算的决议草案,经大会主席团审议表决后,交各代表团审议
	大会表决后向社会公布		关于预算执行情况报告和预算的决议草案,经各代表团审议后,由大会主席团提请全体会议表决,通过后向社会公布

从上述实践可以看出,人大提前介入,特别是组织人大代表开展专题调研和视察等活动,是贯彻预算审查前听取人大代表和社会各界意见建议机制的具体体现,有利于更

广泛地了解民意。在此基础上,人大还要就预算政策和预算安排举行一系列的会议,分专题听取有关重点领域财政政策和资金安排使用情况的介绍。这些会议的参加者既包括人大财政经济委员会、预算工作委员会及各专门委员会人员,也包括政府有关部门及研究机构和高校的专家学者。这种沟通与参与机制是我国全过程人民民主在预算审查监督中应用的生动实践,有利于人民群众更畅通地表达利益需求,可以为人大审议预算提供高质量的参考资料,有利于提前了解预算政策和预算草案的主要内容,从而为代表们的审议提供良好的基础。与政府财政部门及其他政府部门提前沟通机制有利于了解预算执行和编制中的有关问题,有利于国家决策实现科学化、民主化。而人大代表有关预算审查的意见和建议也集中反映在人大的审查结果报告中,对预算执行情况报告的审议意见体现了人大的监督权,对预算报告和预算草案的审批意见以及年中常委会对决算的审批意见则体现了人大的决定权,经过人大会议表决通过后的预算即具有法律效力。可见,我国全过程人民民主已经嵌入全过程预算审查监督之中。

4. 预算审批的基本时间安排

人大审批预算的流程大概需半年时间,基本时间安排如下:

(1) 上一个财政年度11月至12月中旬,预算工作委员会就新财政年度预算编制、报送等基本问题与财政部交换意见。

(2) 上一个财政年度12月下旬至新财政年度上旬,预算工作委员会就财政经济形势、税收收入预测情况、海关收入预测情况等听取国务院有关部门的看法和意见。

(3) 新财政年度1月中旬(约在全国人民代表大会举行前一个半月),财政部将中央预算初步方案提交财政经济委员会,由财政经济委员会对草案的主要内容进行初步审查。财政部同时提交部门预算。

(4) 1月中下旬,预算工作委员会听取主要部门的部门预算情况介绍,财政经济委员会预算小组成员、其他有关专门委员会参加。

(5) 1月下旬,预算工作委员会就上一财政年度预算执行情况及新财政年度预算安排情况与财政部交换意见,并起草《预算初步分析报告》。

(6) 2月上旬(约在全国人民代表大会举行前一个月),财政部将中央预算草案的主要内容提交财政经济委员会。

(7) 2月中下旬,由财政经济委员会会同有关专门委员会对预算草案进行初步审查,预算工作委员会提出《预算初步分析报告》。在审议的基础上,起草并多次讨论修改《预算审查报告》;大会期间,财政经济委员会根据各代表团意见,研究通过《预算审查报告及批准预算的决议》。

(8) 3月中旬,全国人民代表大会表决《预算审查报告及批准预算的决议》,批准中央预算,同意预算报告。

(9) 大会闭幕后,国务院有关部门应及时向财政经济委员会、预算工作委员会提交落实全国人民代表大会关于预算决议的情况,以及对部门、单位批复的预算等情况。

资料来源:根据第十二届全国人民代表大会常务委员会第三次会议日程整理而成;李燕,《从人大预算审查结果报告看全过程人民民主生动实践》,《中国财政》2022年第9期。

三、预算审查的方法

在实践中预算审查的方法有很多,本章主要阐述以下几种方法:

(一) 听取汇报

人民代表大会常务委员会、财政经济委员会以及相关专业委员会可以就预算编制和草案以及大会修改后的预算等有关情况听取政府及财政等预算部门的汇报,了解预算编制的情况和存在的问题以及意见与建议等。参与听取汇报的人员通常是人民代表大会代表、常务委员会委员、财政经济委员会委员等,也可以邀请常务委员会有关工作委员会的人员、专家顾问、党委和政府有关部门的人员参加。这是实践中比较普遍采用的预算审查方法,比较省时省力,也更容易获得书面资料。

(二) 视察调研

在预算草案提交人民代表大会表决前,人民代表大会常务委员会、财政经济委员会通常会组织部分常务委员会委员和财政经济委员会委员进行视察调研。视察调研的对象是本级政府的预算部门和单位、下级政府的预算部门和单位以及本级政府财政收入范围内的企业单位等。视察调研时可邀请上级和本级人民代表大会代表、常务委员会其他委员会的领导同志、专家顾问等有关人员参加。这种方法也比较普遍,有助于代表和委员们更好地了解预算的实际情况,及时发现实践中的问题,并与业务部门进行及时、有效的沟通。

(三) 集中审查

预算草案提交人民代表大会常务委员会后,常务委员会或财政经济委员会可组织对政府及部门的预算草案进行集中审查。可采取会议的形式,也可将预算草案文本分到责任人手上,按照上述预算草案审查的内容进行审查,然后集体汇总研究定性审查的情况。审查时可延伸到二、三级预算单位。对专项资金可调阅可行性报告、项目批准书等有关说明资料。

(四) 召开听证会或座谈会

常务委员会或财政经济委员会可就政府总的预算安排情况或某个部门、某个项目资金预算草案召开听证会或座谈会,邀请熟悉财政预算工作的专家、社会人士对预算草案进行进一步论证和座谈,广泛地听取对预算安排的意见建议。《全国人民代表大会常务委员会关于加强中央预算审查监督的决定》中也指出,国务院财政等部门应当通过座谈会、通报会、专题调研、办理议案建议和邀请全国人民代表大会代表视察等方式,在编制预算、制定政策、推进改革过程中,认真听取全国人民代表大会代表意见建议,主动回应全国人民代表大会代表关切。全国人民代表大会有关专门委员会、常务委员会有关工作机构应当加强与全国人民代表大会代表的沟通联系，更好发挥代表作用，健全预算审查联系代表工作机制。

（五）询问和质询

询问和质询是人民代表大会代表或者常务委员会组成人员对预算和决算中不清楚、不理解、不满意的方面提出问题，要求有关机关作出说明、解释的一种活动。询问，是各级人民代表大会代表或人民代表大会常务委员会组成人员，在人民代表大会或人民代表大会常务委员会会议上审议工作报告或议案时，向有关国家机关打听了解有关情况。质询，是各级人民代表大会代表或者人民代表大会常务委员会组成人员，按照法律规定的程序，对本级国家行政机关提出质问的议事原案。二者的具体差别如下：

（1）性质不同。质询必须以质询案的形式提出，针对国家行政、审判、检察机关工作中比较重大的问题并要求作出答复，带有批评性和强制性。而询问只具有介绍、说明的性质，帮助人民代表大会代表或常务委员会组成人员了解有关报告或议案的情况，以便于审议和表决，不具有议案的性质。

（2）提出的法定条件不同。在全国人民代表大会举行会议期间，一个代表团或30名以上代表联名；在全国人民代表大会常务委员会举行会议期间，常务委员会组成人员10人以上联名；在地方各级人民代表大会举行会议期间，代表10人以上联名；在地方各级人民代表大会常务委员会举行会议期间，省、自治区、直辖市、自治州、设区的市的人民代表大会常务委员会组成人员5人以上联名，县级人民代表大会常务委员会组成人员3人以上联名，可以提出对"一府两院"的质询案。质询案必须以书面形式提出，必须写明质询的对象、问题和内容，即必须写明质询是针对政府或者政府的哪个部门、法院或者检察院提出的；必须写明质询什么事情以及为什么质询。而提出询问则没有人数方面的规定，也没有要求必须以书面形式提出。

（3）处理程序不同。质询案的处理程序比较复杂。它要由主席团或委员长会议或主任会议决定是由受质询机关书面答复，还是在有关的会议上口头答复。如因提出质询的问题比较复杂，确实难以在本次会议期间作出答复的，主席团或者委员长会议或者主任会议经征求提出质询案的代表同意，也可以决定由被质询机关在人民代表大会闭会期间提出书面答复或者在有关的会议上答复。在代表大会举行会议期间，在主席团会议或者专门委员会举行会议上答复的，提出质询案的代表团团长或者提出质询案的代表可以列席会议，发表意见。在常务委员会举行会议期间，在专门委员会会议上答复的，提出质询案的常务委员会组成人员有权列席会议，发表意见。提出质询案的代表半数以上对答复不满意的，可以要求受质询机关再作出答复。同时，受质询机关的口头答复人须是受质询机关的领导人。以书面形式答复的，应由受质询机关的负责人签署。而询问的运作程序则比较简单、灵活，没有规定要经大会主席团或者委员长会议或者主任会议决定询问与否,而是采取随问随答的方式,没有严格的程序规定,并且代表个人即可提出询问。对回答询问的人也没有严格要求,由有关机关派负责人或者负责人员回答询问即可。

《预算法》第八十五条规定:各级人民代表大会和县级以上各级人民代表大会常务委员会举行会议时,人民代表大会代表或者常务委员会组成人员,依照法律规定程序就预算、决算的有关问题提出询问或者质询,受询问或者受质询的有关的政府或者财政部门必须及时给予答复。

询问和质询,是人民代表大会代表及常务委员会组成人员的个人行为,不是人民代表大会常务委员会的集体行为。人民代表大会代表及常务委员会组成人员享有询问和质询权的基础,是人民代表大会及常务委员会对政府预算、决算拥有监督权。询问和质询的目的,是获知政府预决算的工作情况和其他有关情况或者对预决算的工作提出批评,以督促改进工作中的缺点和错误,提高依法办事水平和工作效率。

在我国实践中,专门针对预算进行质询的情况并不多,关键是缺乏具体配套与可操作的措施,比如质询权实施门槛偏高、质询要经过主席团才能提交被质询机关、代表只能在人民代表大会会期内提出、只有正式列入议程才能成为"质询案"等。另外,质询怎么发起、适用怎样的范围、怎么召开质询会等都没有具体规定,这些均增加了质询的操作难度。因此,人民代表大会要行使质询权,还需要完善质询程序,解决好人民代表大会、常务委员会会期相应延长的程序问题。

专栏5-2　　推广人民代表大会专题询问　提高预算审批权威性

党的十八届三中全会明确要求人民代表大会通过询问、质询、特定问题调查、备案审查等积极回应社会关切。各地方人民代表大会积极落实,在专题询问的形式上多有创新,使得询问更加符合民心顺应民意,更加具有现实性。比如,陕西省人民代表大会直接将有问题的牛奶带到询问会场进行询问,江西省人民代表大会和武汉市人民代表大会通过电视直播的形式让更多人了解专题询问现场的情况,合肥市人民代表大会直接把询问现场安排到工地上,温岭市人民代表大会在2022年8月23日开展温岭市人民代表大会常务委员会"强工兴市"议案专题询问会在线视频直播活动等。这些都可以体现地方各级人民代表大会强烈的大局意识和责任意识、浓厚的民生情怀和创新精神,其专题询问的做法和思考、内容和方式、过程和效果,对丰富、完善预算审批流程具有一定的参考和借鉴作用。

资料来源:金果林,《述评:让人大专题询问"常问常新"》,中国人大网,2021年12月10日,http://www.npc.gov.cn/npc/c30834/202112/b2031 97ed2eb46ffa217fb6b5d1ed409.shtml,访问日期:2023年2月28日。

（六）借助审计力量审查

鉴于审计人员的专业性，人民代表大会常务委员会或财政经济委员会在必要的时候，可以借助审计部门工作人员的力量对预算草案进行审查。实际上，我国审计部门对于预算改革一直起着重要的推动作用，但由于法律未有明确规定，因此在对预算的审批中，审计并没有实质性地发挥作用。近年来，在实践中相关部门认识到了审计的重要性，有些地方已经开始尝试借助审计力量进行初审，并取得了较好的效果。

第三节　国外政府预算审查和批准的特点及借鉴

一、国外政府预算审批的特点

虽然各国预算审批的具体做法和作用有所不同，但一些相似的特点和成功经验值得我国借鉴。

（一）预算审批组织体系健全且分工明确

发达国家通常具有完善的预算审批组织和高素质的审批人员，这为他们进行专业性和高质量的预算审批奠定了必要的组织基础。最为典型的就是美国，早在1974年美国就在国会内部成立了专门的预算办公室，目前其雇员有200余人[1]，他们都拥有经济学或公共政策学方面的高等学位。除此之外，国会还设有专门负责预算支出审批和预算收入审批的委员会。国会总审计署也是重要的审查监督预算的组织，而且该组织的高度独立和透明保证了它能够充分发挥预算审批的作用。美国预算审批相关组织如表5-4所示。

表5-4　美国预算审批相关组织

预算委员会	预算委员会是国会的一个常设委员会，对国会编制预算负全面责任，决定预算中的原则性问题。其主要任务是对预算中的收入、支出以及各种支出之间的比较进行综合考察；向国会提出预算建议，具体规定预算的支出、收入、盈余、亏空、公债总额。国会根据其建议通过相关预算决定
国会预算局	国会预算局是由专家而不是国会议员组成的国会预算管理办事机构，是一家专业、非党派的机构，目的是帮助国会客观公正而有效率地编制预算并审查行政机关提出的预算，对国会的预算编制提供客观、专业、及时的信息，进行和预算有关的各种估计、分析、研究，给预算和管理办公室编制的预算挑毛病，为国会编制预算服务
国会参、众两院拨款委员会	参、众两院拨款委员会是国会中权力很大的委员会。国会通过的拨款法案主要依据的是两院由资历较高的议员组成的拨款委员会的建议和报告。全院的讨论限于政策性问题，拨款的数额基本上由拨款委员会决定。由于行政机关众多，拨款委员会往往按照行政体系的分工对应设立若干个拨款小组委员会，负责一定行政机关的具体拨款审批

---

[1] 参见美国国会预算办公室网站相关资料。

(续表)

拨款小组委员会	拨款小组委员会是实际掌握预算拨款权力的机关,拨款委员会向全院提出的建议和报告,主要根据的是小组委员会的建议和报告。为了决定拨款数额,小组委员会必须了解其所主管的部门的计划和需要。小组委员会在决定拨款数额以前,通常举行听证,要求有关的行政部门对其预算请求进行说明、解释和辩护。小组委员会认为必要时可以派遣委员会的专业职员,甚至委托国会外的专业人员对某一项目进行调查,提出报告,作为委员会作出拨款决策的参考
总审计署	总审计署隶属于国会,向国会负责并报告工作,职能是审计联邦财政预算执行结果,审查联邦各部门和公共机构的内部财务状况及其合法性、合理性和经济效果。为了强化总审计署协助国会对预算进行审计的功能,国会通过立法赋予总审计署主动审计的职权,总审计署可以定期检查政府各部门管理和使用国会拨款的结果,可以就联邦资金使用状况和效率发表独立评论,向国会报告预算执行结果和决算审计情况

资料来源:肖鹏编著,《美国政府预算制度》,经济科学出版社2014年版,第21页。

此外,各部门间的分工比较明确。西方国家的预算审批,通常会涉及上议院、下议院以及各个审批委员会、审计部门和财政部门及各预算部门。虽然涉及的部门较多,但预算审批流程却比较规范,这得益于相关部门分工明确。比如在美国,有关预算管理的机构、部门比较健全,各机构、部门的职责分工比较清晰,并且实现了部门职责的法定化。如1921年制定的《预算与审计法案》,专门规定设立预算局、审计署,并明确了各自的职责;1974年制定的《国会预算和截留控制法案》,专门设立并规定了众议院和参议院预算委员会的职责。同时,无论是从总统(行政机关)与国会(立法机关)两大系统,还是从行政机关内部各部门来看,美国都形成了预算编制、执行和监督的相互制约与平衡机制,保障了国家预算活动按照宪法和法律规定的轨道开展。在英国,预算程序中只涉及数量不多的执行者。这些少量的执行者对媒体和公众负担了更详细的审查与问责责任。如果经济运行不当,就是财政大臣的错。如果政府开支混乱无纪律,就是财政部秘书长的错。他们的名誉和政治未来冒着更大的风险,因为实行党派政治和把责任推卸给其他党派的机会空间显然更小了。就行使财权的人而言,精简的程序和决策者数量的缩减,可以形成更有效的问责机制和之后更严格的纪律性。

(二) 预算审批时间充裕

审批时间充裕有利于立法机关进行细致、深入的预算审查。西方发达国家一般要求政府提前三个月至半年将草案提交议会,如德国预算议会仅一读(相当于我国的初步审查)就要三个月,印度的预算立法审议持续时间达75天,德国联邦议院对预算的审查可以持续四个月之久,而美国的预算审批时间则长达八个月左右。

(三) 预算审批内容比较全面

西方国家的预算审批内容主要可分为合规性审查和绩效性审查。合规性审查即检查预算草案是否符合相应法律法规的要求,绩效性审查即检查预算草案是否按照效益最大化原则安排了预算收支。前者是预算管理水平较低阶段的审查内容,而当预算管理提高到一定水平后就应该包括绩效性审查。随着西方国家在20世纪80年代逐步引入绩效预算制度,它们不但审查预算的合规性,而且审查预算的绩效性。

(四)预算审批流程设计规范

流程设计是否规范直接影响到审批结果,经过若干年的发展,西方国家已经建立了规范的预算审批流程。作为现代预算制度的发源地,英国的预算审批流程比较规范,主要通过三读制度来进行预算审批,详见专栏5-3。

专栏5-3　　　　　　　　　英国政府预算审批流程

财政大臣的预算报告发布后,就作为财政法案提交议会审核。财政法案一般在7月或8月由下议院表决,如获通过,即具有法律效力。根据1911年的《议会法》,议会对政府的财政监督由下议院行使,上议院无权通过和否决预算法案。英国采用三读制度来进行预算审批,即从下议院开始,上、下议院分别三次审议预算。具体审议程序如下:

1. 内阁提出预算案

英国议会预算提案权属于内阁,内阁通常在每年春天(3月或4月)的"预算日"(Budget Day)向下议院提交预算提案,并由财政部长进行预算演说。财政部长在演说中详细报告经济现状以及年度预算的内容,包括岁入租税建议案以及岁出法案,说明未来三年公共支出、经济预测发展与财政政策、开闭税源和增减税则等,历时一小时到一个半小时左右。

2. 一读

下议院收到提案后进行一读,由议会秘书宣读提案的题目和缘由,随后将其列入议事日程。一读程序仅对财政预算政策作大体的辩论及确认,并不就预算细项加以审查。

3. 质询与辩论

在这个阶段,下议院随机开展质询。质询由在野党主导,质询重点在于财政政策与支出原则,不涉及金额调整,此项质询以反对党议员优先,执政党议员质询的提出安排在反对党后面,以礼让在野党。

4. 第一次决议

下议院在十个预算日之内,必须对是否赞成政府预算案进行表决,包括岁入财政法案与岁出法案。此项决议案通过之后,才能使政府下年度预算成为一个完整的财政法案,作为正式审查的法案标的。

5. 二读

在一读通过一至两个星期后,下议院进行二读,即对该提案进行一般原则性的讨论,这个阶段常被称为"总讨论",是执政党和反对党的大决战,若经辩论后进行表决时被否决,该议案就成为废案;若通过,该议案原则上就算通过了。

6. 委员会阶段

二读以后，由下议院通过决议，宣布将议案交付相关的委员会（筹款委员会和供应委员会）讨论。这时，议长离开议长席，下议院召开全院委员会，由相关委员会（如筹款委员会）主席主持会议。这一阶段是考虑议案细节的阶段，对每一款条文都依次讨论，可以提出修正案并将其提交下议院。下议院收到议案后，则对全院委员会的修正案进行复审并提出报告，若下议院反对党再次发起辩论，议案还可退回全院委员会重新审议。

7. 委员会审查结果向院会报告

报告阶段通常为期两天，常设委员会审查完成预算案两周后，将审查结果向下议院院会报告。在报告阶段，非常设委员会的委员有机会进一步提出对法案的修正意见或新的条款。所有的委员都可以发言、投票表决，同时也可以针对较长的或复杂的法案展开为期数天的辩论。

8. 三读

随后，该议案进入三读程序。在这个阶段只能进行文字上的修改，如反对者不超过6人即行通过，最后经投票表决，议案正式通过。三读程序通常在单独的一天进行，即通常在报告阶段的第二天就进行三读。财政法案三读时辩论时间通常很短，上议院无法对法案进行实质性的修正。

9. 送上议院审议

下议院三读通过的财政法案送到上议院审议，上议院对于大部分的法案都没有否决权，财政法案又必须在一个月内同意，因此上议院显然只是扮演了橡皮图章的角色。法案内容获得两个议会的同意，就可以送请皇室签署同意意见。

10. 皇室签署同意意见

该法案送交上议院批准并经女王签署后正式颁布。皇室是否同意由两院的议长来宣布，并列入英国议会议事录之中。

资料来源：根据英国议会两院网站相关资料整理得到。

（五）预算审批的法律依据完整可靠

西方国家基本上建立起了一套完整可靠的法律体系，这些法律法规将预算流程纳入规范化的轨道，以法律形式保证了预算的权威性。完备的法律制度一方面完善了预算审批制度，另一方面使得政府各部门在预算工作过程中有法可依。英国预算制度历史悠久，相应地，针对预算制度的法律也较为完备，包括宪法层级和专项法层级两个方面。此外，英国每年都会定期颁布相关的法律法规来规范、匹配当年的预算行为，如《统一基金法》《预算案修正案》《公共支出调查报告》，以及《预算法案》（春季发布）和《秋季声明》（秋季发布）等。美国也建立了非常完整的法律体系，美国联邦政府的预算管理从预算编制、预算执行到预算审计的全过程，都可以找到相应的法律依据，并且严格按照既定法律规范开展预算管理各项工作。《美国宪法》第一条第七、八、九款和《美国宪法》第十六修正案规定了国会的征税权、举债权和拨款权,国会运用这三项权力征收联邦税、发行公债以及为联邦政府开支授权和拨款。除《美国宪法》外,美国关于预算控制和监督比较重要的法律还有:《预算与审计法案》(1921年)、《国会预算和截留控制法案》(1974年)、《平衡预算和赤字紧急控制法案》(1985年)、《政府绩效与结果法案》(1993年)等。通过这些法律,美国建立了一套体系比较完整、职责比较明确、依据比较充分的预算监督系统。从预算程序上看,各个程序和各个环节,法律上都有明确的规定。这种完备而规范的程序制度体系,使得各有关部门监管有据,保证了预算编制过程中的法治性以及预算执行中的严肃性。

二、我国预算审批的改进

(一)我国预算审批中存在的问题

1. 预算审查的时间短

一是人民代表大会召开的时间短。全国人民代表大会会期一般为10～15天,省、自治区、直辖市人民代表大会会期一般为5～7天,市、县级人民代表大会会期更短。二是预算报告和预算草案提供的时间晚,通常在召开会议时代表才能看到预算的有关材料。三是人民代表大会的议程多、任务重,审议的内容多,包括政府工作报告、国民经济和社会发展计划报告、政府预算报告、人民代表大会常务委员会工作报告、检察院和法院工作报告、人事任免、各个专门委员会的工作报告等,每个报告的篇幅都很长,仅预算的内容就涉及政府及各个直属部门的100多份预算文本。在这样的情况下,预算审查工作不可能做得细致深入。

2. 代表的专业水平有限

预算审查质量低的原因,除上述的审议时间短之外,还有审查人员的业务水平低、真正熟悉预算业务的代表不多、实质性的问题审查不到位等。有的代表权利意识薄弱,认为人大对预算的审批只是履行程序、走过场,预算审查没有实效或实效性差。有的县级人民代表大会对预算根本就不进行审查,举手表决通过就算完成任务了。

3. 预算审查的重点不突出

人民代表大会审查的重点应该是预算草案,而预算报告是对预算草案的说明。但现在的情况是,预算报告成了财政工作汇报或者财政工作成绩的表述。代表审查的主要对象是预算报告,对于预算草案,由于时间和业务水平的限制,审查得很少,提出的一些意见和建议大多是泛泛而谈,套话、空话比较多,影响了审查的质量。

4. 批准的内容为"一揽子表决"

人民代表大会表决通过的是预算安排的总体情况,即总的收入和支出情况,所以表决也只是笼统的表决、捆绑式的表决,不能对某个部门预算或某项资金预算实行单项表决,审批的具体性差。否决权的行使将使得政府部门编制提交的预算草案确定不再发生效力,可能造成财政事项乃至国家权力停摆的后果。因此,这种一揽子表决的方式在一定程度上虚置了审批权。

(二)我国预算审批的改进思路

1. 提前并延长审批时间

虽然各地的具体时间不一样,但预算的初审是一个月左右,预算终审也就是几天,无论是初审还是终审,我国预算审批的时间都不够充裕,这使得审批权力难以落实。预算关系到国民经济和社会发展,需要充分的审批时间。我们可以参照西方国家的做法,在与预算编制时间相协调的前提下,将预算审批时间延长。预算终审的时间也要与人民代表大会会期相匹配,并且将草案较早地发给代表,以利于他们做好准备。

实际上,审批时限是各国立法机关行使预算审批权所面临的共同问题。在所有财政资金纳入预算的情况下,对所有预算项目进行逐条、逐项的审查显然是不现实的。为此,在基本确定预算审批的对象范围的前提下,可以确立对重点项目的重点审查制度。对于国家机关日常运作所需的财政资金,其需求弹性较小,可进行形式上的审查,仅审查其与上年度预算的偏差及该偏差的合理性。对于重点项目,如新增收支项目、涉及巨额财政资金的项目、对公共服务的提供产生重大影响的项目等,则应进行全面的审查。

专栏 5-4　　人大预算审查监督"初审季"的北京模式

北京市人大根据人民代表大会会期短、议程多的实际,抓好抓实预算初审工作,为人民代表大会审批预算做好充分准备。将过去年度的预算初审会拓展为每年第四季度开展的"预算初审季"。结合预算编制申报、审核完善、审查审议的时间节点,"初审季"四个阶段压茬推进,预算联网系统智慧"云监督"全程支撑,构建了市人大常委会领导下,人大代表(代表小组)全面深入参与、相关专门委员会专项审查对口部门预算、财经委员会重点审查政府预算有机衔接的工作机制,通过有效的人大预算监督"初审季"组合拳,寓支持于监督之中,促进政府各部门预算草案高质量编制,更好体现和落实党中央、市委决策部署。

(一)试编预算审查阶段(8—9月)

将审查向前拓展至市级部门研究重要支出政策、试编部门预算草案阶段,组织人大代表、相关专委会委员按照市级部门预算编制要求,参加部门单位组织的支出政策、项目预算等事前绩效评估,独立形成评估意见、汇总问题"清单",提供部门党组决策参考,依法有效监督"前置",支出政策制定、项目预算编制审查关口"前移",对部门党组"三重一大"科学决策提供有效支撑,确保依法监督和党的领导有机融合。例如,市人大社会委及相关代表小组连续三年对市民政局部门预算和重点支出项目开展"参与式"事前评估论证,推动部门预算编制与市委、市政府决策部署对标对表、贯彻落实。2021年"初审季"中,共有38位委员、代表参与108个项目(政策)事前评估,涉及预算资金21.3亿元。其中,12个项目(政策)准备不成熟予以退回;17个评价为"不予支持",审减金额达5.58亿元;19个评价为"部分支持",总体资金审减率为40.45%。通过这样的措施,把相关问题消化在试编阶段,压实了支出预算部门的主体责任,提升了部门预算编制质量。

(二) 专委会专项审查阶段(10—11月)

将算清政府预算"大账"与算精部门预算"细账"统筹起来,结合财政部门对部门预算草案"一上一下"的审核程序,相关专委会对对口部门预算草案申报数进行专题调研和专项审查,提出专项审查意见;经常委会主任(专题)会议讨论形成专委会部门预算草案审查汇总意见和问题"清单",送交政府财政、发改等有关部门研究吸纳;预算工委组织部分人大代表、有关专委会委员,参加财政、发改部门组织的市级"两重"项目、专项转移支付、政府债务项目等事前绩效评估,独立形成评估意见。不断改进审查评估意见反馈工作,促进政府审核与人大审查同步协调、有效衔接,形成良性互动、互为支撑、合力推进的机制。在2021年"初审季"中,各专委会对40家市级部门预算进行了审查,涉及资金1 321.6亿元,提出22条有针对性的意见建议,对94大类预算项目提出调整建议。其中,20个项目终止申报、22个项目压缩规模,调减申报预算10.8亿元,有效提升了部门预算编制质量。

(三) 财经委员会初审阶段(12月)

一是用好专题审议机制。围绕贯彻落实中央、市委重要决策部署和重点工作,近年对公共卫生领域、老旧小区改造支出预算政策和相关重点部门预算进行专题审议,结合审计结果和整改情况,会同第三方评估机构提出评估意见,以精准有针对性的意见建议推动建立科学决策长效机制,为市委决策部署提供有效财力保障和政策支持。形成的评估报告供财经委员会专题审议时参考。二是加强数据分析研究。预算工委通过前期组织委员代表进行专题调研、座谈,结合专委会专项审查情况,会同人大预算研究基地,利用预算联网监督系统数据分析,形成政府预算草案初步方案的分析报告,围绕预算支出政策和支出预算审查监督"5+1"重点审查内容,分析问题、提出建议,为财经委员会初审打好基础。财经委员会在此基础上,进一步做实对预算草案初步方案的初审工作,提出初审意见,送交市政府财政部门研究办理。

(四) 初审意见办理反馈阶段(12月—次年1月)

一是改进初审意见办理反馈报告机制。市政府及其财政部门根据初审意见,结合各专委会审查发现的问题与事前绩效评估代表意见的"双清单",对政府预算草案和报告及有关说明进行修改完善,并提出初审意见研究办理情况报告。财经委员会分党组会议听取审议办理情况报告,提出修改意见,进行"二次初审",增强"提出初审意见—报告办理情况—完善预算报告草案"全链条咬合。初审意见和办理情况报告在代表大会上印发给全体代表,供其审议时参考。二是改进初审工作向市委报告机制。初审意见经常委会党组讨论同意后,以党组名义书面报告市委,供市委常委会在审议政府预算草案和报告时参考。同时,将初审情况刊发《人大信息》(增刊),在市委召开全市经济工作会议前及时报送市委、市政府主要领导,从而使预算审查更加便捷高效,为市委决策提供重要参考。

资料来源:根据北京人大官网资料整理得到。

2. 提高代表的业务水平

提高代表的整体业务水平,可以采取以下几种办法:一是要加强业务学习,定期举办代表业务培训班。可以采用短期培训的形式,每年在人民代表大会召开之前,各地(可以考虑以市级为单位)请预算方面的专家学者对代表们进行培训,以普及基本的预算知识为宗旨,具体内容可包括预算相关术语、往年预决算概况等。二是在选举代表时,要求其不仅要在政治上过硬,还要在业务上过关。可以多挑选一些专家充实代表队伍。三是探索逐步实现代表专职化。目前的代表大都是在某一个岗位上担任重要职务,每天忙于事务性工作,没有时间学习和研究预算审查相关业务,严重地影响了预算审查工作的开展。实行专职化以后,代表可以集中精力,专心致力于人大工作,可以对人大的事务进行深入细致、潜心的研究探讨,这样不仅可以提高预算审查的质量,还可以更好地推动人大其他工作的开展。

3. 建立预算听证制度

我国政府预算的审批是由人大代表直接进行,人大代表中很多都不是专业的财政专家,因此对财政预算的审批难免会有不当的情况出现。在这种情况下,人大代表可以委托社会经济学专家小组式的中介机构对政府预算的审批予以协助。专家小组的组成人员应包括经济学家、会计专家等,并建立公众听证和询问制度,最后将其论证的结果形成意见书提交人民代表大会,供其参考,以确保审批的科学性和严肃性。从国外经验看,要强化对政府预算的监督,听证是非常重要的手段。我国目前专门就预算进行听证的尝试凤毛麟角。从目前我国预算听证以及其他听证(主要是价格听证)实践来看,从形式上引进听证程序并不难,然而其实际效果却并不理想。我国要真正引入预算听证程序,有必要进行相关制度的构建,具体包括以下内容:

一是从听证人员选择上,提高听证人员素质,扩大听证参与度。听证能否起到应有的作用,在很大程度上取决于听证人员,具体又包括听证人员的素质和听证人员构成是否有代表性两个方面。从美国的经验来看,在听证人员中,专家被询问的机会往往较多而且其意见建议也比较切中要害,更容易被采纳。而与其他听证相比,预算听证对于听证人员的专业素质要求较高,因为其中涉及一些专业知识甚至实务经验,而不仅仅关乎听证人员个人或各自团体的利益。从我国上海的实践来看,除邀请财政、预算、银行等相关部门人员外,还可邀请具有一定财经或者公共政策背景的人员,比如会计师等参与听证。当然,在目前我国公众的专业素质还不够高以及对预算不够关注的情况下,通过培训来提高听证人员的专业素质也不失为一种过渡性的办法,具体做法可以考虑参照人大代表的培训。另外一个重要的方面是听证人员的构成。目前我国听证人员的代表范围还不够广泛,代表的筛选方式也不够透明,而这很容易导致形势一边倒从而使听证流于形式。在美国,为保证听证代表的广泛性和公正性,要求听证委员会必须同意少数党派推荐的听证人员。我国可以考虑通过公民自主报名、委员会筛选的方式让广大公众能够公平、公开地参与听证。

二是从落实反馈上,对听证意见进行落实。目前我国听证的落实反馈机制还没有健全,往往导致听证"只开花,不结果"。在目前尚无法可依的情况下,听证人员对听证意见可听可不听,甚至不给听证陈述人反馈。这样的听证就仅能发挥收集意见的作用,而达不到更深层次的让公众参与预算决策的作用。即使听证人员不采纳某些听证意见,也应给予反馈,并公开不予采纳的原因。

4. 建立分项审批和修改预算制度

目前人大对预算草案的表决是一揽子式的,或称综合审批。即使代表反对其中某项预算,但出于影响全盘预算的顾虑,也就草草通过了。如果改用分项审批,允许代表就某个部门的预算分别投票,或者就某项"类"级甚至"款"级科目进行投票,则有利于更好地落实代表的审批权力。人民代表大会可以在批准总的预算安排的前提下,对部门预算或专项项目资金预算,尤其是对资金多的部门、较大的项目资金实行单项表决。当然,这需要部门预算以及细化预算等相关制度的配合。

与分项审批紧密联系的是修改预算制度,因为如果代表反对某项预算,那么接下来的工作就是如何修改。理论上衡量立法机关权力的指标之一就是其能否修改或在多大程度上修改政府提交的预算草案。修正权是现代立法机关的核心预算权力,影响到议会的预算能力。预算审批不应仅是对政府编制的预算数额的消极接受,在符合法律规定的条件下,应当允许立法机关积极地提出政府所受的财政约束,对预算草案进行修改。预算草案修正权是否决权的必要补充。

为防止立法机关滥用修正权,造成资金浪费或短缺,通常都对其修正权的实施限定一定的条件。比如,预算修正的提案主体应当是各代表团或一定数额的代表联名;预算修正仅能对已提出的预算支出项目作减额修正,不能作增额修正,以防止政府无限扩大开支;预算修正草案应纳入预算草案的框架下作统一的审查与批准等。

本章小结

政府预算的审查和批准是指相关部门对预算草案进行审查并批准执行的过程,具体包括财政部门对预算的审查以及立法机关对预算的审查和批准。政府预算的审查和批准使得政府的预算具有了科学性和统筹性、公开性、法律性以及加强了对政府的约束,是其从预算草案成为具有法律效力的公共预算最根本的保证。

政储预算的审查和批准的权力属于国家立法机关,立法机关的具体名称则随着各国政体的不同而不同。立法机关依据修改政府预算的法律权限,可分为不受限制的权力、受限制的权力和平衡预算的权力。

各级人民代表大会审批预算的流程分为初步审查、审批、批复和备案四个阶段。各级人民代表大会有多种方法对预算进行审查,包括听取汇报、视察调研、集中审查、召开听证会或座谈会、询问和质询、借助审计力量审查等。

发达国家的预算审批制度有其各自的特点,同时又有一些相似的特点,包括组织体系健全且分工明确、预算审批时间充裕、预算审批内容比较全面、预算审批流程设计规范、预算审批的法律依据完整可靠等,这也是它们的成功经验,值得我们借鉴。我国目前的预算审批中存在着诸多问题,可以通过提前并延长审批时间、提高代表的业务水平、建立预算听证制度、建立分项审批和修改预算制度等思路予以完善。

思考题

1. 思考预算审批对实现预算民主的意义。
2. 我国预算审批的主体是什么?分为哪些类型?
3. 我国预算审查的内容包括哪些?
4. 我国预算审批分为哪几个阶段?
5. 英美国家与我国的预算审批有哪些异同?
6. 西方发达国家预算审批的特点是什么?
7. 我国预算审批有哪些不完善的地方?
8. 如何借鉴发达国家的做法使我国的预算审批更加完善?
9. 如何才能更好地加强预算审批的法律效力?

21世纪经济与管理规划教材
财政学系列

第六章

政府预算的执行

【学习目标】

　　本章介绍了政府预算执行的相关理论与实务。通过本章的学习,读者应该能够掌握政府预算执行的内容和方式,理解政府预算执行的组织体系及职责分工,掌握国家金库的概念及设置,掌握国家金库集中收付制度及单一账户体系的设置,掌握政府预算收入执行的主要内容,掌握政府预算支出执行的原则和内容,掌握政府采购的特征、原则及方式,掌握政府预算调整的内容及程序,了解政府预算检查分析的内容及方法。

第一节 政府预算执行的目的与内容

一、政府预算执行的目的

政府预算草案被立法机构审查和批准后,即成为具有法律效力的财政年度收支计划,预算过程便进入了计划的执行阶段。因此,所谓的政府预算的执行就是组织政府预算收支计划的实施,并按照预算对收支进行监督控制、调整平衡的过程。

政府预算执行的目的就是将政府预算编制过程对公共资源吸纳与配置的事前预测和决策由可能变为现实,以实现公共政策的要求,它是整个预算周期的一个必经的重要环节。因为通过政府预算的编制将预算目标计划确定以后,并不意味着这个计划可以自行实现,而为了实现预计的收支目标,从年初到年末每天都要进行大量的组织收支的执行工作。

在政府预算的执行中,首先必须以权力机构批准的政府预算年度目标为基本依据。因为政府预算的准备与编制一般都是经历了较长时间的科学预测、反复协调平衡以及充分论证确定的,经过立法机构审查和批准后成为具有法律效力的计划。该计划不仅要符合经济社会发展和财政收支本身的一般规律,而且还应具有较强的约束力。因此,政府预算的执行是完成预算各项收支任务最重要的环节。

但除此之外,即使预算经过科学的预测和精细化的编制,在进入预算执行阶段后,由于预算编制预期的实现环境在实践中可能会发生不可预料的种种变化,也会使得在预期条件下编制和批准的政府预算最初所确定的公共政策目标及预算目标发生变化,因此,在政府预算执行过程中,还需要依据预算编制时所确定的目标,并根据实际情况的变化,在合法合规的前提下,调整政府预算执行的具体目标和实现方式。

二、政府预算执行的内容和方式

政府预算执行的内容和方式是围绕预算目标的有效实现确定的。

(一)收支的实现与控制

1. 收入的实现与控制

政府预算收入的执行就是依据国家相关法律法规和政策制度,在对各种税源、费源进行预测以及既定的税率、费率基础上,把各地区、各部门、各企事业单位应缴财政的预算收入,及时足额地收缴入库。

收入执行中的控制任务为:

(1)必须按照现行税收制度或政府收费制度,做到依法征收、依法减免、收足收实,既要防止偷漏税费等行为的发生,又要防止收过头税或乱收费等行为的发生,并且不得截留、占用、挪用应上缴的预算收入。

（2）在组织收入的过程中，努力与国家的区域政策、产业政策相结合，促进各行业、各部门根据社会有效需求调整发展结构和产业结构，改善经营管理，提高经济效益和盈利水平，实现增产并增收。

2. 支出的实现与控制

政府预算支出的执行主要是根据年度支出预算和按季度分月用款计划，及时合理地拨付预算资金，以保证经济和事业发展的资金供给。

在拨付资金的过程中，既要按照计划及核定的资金用途，结合各部门的经济事业发展进度，及时合理地拨付资金，又要监督各用款单位管好用好预算资金，通过建立预算资金支出效益评价体系，提高公共资金的使用效益。因此，支出执行中的控制既有合规性控制，也有绩效性控制。合规性控制是通过详细的投入控制来确保经批准的预算法案在预算执行中不会被改变，这种控制要以完善的内部管理系统、奖惩机制及审计制度为保障。绩效性控制要求支出部门和机构对预算资源使用的结果负责，在这种控制模式下，支出部门和机构的管理者在预算资源的使用或营运决策方面有很强的自主性，但不能改变由立法机关通过的预算中所阐明的政策及收支安排。

支出执行中的控制任务是通过建立预算支出执行的约束系统和发挥其作用完成的。主要包括：

（1）建立有效的预算会计和国库管理系统。通过政府预算会计核算与国库集中支付管理，能够有效地跟踪支出预算执行的每一个阶段以及预算拨款项目的活动。

（2）建立健全、透明、高效的政府采购制度。在政府购买性预算支出执行过程中，如果没有透明的政府采购制度和执行体系，包括采购程序以及采购的管理系统，就不可能保证公共支出政策目标的实现及支出的效益，甚至还可能在这类资金的划拨以及使用中衍生出种种腐败问题。

（3）建立科学的、有约束力的绩效评价体系。自20世纪80年代以来，许多国家将预算控制的重心从合规性转向要求支出部门和机构对预算资源使用的结果负责，在这种结果导向的控制模式下，支出部门在预算资源的使用或营运决策方面有很强的自主性，为确保最有效地实施政府政策、达成规划目标，就要建立起一套切实可行的有约束力的绩效评价体系。

（4）建立全面覆盖的财政预算管理信息系统。利用先进的信息技术手段，支持宏观经济预测分析和部门预算编制、政府采购、国库集中收付等日常预算执行管理。

（二）收支的平衡与调整

1. 收支的平衡

政府预算的执行，在年度中及年度间经历着由平衡到不平衡再达到重新平衡的一系列过程。这是由于：

第一，国家政治经济形势的变化和人们对未来计划目标主观预测的不准确性，使得事先设定的计划目标的平衡状况经常会被打破。因此,在年度预算执行的过程中,会受一些不可预见因素和季节性因素等的影响,引起预算收入的超收和短收,以及预算支出的增加或减少。这就要求组织预算执行的机关及时分析掌握预算收支执行情况,并采取相应的措施,不断组织新的预算平衡,以保证预算收支任务的顺利完成。为做到这一点,必须对年度预算这个长计划进行短安排,即通过制定和实施按季度分月的阶段性预算执行目标,将政府预算编制总目标按执行期间的收支特点分解或具体化,以利于预算收支总目标的达成。

第二,在现代预算制度下,政府预算要从单纯的控制收支的工具转变为政府进行国家治理、实施宏观调控、实现施政目标的重要手段,所以,在理论上与实践中更加注重将预算作为一种管理工具的重要作用。因此,在跨年度平衡机制下,预算执行还应与中期财政规划、预算稳定调节基金、预算赤字与债务等管理手段共同发挥作用,以实现年度间的平衡。

2. 收支的调整

在预算执行的过程中,如果受一些不可预见因素和季节性因素等的影响,需要从实际出发对预算编制时所事先确定的目标进行适时修正,则要按法定程序进行适当的调整,以体现预算文件法律效力的严肃性,避免随意变更预算而阻碍公共政策目标的实现。

(三)执行的监督与检查

在预算执行的过程中,要按照有关的法律法规和制度规定,对预算资金的集中、分配和使用过程中的各种活动加以控制,即监督检查各预算执行单位执行预算和遵守财经纪律的情况,纠正预算执行中出现的各种偏差,使监督成为保证政府预算正确执行的有效措施。

第二节 政府预算执行的组织系统与职责分工

一、政府预算执行的组织系统

(一)政府预算组织系统的构成

政府预算执行的组织系统是指为执行政府预算服务的各种组织、机构、程序、活动等构成要素的总称,它们共同构成一个完整的体系,以保证政府预算的实现。政府预算的执行要按照一定的组织层次和职责分工来进行,如果政府预算的执行没有一套完整的组织系统,或各执行机构没有明确的职责分工,就会造成政府预算执行的困难。

由于政府预算执行阶段的目的涉及收支实现、平衡调整、合规控制、绩效管理等多重目标的实现,因此,政府预算的执行涉及众多的参与者,存在着层层授权的制度安排或委托代理关系。例如,各级人大授权各级政府负责预算的执行及监督,财政部门则在政府的领导下具体负责预算收支的执行工作；在预算执行系统中，又存在着财政部门与一级预算单位、一级预算单位与二级预算单位等层层授权，财政部门内部各具体职能机构的授权，财政部门与税务部门、海关等收入执行机关之间、财政部门与各商业银行之间、财政部门与国库部门之间委托代理的制度安排，从而形成了一个政府预算执行的组织系统。通过这样的组织系统，一方面，要确保在政府预算执行过程中政府的各项公共政策意图及时、准确地传达给有关政府预算执行的参与者和广大社会公众；另一方面，要把在政府预算执行过程中所发生的新情况、新问题及时地反馈给政府预算的决策者或管理者。

（二）我国政府预算执行的组织机构

我国政府预算的执行按照国家政权级次、行政区划和行政管理体制，实行"统一领导，分级管理，分工负责"。政府预算的执行涉及各地区、各部门、各单位，其组织系统由权力部门、核心管理部门和具体执行部门组成。

1. 授权执行机构——人民代表大会

我国的立法机关为各级人民代表大会及其常务委员会，政府预算经其审查和批准后即进入执行阶段。如何执行要严格按照立法机关的预算授权，对此，政府要接受立法机关的严格监督。此外，在预算执行中如果遇到特殊情况需改变预算授权，则在法定调整范围内按照法定的程序经立法机关批准方可进行。

2. 组织领导机关——国务院和各级人民政府

各级预算由本级政府组织执行，即负责政府预算执行的组织领导机关是国务院及地方各级人民政府。

3. 执行管理机构——各级政府财政部门

政府预算的具体执行机构是本级政府财政部门，即国务院财政部门具体组织中央和地方预算的执行，地方各级政府财政部门具体组织本级总预算的执行。

各级政府及财政部门属于政府预算执行的核心管理部门。

4. 具体执行机构

各部门、各单位是本部门、本单位的预算执行主体，负责本部门、本单位的预算执行，并对执行结果负责。

各单位按照国家规定上缴预算收入，安排预算支出，并接受国家有关部门的监督。

5. 专门机构和参与机构

政府预算收支的具体执行工作由财政部门统一负责组织，并按各项预算收支的性质和不同的管理办法，分别由财政部门和各主管收支的专职机构负责组织管理，即除财政部门外，国家还根据预算收支的不同性质和不同的管理办法，设立或指定了专门的管理机构，负责参与组织政府预算的执行工作。

组织预算收入执行的机关主要有税务机关和海关,参与组织预算支出执行的机关主要有国家开发银行、中国农业发展银行等政策性银行和各有关商业银行。

6. 国家金库

国家金库简称"国库",包括狭义国库和广义国库两种。

(1) 狭义国库。是国家预算资金的出纳机构,是参与组织和执行政府预算的专门机构,负责办理预算资金的收纳、划分、留解和拨付业务以及报告预算执行情况。国家的全部预算收入都要纳入国库,所有预算支出都应由国库进行拨付。

(2) 广义国库。按照国际货币基金组织的定义,国库不单具有上述狭义国库的职能,在现代预算制度下,更重要的是具有代表政府控制预算的执行、保管政府资产和负债的一系列管理职能,即现代意义上的国库已不再仅仅是政府资金的托管者,还是政府现金和财务的一个主动的管理者,并在此基础上凭借全面及时的信息优势,成为对政府财政收支活动进行全方位管理的管理机构。该定义下对应的是国库广义的财政管理职能,主要包括现金管理、政府银行账户管理、财务规划和现金流量预测、公共债务管理、国外捐赠和国际援助管理、基金、金融资产管理等。

二、政府预算执行中的职责分工

(一) 职责分工的一般理念

1. 职责分工的模式

核心管理部门(各级政府及财政部门)与具体执行机构在预算执行中的职责分工和相互关系,大体上有两种模式:一种为控制模式,即核心管理部门对具体执行机构通过规划管理、计划指标等施加较多的控制。另一种为自主模式,也称内部控制模式,即具体执行机构在确定的政策及收支目标约束下对具体实现方式和路径有较大的自主权,能够更好地在部门内部实现"预算与政策"的结合,从而有助于提高预算过程的配置效率。当然,其前提是对具体执行机构及其内部明确界定责任归属,按照预算规则和预算程序去获取资源,以确保在核心管理部门的监督下开展自己的活动,这样既有利于具体执行机构在自主条件下履行受托责任,又可以避免核心管理部门过多干预具体执行机构的日常管理事务。

2. 职责分工的做法

根据各自责任领域和受托责任的不同,核心管理部门的职责主要是:在立法机关所授权的框架内管理资金的拨付,监督政府账户收支的流量,在年度执行中调整预算,监控和审查预算执行进度,制定绩效评价体系等。

具体执行机构的责任主要是:在本部门及所属预算单位间分配资金,购买和取得商品与服务,定期审查预算的实施,准备本支出机构的预算执行进度报告,监督产出与成果情况等。

(二)我国政府预算执行的具体职责分工

从具体的职责分工看,我国在计划经济条件下主要采取控制模式,经过改革,目前采取的是以控制为主、适度放权的模式。

1. 授权执行机构——人民代表大会的职责

各级人民代表大会及其常务委员会负责监督中央和地方预算的执行,负责审查和批准预算执行中的调整方案,并对预算执行情况的报告进行审查。

2. 组织领导机关——各级政府的职责

各级政府的职责如下:

(1) 国务院的职责。国务院作为国家最高行政机关,领导执行政府预算。国务院负责组织中央和地方预算的执行;决定中央预算预备费的动用;编制中央预算调整方案;监督中央各部门和地方政府的预算执行。

(2) 各级地方政府的职责。地方各级人民政府领导执行地方预算。地方各级人民政府主要负责组织本级总预算的执行;决定本级预算预备费的动用;编制本级预算的调整方案;县级以上地方政府还要负责对本级各部门和所属下级政府预算执行进行检查和监督。

3. 具体管理机构——各级财政部门的主要职责

(1) 在预算执行中:①国务院财政部门具体组织中央和地方预算的执行;提出中央预算预备费动用方案;具体编制中央预算的调整方案;定期向国务院报告中央和地方预算的执行情况。②地方各级政府财政部门具体组织本级总预算的执行;提出本级预算预备费动用方案;具体编制本级预算的调整方案;定期向本级政府和上一级政府财政部门报告本级总预算的执行情况。

(2) 在预算执行中,财政部门的主要职责包括:①研究和落实财政税收政策措施,支持经济社会健康发展;②制定组织预算收入、管理预算支出以及相关财务、会计、内部控制、监督等制度和办法;③督促各预算收入征收部门和单位依法履行职责,征缴预算收入;④根据年度支出预算和用款计划,合理调度、拨付预算资金,监督各部门、各单位预算资金使用管理情况;⑤统一管理政府债务的举借、支出与偿还,监督债务资金使用情况;⑥指导和监督各部门、各单位建立健全财务制度和会计核算体系,规范账户管理,健全内部控制机制,按照规定使用预算资金;⑦汇总、编报分期的预算执行数据,分析预算执行情况,按照本级人民代表大会常务委员会、本级政府和上一级政府财政部门的要求定期报告预算执行情况,并提出相关政策建议;⑧组织和指导预算资金绩效监控、绩效评价;⑨协调预算收入征收部门和单位、国库以及其他有关部门的业务工作。

4. 专门机构的主要职责

(1) 税务部门。在预算执行中的主要职责是:按照国家税收法令、制度规定,组织各项工商税收的征收管理,同时负责办理国家交办的其他有关预算收入的征收管理。

（2）海关总署及其分支机构。主要负责关税的征收管理,并代理税务机关征收进口环节的增值税、消费税和其他有关税收。

（3）各商业银行。主要职责是负责代为办理各种性质的预算拨款、结算业务和监督工作。

（4）政策性银行。国家开发银行主要办理国家政策性重点建设拨款贷款及贴息业务;中国农业发展银行主要负责国家粮棉油储备和农副产品合同收购、农业开发等业务中的政策性贷款,代理财政支农资金的拨付和监督使用。

（5）中国人民银行及各分支机构。经理国库业务,组织拟订国库资金银行支付清算制度并组织实施,参与拟订国库管理制度、国库集中收付制度;为财政部门开设国库单一账户,办理预算资金的收纳、划分、留解和支拨业务;对国库资金收支进行统计分析;定期向同级财政部门提供国库单一账户的收支和现金情况,核对库存余额;按规定承担国库现金管理有关工作;按规定履行监督管理职责,维护国库资金的安全与完整;代理国务院财政部门向金融机构发行、兑付国债和其他政府债券。

5.各预算部门、单位的主要职责

（1）制定本部门、本单位预算执行制度,建立健全内部控制机制。

（2）依法组织收入,严格支出管理,实施绩效监控,开展绩效评价,提高资金使用效益。

（3）对单位的各项经济业务进行会计核算。

（4）汇总本部门、本单位的预算执行情况,定期向本级政府财政部门报送预算执行情况报告和绩效评价报告。

第三节 国家金库制度

国家金库作为政府财政资金运转的中枢和纽带,对于确保纳税人资金使用的合规、高效、透明,提高国家的预算执行能力,进一步推进国家治理能力提升和治理体系现代化,均发挥着重要的基础性、技术性支撑作用。

一、国家金库的内涵

国家金库(简称"国库"),旧指国家储存财物的总机关,是一个存放具体实物、货币和黄金的库房,但现代意义上的国库已经不单单是库房,每个国家的国库往往都担负着管理本国财政的资产和负债以及反映该国预算执行情况的一系列国家财政职能。国库的职能已由传统的"库藏"管理发展为控制政府预算资金、管理政府现金和债务等全面财政管理。

国际上对国库概念的解释,一般采用国际货币基金组织的定义,即国库不单单是库房,更重要的是其具有代表政府控制预算执行,保管政府资产和负债的一系列管理职能。

《牛津英语词典》对国库(treasury)的解释是:负责收税、预算以控制政府支出、管理国债及进行宏观经济管理。

(一)国库首先是国家财政资金的总出纳机关

这是由国家性质所决定的,国家自身并没有收入来源,只能通过税收等方式集中财力资源,并将这些资源用于履行国家职能,维系国家的正常运行。因此,作为这些财力资源的出纳者,国库必然和国家各级职能机构发生紧密联系。其不仅有责任确保国家税款收缴的及时和高效,而且有责任确保国家各级职能机构和部门使用税款的便利、适当和高效。

(二)国库担负着执行国家预算收支的任务

国库要按照财政分级预算的规定,在各级财政之间进行收入的划分和分成留解;要按照预算收入分类的规定,及时向财政机关报告预算收入入库的情况;还要按照规则及时办理库款的支拨,定期报告财政库存;等等。这些工作,无疑都反映着国家主要财力集中和分配的过程,以及余存情况和结果。可见,国库的工作,实质上是整个国家预算执行工作的一个重要组成部分,是为圆满实现国家预算的收支任务服务的。

(三)国库提供的数据是国家对经济进行宏观调控的重要参考

从宏观而言,国库提供的收支数据直接反映一个国家、一个地区的财政实力,反映国民经济各部门的经济发展水平和发展趋势;从微观而言,国库提供的数据可以反映一家企业、一个单位的生产经营水平及对国家的贡献大小。所以,国库提供的数据对于各级政府综合分析经济形势,作出正确的宏观决策有着极其重要的意义。

二、国家金库的功能

(一)执行功能

国库的执行功能是在其办理预算收支业务过程中实现的。国库的主要任务就是保证一切预算收入及时准确地收纳入库,任何单位都不得截留、挪用、坐支或自行存储;一切预算支出都要按程序、按要求及时拨付到位,没有财政机关的支付凭证,任何人都不得动用库款。国库的执行作用发挥得好,就能保证库款及时收纳,并按照财政管理体制的要求进行划分留解;在预算支出方面就可以保证资金的及时供应和合理使用,满足国民经济各部门、各单位的需要,保证经济建设和各项事业发展的需求。

(二)促进功能

国库的促进功能是在协助财政机关、税务机关组织预算收入和监督审查库款的支拨中实现的。国库可以运用其联系面广、信息灵通的有利条件,通过对有关数据进行分析,采取有效措施,协助财税机关组织预算收入及时入库;同时,分析财政方针政策的贯彻执行情况,研究预算执行中存在的问题,找出有利和不利的因素,从而总结经验,采取相应的对策,促进政府预算收支目标任务的圆满完成。

（三）监督功能

国库的监督功能主要是由其预算执行总枢纽的定位所决定的。国库的监督功能主要体现在以下几个方面:一是通过办理预算收支业务,可以监督预算的执行;二是监督企业单位是否及时足额地缴纳预算收入,财政、税务部门、海关以及国库经收处所收款项是否及时、足额入库,加快预算收入的入库进度;三是监督各级财政机关正确执行上级财政规定的收支划分范围和留解比例;四是监督库款的退付和支拨,确保按政策、按规定办理退库款的拨付。

（四）反映功能

国库的反映功能主要是通过利用国库的各种会计资料,进行综合研究和系统分析,为同级财政部门和上级领导机关提供有关数据实现的。具体体现在以下几个方面:一是通过国库会计的日报表、月报表及年报表,可以准确地反映一定时期的预算收入执行情况;二是利用国库会计报表及有关资料进行综合分析,可以反映一定时期的国民经济活动情况;三是可以及时准确地反映预算拨款、退库及财政库存情况。国库各项数据的反映,不仅对财政、金融的宏观决策具有重要意义,而且可以为国民经济综合平衡的研究和分析提供不可缺少的重要参考资料。

三、国家金库职能的进一步发展

总的来说,西方一些发达国家的国库职能处于一个不断发展和强化的过程,逐步由传统的"库藏管理"向全面的"管理财政"角色转变。目前西方国家的国库已不单纯是进行国家资金的收支管理,更重要的是在进行政府现金管理的基础上,对政府预算资金进行广泛而严格的控制,并代表政府制定融资政策,负责国债的发行和管理。发达国家的国库职能涉及以下几个方面:

（一）财政资金收支管理

财政资金收支管理是国库最基本的业务,它包括政府账户所有资金(包括预算内资金和预算外资金)的流入、流出控制和收入、支出业务。但是在具体操作方面,某些国家的国库不负责这些具体业务,而是交由不同的代理承担,包括负责税收征管的代理和负责预算执行的代理。

（二）持有政府现金账户

政府的财政收入一般存放在金融机构中,直到最终用于执行政府预算时的资金划拨。在金融机构的类型选择方面,通常是中央银行。这种选择有两个基本原因:首先,许多国家的中央银行是政府直接或间接的贷款来源，政府为这种贷款支付利息，因此，通过在中央银行开设账户，政府可以通过其余额账户降低负债成本，随之也降低了财政成本。其次，预算收入的收纳和预算支出的划拨常常导致资产流动性的巨大变动，因此，货币政策的执行部门需要非常直接地监控其变动，以利于在适当的时候及时采取弥补性的货币政策措施。所以，通常被采用的方式是在中央银行开设单一账户，政府资金在其中存储，政府所有活动在其中记录。

（三）财政计划

财政计划职能包括：规划国库账户收入和政府支出所需的资金；规划预算内外财政支出大于收入的缺口；在预计财政需求超过支出的情况下，对所能采取的增加收入或限制支出的措施提出建议。

（四）公共债务管理

公共债务管理方面的职能，首先是不同融资途径的选择（如中央银行信用、外国信用、政府债券等），更特殊的可在独立的工具、期限、成本结构等途径中选择；其次是国库要制定债务管理的远景规划，因为债务规模水平、债务的组成和期限结构会严重影响未来的预算。

（五）控制和管理政府财政资产

政府财政资产通常包括政府在国有企业、混合所有制企业和政府持有少量股份的私有企业的股份。政府给国有或私有企业的贷款也包括在政府财政资产中。在第一种情况也就是股份持有情况下，国库通常是这些股份完全、及时的登记者，因此可以跟踪每家企业业务的发展，监控股息的支付，参与股东大会，应对财政方面的私有化。在第二种情况下，国库通常会保留对每笔贷款的记录，进而跟踪其运作，计算财务费用，完成支付和协商再贷款等。

（六）控制和管理国际援助

国家对国际援助的有效控制需要有统一的形式和完整的范围，需要由单一的政府实体负责监控和核算。在某些国家，其会为这一目的专设一个部门，将这项权力赋予国库。

专栏 6-1　　　　　国家治理体系现代化与国库管理

自 20 世纪 90 年代以来，伴随着治理理论在全球范围的兴起与发展，传统的公共管理模式开始面临深刻的变革。一些国家推行新公共管理运动，将治理理念注入政府运作过程中，力求缩减政府规模，提升机构效率，以及降低服务成本。在这场重塑政府的运动中，预算和国库领域的改革显得尤为重要。基于国家的治理能力在很大程度上取决于它的预算执行能力,也就是有效且负责地筹集和使用财政资金的能力,因此,改变国家取钱、分钱和用钱的方式,就能在很大程度上改变国家做事的方式,改变国家治理模式的制度规范。

(一) 国库管理契合以人民为中心的发展思想

坚持以人民为中心的发展思想,是习近平新时代中国特色社会主义思想的重要组成部分。中国特色社会主义进入了新时代,适应我国社会主要矛盾变化,必须坚持以人民为中心。以人民为中心就是要始终把实现好、维护好、发展好最广大人民的根本利益作为工作的出发点和落脚点,建设人民满意的服务型政府。财政是国家的"钱袋子",而国库就是把好"钱袋子"的关口,对纳税人进出的每一笔资金都要监控好、核算好、报告好。财政预算的收支执行数据是经济运行情况的"晴雨表",是统计数据里的"真金白银",来不得半点虚假。财政收支数据反映的及时性、准确性和真实性也直接关系到国家宏观决策的定位与调整。落实以人民为中心的发展思想,看好纳税人的"钱袋子",现代国库制度发挥着第一关口的技术支撑功能。

(二) 国库管理是推进国家治理体系和治理能力现代化的重要保障

国库管理无论是在深度上还是在广度上都大大拓展,涵盖收入收缴、支出拨付和动态监控、国库资金保值增值、财政经济形势预研预判、政府债券发行兑付、库款管理与货币政策的协调配合、政府资产负债信息的反映与披露等诸多领域,是一个业务链条完整、顺向有效控制、逆向反馈及时的闭环管理系统,具有预算执行管理和监控功能、财政筹资和理财功能、财政运行信息反映功能以及宏观经济调控和政策实施功能。因此,深化财税体制改革,建立现代财政制度,更好地发挥财政在国家治理中的基础和重要支柱功能,离不开现代国库制度的系统性支撑。

(三) 国库管理是政府公共受托责任履行情况的重要体现

责信是责任、报告和信任的统一,是现代政府治理的基本准则。政府是否按照立法机构批复的预算使用纳税人的资金,政府是否高效地使用了纳税人的资金,政府向纳税人提供公共服务的受托责任履行情况如何等,都需要现代国库制度的政府财务报告体系的支撑。预算绩效表面上是衡量政府绩效的主要指标之一,但本质上反映的是各级政府、各部门向纳税人提供公共服务的工作绩效。依托现代财政资金运行的收支决算信息和财务信息编制的权责发生制政府综合财务报告,科学、全面、准确地反映政府资产负债和成本费用,对于强化政府资产管理、降低行政成本、提升运行效率、有效防范财政风险、促进财政长期可持续发展和推进国家治理体系现代化,均发挥着重要的保障功能。

四、国家金库的设置模式

(一) 世界范围内国家金库的设置模式

从世界范围看,国库主要有三种类型:

一是银行制,即财政部门在银行开立账户办理预算收支业务,财政账户的性质与一般存款账户相同,实行存款有息、结算付费。美国的州和地方财政及蒙古等国实行银行制。其优点是能够充分利用银行体系进行预算收支,有利于提高效率;缺点是容易削弱国库资金的集中监管,致使库款汇划渠道不畅延压库款。

二是委托国库制,即国家委托中央银行经理或代理国库业务,目前很多国家均采用这种体制,如英国、法国、德国、日本、韩国等。在这种体制下,由于预算执行和金融管理都由中央银行负责,因此能够有力地加强财政政策与货币政策的配合,但它同时也增加了中央银行的负担。

三是独立国库制,即国家专设独立的国库来办理预算收支的出纳业务。其优点是便于预算执行的监督管理,缺点是容易导致预算资金的闲置且专设国库的成本较高,目前采用这种体制的国家较少,如芬兰等。

(二) 我国国家金库的设置模式

《预算法》第五十九条第一款、第二款规定:"县级以上各级预算必须设立国库;具备条件的乡、民族乡、镇也应当设立国库。中央国库业务由中国人民银行经理,地方国库业务依照国务院的有关规定办理。"也就是说,我国国库组织按照财政管理体制设立,分为中央国库和地方国库。原则上一级财政设一级国库,县级以上各级预算必须设立国库,自上而下分别设立中央总库、省(大区)分库、市中心支库和县支库。我国国库业务由中国人民银行及其分支机构经理。因此,我国国库体制基本上属于委托国库制。中国人民银行总行及其分支行分别负责相应级别国库的经理工作。中国人民银行未设分支机构的地区由上级人民银行分支机构与有关地方政府财政部门商定后,委托有关银行办理。支金库是国家金库的基层金库,支金库以下经收国家库款的机构被称为"国库经收处",其业务由商业银行的基层机构代理。国库经收处与支金库的区别有以下两点:一是缴到国库经收处的库款不能算正式入库;二是国库经收处只管库款的收缴,不负责收入的划分留解,也不办理收入的退库。

专栏 6-2　　　　　　　　　　国库与财政的异同

国库与财政的共同点:

第一,根本目的一致。分配职能是财政一般的、固有的职能,即筹集资金、供应资金,满足政府正常运转的现实需要。国库通过具体办理预算收支业务,及时积聚预算收入,并使符合规定的财政支出项目资金快速划拨到指定的账户,最大限度地满足社会公共需要。

第二,核算内容相同。在政府预算收支业务核算上,国库存在两种情况:一是人民银行经理国库。各级国库要按照规定的会计科目,建立完整的账务组织体系。二是商业银行代理国库业务。商业银行代理国库业务,要按照人民银行的规定设置必要的会计科目,但科目属性及归类要符合其上级主管单位的要求。不论是人民银行经理国库,还是商业银行代理国库业务,在具体核算预算收入、预算支出时,所有科目都必须与财政部门相同,确保政府预算收支工作的真实性和完整性。

国库与财政的区别:

第一,充当的角色不同。完成政府预算收支管理工作涉及两个部门:一个是管账的部门,即传统意义上的会计;另一个则是管钱的部门,即传统意义上的出纳。上述两个部门的职能分别由财政和国库行使,两者相互监督、相互制约,以杜绝预算收支工作上的"一手清"。同时,两者又应相互支持、相互沟通、相互配合,建立良好的协作机制,确保政府预算收支活动正常、有序地开展。

第二,职责的性质不同。财政是负责管理政府预算收支的部门,其特殊的职能和地位,使各级财政部门成为各级政府的"管家"。国库是负责办理政府预算收支的机关,行使国家资金的保管和出纳职能,并负有监督财政资金流向的责任,自然成为国家及各级政府的"钱袋子",同级国库库存的多少一般能够在一定程度上衡量各级政府财力的殷实程度。

第三,发挥的作用不同。财政在政府运行中发挥的主要作用有:一是为国家运转及经济建设筹集资金;二是合理分配政府预算资金,充分发挥政府资金的作用;三是制订预算收支执行计划,并保证其得到真实、彻底的执行;四是与国家产业政策、货币政策以及其他宏观政策相配套,制定和实施最佳财政政策。国库在各级政府预算收支中发挥财政管理、收支核算、预算执行、监督促进等作用,具体表现在:一是严格监督政府预算收支的执行;二是及时办理政府资金的划拨业务;三是加强对政府资金收支的监测与分析,开展国库现金管理;四是对财政性资金账户进行有效管理。

第四,管理的环节不同。财政负责政府预算的编制与执行,使政府资金使用合理、合规、合法,确保各级政府预算收支平衡。而政府预算资金的运作需要经过不同的环节。以税收为主的预算收入在征收后进入国库,社会公共需要则以财政支出的形式,通过各级国库拨出予以满足。可见,国库在国家及地方各级政府预算执行中处于重要环节,也是财政政策和货币政策的结合部,在国家两大政策沟通、协调中发挥着桥梁和纽带作用。

第四节 政府预算收入和支出的执行

一、政府预算收支执行的基础——国库集中收付制度

(一) 制度内涵

国库集中收付制度,也称国库单一账户制度或政府财政账户,是 OECD 国家普遍采用的政府财政资金管理办法,是指取消各支出部门独立开设的预算账户,由财政在中央银行或委托其他商业银行设立"国库单一账户",各级政府将所有的预算资金集中到该账

户中,同时,所有的预算支出均通过这一账户直接支付给商品供应者或服务提供者。

在这个账户下,设立国库分类账,详细记录各部门的可用资金,并由国库部门集中管理。财政部门设立总分类账,并在总分类账下为各部门设子账户。预算经议会(我国为人大)批准后纳入总分类账,且批准的预算对每一预算子项的支出都作出了限制。

理解和掌握国库单一账户概念需要注意:

(1)国库单一账户是我国对这一账户的表述方式,具体到不同的国家有不同的称谓,如美国称这一账户为国库总账户或一般账户,而法国则把它叫作国库公共会计账户(也有叫国库特别账户的)。

(2)国库单一账户不是一个独立的账户,而是一个多级、多层的账户体系,它可以根据资金的性质等标准开设多个账户。

(二)制度特征

国库单一账户的最大特点是:为防止国家公共资金的流失,强化国家宏观调控的能力,所有预算收入都必须直接缴入国库,在实际支付前,都是财政可统一支配和调用的资金,所有预算资金均需通过国库予以拨付。

国库单一账户制度的产生有其特定的历史背景,最根本的一点就是随着西方国家政府经济职能的不断强化,政府财政资金的多头账户管理导致大量资金滞留在各预算部门的账户上,致使财政资金使用效率低下。而国库集中收付这一制度能有效地管理政府收支,从制度上保证政府资金收付按预算的要求规范进行,这也是美国、日本、英国、法国等国家普遍采取这一制度的原因。

(三)账户构成

(1)政府财务信息系统。该系统包括支出部门的全部账户,并记载了这些账户与每一项交易有关的资金流量。各账户的余额都代表在余额内进行支付的能力。

(2)现金支付账户。所有支出部门都在政府财务系统上至少开立一个账户,记录现金支付的总金额。

(3)转账支付账户。所有支出部门都在政府财务信息系统上开立转账账户,通过该账户进行转账结算。

(4)明细账户。所有支出部门都在现金支付账户和转账支付账户下设置明细账户,以反映资金支付的具体情况。

(四)账户运行

(1)国库单一账户。大多数国家都将所有的政府现金收入集中于一家银行的国库单一账户,这一账户一般开在中央银行,有利于随时、准确地评估政府现金余额和对预算执行及财政赤字进行日常监控。

(2)国库分类账户。在国库分类账户系统中,国库为每一个用款单位设立一个或多个不相关的分类账户,办理实际的拨款。

(3)需要将商业银行作为代理机构,办理日常的国库业务,并每天与中央银行国库单一账户进行清算。

(五)我国国库单一账户体系的基本构成

伴随着我国现代预算制度的构建,我国建立国库集中收付制度的目标是:按照社会主义市场经济体制下公共财政的发展要求,借鉴国际通行做法和成功经验,结合我国国情,建立和完善以国库单一账户体系为基础、资金缴拨以国库集中收付为主要形式的财政国库管理制度,即按照财政国库管理制度的基本要求,建立国库单一账户体系(见图6-1),所有财政性资金都纳入国库单一账户体系管理,收入直接缴入国库或财政专户,支出通过国库单一账户体系支付给商品和服务供应者或用款单位。

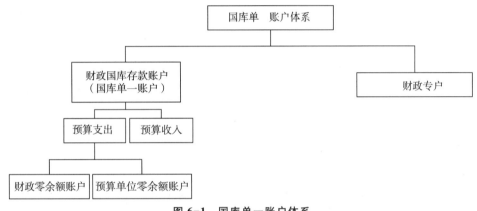

图6-1 国库单一账户体系

1. 财政国库存款账户(国库单一账户)

财政国库存款账户是指财政部门在国库业务经办机构开设的,用于记录、核算和反映预算收入与预算支出及《预算法》规定的其他预算资金活动,并用于与零余额账户进行清算的存款账户。该账户按收入和支出设置分类账,并按政府预算收支科目进行明细核算。

国库代理银行按日将支付的财政性资金与国库单一账户进行清算;国库代理银行向财政部门提供国库单一账户的收支情况日报表,并与之核对库存余额,确保数字一致。

2. 零余额账户

零余额账户是指财政部门和各部门、各单位在代理国库集中支付业务的银行业金融机构开设的银行结算账户,用于办理预算资金支付业务并与国库单一账户清算,日终余额为零。零余额账户可分为:

(1)财政零余额账户。该账户由财政部门在集中收付代理银行开设,由财政国库支付中心使用,财政部门进行监督管理。该账户用于记录、核算和反映实行直接支付方式的财政性资金活动,并与国库单一账户进行清算。该账户按支出类型和预算单位设置总分类账与明细分类账。

（2）预算单位零余额账户。该账户由财政国库支付中心代各预算单位在代理银行开设，由各预算单位使用，财政部门委托财政国库支付中心进行监督和管理。该账户用于记录、核算和反映预算单位的上级补助收入与实行授权支付方式的财政性资金活动，以及预算单位的日常现金支付活动，与国库单一账户进行清算。该账户按收支类型设置分类账，进行明细核算。

3. 财政专户

财政专户是指财政部门为履行财政管理职能，根据法律规定或者经国务院批准开设的用于管理核算特定专用资金的银行结算账户。特定专用资金包括法律规定可以设立财政专户的资金，外国政府和国际经济组织的贷款、赠款，按照规定存储的人民币以外的货币，财政部会同有关部门报国务院批准的其他特定专用资金。

也就是说，由于该账户是为满足特殊需要而设立的，因此按照《预算法》第五十六条第二款的规定，对于法律有明确规定或者经国务院批准的特定专用资金，可以依照国务院的规定设立财政专户。

开设、变更财政专户应当经财政部核准，撤销财政专户应当报财政部备案，中国人民银行应当加强对银行业金融机构开户的核准、管理和监督工作。财政专户资金由本级政府财政部门管理。除法律另有规定外，未经本级政府财政部门同意，任何部门、单位和个人都无权冻结、动用财政专户资金。财政专户资金应当由本级政府财政部门纳入统一的会计核算，并在预算执行情况、决算和政府综合财务报告中单独反映。

财政专户与财政部门开设在人民银行的国库单一账户、财政部门和预算单位开设在商业银行的零余额账户共同构成了我国的国库单一账户体系，有利于弥补国库单一账户在操作技术上的不足。

二、政府预算收入的执行

政府预算收入的执行就是按照政府预算确定的任务组织预算收入的过程，它是预算执行的首要环节，也是执行其他预算的基础。按目前的政府收支分类科目，财政性收入分为税收收入、非税收入、债务收入和转移性收入四大类。

预算收入征收部门和单位必须依照法律、行政法规的规定进行预算收入的执行。

（一）预算收入的征缴依据及缴款方式

1. 预算收入的征缴依据

（1）各项法律法规和制度规范。在预算收入执行的过程中，按照《预算法》第五十五条第二款的规定，"各级政府不得向预算收入征收部门和单位下达收入指标"，避免"计划税收"对企业主体生产经营活动的负面影响。《预算法》第五十五条第一款规定：预算收入征收部门和单位，必须依照法律、行政法规的规定，及时、足额征收应征的预算收入。

不得违反法律、行政法规规定,多征、提前征收或者减征、免征、缓征应征的预算收入,不得截留、占用或者挪用预算收入。

(2) 企业财务收支计划。企业财务收支计划由企业根据财务会计制度和有关法律法规及企业生产经营等情况编制,企业年度收支计划中预计向国家缴款的部分构成了政府预算收入的内容。比如,国有企业的利润缴款构成了国有资本经营预算的重要收入来源,企业缴纳所得税后的利润根据国家规定的比例上缴。

(3) 政府性收费和基金收入。政府性收费和基金收入是政府预算的重要收入形式,应严格按照国家规定的征收项目和征收标准组织征收。

预算收入征收部门和单位征收除税收以外的预算收入时,应当按照国家规定向被征收对象开具财政部或者省、自治区、直辖市政府财政部门监制的财政票据或者采用税收票据并在其中列明。

2. 预算收入的缴款方式

《预算法》第六十一条规定:国家实行国库集中收缴和集中支付制度,对政府全部收入实行国库集中收付管理。其是指预算收入按照规定的程序,通过国库单一账户体系缴入国库的办法。

实行国库单一账户制度后,我国将以往预算收入缴款的就地缴库、集中缴库和自行缴库三种方式简并为直接缴库和集中汇缴两种,取消了收入过渡性账户。

(1) 直接缴库。直接缴库是由缴款单位或缴款人按有关法律法规的规定,直接将应缴收入缴入国库单一账户或财政专户。直接缴库的收缴程序是:由纳税人或税务代理人提出纳税申报,经征收机关审核无误后,由纳税人通过开户银行将税款缴入国库单一账户。直接缴库的其他收入,比照上述程序缴入国库单一账户或财政专户。

(2) 集中汇缴。集中汇缴是由征收机关(有关法定单位)按有关法律法规的规定,将应缴收入汇总缴入国库单一账户或财政专户。目前,除当场执收的项目外,基本采用直接缴库方式,对小额零散税收和非税收入现金缴款实行集中汇缴。集中汇缴的收缴程序是:小额零散税收和法律另有规定的应缴收入,由征收机关于收缴收入的当日汇总缴入国库单一账户。非税收入中的现金缴款,比照该程序缴入国库单一账户或财政专户。

(二) 预算收入的划分和报解

预算收入的划分是指国库对收纳入库的预算收入,根据预算管理体制规定的各级预算固定收入的划分范围,以及中央与地方、地方上下级之间分成收入的留解比例,划分并计算中央预算收入和地方各级预算收入。

预算收入的报解,即在划分收入的基础上,按照规定的程序将各级预算收入的库款分别报解各级国库,相应地增加各级预算在各级国库的存款,以保证各级预算及时取得预算收入。具体说来,"报"就是国库通过编报统计报表向各级财政机关报告预算收入的情况,以便各级财政机关掌握预算收入进度和情况;"解"就是各级国库在对各级预算收入进行划分之后,将库款按其所属关系逐级上解到所属财政机关在银行的金库存款账户。

(三) 预算收入的退付

预算收入的退付就是在政策允许的范围内,将已入库的预算收入退还给原缴纳单位或缴款人。政府预算收入缴入国库后,就成为国家的预算资金,退付属于减少政府预算收入,因此必须在国家统一规定的范围内退付,并要经过严格、特定的程序。《预算法》第六十条规定:已经缴入国库的资金,依照法律、行政法规的规定或者国务院的决定需要退付的,各级政府财政部门或者其授权的机构应当及时办理退付。按照规定应当由财政支出安排的事项,不得用退库处理。

1. 退付的范围

(1) 技术性差错退付。由于工作疏忽,发生技术性差错,多缴、错缴,或应集中缴库却在当地缴库而需要退付的。

(2) 结算性退付。企业单位隶属关系改变,上划下划发生收入级次转移,交接双方办理财务结算需要退付的;企业超缴而需清算退付的(超过应缴数额,又不宜在下期抵缴)。

(3) 政策性退付。根据批准的企业亏损计划,应当弥补给企业的计划亏损需要退付的。

(4) 提留性退付。地方财政从已入库的税款中提取税收附加和提取代征手续费,需要退付的。

(5) 财政部明文规定和专项批准的其他退付项目。

凡是不符合上述退付条件的,各级财政机关和主管收入机关不得办理审批手续,对于不符合规定的退付,各级国库有权拒绝办理。符合条件的各预算单位和个人在办理预算收入退付时,首先要向财政机关或征收机关填写退付申请书,经财政机关和征收机关严格审查同意后,签发"收入退还书"交退付单位或退付人员向国库办理退库。

2. 退付的审批

各级预算收入退付的审批权属于本级政府财政部门。涉及中央预算收入的退付,由财政部或者财政部授权的机构批准。地方预算收入的退付,由地方政府财政部门或者其授权的机构批准。具体退付程序按照财政部的有关规定办理。

办理预算收入退付,应当直接退给申请单位或者申请个人,退付资金有专项用途的按照国家规定用途使用。任何部门、单位和个人不得截留、挪用退付款项。

(四) 预算的超收短收与预算稳定调节基金

1. 预算的超收短收

《预算法实施条例》第七十八条第一款规定,"超收收入,是指年度本级一般公共预算收入的实际完成数超过经本级人民代表大会或者其常务委员会批准的预算收入数的部分"。第二款、第三款规定,"短收,是指年度本级一般公共预算收入的实际完成数小于经本级人民代表大会或者其常务委员会批准的预算收入数的情形。前两款所称实际完成数和预算收入数,不包括转移性收入和政府债务收入"。

对于超收收入的使用，《预算法》第六十六条第一款规定：各级一般公共预算年度执行中有超收收入的，只能用于冲减赤字或者补充预算稳定调节基金。

2. 预算稳定调节基金

预算稳定调节基金指财政通过对超收收入的安排，用于弥补短收年份预算执行缺口及视预算平衡情况，在安排预算时调入并安排使用的专用基金。《预算法》四十一条第二款规定：各级一般公共预算按照国务院的规定可以设置预算稳定调节基金，用于弥补以后年度预算资金的不足。

专栏6-3　　预算稳定调节基金的设置及作用

为了更加科学合理地编制预算，保持政府预算的稳定性，2006年中央财政建立了中央预算稳定调节基金。从基金用途来说，中央预算稳定调节基金专门用于弥补短收年份预算执行中的收支缺口，应对不时之需。中央财政可根据预算的平衡情况，在安排年初预算时调入并安排使用该项基金。从基金管理来说，中央预算稳定调节基金单设科目，安排基金时在支出方反映，调入使用基金时在收入方反映，基金的安排使用纳入预算管理。年度执行中如有超收，超收收入除按照法律法规和财政体制规定增加支出，以及用于削减财政赤字、解决历史债务、特殊一次性支出等必要支出外，原则上不用于当年支出，而是一律转入中央预算稳定调节基金，在以后年度经过预算安排使用。当年预算执行中确有需要增加安排的支出，通过使用预备费解决。从监督控制来说，基金的使用要接受全国人民代表大会及其常务委员会的监督。出于特殊原因需要在总预算之外增加收支的，要通过法定程序调整预算。

预算稳定调节基金的建立及实施有利于规范预算管理，增强预算的约束力；有利于提高预算的透明度，提高依法行政和依法理财的水平；有利于全国人民代表大会及其常务委员会和社会公众对超收收入安排的监督。建立预算稳定调节基金反映了稳健理财、周期平衡、控制风险的理财观念，为政府应对突发事件提供了物质保障。

三、政府预算支出的执行

政府预算支出的执行就是按计划分配和使用预算资金的过程，也是提供公共产品和服务、满足公共需要的过程。因此，政府预算支出的执行直接决定了公共产品和服务的质量及效果，是政府预算管理中非常重要的环节。

政府预算支出的执行涉及多个层面的执行者，如财政部门、国库部门、主管部门、预算单位等，因此，支出执行在各有关部门间既有合规性控制，也有绩效性控制。

（一）国库集中支付制度

国库集中支付制度，是指预算支出通过国库单一账户体系，采取财政直接支付或者财政授权支付的方式,将资金支付给收款人的办法。

1. 财政直接支付

财政直接支付是指由政府财政部门开具支付令,通过财政零余额账户支付给收款人,财政零余额账户再与国库进行资金清算的支付方式。

(1) 财政直接支付的流程:①预算单位按照批复的部门预算和资金使用计划,向财政国库支付执行机构(国库支付中心)提出支付申请;②财政国库支付执行机构根据批复的部门预算和资金使用计划及相关要求对支付申请审核无误后,向代理银行发出支付令,并通知中国人民银行国库部门,通过代理银行进入全国银行清算系统实时清算;③财政资金从国库单一账户划拨到收款人的银行账户中。

财政直接支付的操作流程如图6-2所示。

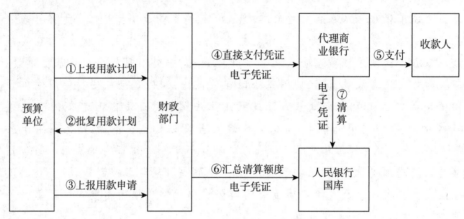

图6-2 财政直接支付流程

(2) 财政直接支付的内容。实行财政直接支付的支出主要包括:①工资支出,即预算部门或单位的工资性支出;②购买支出,即预算部门或单位除工资支出、零星支出之外购买服务、货物、工程项目等的支出;③中央对地方的专项转移支付;④拨付企业大型工程项目或大型设备采购的资金等;⑤转移支出,即拨付给预算部门及下级财政部门,未指明具体用途的支出,包括中央对地方的一般性转移支付、对企业的补贴和未指明购买内容的某些专项支出等。

2. 财政授权支付

财政授权支付是指预算单位根据本级政府财政部门授权,自行开具支付令,通过预算单位零余额账户支付给收款人,预算单位零余额账户再与国库进行资金清算的支付方式。

(1) 财政授权支付的流程:第一,预算单位按照批复的部门预算和资金使用计划,向财政国库支付执行机构申请授权支付的月度用款限额;第二,财政国库支付执行机构将批准后的限额通知代理银行和预算单位,并通知中国人民银行国库部门;第三,预算单位在月度用款限额内,自行开具支付令,通过财政国库支付执行机构由代理银行向收款人付款,并与国库单一账户清算。

财政授权支付的操作流程如图6-3所示。

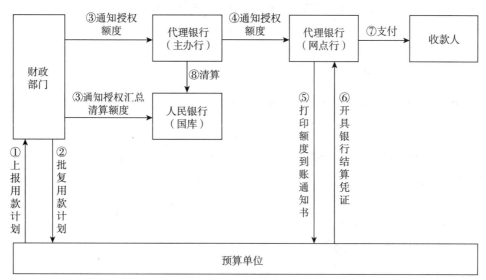

图 6-3　财政授权支付流程

（2）财政授权支付的内容。实行财政授权支付的支出包括未实行财政直接支付的购买支出和零星支出。

财政直接支付和财政授权支付的具体项目,由财政部门在确定部门预算时列出。

专栏 6-4　　　　　　　　国库集中收缴和集中支付制度

《预算法》第六十一条规定:"国家实行国库集中收缴和集中支付制度,对政府全部收入和支出实行国库集中收付管理。"也就是说,所有财政性资金都纳入国库单一账户体系管理,收入直接缴入国库或财政专户,支出通过国库单一账户体系支付给商品和服务供应者或用款单位。这改变了原分散支付制度下收入缴库中存在的拖欠挤占现象,解决了财政收入不能及时、足额入库的问题。原制度下执收单位设置收入过渡账户,人为调节税款入库进度和经费余缺的现象较为普遍,部分金融机构也从自身利益出发为上述行为提供方便。实行国库集中收付制度,便于财政部门掌握各支出机构每一笔资金的购买对象,实现对财政资金流向、流量的全程实时监控,有利于规范支出管理。

国库集中收付制度是市场经济国家普遍采用的一种财政资金收付管理制度。2001年我国实行国库集中收付制度改革以来,实行国库集中收付的财政资金比例不断提高,财政部门对财政资金的控制力大幅提升。目前我国已经基本建立国库单一账户体系,实行所有财政性资金都纳入国库单一账户体系管理,收入直接缴入国库或财政专户,支出通过国库单一账户体系支付给商品和服务供应者或用款单位的管理模式。各级政府的全部收入,从取得到划入国库单一账户的全过程,均需要纳入财政部门的监控之内。各级政府的政府资金全部支出,无论是以财政直接支付还是财政授权支付方式拨付的资金,最终都与国库单一账户进行清算,从国库单一账户中支取。从预算分配到资金拨付、资金使用、银行清算,直至资金到达商品供应商或服务提供者账户的全过程,也需要纳入财政部门的监控之内,确保财政资金使用的合规可控。

(二)政府预算拨款的控制原则

在我国,预算拨款涉及财政部门及国库部门。

1. 财政部门的控制原则

(1)按照预算拨付,即按照批准的年度预算和用款计划拨付资金。除《预算法》第五十四条规定的在预算草案批准前可以安排支出的情形①外,不得办理无预算、无用款计划、超预算或者超计划的资金拨付,不得擅自改变支出用途。

(2)按照规定的预算级次和程序拨付,即根据用款单位的申请,按照用款单位的预算级次、审定的用款计划和财政部门规定的预算资金拨付程序拨付资金。

(3)按照用款进度拨款。各级财政部门根据各用款单位的实际用款进度拨付资金。既不能将全年所需资金一次性全部拨付,也不能不考虑实际需要推迟拨付。既要保证资金需要,又要防止资金分散积压;既要考虑本期资金需要,又要考虑上期资金的使用和结余情况,以保证政府预算资金的统一安排、灵活调度和有效使用。

2. 国库部门的控制原则

在单一账户和集中支付制度下,为保证政府预算资金需要和财政库款支拨的正确执行,财政库款支付除坚持上述原则外,国库还应根据单一账户和集中支付的特点,遵循分类支付原则、计划控制原则、集中支付为主原则和效率原则支付库款。

(1)分类支付原则。财政资金用款支付标志着政府预算支出的执行,以及财政分配活动的完结。财政资金支付要根据财政支出的支付管理分类进行。根据我国的传统做法并借鉴国际经验,财政支出按是否对资金和生产要素形成直接需求的标准划分,可分为购买性支出和转移性支出两大类。根据国库支付管理需要,购买性支出和转移性支出又具体分为工资支出、购买支出、零星支出和转移支出。现实中,按国库集中支付管理的需要进行的财政支出分类与政府预算科目的支出分类具有兼容性,即政府预算科目的支出分类可以归为按集中支付管理划分的四类支出。如按支付管理需要,将政府间转移支付的专项转移支付、拨付的大型工程项目建设资金归为购买支出,这类支出由国库直接支付给商品或服务供应者;而将中央对地方的税收返还、一般性转移支付等,以及对企业的补贴和未指明购买内容的某些专项支出等归为转移支出,这类支出支付给预算单位或下级财政。财政资金支付完成后,即成为个人工资收入、商品和服务供应商销售收入

---

① 预算年度开始后,各级预算草案在本级人民代表大会批准前,可以安排下列支出:(一)上一年度结转的支出;(二)参照上一年同期的预算支出数额安排必须支付的本年度部门基本支出、项目支出,以及对下级政府的转移性支出;(三)法律规定必须履行支付义务的支出,以及用于自然灾害等突发事件处理的支出。

及营业收入,或者其他转移性收入等,由此,国库通过支付业务管理最终实现了财政款项的支付。

(2)计划控制原则。财政资金用款计划是政府预算或部门预算支出的月度执行依据,在单一账户和集中支付下,用款单位或部门编制财政资金用款计划是财政资金支付的前提和起点,国库审查用款单位或部门报送的财政资金用款计划是财政资金支付的基本程序、基本手续和基本管理环节。因此,财政资金支付应按照用款单位和部门财政资金月度用款计划进行。

(3)集中支付为主原则。参照国际通行做法并结合我国国情,现阶段我国财政资金支付采取国库集中支付为主、授权预算单位支付为辅的原则,以加强财政管理监督和提高支付效率。国库现行财政资金支付,按发出支付令主体的不同分为两种支付方式:①由财政发出支付令的财政直接支付方式;②由预算单位经财政授权自行发出支付令的财政授权支付方式。国库进行支付时,应按规定选择相应的支付方式。大额支付由财政直接管理,经常性小额支付分别交由预算单位自行管理。这样可在不改变预算单位资金使用权的情况下,既加强管理监督,又方便预算单位用款。

(4)效率原则。效率原则主要表现为:第一,大额资金由财政直接支付给供应商或用款单位,可减少支付的中间环节,每日大量发生的小额支付由财政授权预算单位执行,不需要逐笔申请,有利于提高财政资金的支付效率。第二,财政直接支付和授权支付,以现代银行支付系统和财政信息管理系统的国库管理操作子系统为基础,通过网络技术提高了支付、清算、结算、对账等业务的效率。

四、国库现金管理

(一)国库现金管理的内涵

国库现金管理是指在确保国库现金安全和资金支付需要的前提下,为提高财政资金使用效益,运用金融工具有效运作库款的管理活动。国库现金管理最开始是在私人部门现金管理的基础之上发展而来的。20世纪60年代,随着货币的时间价值和机会成本等一系列相关概念渐渐为人们所熟知,美国于20世纪70年代末率先进行了国库现金管理,其他发达市场经济国家也紧随其后相继开始建立国库现金管理制度。

各国进行国库现金管理,主要是为预算、支出计划和政府债务政策的制定服务。进行国库现金管理的原因是国库资金收入和支出在一年中一般是不平衡的,总会出现收大于支或收不抵支的情况。当收不抵支的情况出现时,财政一方面要及时采取发行政府债券等措施进行融资,另一方面,由于政府支出的大量形成,资金流入商业银行,商业银行的经营资产增加,会出现银根松动的情况。当收大于支的情况出现时,一般会产生三个方面的影响:一是财政部门可以用剩余的资金获取收益;二是对货币产生影响,即当资金存入中央银行时,易产生银根收缩的效应,如果中央银行这时不以扩展信贷的方式抵消紧缩的影响,则会产生真正通货紧缩的效应;三是对财政资金本身的价值产生影响,特别是在通货膨胀时期,由于财政支出资金的支出时间推迟,大大降低了财政支出资金的实际购买力,无形中增加了财政资金的成本。

我国的国库现金管理,是财政部和中国人民银行在确保国库现金支出需要的前提下,按照安全性、流动性、收益性的原则,通过商业银行定期存款、国债回购、发行短期债券等方式运作国库现金,熨平国库现金流波动,使国库现金余额最小化而投资收益最大化的一系列管理活动。进行国库现金管理,对于提高国库现金的管理效益,提升财政管理水平,促进财政政策与货币政策的有机结合,强化政府和中央银行的宏观调控职能,均具有十分重要的意义。按照进行国库现金管理的主体划分,我国的国库现金管理可以分为中央国库现金管理和地方国库现金管理两个层面。

(二) 国库现金管理的目标

国库现金管理遵循安全性、流动性和收益性相统一的原则。由于国库资金的特殊属性和国库现金管理影响程度的广泛性,国库现金管理的目标应该是多元化的,根据目标的相对重要程度实现综合平衡。

1. 保证国库资金的安全性

国库现金管理是在确保国库资金安全和资金支付需要的前提下进行的库款管理。也就是说,保证国库资金安全是进行国库现金管理的前置条件,也是国库现金管理操作的首要目标和最基本的目标。否则,在国库资金安全性得不到保障的情形下进行国库现金管理操作将会加大财政运行风险,也违背了该制度的初衷。

2. 加强政府闲置资金的管理

通过控制政府收支现金流,在国库单一账户中保持较少的现金余额,包括:准确预测每日国库现金流入和流出数额;建立高效的信息系统和清算系统,快速准确地收缴和支付资金;实行国库单一账户管理,保持政府财政库底资金在商业银行的隔夜余额最小化;通过短期借贷弥补缺口,在中央银行国库单一账户中保持较少的目标现金余额。在保持政府流动性需求的前提下,通过对现金余额的操作和运用,获得适当的投资收益。

3. 保持与货币政策目标的协调

具体措施包括控制金融部门的流动性、市场利率和通货膨胀率等,财政部和中央银行在资金头寸需求、公开市场操作、准备金调整等方面保持良好的协调与沟通,并确保每日账户的及时清算。

4. 保持与债务管理政策相配合

在现代市场经济国家,债务日益成为政府调控经济的一个重要工具。在经济低迷期,政府通过发行政府债券,将企业和居民的闲置资金集中到政府手中进行大规模使用,发挥财政政策的乘数效应,刺激经济增长。而在每日的库款收入和拨付过程中,会存在收入与支出的不匹配从而形成财政国库的沉淀资金。如果一个国家库款管理中存在巨额库款资金沉淀和巨额负债并存的局面,则是财政国库资金管理的一大败笔。因此,是否能够根据宏观经济发展,有效配合财政政策的实施,实现对国库现金与债务的高效管理,实现财政资金的筹资成本最小化和资金效益最大化,成为反映一个国家国库管理水平的重要指标之一。

5. 加强政府资产负债和风险管理

充分考虑债务组合对国库现金收入流量及整个经济的影响,预测好超规模的现金余额对资产负债表的影响及其风险控制。

五、预算支出执行中的政府采购与政府购买服务管理

(一) 政府采购制度

1. 政府采购的内涵

政府采购,也称公共采购,是指各级政府及其他公共部门为了开展日常政务活动和为公众提供公共服务的需要,在财政的监督下,以法定的方式和方法从国内外市场上购买所需商品、工程及服务的一种经济行为。现代意义上的政府采购制度最早产生于1782年的英国,当时英国设立了国家文具公用局,作为采购政府部门所需办公用品的机构。此后,西方各国相继成立了专门的政府采购机构,或通过相关的法律确立政府采购作为政府财政管理制度的重要组成部分。

《中华人民共和国政府采购法(修订草案征求意见稿)》[①]对"政府采购"所作的界定是:政府采购,是指各级国家机关、事业单位、团体组织和其他采购实体,为了自身履职或者提供公共服务的需要,使用财政性资金或者其他国有资产,以合同方式取得货物、工程和服务的行为,包括购买、租赁、委托、政府和社会资本合作等。其中:财政性资金,是指纳入预算管理的资金;货物,是指各种形态和种类的物品,包括原材料、燃料、设备等;工程,是指建设工程,包括建筑物和构筑物的新建、改建、扩建、装修、拆除、修缮等;服务,是指除货物和工程以外的其他政府采购对象。

2. 政府采购的特点

与私人采购和企业采购相比,政府采购具有如下特点:

(1) 采购主体的特殊性。政府采购的主体是使用财政性资金采购依法制定的集中采购目录以内的或者采购限额标准以上的货物、工程和服务的国家机关、事业单位和团体组织,也就是说,政府采购的主体是公共部门。《中华人民共和国政府采购法》中称其为采购人。

(2) 采购资金的公共性。政府采购的资金来源是公共资金,即财政拨款和需要由财政偿还的公共借款。这些资金的最终来源是纳税人的税收、政府公共服务收费和政府债务收入等。而私人采购的资金来源是私有资金。这是政府采购的根本特点。

---

① 2022年7月15日,财政部发布最新版本的《中华人民共和国政府采购法(修订草案征求意见稿)》(以下简称《政府采购法(修订草案征求意见稿)》),本书相关内容参考了该意见稿的说法。

(3)采购对象的广泛性。政府采购的对象从办公用品到军火武器,涉及货物(包括原材料、燃料、设备、产品等)、工程(包括建筑物和构筑物的新建、改建、扩建、装修、拆除、修缮等)和服务,无所不包,没有一个私营采购组织有如此宽泛的采购对象。

(4)采购活动的非营利性。政府采购的目的是满足公共需要,以有限的财政资金向公众提供最优质的公共产品和服务,而不是获利。

(5)采购数量的规模性。在很多国家,政府采购在国民生产总值和财政支出中都占据相当大的比重,政府采购金额占欧盟成员国GDP的15%左右,政府采购支出占美国联邦预算支出的30%左右。

(6)采购依据的政策性。政府采购的主要目的是实现政府职能,提供社会公共产品和服务,因此,采购代理人在采购时不能体现个人偏好,而必须遵循国家政策的要求,包括最大限度地节约支出,符合对节能环保的要求,购买本国产品等。

(7)采购程序的规范性。政府采购一般具有较高的透明度,采购程序、采购过程等都是公开的,政府采购人员及整个采购活动都要受到财政、审计、社会的全方位监督。

3. 政府采购的基本原则

(1)公开透明原则。公开透明是指政府采购的有关信息、法律、政策、程序以及采购过程都要公开。对公众而言,公开性的关键就是政府采购活动信息具有较高的透明度,符合全面性、合法性、最新性、易得性标准,并且容易理解。为此,要求政府公开发布采购信息,公开招标,公开中标结果,公开采购法律,公开采购记录等。除涉及国家秘密和商业秘密的政府采购,其他的政府采购过程都应当透明和公开。

(2)公平竞争原则。公平竞争就是要求给予每一个参加竞争的投标商均等的机会,使其享有同等的权利并履行同等的义务,不歧视任何一方。竞争只有建立在公平的基础上才能充分发挥其优化资源配置的作用,进而可以使采购者以较低的价格采购到优质的商品和服务,提高政府采购的经济效率。国家推进政府采购统一大市场建设。任何单位和个人不得采用任何方式,非法限制和阻挠供应商自由进入政府采购市场。

(3)公正廉洁原则。公正廉洁原则是指采购方及其代理人相对于作为投标人、潜在投标人的若干供应商而言,应当站在公允的立场上,平等对待所有的供应竞争者,不能有特殊,评标和中标的选择及判断标准也必须客观公正。为了确保政府采购活动中的公正廉洁原则,《中华人民共和国政府采购法》建立了回避制度,即在政府采购活动中,采购人员及相关人员与供应商有利害关系的,必须回避。

(4)诚实信用原则。诚实信用原则是民事活动的基本原则,同样适用于政府采购活动。一方面,当政府作为采购者出现在市场上时,应当与供应商处于平等的地位。政府采购人与供应商所签订的合同,同样属于民事合同范围。因此,政府采购应当与其他社会主体采购一样,遵循诚实信用这一普遍的商业规则。另一方面,政府采购作为公共管理领域的政府活动,与一般社会主体相比,更有理由坚持这一原则。这是因为,在塑造社会交易规则和道德规范方面,政府比其他社会主体负有更大的责任,应该为促进全社会建立诚实信用规则树立典范。

（5）讲求绩效原则。政府采购应当实现绩效目标。使用财政性资金的,应当严格按照批准的预算执行,落实预算绩效目标要求。使用企业国有资产或者开展政府和社会资本合作的,应当有利于降低运营成本,提高公共服务质量和效率,促进国家经济社会发展,防范长期运营风险。

4. 政府采购的方式

（1）政府采购的一般方式

各国政府一般都根据本国的经济发展情况、社会文化背景等确立符合本国国情的政府采购方式,按是否具备招标性质可分为两大类:招标性采购和非招标性采购。

第一,招标性采购。招标性采购是指通过招标的方式,邀请所有的或一定范围的潜在供应商参加投标,采购人或采购代理机构通过某种事先确定并公布的标准从所有投标中评选出中标供应商,并与之签订合同的一种采购方式。招标性采购最能体现政府采购的公开性、竞争性,是比较普遍的采购方式。按照招标采购的公开程度,可将其进一步划分为以下两种:①竞争性招标采购。竞争性招标采购又称公开招标采购,是指通过公开程序,邀请所有有兴趣的供应商参加投标的方式。它具有通过广告进行竞争邀请、投标一次性、按事先规定的选择标准将合同授予最佳供应商及不准同供应商谈判等特点。其优点包括能够促进公平竞争及有效地采购到性价比高的产品和服务等。其缺点是招标手续和程序较为复杂、耗费时间,采购缺乏弹性等。实践中这种方式应用得较为广泛,除某些特殊情况外基本都可以采用竞争性招标采购。②有限招标采购。有限招标采购又称邀请招标采购,是指采购人选定若干家供应商,邀请其报价投标,与符合规格且价格最低的货物和服务提供者签订合同。这种招标方式虽然引入了竞争机制,但它是一定范围内和一定程度上的竞争。其适用的情况有:竞争性招标后没有供应商参加投标或无合格标的;追加工程和后续工程等,需要与原供应商提供的服务和产品配套的;技术复杂或专门性的货物、工程和服务的采购;采购价值低而研究和评审大量投标书所耗费的时间及精力多;等等。

第二,非招标性采购。非招标性采购是指不采用招标形式的采购行为。非招标性采购的方式主要有单一来源采购、竞争性谈判采购、询价采购等具体方式。①单一来源采购。单一来源采购是指采购人向唯一供应商采购的采购方式,也称直接采购,即没有竞争的采购。即使采购标的达到了竞争性招标采购的金额标准,但由于来源渠道单一,属于专利或首次制造、合同追加、原有项目的后续扩充等特殊情况,也只能从唯一的供应商那里采购。这种采购方式不利于采购人降低成本,也不符合竞争原则,世界各国的政府采购相关法律法规对于这种采购方式一般都有严格的适用条件。②竞争性谈判采购。竞争性谈判采购是指通过需求调查或者前期设计咨询,确定主要功能或者绩效目标和最低需求标准,需就相关内容与供应商协商谈判的采购方式。竞争性谈判方式的优点是:能够缩短采购周期,减少工作量,较好地满足采购人的需求,保护民族产业。其缺点是:有可能违反自由企业精神,助长企业垄断价格;容易滋生串通舞弊的机会;容易造成企业任意抬高价格。③询价采购。询价采购是指对需求客观、明确,采购金额不大的货物、工程和服务,邀请供应商进行报价的采购方式。询价采购也称货比三家,是指采购单位向国内外有关供应商(通常不少于三家)发出询价单,对供应商提供的报价进行比较,并确定中标供应商,以确保产品和服务价格具有竞争性的采购方式。

(2)我国政府采购的主要方式及适用条件

《政府采购法(修订草案征求意见稿)》规定的政府采购方式主要包括以下几种:

第一,招标。通过需求调查或者前期设计咨询,能够确定详细规格和具体要求,无须与供应商协商谈判的采购项目,应当采用招标方式采购。其中,技术较复杂或者专业性较强的采购项目,采购人可以对供应商投标文件不含报价的部分和报价部分采取两阶段开标和评标。

第二,竞争性谈判。符合下列情形之一的,应当采用竞争性谈判方式采购:一是需要通过谈判细化解决方案,明确详细技术规格标准、服务具体要求或者其他商务指标的;二是需要由供应商提供解决方案,通过谈判确定一种或者多种解决方案,并细化解决方案内容的。

第三,询价。符合下列情形之一的,可以采用询价方式采购:一是规格、标准统一,货源充足的现货;二是技术、服务标准统一,已有固定市场的服务和工程。

第四,创新采购。创新采购是根据国家科技创新规划有关要求,对市场已有产品不能满足部门自身履职或者提供公共服务需要,邀请供应商研发、生产创新产品并共担风险的采购方式。符合下列情形之一的,可以采用创新采购方式采购:一是本部门所需货物含有重大技术突破,且能够推广运用的;二是公共交通、智能化城市建设等网络化基础设施建设项目,通过应用新技术或者新理念,形成新的管理模式,能够明显提高绩效目标的。

第五,单一来源采购。符合下列情形之一的,可以采用单一来源方式采购:一是因需要委托特定领域具有领先地位的机构、自然人提供服务,或者采购艺术作品、特定的文艺表演,或者必须采用不可替代的专利、专有技术,或者公共服务项目具有特殊要求等,只能从唯一供应商处采购的。发生这种情形的,采购人应当在采购活动开始前进行单一来源采购公示。二是发生了不可预见的紧急情况不能从其他供应商处采购的。三是因清算、破产或者拍卖等,仅在短时间内出现的特别有利条件下采购的。四是必须保证原有采购项目一致性或者服务配套的要求,需要继续从原供应商处添购,且添购资金总额不超过原合同采购金额百分之十的。

第六,框架协议采购。采购人对小额零星货物、工程和服务,可以采用框架协议采购,明确采购标的的技术、商务要求。根据框架协议授予的采购合同不得对该框架协议规定的条款作实质性修改。

第七,国务院政府采购监督管理部门认定的其他采购方式。

5.政府采购预算管理

政府采购预算是部门预算的重要组成部分,凡是使用纳入部门预算管理的资金开展的政府采购活动,均应编制政府采购预算。预算部门和单位使用财政性资金采购集中采购目录以内或者采购限额标准以上的货物、工程和服务,应当在编制部门预算时同步编制政府采购预算。

政府采购预算是指采购单位根据事业发展计划和行政任务编制的并经过规定程序批准的年度政府采购计划。政府采购预算是行政事业单位部门预算的重要组成部分,它一般包括采购项目、采购资金来源、数量、型号、单价、采购项目截止时间等内容。政府采购预算集中反映了预算年度内各级政府用于政府采购的支出计划,在一定程度上反映了行政事业单位的资金收支规模、业务活动范围和方向。

政府采购预算管理就是国家依据法律法规对政府采购预算资金的筹集、分配、使用所进行的计划、领导、组织、控制协调、监督等活动。

(二) 政府购买服务

1. 政府购买服务的含义及绩效管理

政府购买服务,是指各级国家机关将属于自身职责范围且适合通过市场化方式提供的事项,按照政府采购方式和程序,交由符合条件的服务供应商承担,并根据服务数量和质量等因素向其支付费用的行为。

购买主体应当健全政府购买服务绩效管理链条,实施全过程绩效管理。要做好新增重大政府购买服务项目事前评估,加强政府购买服务项目事中监控,强化绩效评价结果应用,推动形成评价、反馈、整改、提升的良性循环;处理好项目绩效评价与履约验收的关系,加强评价结果与购买经费结算挂钩。财政部门可以根据需要,对部门政府购买服务整体工作开展绩效评价,或者对部门实施的资金金额和社会影响大的政府购买服务项目开展重点绩效评价。要合理运用第三方绩效评价,不得借第三方绩效评价推卸应当由政府直接履行的职责。

2. 政府购买服务的要求

(1) 购买主体。政府购买服务的购买主体是各级国家机关,包括各级人大常委会机关、行政机关、监察机关、审判机关、检察机关等。党的机关、政协机关、民主党派机关、承担行政职能的事业单位和使用行政编制的群团组织机关使用财政性资金购买服务的,可参照执行。政府购买服务的购买主体强调国家机关属性。不承担行政职能的事业单位不属于国家机关,其功能定位是负责直接提供特定领域的公益服务,不作为政府购买服务的购买主体。不承担行政职能的事业单位可以购买自身所需辅助性服务,此类行为属于政府采购,但不属于政府购买服务。

(2) 承接主体。可以承接政府购买服务的主体包括依法成立的企业、社会组织(不含由财政拨款保障的群团组织),公益二类和从事生产经营活动的事业单位,农村集体经济组织,基层群众性自治组织,以及具备条件的个人。公益一类事业单位、使用事业编制且由财政拨款保障的群团组织,不作为政府购买服务的购买主体和承接主体。社会组织是政府购买服务的重要承接主体,鼓励各级政府部门同等条件下优先向社会组织购买民生保障、社会治理、行业管理、公益慈善等领域的公共服务。购买主体向个人购买服务,应当限于确实适宜实施政府购买服务并且由个人承接的情形,不得以政府购买服务名义变相用工。

（3）购买内容。政府购买服务的内容包括政府向社会公众提供的公共服务,以及政府履职所需辅助性服务。六类事项不属于政府购买服务的内容:①不属于政府职能范围的服务事项;②应当由政府直接履职的事项;③政府采购法律、行政法规规定的货物和工程以及将工程和服务打包的项目;④融资行为;⑤购买主体的人员招、聘用,以劳务派遣方式用工以及设置公益性岗位等事项;⑥法律法规以及国务院规定的其他事项。

（4）购买活动实施。政府购买服务应当突出公共性和公益性,重点考虑、优先安排与改善民生密切相关,有利于转变政府职能、提高财政资金绩效的项目。购买活动具体要求:①遵循预算约束。政府购买服务所需资金应当在相关部门预算中统筹安排,并与中期财政规划相衔接,未列入预算的项目不得实施。购买主体在编报年度部门预算时,应当通过编报政府购买服务支出表等方式反映政府购买服务支出情况。部门向所属事业单位购买服务,属于"拨改买"改革范围的,应当将相关经费预算由事业单位调整至部门本级管理,不再直接作为事业单位经费。事业单位承接政府购买服务取得收入,应当纳入事业单位统一核算,税后收入由事业单位按相关政策规定进行支配。②确定规范、适当的购买方式。购买主体应当根据购买内容及市场情况、相关供应商服务能力和信用状况等因素,通过公平竞争择优确定承接主体。属于政府集中采购目录以内或采购限额标准以上的项目,按照政府采购法律、行政法规和相关制度规定,采用公开招标、邀请招标、竞争性谈判、竞争性磋商、单一来源采购等方式确定承接主体。属于政府采购限额标准以下且集中采购目录以外的政府购买服务项目,可实施简易采购,由购买主体按照公平、效率原则自行确定项目的承接主体。

第五节　政府预算执行中的调整与检查

一、预算调整

（一）预算调整的含义

预算调整就是对原已经立法批准并授权执行的预算进行调整和变更,即随着经济、政治等环境的不断变化,在预算执行中可能出现需要增加或减少预算项目及其资金的情况,从而进行预算的调整。

预算调整有狭义和广义之分。狭义的预算调整是指法律明确规定的预算调整事项范围。广义的预算调整除包括法律规定的预算调整范围以外,还包括动用预备费、预算资金的调剂等情况。

从理论上讲,在科学、规范编制预算的情况下,不应频繁发生预算调整导致预算变更的情况。预算调整的结果,是改变了最初经立法机构批准的具有法律效力的预算安排,实际上是突破和变更了原有的法定预算,因此一旦出现必须进行预算调整的事项,则必须严格按照法律规定的范围、原则、程序和流程进行,不得违法变更预算,从而避免各种主、客观因素导致的预算调整随意性,以体现现代预算的事前决定与严格执行的特征,保障预算的严肃性和法律的权威性。

根据各国预算法律的规定,各级政府在预算执行过程中遇到特殊情况时,可以依法进行调整。法律允许进行预算调整的原因在于:首先,政府预算的编制在客观上与预算的执行存在时间差,这种时间差导致预算编制时无法将未来预算执行时可能发生的各种情况全部考虑在内,进而造成在预算执行中出现事前编制的预算与实际发生的预算收支需要出现误差的情况,需要进行预算调整。其次,预算编制时对预算期内的收支测算存在主观与客观的差异。在预算执行过程中,由于政治、经济、社会等环境的不断变化,很有可能出现需要增加或减少预算项目及资金数额的情况,导致原计划的预算平衡被打破,需要对原有预算进行调整或修正。

正是因为上述理由,我国在制定预算法律时,也对预算调整作出了专门的规定,明确了可以进行调整的事项,同时强调经人大批准的预算未经法定程序不得调整。

(二) 法定预算调整的范围

《预算法》第六十七条规定:经全国人民代表大会批准的中央预算和经地方各级人民代表大会批准的地方各级预算,在执行中出现下列情况之一的,应当进行预算调整:(一)需要增加或者减少预算总支出的;(二)需要调入预算稳定调节基金的;(三)需要调减预算安排的重点支出数额的;(四)需要增加举借债务数额的。

1. 需要增加或者减少预算总支出的

在各级预算的实际执行过程中,往往会出现由各种原因导致一些支出需求无法完全在年初预算范围内的情况,比如,国家新出台涉及支出的政策、地方政府确定的必须新增的支出项目、发生自然灾害等不可预见突发事件新增支出项目、其他必需的追加支出项目等。这些情况往往会导致各级政府总预算支出规模的增大,形成追加预算总支出需求,这都属于正常预算调整的范围。相反,由于经济、社会、环境等因素的影响,原批准的预算支出在实际执行中需要调减的,或因为各级政府、各部门、各单位在实际执行中,在保证各项任务圆满完成的前提下,努力降低成本、节约经费开支而需要减少预算支出总额的,均可进行预算调整。

按照《预算法》的要求,预算收入将不再作为约束性指标而是作为预期性指标,因此人大在审批预算时的关注重点将转移到支出预算及政策上来,因此预算调整的重要内容之一是预算总支出的增加或减少。

2. 需要调入预算稳定调节基金的

预算稳定调节基金起着调节预算收支的"蓄水池"作用。在预算执行过程中调入预算稳定调节基金可增加年度预算收入以弥补短收年份的收支缺口,平衡预算。《国务院关于深化预算管理制度改革的决定》(国发〔2014〕45号)对预算执行中超收短收的处理作出了规定,如在预算短收的弥补方式上规定,中央和地方一般公共预算执行中如出现短收,通过调入预算稳定调节基金、削减支出或增列赤字并在经全国人大或其常委会批准的国债余额限额内发债平衡。

可以看出,调入预算稳定调节基金会涉及原法定预算安排的改变,因此要列入预算调整的范围,即预算稳定调节基金的安排使用要接受同级人大及其常委会的监督。

3. 需要调减预算安排的重点支出数额的

《预算法》将重点支出和重大投资项目的预算安排作为各级人大审查预算草案及执行情况的重点内容。在我国,很多领域的重点支出项目与经济社会发展密切相关,如教育、科技、文化、卫生、社会保障、农业等涉及民生类的支出项目。这些方面的预算支出与经济发展、人才培养、科技创新、人民生活水平的提高息息相关,是政府公共支出的重要领域,需要重点保证。但是,如果在实际预算执行中发生确实需要对这些方面的支出进行调减的情况,各级政府可依法进行调整。这些预算调整事项必须在预算调整方案中作出专门的说明,实际上反映出对保证这些重点领域公共支出预算的重视程度,也在很大程度上对各级政府调减这些方面的支出作出了限制。

4. 需要增加举借债务数额的

目前,我国通过《预算法》的规定,在保留中央预算在必要条件下的举债权的同时,对地方政府有条件、适度放开了举债权,但举债规模都要经过人大的审查和批准。如《预算法》第三十四条第二款规定:对中央一般公共预算中举借的债务实行余额管理,余额的规模不得超过全国人民代表大会批准的限额。第三十五条第一款规定:地方各级预算按照量入为出、收支平衡的原则编制,除本法另有规定外,不列赤字。而对于省级地方政府预算中必需的建设投资的部分资金确需举债的,《预算法》第三十五条第二款规定其"举借债务的规模,由国务院报全国人民代表大会或者全国人民代表大会常务委员会批准。省、自治区、直辖市依照国务院下达的限额举借的债务,列入本级预算调整方案,报本级人民代表大会常务委员会批准"。也就是说,中央和地方政府举借债务都需要经过法定的批准程序,但是如果在预算执行中,各级政府因为实际情况的变化而确实需要增加举债数额筹集资金的,则属于预算调整的法定范围,经法定程序批准后可以进行预算调整。

(三)法定预算调整的程序

1. 预算调整的原则

由于预算调整突破了原有的预算安排,因此对预算调整的批准通常是较为严格的。虽然各国对预算调整的具体规定不一,但大体都遵循如下原则:

(1)预算调整应通过法律进行。

(2)如果预算调整的幅度超过了原定预算拨款的某个百分比,或者影响了支出总额,就必须呈报立法机关批准。

（3）在由立法机关批准前，应授权政府在某些特殊情况下自行决定某些临时性开支以满足应急性需求。

（4）应在固定时间内批准调整的预算数，并且年内调整的项目数应严格限制。

2. 我国预算调整的法律规定

根据《预算法》的要求，我国预算调整的法律规定如下：

（1）严格控制预算调整。在预算执行中，各级政府一般不制定新的增加财政收入或者支出的政策和措施，也不制定减少财政收入的政策和措施；必须作出并需要进行预算调整的，应当在预算调整方案中作出安排。在预算执行中，由于发生自然灾害等突发事件，必须及时增加预算支出的，应当先动支预备费；预备费不足支出的，各级政府可以先安排支出，属于预算调整的，列入预算调整方案。

（2）提出预算调整方案。在预算执行中，各级政府对于必须进行的预算调整，应当编制预算调整方案。预算调整方案应当说明预算调整的理由、项目和数额，并在人大常委会或专门委员会举行会议审查和批准预算调整方案的三十日前送交进行初步审查或征求意见。

（3）人大常委会审查和批准。中央预算的调整方案应当提请全国人民代表大会常务委员会审查和批准。县级以上地方各级预算的调整方案应当提请本级人民代表大会常务委员会审查和批准；乡、民族乡、镇预算的调整方案应当提请本级人民代表大会审查和批准。未经批准，不得调整预算。

（4）严格执行调整方案。经批准的预算调整方案，各级政府应当严格执行。未经《预算法》规定的程序，各级政府不得作出预算调整的决定。

二、动用预备费及预算资金调剂

（一）动用预备费

《预算法》第四十条规定：各级一般公共预算应当按照本级一般公共预算支出额的百分之一至百分之三设置预备费，用于当年预算执行中的自然灾害等突发事件处理增加的支出及其他难以预见的开支。

所以，各级总预算的预备费是为应对某些难以预料的意外开支而设置的。由于在编制预算时，预备费按照本级一般公共预算支出的一定百分比已经列支，并经过法定批准程序，所以，《预算法》第六十四条规定，各级预算预备费的动用方案，由本级政府财政部门提出，报本级政府决定。

（二）预算资金的调剂

预算资金的调剂，是指在上述法定预算调整范围及动用预备费的情况之外，预算资金在不同预算科目、预算级次或者项目间的变动。《预算法》七十二条规定：各部门、各单位的预算支出应当按照预算科目执行。严格控制不同预算科目、预算级次或者项目间的预算资金的调剂,确需调剂使用的,按照国务院财政部门的规定办理。

预算资金的调剂主要包括:

(1) 科目经费流用。经费流用是指在不突破原定预算支出总额的前提下,由于预算科目之间调入、调出和改变资金用途形成的预算资金再分配,对不同的支出科目具体支出数额进行调整,也称科目流用。

(2) 预算级次划转。年度预算确定后,部门、单位改变隶属关系,引起预算关系或者预算级次变化的,应当在改变财务关系的同时,相应办理预算及资产划转。具体划转办法由财政部规定。

(3) 预算项目间调剂。比如,同一部门的预算资金在同一功能分类科目下,人员经费、公用经费或项目支出在不同经济性质分类科目间调剂的;同一部门的预算资金、人员经费或者公用经费在不同功能分类科目间调剂的,或者公用经费和项目支出间调剂的,或者项目间调剂的,或者人员经费增加需要从本部门其他预算资金调剂的,等等。

三、预算执行的检查分析

在一个预算执行周期(通常为一年)中及时地对政府预算执行情况进行检查和分析,是确保其符合预算要求和相关法律法规的必要手段。

(一) 预算执行检查分析的内容

预算执行检查分析的内容包括:

(1) 检查分析党和国家的各项政策措施对预算收支的影响以及各项收支执行中贯彻政策措施的情况。

(2) 检查分析国民经济和社会发展计划完成情况对预算收支的影响。

(3) 检查分析国家预算收支项目的完成情况。

(4) 检查分析预算收支平衡状况。

(5) 对预算会计和国家金库报表的分析。

(二) 预算执行检查分析的方法

预算执行检查分析的方法包括:

(1) 比较法,即将预算指标和决算指标对比,将本期实际完成指标和前期实际完成指标对比,将地区、部门、企事业单位之间实际完成指标对比,以对各项预算指标进行分析。

(2) 因素分析法,也称连环替代法,即从影响预算收支的多种因素中分别测定每项因素对预算收支的影响程度。

(3) 逻辑推理法,指通过对有关财经信息资料的分析研究,根据以往的经验,分析预测预算收支发展变化趋势及其规律性的方法。

(4) 动态分析法,是指分析研究预算收支在时间上的变化及其规律性的方法。

预算执行检查分析可以定期进行,也可以选择专题进行或者选取代表性的对象进行。首先,定期检查分析是指预算执行了一个阶段后,在规定的期限内,对预算执行情况进行一次检查分析。定期检查分析的目的是系统性、经常性地了解预算执行的全过程,以利于找出一定的规律来指导下一阶段的工作。定期检查分析是预算执行检查分析的基本形式。其次,专题检查分析是针对预算执行中的一些重大问题组织专门的力量进行检查分析,并对分析结果提出处理意见。最后,典型调查分析是对某些地方、部门和单位的典型事例进行调查分析,其目的是起到以点带面的作用。

本章小结

所谓政府预算的执行就是组织政府预算收支计划的实施,并按照预算对收支进行监督控制、调整平衡的过程。

政府预算执行的内容主要包括收支的实现与控制、收支的平衡与调整、预算执行的监督与检查等。

政府预算执行的组织系统是指为执行政府预算服务的各种组织、机构、程序、活动等构成要素的总称,它们共同构成一个完整的体系,以保证政府预算的实现。

狭义国库是专门负责办理国家预算资金收纳和支出的机构。国家的全部预算收入都要纳入国库,所有预算支出都应由国库进行拨付。广义国库还具有代表政府控制预算的执行、保管政府资产和负债的一系列管理职能。

国库及其管理与政府预算的执行息息相关。目前世界上有银行制、委托国库制及独立制三种国库体制。

政府预算收入的执行是预算执行的首要环节,也是执行其他预算的基础。在国库单一账户体系下,预算收入的执行有直接缴库和集中汇缴两种方式。政府预算支出的执行目前通过财政直接支付和财政授权支付两种方式进行。

政府采购是政府运用财政性资金采购工程、货物和服务的行为,是财政支出的重要内容。

预算调整有严格的要求,应按照法定的程序进行。

预算执行的检查分析是保证预算执行质量的重要手段,实践中采用比较法等多种方法来检查执行中的预算是否符合相关要求。

思考题

1. 预算执行指什么?包括哪些内容?
2. 预算执行的组织系统及其职责是怎样的?
3. 国库的含义包括哪几种?它是如何设置的?
4. 国库集中收付制度的内涵及特征是什么?

5. 国库单一账户体系的构成是怎样的？
6. 预算收入的征缴依据包括哪些？其缴款方式有哪几种？
7. 财政直接支付与财政授权支付的流程有何区别？
8. 政府预算拨款的控制原则有哪些？
9. 政府采购的内涵、特点及原则是什么？
10. 政府采购主要有哪几种方式？
11. 预算调整的含义是什么？
12. 法定预算调整的范围及程序是怎样的？
13. 预算超收短收及预算稳定调节基金是指什么？
14. 预备费的设置及使用方面有哪些规定？
15. 预算资金调剂包括哪些内容？

21世纪经济与管理规划教材
财政学系列

第七章

政府决算与财务报告

【学习目标】

本章介绍了政府决算及政府财务报告的内涵、编制的目标和方法以及决算的审查和批准等内容。通过本章的学习,读者应该能够掌握政府决算的概念和内涵、编制方法、决算审查的形式与程序,掌握政府财务报告的内涵、目标、原则等内容,了解我国政府财务报告的内容。

第一节　政府决算概述

一、政府决算的含义与组成

（一）政府决算的含义

政府决算是指政府各部门按照法定程序编制的、用以反映经法定程序批准的年度预算执行结果的政府预算总结报告，是一定预算年度内政府预算收入和支出的最终结果，也是政府的经济活动在财政上的集中表现。

政府决算是预算管理过程中一个必不可少的、十分重要的阶段。各级政府财政部门负责本级政府和本级政府所属部门、预算单位决算草案的编制工作。《预算法》第七十四条规定：决算草案由各级政府、各部门、各单位，在每一预算年度终了后按照国务院规定的时间编制。编制决算草案的具体事项，由国务院财政部门部署。

（二）政府决算的组成

1. 按政府决算的级次划分

凡是编制政府预算的地区、部门和单位都要编制政府决算，只有这样，各个地区、部门和单位的预算才是全面、真实和完整的。因此，政府决算体制和政府预算体制一样，通常按照一级政府一级决算的要求，按照统一的政府决算体系逐级汇编而成，具体可分为中央级决算和地方级决算。

（1）中央级决算。中央级决算即中央政府决算，它是在中央各主管部门按财务规定汇总所属的各行政、事业、企业单位财务决算的部门决算基础上，加上国库年报和税收年报等相关内容组成的，由财政部负责审核并汇总编制而成。

（2）地方级决算。与预算相对应，地方级决算一般包括省、市、县、乡四级。地方各级政府总决算是在同级各主管部门汇总所属相应的各单位决算的基础上，加上所属下级政府总决算以及国库年报、税收年报等，经由地方财政部门审核汇总后形成。

2. 按政府决算的内容划分

政府决算报告的内容必须遵循一定的技术要求，以准确反映相关的信息，方便各申报、审核单位的管理工作，因此，政府决算按报告的内容一般分为决算报表和决算文字说明两部分。其中，决算报表主要是用数字填列各种决算表格，决算文字说明主要是对本级预算的执行和管理等各种情况所作的全面文字总结，以配合决算表格数字的内容。

3. 按政府决算的报送主体划分

政府决算报送主体的规定是为了区分财政资金审批单位和具体使用单位而作出的，以有利于财政资金的纵向和横向管理。按报送主体划分，政府决算可分为总决算和部门决算。

（1）总决算。总决算是总预算执行最终结果的报告文件，是由各级财政部门汇总本级及其下级财政部门的年度实际收支所编制的决算。它是各级总预算执行结果纵向的全面反映。其内容包括全年的收支预算数、调整预算数、决算数及其他相关的基本数字和决算说明书。我国的总决算由中央总决算和地方总决算组成，地方总决算一般又分为省、市、县、乡四级。

（2）部门决算。部门决算是构成各级总决算的横向基础，由执行部门预算的行政、事业部门和单位编制。它要求各部门、单位在年度终了后，在搞好年终清理、结清账目的基础上，及时、准确、完整地编制部门、单位决算草案，分别填列预算数、调整预算数和决算数，并附有决算说明书，按照预算支出的领报程序自下而上逐级审核汇总后，上报同级财政部门，汇入总决算。

二、编制决算草案的基本原则和要求

决算草案是指各级政府、各部门、各单位编制的未经法定程序审查和批准的预算收支的年度执行结果。决算草案在未经人大常委会批准前一般称为预算执行情况。

按照《预算法》第七十五条的要求，编制决算草案，必须符合法律、行政法规，做到收支真实、数额准确、内容完整、报送及时。决算草案应当与预算相对应，按预算数、调整预算数、决算数分别列出。在编制决算的具体要求上，一般公共预算支出应当按其功能分类编列到项，按其经济性质分类编列到款。各部门对所属各单位的决算草案，应当审核并汇总编制本部门的决算草案，在规定的期限内报本级政府财政部门审核。各级政府财政部门对本级各部门决算草案审核后发现有不符合法律、行政法规规定的，有权予以纠正。

（一）编制决算草案必须符合法律、行政法规的规定

这是编制决算草案在政策法律上应遵守的原则。法律是由全国人大制定的，行政法规是由国务院制定的，适用于全国各地区、各部门。各地区、各部门要严格按照法律、行政法规的规定编制决算草案。在收入方面，各地区、各部门要严格按照法律、行政法规的规定和分税制财政体制，将属于中央的税收收入及时、足额地上缴中央国库，并由中央财政编入中央决算。在支出方面，各地区、各部门要严格按照法律、行政法规的规定，严禁将不属于政府预算开支范围和不符合开支标准的支出列入决算支出。

（二）编制决算草案要数额准确、内容完整、报送及时

编制决算草案在技术上应遵循以下原则：

（1）数额准确，就是要按照收付实现制的原则，凡当年已发生的财政收支，都要如实作为预算收支列入决算；各级财政决算和各类财务决算，都要坚持自下而上、层层逐级汇总的原则，不能以领代报、以估代编。

（2）内容完整，就是要严格按照国家和上级的决算编审要求以及布置的决算表格，

一项一项地落实,认真填报齐全,不能自行取舍和遗漏,并要根据决算报表完成有分析、有总结的决算报告。

(3) 报送及时,就是各地区、各部门必须严格按规定的时间,把握好编制决算草案工作中各项具体工作的进度,在保证决算质量的前提下,力争缩短编制决算草案的时间。

(三) 决算草案应当按预算数、调整预算数、决算数分别列出

这是编制决算草案在形式上应遵循的原则。按预算数、调整预算数、决算数分别列出,一方面可以反映各级政府、各部门、各单位预算收入支出执行的实际完成数,便于进行收支执行的检查分析,发现各级政府、各部门、各单位预算管理中存在的问题;另一方面,将调整预算数单独列示出来,可以反映财政以及预算部门、单位预算编制的科学性,在日常预算管理中是否贯彻落实了"先有预算,后有支出"的理念,以及预算调整是否符合、遵循法律程序。

(四) 政府决算草案要先审计后批准

《预算法》第七十七条规定:"国务院财政部门编制中央决算草案,经国务院审计部门审计后,报国务院审定,由国务院提请全国人民代表大会常务委员会审查和批准。县级以上地方各级政府财政部门编制本级决算草案,经本级政府审计部门审计后,报本级政府审定,由本级政府提请本级人民代表大会常务委员会审查和批准。乡、民族乡、镇政府编制本级决算草案,提请本级人民代表大会审查和批准。"《预算法实施条例》第八十七条第二款进一步强调,县级以上各级政府财政部门编制的决算草案应当及时报送本级政府审计部门审计。

三、编制政府决算的意义

作为政府预算管理必不可少的环节,决算具有如下几点意义:

(一) 政府决算反映了预算执行的结果

政府决算处于整个预算管理的末端环节,它反映的数据是预算执行最终的、实际的数据。其中,决算收入集中反映了年度政府预算收入的规模、来源、结构等情况;决算支出反映了政府预算支出的实际规模、方向和结构等,体现了国家经济建设和社会事业发展的规模与速度以及各项事业发展的实际进程及结果;而决算结果是否平衡在一定程度上反映了社会总供给和总需求的对比状况。

(二) 政府决算是制定国家经济政策的基本资料

有关部门在制定国家宏观经济政策时所参考的非常重要的一项资料就是政府决算,通过分析决算数据,可以从资金积累和资金分配的角度总结一年来各项经济活动的情况,为国家有关机构研究经济问题并进行宏观经济决策提供重要依据。

(三)政府决算是积累预算收支实际资料的重要来源

政府决算提供的数据是实际发生的数据,通过编制政府决算,可以系统地整理和反映预算执行最终结果的实际数字,对一年来的预算编制、执行、平衡等方面进行分析、总结,提出改进意见和措施,为提高下年度的预算管理水平奠定良好的基础。

(四)政府决算是实现民主监督的重要途径

政府预算本身具有公开性、透明性的要求,这能在一定程度上起到监督预算资金的作用,但如果不编制相应的决算以反映预算的执行成果,那么预算的监督也只是形式上的,而不能切实地发挥作用。因此,只有将决算和预算有机地协调起来,并经过人民代表大会的审查和批准,才能真正地实现民主监督。

四、编制政府决算草案的具体事项

编制政府决算草案的具体事项主要包括以下两个方面:

(一)拟定和下达政府决算的编审办法

为了使决算数字口径统一,提高决算的质量,每个预算年度终了前(一般在第四季度),财政部在总结上年决算编制工作经验的基础上,结合本年度财政经济政策、预算和财务管理体制及制度以及当年预算执行中的问题,制定和颁发本年度决算编制办法,分别下达给各省(自治区、直辖市)和中央各部门。由国家税务总局制定和下达税收年报编审办法,由中央国库制定和下达国库年报编审办法。

《预算法实施条例》第八十一条规定:"财政部应当在每年第四季度部署编制决算草案的原则、要求、方法和报送期限,制发中央各部门决算、地方决算以及其他有关决算的报表格式。省、自治区、直辖市政府按照国务院的要求和财政部的部署,结合本地区的具体情况,提出本行政区域编制决算草案的要求。县级以上地方政府财政部门根据财政部的部署和省、自治区、直辖市政府的要求,部署编制本级政府各部门和下级政府决算草案的原则、要求、方法和报送期限,制发本级政府各部门决算、下级政府决算以及其他有关决算的报表格式。"第八十二条规定:"地方政府财政部门根据上级政府财政部门的部署,制定本行政区域决算草案和本级各部门决算草案的具体编制办法。各部门根据本级政府财政部门的部署,制定所属各单位决算草案的具体编制办法。"

制定和颁发决算编审办法,是保证各级决算编制工作顺利进行、能够编制出高质量的符合国家统一要求的决算的必要措施。决算编审办法一般包括以下内容:

(1)根据国家财政方针、政策及当年财政、经济形势,针对预算执行中的具体情况和遇到的问题,提出有关增加收入、节约支出、完成预算任务,以及集中资金、平衡预算的具体措施。

(2)根据预算、财务管理制度,提出审查企业、事业、行政和建设单位财务决算和总决算的要求。

（3）组织年终收支清理工作的基本要求。要求认真组织年终清理，财政、税务和金库密切配合，做好对账工作。

（4）编报决算收入、决算支出需要明确规定的具体要求。根据本预算年度的情况提出具体要求。

（5）年终结余的处理。对于年终结余中允许结转下年使用部分，应提出处理意见。

（6）编制决算的组织领导。为了保证决算的及时准确编制，应通过有效的领导体系来组织落实。

（7）明确编审决算报送的期限和份数。

（二）进行年终清理

《预算法实施条例》第八十三条第一款规定："各级政府财政部门、各部门、各单位在每一预算年度终了时，应当清理核实全年预算收入、支出数据和往来款项，做好决算数据对账工作。"为了正确体现预算执行的结果，保证决算数字的准确、完整，必须进行年终清理，即要求各级财政部门和预算单位，对预算收支及其有关财务活动进行全面清查、结算和核对。年终清理的主要内容有：

（1）核实年度预算数字。由于在执行过程中预算数字经追加、追减、科目调整、预备费动用、预算划转等调整因素的影响，与年初预算数有很大的变化，所以应核实预算数字。年度终了，各级总预算之间、财政总预算和部门单位预算之间、部门单位预算和所属单位预算之间，都要把上下级之间的全年预算数字核对清楚。

（2）清理预算应收应支款项。年度内的各项应缴预算收入，要在年终前及时足额地缴入国库，各项亏损补贴应及时弥补，应在本年度列支的支出要在年终前办理完毕。对应收回的各单位的不需用资金要在年终前收回；各单位的库存现金要在年终前交回银行，恢复预算存款，减少银行支出数。

（3）结清结算拨借款。各级财政部门之间、财政部门和主管部门之间、主管部门和所属部门之间的拨借款项应于12月31日之前结算清楚。各级财政部门之间的预算补助款和预算上解款，按体制规定结算。

（4）清理往来款项。各种往来款项必须及时清理，以消除预算收支数的虚假现象。年终时，各级财政部门和企业、事业、行政、基建等单位暂存、暂付、应收、应付等往来款项，必须清理结算。单位预算的代管经费，也应当在年终前与委托单位结清账务，不得以拨作支、以领代拨。

（5）清理财产物资。为保证国家财产的完整，所有执行预算的单位，在年终前应对固定资产和库存材料等所有财产物资进行清理盘点，做到账实相符、账账相符。

（6）核对决算收支数。对于决算收入，各级财政部门、国家金库、税务部门必须会同预算缴款单位进行年终对账，经核对相符后填制对账单办理签证，并分别按系统上报。对于决算支出，各级财政部门要会同主管部门、用款单位和开户银行，对决算支出进行共同核对和签证,按规定的程序逐级上报。

年终清理是一项很重要的工作,它不仅通过数字核对为决算编制做好准备,而且还可通过清理工作促进增收节支,严肃财经纪律。

五、政府决算草案编制的方法

政府决算草案先由执行预算的基层行政事业等单位决算编起,采用层层汇编的方法,由各级财政部门汇编成本级决算草案。

(一) 单位决算的编制方法

单位决算是政府决算的基础。年度终了后,我国基层行政事业单位都要在搞好年终清理、结清会计账目的基础上,编制基层单位决算。单位决算报表数字大体分为:

(1) 预算(计划)数字。它是用以考核预算执行和事业计划完成情况的依据。应按照年终清理核对无误后的年度(计划)数填列。

(2) 会计数字。它是反映单位预算执行结果的决算数,根据单位预算会计有关账簿产生的数字填列。各单位预算会计在年终结账后,应根据决算表格内容的要求,分别将有关科目的年终余额或全年累计数填入有关的决算表格的决算数栏内。

(3) 基本数字。它反映行政事业单位的机构数、人员数以及事业发展计划的完成情况,用以考核事业规模和预算资金的使用效果。应根据有关财务统计和业务统计资料将其填入基本数字表的有关栏内。

各基层单位决算报表编成后,应当认真进行单位预算执行情况的总结,编写决算说明书,经有关领导审阅签字,正式报送上级单位。有关上级单位将所属单位决算,连同本单位决算汇总后,逐级报送主管部门;主管部门连同本部门直接支出汇总编成部门决算后,报送同级财政机关,作为财政机关汇编财政总决算的依据。

(二) 总决算的编制方法

财政总决算由各级财政机关汇编。各级财政机关收到同级主管部门报送的部门决算后,即进行审核登记,待各部门决算报齐后,连同总决算会计账簿的有关数字进行汇总,即编制财政总决算。总决算报表数字分为:

(1) 预算数字。要分别填列上级核定预算数和本级调整预算数。前者根据上级财政机关核定下达的预算填列;后者根据本级人民政府在上级核定预算数的基础上,加上上年结转使用数、本年动用地方上年财政结余数,以及动用预备费、科目调剂等项内容后的调整预算数填列。

(2) 决算数字。各级财政总决算编列的本级决算收入数,根据财政总预算会计的预算收入明细账的全年累计数填列;本级决算支出数,根据主管部门报送的汇总单位决算数填列;对于财政部门直接经办的支出,按照财政总预算会计的有关支出明细账填列。

(3) 基本数字和其他附表数字。各项基本数字由所属各部门汇总填列,其他附表数字根据有关资料汇总填列。

财政总决算各表编成后,还要根据决算收支数字、国民经济和社会发展计划完成情况,以及平时积累、掌握的调查研究资料以及其他有关资料,编写决算说明书。决算说明书是总结当年预算执行和预算管理的经验,研究政策、分析问题的重要文字资料,也是决算编制工作的重要组成部分。决算说明书一般包括以下内容:

（1）收入方面。结合年度预算安排及国民经济和社会发展计划完成情况,分析收入超收或短收的原因,分析重点企业和部门成本费用水平、资金积累水平、资金运用和改善经营管理的情况,以及税收政策的贯彻执行和征收管理情况、税源变化情况等。

（2）支出方面。结合预算安排的各项事业计划、定员定额、开支标准等,分析各主要支出项目结余或超支的主要原因,说明决算支出数字的编制基础、主要经济事业效果和存在的主要问题。

（3）平衡情况。分析全年总预算收支结余情况和原因、当年收支平衡情况和存在的问题。

（4）预算变动情况。说明预算的追加追减、上划下划、科目流用、预备费运用和上年结余安排支出情况。

（5）需要总结的主要内容。总结一年来贯彻执行各项财政方针政策、法令法规的情况和问题,总结在组织收入、安排支出方面的主要经验、存在的问题,以及今后加强预算管理和监督的意见。

（6）其他方面。比如经济、财政体制的改革,制度、办法的变化,工资、物价、利率、汇率的调整,以及其他新出台措施对预算收支的影响。

（三）地方财政总决算草案的汇编报送程序

地方财政总决算草案汇编报送的程序是,自下而上、逐级汇总成各地方总决算草案报送财政部,财政部将各省（自治区、直辖市）总决算草案汇总,编成地方财政总决算草案。

第二节　政府决算草案的审查和批准

一、财政部门和主管部门对决算草案的审核分析

为了使决算编制得及时、准确、完整,保证决算的质量,必须在各个环节上加强决算的审核分析工作,做到逐级审核,层层负责。《预算法实施条例》第八十四条规定:"各单位应当按照主管部门的布置,认真编制本单位决算草案,在规定期限内上报。各部门在审核汇总所属各单位决算草案基础上,连同本部门自身的决算收入和支出数据,汇编成本部门决算草案并附详细说明,经部门负责人签章后,在规定期限内报本级政府财政部门审核。"各级财政部门对本级各部门决算草案应当严格审核,对不符合规定的有权作出

调整;地方各级财政部门编制本级总决算草案,经上一级财政部门审核后,报本级人民政府审定,由人民政府提请本级人民代表大会或人民代表大会常务委员会审查和批准。由此可见,决算草案的审核分析工作是和决算草案的汇编工作交叉进行的。下面分别介绍决算草案审核分析的方法、形式和内容。

(一)决算草案审核分析的方法

决算草案审核分析的方法一般分为就地审核、书面审核和派人到上级机关汇报审核三种,以书面审核方法为主。就地审核和派人到上级机关汇报审核,通常作为书面审核的补充,有时也交叉运用。

(二)决算草案审核分析的形式

决算草案审核分析的形式一般分为本单位自审、组织决算性质相同的单位联审互查和上级机关审核三种。其中,联审互查就是由主管部门或财政机关把本部门或本地区的预算、财会人员组织起来,对本部门的单位决算草案或本地区的财政总决算草案进行面对面的集中互审,这有利于互帮互学互审,提高决算质量,加快决算进度,就地汇编部门单位决算草案或财政总决算草案。

(三)决算草案审核分析的内容

决算草案审核分析的内容主要有三个方面:首先,从贯彻执行国家各项方针政策、财政制度、财经纪律等方面进行审核分析,通称政策性审核;其次,对绩效目标、绩效评价、绩效报告、绩效公开等方面进行审核分析,通称绩效审核;最后,对决算报表的数字关系进行审核分析,通称技术性审核。这三方面的审核虽各有重点,但应是互为补充、相辅相成、不可偏废的,因为政策性问题有时是从技术性审核的数字关系中发现的。

决算草案审查分析的具体内容,一般应着重于下列问题:

1. 收入方面

(1)属于本年的预算收入,是否按照法律法规、国家政策、预算管理体制和有关缴款办法,及时、足额地缴入各级金库,编入本年决算;是否有违反法律、行政法规的规定,多征、提前征收或者减征、免征、缓征应征的预算收入的行为;是否有违反法律、行政法规的规定,截留、占用或者挪用预算收入的行为。

(2)各级总预算之间的分成收入划分是否正确,应当上解上级预算的款项是否按照各级预算收入划分的规定和结算比例全部上解;分成收入和固定收入之间有无混淆情况。

(3)收入退库项目是否符合国家规定;应当列作支出的款项,有无作冲减收入处理。

(4)收入确认的会计基础是不是收付实现制,是否存在将来年收入计入本期收入的财政虚假收入行为。

2. 支出方面

(1) 支出是否保证了国家重大战略及政策的实施;财政部门是否依照法律、行政法规的规定,及时、足额地拨付预算支出资金;列入本年决算的支出,是否按照年度收支期限划分;总决算支出数是否按银行支出数列报;部门、单位决算支出数是否符合支出报销的规定。

(2) 支出确认的会计基础是不是收付实现制;各部门、各单位是否有虚假列支行为;本年预付下年的经费有无列入本年决算的情况;特定支出事项,需要按照国务院的规定实行权责发生制支出确认的,是否向本级人民代表大会常务委员会履行报告义务。

(3) 预算支出是否符合正常规律,年终有无突击花钱的现象;决算支出数与12月份会计报表所列全年累计支出数是否一致,如有较大增加,是什么原因。

(4) 根据决算数和预算数的对比差距,审核结余和超支的主要原因,查明有无违反财经纪律的超支情况;审核支出各科目预算的流用、总预备费的支出、上年结余的动用等,是否符合规定的审批程序。

(5) 各级决算支出是否编列齐全,有无该报未报的情况;已报决算是否逐级汇总,有无估列代编的情况;等等。

3. 结转结余方面

(1) 单位是否分别核算基本支出结余、项目支出结余和非财政补助结余;单位预算拨款结余是否已如数缴回总预算;有无将结余列入决算报销,转作单位"其他存款"等情况。

(2) 单位是否分别核算基本支出结转、项目支出结转和非财政补助结转;在总决算结转中,结转下年继续使用的资金是否符合规定;结转项目是否符合规定;结转项目是否符合规定的范围;等等。

4. 资金运用方面

(1) 审核单位决算银行支取未用数是否正常合理;库存现金是否符合规定额度,是否存在大额取现行为;库存材料有无积压损失;暂存、暂付等往来款项是否清理完毕,如果没有,原因何在。

(2) 对财政总决算,着重审核各级总预算之间、总预算与单位预算之间的拨借款项是否结算,以及借垫款项的原因。

(3) 审核暂存、暂付等其他各项往来款项是否符合规定;有无应清未清,应作本年决算收入、支出的款项。

(4) 审核单位决算的预算存款和其他存款有无混淆,查明固定资产和库存材料增减变化的主要原因。

5. 绩效方面

审核绩效目标制定的科学性及合理性、绩效评价的客观性及公允性、绩效报告的完整性及充分性、绩效公开的及时性等。

6. 数字关系方面

(1) 审核决算报表之间的有关数字是否一致。例如,总决算的决算总表同决算收支明细表之间、决算分级表同决算总表之间的有关数字是否一致,等等。

(2) 审核上下年度有关数字是否一致。例如,基本数字各表所列本年年初数同当年决算期末数是否一致,等等。

(3) 审核上下级财政总决算之间、财政总决算同单位决算之间的有关上解、补助和拨借款项数字是否一致。

(4) 业务部门的统计年报同财政总决算的有关数字是否一致。例如,主管部门业务统计中的学生人数、病床数、农林水气象事业机构数,以及各项事业成果数,同财政总决算编制的有关同一口径的数字是否一致,等等。

7. 决算的完整性和及时性

着重审核规定的决算报表是否填报齐全,有无缺报、漏报;已报的决算数各表的栏次、科目、项目填列是否正确完整,计算口径是否符合规定;有无决算说明书,其编写的质量如何,决算报送是否超过规定期限,等等。

上述决算审核分析的七个方面,一般来说,前四个方面基本上是政策性审核,第五个方面是绩效审核,后两个方面是技术性审核。对于决算审核中发现的问题,要按照政府决算制度和有关财经法规作出处理:属于政策性及绩效性的差错,要按政策规定予以纠正;属于技术性的差错,要及时查明纠正;属于遗漏的问题,要限期补报;属于决算不实、弄虚作假的问题,要彻底纠正。对于各种违反财经纪律、情节严重、致使国家财产遭受损失的问题,要报请人民政府或党的纪律检查部门给予经济制裁、纪律处分、行政处分。发现有贪污盗窃、玩忽职守等触犯刑律的,要绳之以法。总之,要执行政策,严肃财经纪律,保证政府决算的及时、准确、真实、完整,提高预算管理和决算编审工作水平。

二、各级人大对决算草案的审查和批准

(一) 决算草案的报送审批

《预算法》第七十七条规定:国务院财政部门编制中央决算草案,经国务院审计部门审计后,报国务院审定,由国务院提请全国人民代表大会常务委员会审查和批准。县级以上地方各级政府财政部门编制本级决算草案,经本级政府审计部门审计后,报本级政府审定,由本级政府提请本级人民代表大会常务委员会审查和批准。乡、民族乡、镇政府编制本级决算草案,提请本级人民代表大会审查和批准。

(二) 决算草案的初步审查

《预算法》第七十八条规定:国务院财政部门应当在全国人民代表大会常务委员会举行会议审查和批准中央决算草案的三十日前,将上一年度中央决算草案提交全国人民代

表大会财政经济委员会进行初步审查。省、自治区、直辖市政府财政部门应当在本级人民代表大会常务委员会举行会议审查和批准本级决算草案的三十日前,将上一年度本级决算草案提交本级人民代表大会有关专门委员会进行初步审查。设区的市、自治州政府财政部门应当在本级人民代表大会常务委员会举行会议审查和批准本级决算草案的三十日前,将上一年度本级决算草案提交本级人民代表大会有关专门委员会进行初步审查,或者送交本级人民代表大会常务委员会有关工作机构征求意见。县、自治县、不设区的市、市辖区政府财政部门应当在本级人民代表大会常务委员会举行会议审查和批准本级决算草案的三十日前,将上一年度本级决算草案送交本级人民代表大会常务委员会有关工作机构征求意见。全国人民代表大会财政经济委员会和省、自治区、直辖市、设区的市、自治州人民代表大会有关专门委员会,向本级人民代表大会常务委员会提出关于本级决算草案的审查结果报告。

（三）决算草案的批准

《预算法》第七十九条规定:县级以上各级人民代表大会常务委员会和乡、民族乡、镇人民代表大会对本级决算草案,重点审查下列内容:(一) 预算收入情况;(二) 支出政策实施情况和重点支出、重大投资项目资金的使用及绩效情况;(三) 结转资金的使用情况;(四) 资金结余情况;(五) 本级预算调整及执行情况;(六) 财政转移支付安排执行情况;(七) 经批准举借债务的规模、结构、使用、偿还等情况;(八) 本级预算周转金规模和使用情况;(九) 本级预备费使用情况;(十) 超收收入安排情况,预算稳定调节基金的规模和使用情况;(十一) 本级人民代表大会批准的预算决议落实情况;(十二) 其他与决算有关的重要情况。县级以上各级人民代表大会常务委员会应当结合本级政府提出的上一年度预算执行和其他财政收支的审计工作报告,对本级决算草案进行审查。

（四）决算的批复

《预算法》第八十条规定:各级决算经批准后,财政部门应当在二十日内向本级各部门批复决算。各部门应当在接到本级政府财政部门批复的本部门决算后十五日内向所属单位批复决算。

（五）决算的备案制度

《预算法》第八十一条规定:地方各级政府应当将经批准的决算及下一级政府上报备案的决算汇总,报上一级政府备案。县级以上各级政府应当将下一级政府报送备案的决算汇总后,报本级人民代表大会常务委员会备案。《预算法实施条例》第八十八条进一步规定:县级以上地方各级政府应当自本级决算经批准之日起30日内,将本级决算以及下一级政府上报备案的决算汇总,报上一级政府备案;将下一级政府报送备案的决算汇总,报本级人民代表大会常务委员会备案。乡、民族乡、镇政府应当自本级决算经批准之日起30日内,将本级决算报上一级政府备案。

《预算法》第八十二条规定:国务院和县级以上地方各级政府对下一级政府报送备案的决算,认为有同法律、行政法规相抵触或者有其他不适当之处,需要撤销批准该项决算决议的,应当提请本级人民代表大会常务委员会审议决定,经审议决定撤销的,该下级人民代表大会常务委员会应当责成本级政府依照本法规定重新编制决算草案,提请本级人民代表大会常务委员会审查和批准。

第三节 政府财务报告

财务报告是报告主体对一定会计期间财务活动乃至整个报告主体各项活动所进行的系统全面的总结和报告,是为满足信息使用者共同的信息需求而编制的。《预算法》第九十七条规定:各级政府财政部门应当按年度编制以权责发生制为基础的政府综合财务报告,报告政府整体财务状况、运行情况和财政中长期可持续性,报本级人民代表大会常务委员会备案。

一、政府财务报告的内涵

政府财务报告的基本概念可以简要表述为:为满足信息使用者需求而编制的以财务信息为主要内容,以政府资产负债表、收入费用表等财务报表为核心,全面系统地反映政府财务受托责任的综合报告。政府财务报告是信息使用者进行经济和社会决策的依据,也是政府解除财务受托责任的有效凭证。政府财务报告系统全面地反映了政府的财务状况,是披露政府财务信息的一种规范化途径。政府财务报告是财务报告的一种,是反映政府财务状况的,从定义中可以看出,它具有以下四点内涵:

(一)政府财务报告的信息需求者广泛

政府财务报告信息需求者的状况在一定程度上制约和影响着财务报告的内容及水平,因此,在分析政府财务报告之前首先分析信息需求者很有必要。与企业财务报告等其他报告相比,政府财务报告具有宏观性,因此它的信息需求者范围也很广泛,主要包括社会公众、权力机关、公共资金的债权人和投资者、有关评估机构及其评估人员、各级政府行政管理部门等。

1. 社会公众

社会公众(包括纳税人、选举人、投票人、各利益集团,政府提供的公共产品、服务和转移支付的接受者,等等)是预算资金真正的所有者,政府只是凭借其权力集中了公众的部分财富,基于此,社会公众有权了解并监督预算资金用于何处、是否必要和合理、其支出效益如何,等等。因此,社会公众是政府财务报告的第一信息需求者,这也是政府财务报告具有公开性的原因。

2. 权力机关

由于"免费搭车"现象的存在,让每个公民都行使监督权是不可能的,因此,为保证全体公民的利益不受侵害,专门代表公众利益的机构(包括立法机构和其他权力机构,如西方国家的议会、我国的人民代表大会等)就成为重要的监督机构。这类机构代表全体公民行使监督权,因此,它们需要政府财务报告提供的有关信息,并据此监督和评价政府行为。

3. 公共资金的投资者和债权人

在现代社会里,公债是各国政府取得收入的重要手段,公债的应债主体,包括政府债券的投资者和债权人等,必须了解政府的偿还能力、收益状况及资金支出方向等事项,而政府财务报告是获取这些信息的重要来源,因此,公共资金的投资者和债权人是政府财务报告信息的需求者之一。

4. 有关评估机构及其评估人员

与公共资金投资者和债权人紧密相关的一类信息需求者是有关评估机构及其评估人员(包括经济分析师和财务分析师),为了给投资者和债权人的投资或融资提供参考,这些评估机构需要着重了解政府的资产、负债、当前和预计开支水平以及取得同样或者更多税收收入的能力等信息。

5. 各级行政管理部门

各级行政管理部门也是政府财务报告信息的需求者。上级管理部门控制和管理下级部门的一个必要途径就是财务,如果不能掌握财务信息,则必然导致其他管理内容的失控,但是,上级管理部门需要了解的内容的重点与以上所列的其他信息需求者不同,应该说它需要的政府财务报告的信息要更加细致、具体,更加具有专业性。

(二)政府财务报表是政府财务报告的主要形式

政府财务报表可以仅指以表格形式出现的财务报表,也可以同时指财务报表和报表注释。它既包括单个主体的财务报表,如政府行政单位的财务报表、政府基金财务报表,也包括由单个主体合并而成的合并财务报表,如整个政府的合并财务报表。政府财务报表是反映政府财务信息的主要形式,是政府财务报告的重要组成部分。政府财务报告的要求指导着政府财务报表的编制,反过来,政府财务报表的内容具体体现政府财务报告的要求。

(三)政府财务信息是政府财务报告的主要内容

政府财务信息是政府财务报告的主要内容,是从价值的角度对政府业务活动及其结果的一种反映。政府财务信息既可以在政府财务报表中反映,也可以在政府财务报表附注或附表中反映,还可以在其他必要的补充信息中反映。当然,政府财务报告的主要内容是政府财务信息。

(四)政府财务报告反映了政府财务受托责任状况

从公共财政理论的角度来讲,政府为满足公共需要必须占有一定的公共财力,并用于提供公共产品和服务,因此,财政实际上是政府代理公众行使资金支配权的行为。受托责任是信息提供方即政府与拥有权利方即公众及其代表之间的一种委托代理关系,即政府有责任向公众报告其行为及结果,公众有权知道政府的活动是否维护了其利益,以及是否实现了高效率。政府财务报告应当提供信息以帮助使用者评价政府在守法、服务努力程度、服务成本和成就等方面的情况。

二、政府财务报告的目标与原则

(一) 政府财务报告的目标

政府财务报告的目标可以细分为最高目标和具体目标。最高目标也是根本目标,它决定了具体目标的组成内容,而具体目标又是最高目标内容的展开。

1. 最高目标

明确受托责任和服务决策有用可以看作政府财务报告的最高目标。美国政府会计准则委员会在其1987年5月发布的《政府会计准则委员会概念公告第1号——财务报告的目标》中提出,政府财务报告应当提供信息以帮助使用者:①评价受托责任。在政府财务报告中向公众解释受托责任,比在企业财务报告中向公众解释受托责任更加重要。②作出经济的、社会的和政治的决策,即以财务报告已有信息为未来进行决策提供参考。

2. 具体目标

国际会计师联合会公立单位委员会在其1991年发布的《研究报告第1号——中央政府的财务报告》中指出,政府和单位通用的财务报告的目标如下:

(1) 说明资源是不是按照法定预算取得和使用的;

(2) 说明资源是不是按照法律和合同的要求(包括由有关立法部门确立的财政授权)取得和利用的;

(3) 提供关于财政资源的来源、分配和使用的信息;

(4) 提供关于政府或单位是怎样筹集活动资金以及满足其对现金的需求的信息;

(5) 提供在评价政府或单位筹集活动资金和偿付负债及兑现承诺的能力时有用的信息;

(6) 提供关于政府或单位财政状况及其变动的信息;

(7) 提供在以服务成本、效率和成就来评价政府或单位业绩时有用的综合信息。

可见,具体目标是详细而众多的,为了实现这些具体目标,政府不但要提供预算执行情况的报告,还要提供收入和支出、国内外债务还本付息、各部门的详细活动等方面详细情况的报告。

(二) 政府财务报告的原则

1. 全面性

政府财务报告虽然侧重于会计主体财务状况的反映,但通过它应能反映报告主体管理信息、内控信息、财务信息等所有方面的内容。

2. 合法性

政府财务报告应该在内容和形式上都与公认的标准相一致,并且适合使用者(包括潜在使用者)使用。

3. 可理解性

对应报送报告主体和利益相关的使用者而言,报告应易于理解;报告传达的信息应当可以被快速地获得和易于交流。对议员和民众而言,他们不了解预算术语和专用方法,报告应对此进行解释和说明以便于他们理解。对于非财务人员而言,财务报告非常难以理解,如果能够加上图表和说明则可以提高报告的可读性。

4. 可靠性

可靠性是指报告的信息应该是可检验的、无偏见的,应该如实地反映其所要反映的内容,但不是指精确性和确定性。对某些项目,如税式支出、或有事项或养老金负债,适当的解释性估计所提供的信息比没有作出估计更有意义。

5. 相关性

相关性是指报告提供的信息必须满足有明确要求的需要,此外,财务报告更重要的目的是考虑如何满足不同使用者的需要。

6. 一致性

一致性是指不仅在一段时间,而且在整个过程中,一旦采纳某一核算或报告方法,除非特别必要,一般不作改变,它应在所有类似的业务中使用。如果报告的方法、范围或者主体已经改变,那么报告就应该反映这种变化的影响。

7. 及时性

信息具有时效性的要求,不及时或者过时的信息往往是无用的,因此必须保证信息的及时性。即使及时的信息是估计的、不够准确的,也比不及时的、准确的信息更有参考价值。

8. 可比性

信息使用者有时不仅需要某一个报告主体的财务信息,而且需要对几个报告主体的财务报告内容进行比较,这就要求各报告主体编制的财务报告必须能够进行横向比较,比如对其成本和效益的比较等。

9. 有用性

政府财务报告对于一个组织内部和外部的使用者而言都应该是有用的,应有助于使用者理解该组织现在和未来的活动情况,以及组织资金的来源、运用及其运用效率。

三、政府财务报告的主体

美国政府会计全国委员会(NCGA)在《政府财务报告主体的界定》中,对政府财务报告主体的界定提出了五条标准:财务依存性、管理监督权、管理指派、运营活动的重大影响力和财政事项的受托责任等。一般认为,政府财务报告的主体由以下三部分组成:

1. 基本政府

基本政府是财务报告主体的核心。如何定义基本政府,大致可从两方面考察:一方面看它在法律上是否独立,另一方面看它在财政或预算上是否独立。

(1) 法律上是否独立。具体包括以下三点:是否有独立的名称;是否有权以自己的名义起诉别人或被别人起诉,而不必追索至州或地方政府;是否有权以自己的名义购买、销售、租赁、抵押财产。

(2) 财政或预算上是否独立。具体包括以下三点:是否有权确定自己的预算,且别的政府无权批准或修改这项预算;是否有权征税或确定税率或收费,而不需要别的政府批准;是否有权发行债券,而不需要别的政府批准。

2. 基本政府负有财务责任的组织

按照美国政府会计准则委员会 1991 年发布的《政府会计准则委员会公告第 14 号——财务报告的主体》的要求,以下情形使得基本政府对某一法律上独立的组织负有财务受托责任:

(1) 如果基本政府任命了该组织管理集团中的大多数成员,并且基本政府能够对该组织施加意志,或者该组织有可能向基本政府提供特定的财务利益或对基本政府形成特定的财务负担。

(2) 如果该组织在财政上依赖于基本政府,而不管该组织是否拥有一个独立当选的管理委员会和一个由上级政府任命的管理委员会以及一个由双方共同任命的管理委员会。

3. 基本政府的相关单位

基本政府的相关单位是指不包括在上述组织之中但与基本政府利益密切相关的组织。比如,美国芝加哥市政府财务报告的主体就不仅仅包括政府,还包括提供城市服务的警察和消防、街道和公共卫生、运输、供水、下水道排水、健康保健、航空运输等部门,另外还有其他许多相关单位,如芝加哥市学校改革受托人委员会、芝加哥市运输管理局、芝加哥城市大学、芝加哥住房管理局等。

四、我国政府财务报告制度改革

(一) 传统政府财务报告制度存在的问题与改革要求

我国传统的政府财政报告制度实行以收付实现制政府会计核算为基础的决算报告制度,主要反映政府年度预算执行情况的结果,对准确反映预算收支情况、加强预算管理和监督发挥了重要作用。但随着经济社会的发展,仅实行决算报告制度,无法科学、全面、准确地反映政府资产负债和成本费用,不利于强化政府资产管理、降低行政成本、提升运行效率、有效防范财政风险,难以满足建立现代财政制度、促进财政长期可持续发展和推进国家治理现代化的要求。因此,必须推进政府会计改革,建立全面反映政府资产负债、收入费用、运行成本、现金流量等财务信息的权责发生制政府综合财务报告制度。

针对这些问题,《预算法》第九十七条规定:各级政府财政部门应当按年度编制以权责发生制为基础的政府综合财务报告,报告政府整体财务状况、运行情况和财政中长期可持续性,报本级人民代表大会常务委员会备案。根据《预算法》及《国务院关于深化预算管理制度改革的决定》(国发〔2014〕45号)的有关要求,2014年国务院批转财政部《权责发生制政府综合财务报告制度改革方案》,明确了改革的总体目标、主要任务、具体内容及配套措施,确定了改革的时间表和路线图,标志着此项改革正式启动。按照方案的要求,要加快推进政府会计改革,于2020年年底前逐步建立以权责发生制政府会计核算为基础,以编制和报告政府资产负债表、收入费用表等报表为核心的权责发生制政府综合财务报告制度,提升政府财务管理水平,促进政府会计信息公开,推进国家治理体系和治理能力现代化。

(二) 我国政府财务报告制度改革的总体目标

权责发生制政府综合财务报告制度改革是基于政府会计规则的重大改革,总体目标是通过构建统一、科学、规范的政府会计准则体系,建立健全政府财务报告编制办法,适度分离政府财务会计与预算会计、政府财务报告与决算报告功能,全面、清晰地反映政府财务信息和预算执行信息,为开展政府信用评级、加强资产负债管理、改进政府绩效监督考核、防范财政风险等提供支持,促进政府财务管理水平的提高和财政经济的可持续发展。

(三) 我国政府财务报告的编制主体和编制范围

我国的政府财务报告以权责发生制为基础编制,包括政府部门财务报告和政府综合财务报告。

1. 政府部门财务报告

政府部门财务报告由政府部门编制,主要反映本部门财务状况、运行情况等,为加强政府部门资产负债管理、预算管理、绩效管理等提供信息支撑。

政府部门财务报告编制范围包括:①部门及部门所属的行政事业单位,不包括企业(集团)下属的事业单位;②与同级财政部门有预算拨款关系的社会团体。各单位应当按照规定编制本单位财务报告并按照财务管理关系报送上级单位;上级单位除编制本单位财务报告外,还应当按照规定将本单位和所属单位财务报表合并,编制合并财务报告。主管部门编制的合并财务报告,即部门财务报告。

2. 政府综合财务报告

政府综合财务报告由政府财政部门编制,包括本级政府综合财务报告和行政区政府综合财务报告,分别反映本级政府整体和行政区政府整体财务状况、运行情况和财政中长期可持续性等,可作为考核地方政府绩效、开展地方政府信用评级、评估预警地方政府债务风险、编制全国和地方资产负债表以及制定财政中长期规划和其他相关规划的重要依据。本级政府整体财务状况、运行情况,是指将政府财政、各部门和其他被合并主体的财务报表合并,以合并结果反映的财务状况和运行情况。行政区政府整体财务状况、运行情况是指将本级政府和所辖各级政府的财务报表合并,以合并结果反映的财务状况和运行情况。

专栏 7-1　　政府财务报告与决算报告对比分析

《政府会计准则——基本准则》确立了我国"双功能""双基础""双报告"的政府会计核算体系,即"预算会计—收付实现制—决算报告"和"财务会计—权责发生制—财务报告"。

政府财务报告与决算报告都属于政府财政财务管理的年度报告,主要反映政府财政财务活动结果,两者之间互为补充、配合使用,从不同角度满足政府、人大和社会监督管理预算执行,了解政府财务状况和政府运营情况,评估财政长期可持续性等多方面的需要。决算报告是编制政府财务报告的重要信息来源。

同时,两套报告又有明显区别,各有侧重。

一是编制目标不同。决算报告的目标是向决算报告使用者提供与政府预算执行情况有关的信息,综合反映政府会计主体预算收支的年度执行结果,有助于决算报告使用者进行监督和管理,并为编制后续年度预算提供参考和依据。政府财务报告的目标是向财务报告使用者提供与政府的财务状况、运行情况(含运行成本)和现金流量等有关的信息,反映政府会计主体公共受托责任履行情况,有助于财务报告使用者作出决策或者进行监督和管理,为开展政府信用评级、加强资产负债管理、防范财政风险、促进财政中长期可持续发展等提供支持。

二是编制基础不同。政府财务报告的编制主要以权责发生制为基础,以财务会计核算生成的数据为准;决算报告的编制主要以收付实现制为基础,以预算会计核算生成的数据为准。

三是报告主体不同。政府综合财务报告和政府部门财务报告分别将一级政府和各个部门作为报告主体,反映政府和部门整体层面的财务状况。财政总决算报告和部门决算报告分别将财政和各个部门作为报告主体。

四是编制方法不同。决算报表主要根据单位会计报表、财政总预算会计数据等汇总编制;政府综合财务报表需要将财政与部门、部门与部门、财政内部不同资金主体之间的经济业务和事项抵销合并,相对来说方法较为复杂、难度更大。

五是报送要求不同。决算报告需要报送本级人民代表大会常务委员会审查和批准。政府财务报告只需报本级人民代表大会常务委员会备案。

资料来源:根据相关资料归纳整理得到。

(四)我国政府财务报告的内容

1. 政府部门财务报告的内容

政府部门财务报告应当包括财务报表和财务分析。财务报表包括会计报表和报表附注。其中,会计报表主要包括资产负债表和收入费用表等。

(1)资产负债表。资产负债表重点反映政府部门年末财务状况,应当按照资产、负债和净资产分类分项列示。其中,资产应当按照流动性分类分项列示,包括流动资产、非流动资产等;负债应当按照流动性分类分项列示,包括流动负债、非流动负债等。

(2)收入费用表。收入费用表重点反映政府部门年度运行情况,应当按照收入、费用和盈余分类分项列示。

(3)报表附注。报表附注重点对会计报表作进一步的解释说明,一般应当按照下列顺序披露:①会计报表编制基础;②遵循相关制度规定的声明;③合并范围;④重要会计政策与会计估计变更情况;⑤会计报表重要项目明细信息及说明;⑥需要说明的其他事项。

(4)政府部门财务分析。政府部门财务分析主要包括财务状况分析、运行情况分析、财务管理情况等。

政府部门财务报告部分样表如表7-1至表7-4所示。

表7-1 政府部门资产负债表

编制单位:　　　　　　　　　　年　月　日　　　　　　　　　单位:万元

项目	附注	年末数	年初数
流动资产:			
货币资金	附表1		
短期投资			
财政应返还额度			
应收票据	附表2		
应收账款净额	附表3		
预付账款	附表4		
应收股利			
应收利息			
其他应收款净额	附表5		
存货			
待摊费用			
一年内到期的非流动资产			
其他流动资产			

单位:万元(续表)

项目	附注	年末数	年初数
流动资产合计			
非流动资产:			
长期股权投资	附表 6		
长期债券投资	附表 6		
固定资产原值			
减:固定资产累计折旧			
固定资产净值	附表 7		
工程物资			
在建工程	附表 8		
无形资产原值			
减:无形资产累计摊销			
无形资产净值	附表 9		
研发支出			
公共基础设施原值			
减:公共基础设施累计折旧(摊销)			
公共基础设施净值	附表 10		
政府储备物资	附表 11		
文物文化资产			
保障性住房原值			
减:保障性住房累计折旧			
保障性住房净值	附表 12		
PPP 项目资产			
减:PPP 项目资产累计折旧(摊销)			
PPP 项目资产净值	附表 13		
长期待摊费用			
待处理财产损溢			
其他非流动资产			
非流动资产合计			
受托代理资产			
资产总计			

单位:万元(续表)

项目	附注	年末数	年初数
流动负债：			
短期借款			
应交增值税			
其他应交税费			
应缴财政款			
应付职工薪酬			
应付票据	附表14		
应付账款	附表15		
应付政府补贴款			
应付利息			
预收账款	附表16		
其他应付款	附表17		
预提费用			
一年内到期的非流动负债			
其他流动负债			
流动负债合计			
非流动负债：			
长期借款	附表18		
长期应付款	附表19		
预计负债			
其他非流动负债			
非流动负债合计			
受托代理负债			
负债合计			
净资产：			
累计盈余			
专用基金			
权益法调整			
PPP项目净资产			
净资产合计			
负债及净资产总计			

资料来源:《财政部关于开展2021年度政府部门财务报告编报工作的通知》(财库〔2022〕7号)及其附件《2021年度政府部门财务报告样式》。

表 7-2　政府部门收入费用表(1)

编制单位：　　　　　　　　　　　年　　　　　　　　　　　　　　　单位：万元

项目	附注	本年数	上年数
财政拨款收入			
事业收入	附表20		
上级补助收入			
附属单位上缴收入			
经营收入	附表21		
非同级财政拨款收入	附表22		
投资收益	附表6		
捐赠收入			
利息收入			
租金收入	附表23		
其他收入	附表24		
收入合计			
业务活动费用	附表25		
单位管理费用	附表26		
经营费用	附表27		
资产处置费用			
上缴上级费用			
对附属单位补助费用			
所得税费用			
其他费用			
费用合计			
本年盈余			

资料来源：《财政部关于开展2021年度政府部门财务报告编报工作的通知》(财库〔2022〕7号)及其附件《2021年度政府部门财务报告样式》。

表 7-3　政府部门收入费用表(2)

编制单位：　　　　　　　　　　　年　　　　　　　　　　　　　　　单位：万元

项目	附注	本年数	上年数
财政拨款收入			
事业收入	附表20		
上级补助收入			
附属单位上缴收入			

单位:万元(续表)

项目	附注	本年数	上年数
经营收入	附表21		
非同级财政拨款收入	附表22		
投资收益	附表6		
捐赠收入			
利息收入			
租金收入	附表23		
其他收入	附表24		
收入合计			
工资福利费用			
商品和服务费用	附表28		
对个人和家庭的补助费用			
对企业补助费用			
固定资产折旧费用			
无形资产摊销费用			
公共基础设施折旧(摊销)费用			
保障性住房折旧费用			
计提专用基金			
资产处置费用			
上缴上级费用			
对附属单位补助费用			
所得税费用			
其他费用*	附表29		
费用合计			
本年盈余			

资料来源:《财政部关于开展2021年度政府部门财务报告编报工作的通知》(财库〔2022〕7号)及其附件《2021年度政府部门财务报告样式》。

注:*"其他费用"包括"业务活动费用""单位管理费用""经营费用"等会计科目中的其他部分。

表7-4 政府部门财务分析参考指标

序号	指标名称	公式	指标说明
1	资产负债率	负债总额/资产总额	反映政府部门偿付全部债务本息能力的基本指标
2	现金比率	(货币资金+财政应返还额度)/流动负债	反映政府部门利用现金及现金等价物偿还短期债务的能力

（续表）

序号	指标名称	公式	指标说明
3	流动比率	流动资产/流动负债	反映政府部门流动资产用于偿还流动负债的能力
4	固定资产成新率	固定资产净值/固定资产原值	反映政府部门固定资产的持续服务能力
5	公共基础设施成新率	公共基础设施净值/公共基础设施原值	反映公共基础设施的持续服务能力
6	保障性住房成新率	保障性住房净值/保障性住房原值	反映政府部门保障性住房的持续服务能力
7	收入费用率	年度总费用/年度总收入	反映政府部门收入与费用的比例情况

资料来源：《财政部关于修订印发〈政府部门财务报告编制操作指南（试行）〉的通知》（财库〔2019〕57号）。

2. 政府综合财务报告的内容

政府综合财务报告应当包括财务报表、财政经济分析和财政财务管理情况等。财务报表包括会计报表和报表附注。其中，会计报表主要包括资产负债表和收入费用表等。

（1）资产负债表。资产负债表重点反映政府整体年末财务状况，应当按照资产、负债和净资产分类分项列示。其中，资产应当按照流动性分类分项列示，包括流动资产、非流动资产等；负债应当按照流动性分类分项列示，包括流动负债、非流动负债等。

（2）收入费用表。收入费用表重点反映政府整体年度运行情况，应当按照收入、费用和盈余分类分项列示。

（3）报表附注。报表附注重点对会计报表作进一步的解释说明，一般应当按照下列顺序披露：①会计报表编制基础；②遵循相关制度规定的声明；③会计报表包含的主体范围；④重要会计政策与会计估计变更情况；⑤会计报表重要项目明细信息及说明；⑥需要说明的其他事项。

（4）政府财政经济分析。政府财政经济分析应当包括财务状况分析、运行情况分析、财政中长期可持续性分析等。①政府财务状况分析主要包括：资产方面，重点分析政府资产的构成及分布，对于货币资金、长期投资、固定资产、在建工程、公共基础设施、政府储备物资、保障性住房等重要项目，分析各资产比重变化趋势以及对政府偿债能力和公共服务能力的影响。负债方面，重点分析政府债务规模大小、债务结构以及发展趋势。通过政府资产负债率等指标，分析政府当期债务风险情况。②政府运行情况分析主要包括：收入方面，重点分析政府收入规模、结构及来源分布、重点收入项目的比重及变化趋势，特别是宏观经济运行、相关行业发展、税收政策、非税收入政策等对政府收入变动的影响。费用方面，重点按照经济分类分析政府费用规模及构成、重点项目费用的比重及变化趋势，特别是政府投融资情况对政府费用变动的影响。通过收入费用率等指标，分析政府运行效率。③财政中长期可持续性分析主要包括：基于当前政府财政财务状况和运行情况,结合本地区经济形势、重点产业发展趋势、财政体制、财税政策、社会保障政策、相关负债占 GDP 比重等,预测财政收支缺口,全面分析政府未来中长期收入支出等变化趋势。

(5)政府财政财务管理情况。政府财政财务管理情况主要反映政府财政财务管理的政策要求、主要措施和取得的成效等。

政府综合财务报告部分样表如表 7-5 至表 7-7 所示。

表 7-5 资产负债表

编制单位:　　　　　　　　　　　年　月　日　　　　　　　　　　　单位:万元

项目	附注	年末数	年初数
流动资产			
货币资金	附表 1		
短期投资			
应收及预付款项	附表 2		
应收股利			
应收利息			
存货			
一年内到期的非流动资产	附表 3		
其他流动资产			
非流动资产			
长期投资	附表 4		
应收转贷款	附表 5		
固定资产净值	附表 6		
在建工程	附表 7		
无形资产净值	附表 8		
研发支出			
公共基础设施净值	附表 9		
政府储备物资	附表 10		
文物文化资产			
保障性住房净值	附表 11		
PPP 项目资产净值	附表 12		
其他非流动资产			
受托代理资产			
资产合计			

单位:万元(续表)

项目	附注	年末数	年初数
流动负债			
应付短期政府债券			
短期借款			
应付职工薪酬			
应付及预收款项	附表13		
应付政府补贴款			
应付利息			
一年内到期的非流动负债	附表14		
其他流动负债			
非流动负债			
应付长期政府债券	附表15		
应付转贷款	附表16		
长期借款	附表17		
长期应付款			
其他非流动负债			
受托代理负债			
负债合计			
净资产			
负债及净资产合计			

资料来源:《财政部关于开展2021年度政府综合财务报告编报工作的通知》(财库〔2022〕8号)及其附件《2021年度政府综合财务报告样式》。

表7-6　收入费用表

编制单位:　　　　　　　　　　　年　　　　　　　　　　　单位:万元

项目	附注	本年数	上年数
税收收入			
非税收入			
事业收入			
经营收入			
投资收益			
政府间转移性收入	附表18		
其他收入			

单位:万元(续表)

项目	附注	本年数	上年数
收入合计			
工资福利费用			
商品和服务费用			
对个人和家庭的补助			
对企业补助费用			
对社会保障基金补助费用			
政府间转移性支出	附表19		
固定资产折旧费用			
无形资产摊销费用			
公共基础设施折旧(摊销)费用			
保障性住房折旧费用			
资产处置费用			
财务费用			
其他费用			
费用合计			
本年盈余			

资料来源:《财政部关于开展2021年度政府综合财务报告编报工作的通知》(财库〔2022〕8号)及其附件《2021年度政府综合财务报告样式》。

表7-7 政府财政经济状况分析指标表

序号	指标名称	公式	指标说明
一、政府财务状况分析指标			
1	资产负债率	负债总额/资产总额	反映政府偿付债务的能力
2	流动比率	流动资产/流动负债	反映政府利用流动资产偿还短期负债的能力
3	现金比率	货币资金/流动负债	反映政府利用货币资金偿还短期负债的能力
4	金融资产负债率	(流动资产合计数－存货＋长期投资＋应收转贷款)/负债总额	反映政府利用金融资产偿还负债的能力
5	总负债规模同比变化	(负债总额年末数－负债总额年初数)/负债总额年初数	反映负债的增长速度。同比增速是否过快可参考全国地方政府债务限额增幅
6	主要负债占比	主要负债项目/负债总额	反映政府主要负债项目占总负债的比重

(续表)

序号	指标名称	公式	指标说明
7	单位负债占比	单位负债总额/负债总额	反映政府单位负债占总负债的比重，进而评估政府的直接债务风险和间接债务风险
8	流动负债占比	流动负债/负债总额	反映政府负债结构是否合理，政府面临负债集中偿付的压力
9	一般债务率	（一般债务余额/债务年限）/一般公共预算可偿债财力×100%	反映地方政府可偿债财力对偿债需求的保障能力。可偿债财力等于综合财力扣除用于保障人员工资、机关运转、民生支出等刚性支出后的财力
10	专项债务率	（专项债务余额/债务年限）/政府性基金预算可偿债能力×100%	
二、政府运行情况分析指标			
11	收入费用率	年度总费用/年度总收入	反映政府总费用与总收入的比率
12	政府自给率	（支出总额−政府间转移性支出）/（收入总额−政府间转移性收入）	反映地方政府自给能力大小
13	税收收入比重	年度税收收入/年度收入总额	反映政府收入的稳定性及质量
14	税收依存度	年度税收收入/年度一般公共预算收入	反映税收在一般公共预算收入中的占比
15	利息保障倍数	（当期盈余+利息支出）/利息支出	反映政府偿还债务利息的能力
16	人均工资福利费用	工资福利费用/政府工作人员人数	反映人均工资福利费用情况
三、财政中长期可持续性分析指标			
17	负债率*	债务总额/地区生产总值	反映经济增长对债务的依赖程度
18	税收收入弹性*	年度税收收入增长率/本地区GDP增长率	反映税收收入变动对本地区GDP变动的敏感程度
19	固定资产成新率	固定资产账面净值/固定资产原值	反映政府固定资产的持续服务能力
20	公共基础设施成新率	公共基础设施净值/公共基础设施原值	反映政府公共基础设施的持续服务能力

资料来源：《财政部关于修订印发〈政府综合财务报告编制操作指南（试行）〉的通知》（财库〔2019〕58号）及其附件《政府综合财务报告编制操作指南》。

注：标*指标，本级政府综合财务报告分析时可不使用。

本章小结

政府决算是指政府各部门按照法定程序编制的、用以反映经法定程序批准的年度预算执行结果的政府预算总结报告，是一定预算年度内政府预算收入和支出的最终结果，也是政府的经济活动在财政上的集中表现。

编制政府决算草案的具体事项主要包括:拟定和下达政府决算的编审办法,进行年终清理等。我国政府决算的编制从执行预算的基层单位开始,自下而上层层汇编,由各级财政部门汇编成本级决算。

决算草案审核分析的形式一般分为本单位自审、组织决算性质相同的单位联审互查和上级机关审核三种。

政府财务报告是为满足信息使用者需求而编制的以财务信息为主要内容,以政府资产负债表、收入费用表等财务报表为核心,全面系统地反映政府财务受托责任的综合报告。政府财务报告是信息使用者进行经济和社会决策的依据,也是政府解除财务受托责任的有效凭证。

我国的政府财务报告以权责发生制为基础编制,包括政府部门财务报告和政府综合财务报告。

 思考题

1. 政府决算的含义是什么?其由哪些内容组成?
2. 政府决算工作是必要的吗?为什么?
3. 政府决算审查和批准的内容主要包括哪些?
4. 年终清理的内容分别有哪些?
5. 政府决算草案的审查和批准需要经过哪些程序?
6. 政府财务报告的目标与原则是什么?
7. 我国政府的部门财务报告需要包括哪些内容?
8. 我国政府的综合财务报告需要包括哪些内容?

21世纪经济与管理规划教材
财政学系列

第八章

政府预算绩效管理

【学习目标】

　　本章主要介绍了政府预算绩效管理的内涵、理论依据及管理内容等。通过本章的学习,读者应该能够掌握政府预算绩效管理的内涵、理论依据,了解我国全面实施政府预算绩效管理的意义,掌握事前绩效评估管理、绩效目标管理、绩效运行监控管理、绩效评价实施管理、绩效评价结果反馈及应用管理的相关内容。

第一节 政府预算绩效管理概述

政府预算绩效管理(以下简称"预算绩效管理")是政府绩效管理的重要组成部分,是一种以支出结果为导向的预算管理模式。它强化政府预算为民服务的理念,强调预算支出的责任和效率,要求在预算编制、执行、监督的全过程中更加关注预算资金的产出和结果。预算绩效管理要求政府部门不断改进服务水平和质量,花尽量少的资金办尽量多的实事,向社会公众提供更多、更好的公共产品和服务,使政府行为更加务实、高效。推进预算绩效管理,对于提升政府执政的公信力,促进高效、负责、透明政府的建设具有重大的政治、经济和社会意义。

一、预算绩效管理的内涵

现代预算制度强调,预算不再是简单的政府年度收支计划,而是政府施政最重要的工具,体现政府的战略意图和政策重心。预算绩效是衡量政府绩效的主要指标,也是影响政府效能的关键因素。预算绩效管理,是指在预算管理中融入绩效理念,将绩效目标设定、绩效跟踪、绩效评价及结果应用纳入预算编制、执行、监督的全过程,以提高预算的经济、社会效益为目的的管理活动。

从管理流程上来看,预算绩效管理是一个由事前绩效评估管理、绩效目标管理、绩效运行监控管理、绩效评价实施管理、绩效评价结果反馈和应用管理共同组成的综合系统。推进预算绩效管理,要将绩效理念融入预算管理全过程,使之与预算编制、预算执行、预算监督一起成为预算管理的有机组成部分,逐步建立"预算编制有目标、预算执行有监控、预算完成有评价、评价结果有反馈、反馈结果有应用"的预算绩效管理机制。

二、预算绩效管理与绩效预算

由预算绩效管理走向绩效预算,是实现预算管理现代化的必由之路,同时也是构建现代政府预算制度、促进国家治理体系现代化的重要手段。预算绩效管理与绩效预算虽然都以提高财政支出的经济性、效率性和效益性为目的,在具体评价方法和管理理念上有共通点,在发展路径上有交集,但由于改革目标及推行路径的不同,两者在实质内涵上还是存在较大差异的。具体来说:

(1)绩效预算与预算绩效管理的改革着眼点不同。绩效预算的着眼点是预算管理,要求围绕政府行政目标和部门职责组织预算编制、执行、监督各环节,强调绩效在预算管理中的主导作用,是对传统预算管理理念、机制和模式的一种变革。而预算绩效管理将着眼点放在预算的绩效管理之上,要求在现有预算管理架构下将绩效理念和方法融入预算编制、执行、监督各环节,强调在预算既定基础上更加关注财政资金的产出和效果,强化预算支出的责任和效率,其实质是将绩效管理作为一种技术工具,对传统以投入控制为主的预算管理机制进行改进和完善,可以说只是绩效预算的初级阶段。

(2) 绩效预算与预算绩效管理的路径与模式不同。绩效预算不仅是一个涵盖预算编制、执行和监督的全过程管理机制,而且延展至整个政府治理过程。市场经济国家在推行绩效预算的同时,大多实施了中期预算、政府财务报告制度等配套改革,形成了以政府战略规划为起点,以年度绩效计划制定、绩效预算编制、预算执行绩效监控、绩效评价或绩效审计、评价结果应用为主要环节的完整管理体系。预算绩效管理则表现为以绩效评价为重点的局部推进。

(3) 绩效预算与预算绩效管理的主线不同。绩效预算是一个以绩效信息为主线的预算管理过程,绩效信息在各环节衔接紧密、快速传递、有效应用,形成了持续改进、螺旋上升的良性管理循环。而预算绩效管理仍然以资金为主线,只是将"绩效因子"嵌入预算过程。

三、预算绩效管理的理论依据

预算绩效管理包含了公共经济学、委托代理理论、新公共管理理论的科学内涵,是多种现代科学理论在公共财政管理上的具体运用。

(一) 公共经济学

西方财政理论认为,现代市场经济是公共部门经济和私人部门经济构成的混合经济,财政实质上是公共部门经济,是整个社会混合经济的有机组成部分。财政对经济进行调节和管理,把财政收支活动同资源有效配置、收入公平分配和经济稳定发展等宏观经济活动结合起来。经济学研究如何利用稀缺资源来满足人们的需要,即人们花费最少的资源获取更多、更好的效用。将这一原理运用到财政支出的决策中时,就是最有效地使用财政资源,获得最大的社会政治经济效益。这就要求政府在组织公共财政收入和安排公共财政支出时要有效率和效益观念,特别是在安排财政支出过程中要讲效率,求效益。

公共部门的存在是因为公共部门能够提供私人部门不能提供或不能有效提供的产品或服务。公共产品理论的提出更使财政的研究对象从单纯的财政收支拓展到财政活动的终点,即公共产品的产出和提供上。政府在提供公共产品时,必须回答与解决一系列问题,如所生产的公共产品的规模应有多大、数量应有多少? 什么才是公共产品与私人产品理想的社会混合? 如何在一系列可供选择的方案中择优? 假定公共产品完全从税收中取得经费来源,它应如何在社会不同成员间分配税收负担? 对于这些问题的回答与解决,所依据的首要原则是建立一个投入—过程—产出和成果的公共产品生产流程,并评价公共支出在其中的效益状况。

根据公共经济学,财政支出的过程实际上是社会资源的耗费过程。社会资源同人们的需求相比总是具有稀缺性,财政资源也同样具有稀缺性。这就要求在财政收支活动中,通过最有效地筹集、使用和管理财政资源,用最少的支出提供更多、更好的公共产品或服务,获得最大的社会政治经济效益。而是否获得了最大的效益,在具体的管理操作中依赖于对预算支出实施绩效评价来判断。预算绩效管理就是通过对预算活动的绩效进行分析和考核,来为公共资源的优化配置提供依据和方法。

(二)委托代理理论

委托代理理论认为,随着人类社会的发展,人类拥有的财产规模不断扩大,致使财产所有者无法直接经营、管理所掌握的财富和资源,由此必然导致财产所有权和财产经营管理权的分离,使所有者和经营者的关系成为委托代理关系。在这种关系中,所有者(委托人)希望经营者(代理人)能诚实、公允地履行代理经济责任,不仅要求实现其财产的保全,还要实现经营的高效、安全。而代理人则具有向委托人交代或说明其在诚实、公允地履行代理经济责任的义务。可见,代理经济责任的存在是绩效管理产生和发展的前提,而绩效管理的目标就是要确保代理经济责任的有效履行。同时,由于委托人和代理人在财产经营管理上存在法律、时间、空间和信息等方面的分离,因此产生了巨大的信息差异,往往代理人在交易中掌握的信息多,处于信息优势的地位,而委托人掌握的信息少,处于信息劣势的地位。这种不对称使环境中的有用信息对于特定经济主体来说是稀缺的,使得委托人往往不能直接控制代理人的责任履行过程,这便使委托人必须借助于绩效管理来掌握代理人履行代理经济责任的状况,以缩小信息差距。所以,委托代理问题来源于信息的不对称,绩效管理的重要任务和中心内容就是降低信息不对称的程度。

在公共部门的改革中,政府权力的下放和委托是一个重大的改革趋势。在公共财政领域,政府权力的下放和委托主要体现在两种主要的委托代理关系上:一种是政府外部的委托代理关系,即公众与政府之间的委托代理关系。财政支出的财力主要来自纳税人,社会成员通过税费委托政府提供公共产品,政府作为纳税人的代理人,代表纳税人筹集、分配和使用财政资金,有责任对财政收支活动进行绩效评价,以评价其财政收支过程是否合理,是否最大限度地满足了社会成员的公共需要。另一种是政府内部的委托代理关系,主要表现为财政部门和预算单位的委托代理关系。财政部门按预算支出的项目和进度给预算单位拨付资金,可以认为是按公众的需要供给公共产品的一部分。然而这种供给方式是价值形态的供给,而不是实物供给。预算支出能否转化为最终的公共产品还依赖于预算单位是否按财政部门的指令花钱、行事,这样财政部门与各预算单位之间就存在委托代理关系,并且财政部门往往处于信息劣势的地位。为了较好地解决内部委托代理中的信息不对称,财政部门应加强对财政资金使用情况的监督,每年由财政部门指导各部门开展预算绩效管理,以准确及时地把握财政资金的"来龙去脉",获得支出所对应产出和最终效果的反馈信息,从而更好地履行政府的代理经济责任。

(三)以产出为导向的新公共管理理论

在传统的公共管理模式中,政府是非营利性质的,政府活动只要严格遵从预算的要求,组织预算收支即可。政府的持续发展能力和偿债能力取决于政府继续为之提供资金的意愿,而不取决于政府部门取得成果和回报的能力。然而新公共管理理论提出,政府的职能和根本目标应是履行管理社会公共资源的责任,提供社会公共产品和服务,政府活动应从纯粹的预算分配向积极的财政管理扩展,社会对政府的关注也应由注重实现公共资源使用分配的过程向注重实现公共资源使用分配的结果转变。

从管理学意义上而言,"新公共管理"模式是站在"企业化政府"的高度上,将社会公众与政府的关系定位为新型的"公共受托责任"关系。它要求把反映公共资源的优化配置和合理利用、考评公共部门的绩效和提高透明度视为受托责任的核心。它要求对公共部门提供的公共服务确立明确计量绩效的量化标准,包括服务提供的范围、水平和内容等,强调节省资源,降低服务成本,而不是将重点放在机构设置、公共服务数量等方面。针对预算收支活动特别是支出活动的绩效管理是实现政府"企业化管理"的关键技术。预算绩效管理的引入提高了政府整体的受托责任,扩大了评估政府财政状况和行政能力的信息范围,政府管理者将借助财政支出分配和使用的评价信息,来制定合理的政策目标、预算和活动计划,并对具体项目和行为的可行性及合理性作出理性决策,以引导政府资源的合理流动和运行。

四、我国实施全面预算绩效管理的意义

党中央、全国人大、国务院高度重视预算绩效管理工作,多次强调要深化预算制度改革,加强预算绩效管理,提高财政资金使用效益和政府工作效率。2014年修订的《预算法》首次以法律形式明确了我国公共财政预算收支中的绩效管理要求。2017年党的十九大报告从全局和战略的高度提出了"全面实施绩效管理"。2018年《中共中央 国务院关于全面实施预算绩效管理的意见》明确,实施全面预算绩效管理是推进国家治理体系和治理能力现代化的内在要求,是深化财税体制改革、建立现代财政制度的重要内容,是优化财政资源配置、提升公共服务质量的关键举措。

第一,全面实施预算绩效管理是推进国家治理体系和治理能力现代化的内在要求。政府预算集中体现着政府活动的范围和方向,诠释了政府公共受托责任的履行与实现情况。而衡量政府职责履行与实现程度的重要尺度,就是公共财政所提供的公共产品和服务的效率与质量。从这个意义上讲,凡现代国家必有财政预算,凡财政预算必讲求绩效。因此,全面实施预算绩效管理体现了不断优化政府治理体系与提升政府治理能力的时代要求。

第二,全面实施预算绩效管理是深化财税体制改革、建立现代财政制度的重要内容。党的十八届三中全会审议通过的《中共中央关于全面深化改革若干重大问题的决定》,明确了建立现代财政制度的财税改革总体方向。党的十九大报告针对现代预算制度进一步强调指出,建立全面规范透明、标准科学、约束有力的预算制度,全面实施绩效管理。综观现代政府预算的演化进程,总体上呈现出从"控制取向"逐步走向"绩效导向"的发展趋势,政府预算逐渐转化为国家治理的重要制度载体与支撑平台。全面实施预算绩效管理改革方略的提出,恰逢我国预算改革处于从"控制取向"到"绩效导向"的关键转换节点,从而构成了深化财税体制改革、建设现代财政制度的重要内容。

第三,全面实施预算绩效管理是优化财政资源配置、提升公共服务质量的关键举措。党的十八大以来,我国经济运行保持在合理区间,发展质量和效率不断提升,国家财政实力迈上新台阶。随着国家的"钱袋子"越来越沉,财政部门的责任也越来越大。提高预算绩效水平,管好用好财政资金,把钱用到"刀刃"上,花出效益来,是各级财政部门和所有预算单位的基本职责所在。在政府预算管理中,强调财政支出的有效性,在关注有多大蛋糕可分配、分配到什么项目上的同时,要更加关注支出的成本和效果。通过有效配置财政资源,提高公共服务质量,推动经济实现高质量发展。

专栏8-1 《预算法》中有关预算绩效管理的规定

《预算法》明确提出,预算绩效管理工作应贯穿于预算活动的全过程:

(1) 在总则中,《预算法》提出"讲求绩效"的基本要求,即《预算法》第十二条第一款规定:"各级预算应当遵循统筹兼顾、勤俭节约、量力而行、讲求绩效和收支平衡的原则。"

(2) 在预算编制环节,《预算法》第三十二条第三款指出:"各部门、各单位应当按照国务院财政部门制定的政府收支分类科目、预算支出标准和要求,以及绩效目标管理等预算编制规定,根据其依法履行职能和事业发展的需要以及存量资产情况,编制本部门、本单位预算草案。"

(3) 在预算审查和批准环节,《预算法》第四十九条第一款规定:"全国人民代表大会财政经济委员会向全国人民代表大会主席团提出关于中央和地方预算草案及中央和地方预算执行情况的审查结果报告。"

(4) 在预算执行和监督环节,《预算法》第五十七条第三款指出:"各级政府、各部门、各单位应当对预算支出情况开展绩效评价。"

(5) 在决算环节,根据《预算法》第七十九条的规定,"县级以上各级人民代表大会常务委员会和乡、民族乡、镇人民代表大会对本级决算草案"进行审议时,要重点审查"支出政策实施情况和重点支出、重大投资项目资金的使用及绩效情况"等。

除以上各环节明确要求的预算支出绩效管理外,《预算法》中针对专项转移支付定期评估和退出、预算公开等方面的一些要求,也都体现了预算绩效管理的理念和内容。

资料来源:根据《预算法》相关资料整理得到。

专栏8-2 全方位、全过程、全覆盖的预算绩效管理体系

2018年9月,《中共中央 国务院关于全面实施预算绩效管理的意见》明确,建成全方位、全过程、全覆盖的预算绩效管理体系,实现预算与绩效管理的一体化是我国预算绩效管理未来3~5年内要达到的目标。一是全方位。预算绩效管理涵盖政府、部门(单位)和政策、项目,构成全方位的格局。政府、部门(单位)涵盖了所有层级的党和国家机关。

政策和项目涵盖了各级政府、各部门各单位的支出活动形式。二是全过程。全过程意味着将绩效理念和绩效管理方法完全融入预算管理全过程中,在预算管理的各个环节开展绩效管理。三是全覆盖。全覆盖意味着预算绩效管理覆盖一般公共预算、政府性基金预算、国有资本经营预算、社会保险基金预算"四本预算"的所有财政资金。

资料来源:根据《中共中央 国务院关于全面实施预算绩效管理的意见》整理得到。

第二节 事前绩效评估与绩效目标管理

一、事前绩效评估

事前绩效评估开展于预算编制阶段,是政府预算决策的重要改革举措,旨在将预算编审环节引入社会监督,推行科学民主决策,建立"参与式预算"机制。通过评估,进一步优化公共资源配置,提高政府理财和公共服务水平,有利于推进"责任政府""阳光政府"和"服务型政府"建设。

(一)事前绩效评估的内涵

事前绩效评估,是指财政部门和预算单位根据部门战略规划、事业发展规划、项目申报理由等内容,运用科学、合理的评估方法,对新出台重大政策、项目的立项必要性、投入经济性、绩效目标合理性、实施方案可行性、筹资合规性等方面进行客观、公正的评估。各级财政部门要加强新增重大政策和项目预算审核,必要时可以组织第三方机构独立开展绩效评估,审核和评估结果作为预算安排的重要参考依据。

事前绩效评估与预算评审容易被混淆。事前绩效评估解决的是"是否支持"的问题,即该政策或项目是否纳入下一年财政预算支持的范围,有哪些部分纳入下一年财政预算支持的范围;预算评审,从时间顺序而言,处于事前绩效评估之后,解决的是"支持多少"的问题,即根据每一项预算内容的标准、数量等进行评审,控制预算支持规模。

(二)事前绩效评估的内容

1. 重大政策、项目实施的必要性

重大政策、项目实施的必要性评估,主要评估重大政策、项目立项依据是否充分,政策、项目内容与国家、地方的宏观政策、行业政策、主管部门职能和规划、当年重点工作是否相关;政策、项目设立依据的宏观政策是否具有可持续性,项目所处的行业环境是否具有可持续性;政策、项目是否具有现实需求、需求是否迫切,是否具有可替代性,是否具有确定的服务对象或受益对象;政策、项目是否具有明显的经济、社会、环境或可持续性效益,预期效益的可实现程度如何。

2. 重大政策、项目投入的经济性

重大政策、项目投入的经济性评估,主要是运用成本效益分析法,对政策、项目投入的成本进行评估,通过对政策、项目实施过程中不同方案的成本进行测算,选择成本最低的实施方案。

3. 重大政策、项目投入的可行性

重大政策、项目实施的可行性评估,主要评估政策、项目组织机构是否健全,职责分工是否明确,组织管理机构是否能够持续运转;政策内容、项目内容是否明确具体,是否与绩效目标相匹配;政策实施方案、项目技术方案是否完整、可行,与政策、项目有关的基础设施条件是否能够得以有效保障;政府、项目单位及项目的各项业务和财务管理制度是否健全,技术规程、标准是否完善,是否得到有效执行;针对财政资金支持方式和各级财政配套资金可能存在的风险,是否有相应的保障措施。

4. 重大政策、项目绩效目标的合理性

重大政策、项目绩效目标的合理性评估,主要评估政策、项目是否有明确的绩效目标,绩效目标是否与部门的长期规划目标、年度工作目标相一致;政策、项目产出和效果是否相关联,受益群体的定位是否准确;绩效目标与政策、项目要解决的问题是否匹配、与现实需求是否匹配,是否具有一定的前瞻性和挑战性;绩效指标设置是否与政策、项目高度相关,是否细化、量化。

5. 重大政策、项目筹资的合规性

重大政策、项目筹资的合规性评估,主要评估政策、项目预算中不同性质来源的资金是否符合国家有关法律法规的要求;政策、项目预算编制依据是否充分;政策、项目预算是否与绩效目标相匹配;投入产出比是否合理;政策、项目资金来源渠道是否明确,各渠道资金到位时间、条件是否能够落实;财政资金支持方式是否科学合理;重大政策、项目实施中来源于不同级财政资金配套方式和承受能力是否科学合理;等等。

(三) 事前绩效评估的方式和方法

事前绩效评估的主要方式包括聘请专家、网络调查、电话咨询、召开座谈会、问卷调查、人大代表和政协委员参与等。①聘请专家,是指邀请行业技术、管理和财务等专家参与事前评估工作,提供专业支持。②网络调查,是指通过互联网及相关媒体开展调查,向评估对象的利益相关方了解情况或征询意见。③电话咨询,是指通过电话对行业专家、评估对象及其他相关方进行咨询。④召开座谈会,是指由第三方机构组织特定人员或专家座谈,对评估项目集中发表意见和建议。⑤问卷调查,是指运用统一设计的问卷向评估对象的利益相关方了解情况或征询意见。⑥人大代表和政协委员参与,是指邀请人大代表和政协委员参与事前评估工作,参与者可分别从预算监督和民主监督的角度提出意见和建议。

事前绩效评估方法包括成本效益分析法、比较法、因素分析法、最低成本法、公众评判法、其他评估方法。①成本效益分析法,是指通过将项目预算支出安排与预期效益进行对比分析,对项目进行评估。②比较法,是指通过对绩效目标与预期实施效果、历史情况、不同部门和地区同类预算支出(项目)安排的比较,对项目进行评估。③因素分析法,是指通过综合分析影响项目绩效目标实现、实施效果的内外部因素,对项目进行评估。④最低成本法,是指对预期效益不易计量的项目,通过综合分析测算其最低实施成本,对项目进行评估。⑤公众评判法,是指通过专家评估、公众问卷及抽样调查等方式,对项目进行评估。⑥其他评估方法,是指采用除以上所列的评估方法之外的评估方法,对项目进行评估。

事前评估方式和方法的选用应坚持简便有效原则。根据评估对象的具体情况,可采用一种或多种方式、方法进行评估。

（四）事前绩效评估的流程

为确保事前绩效评估工作的客观公正,事前绩效评估工作应当遵守严格、规范的工作程序。程序一般包括事前绩效评估准备、事前绩效评估实施、事前绩效评估报告及应用三个阶段。

1. 事前绩效评估准备阶段

（1）确定事前绩效评估对象和范围。财政部门根据地区经济社会发展需求和年度工作重点确定事前绩效评估对象和范围。

（2）下达事前绩效评估任务。各级财政部门下达事前绩效评估任务通知书,明确评估组织实施方式,确定评估目的、依据、内容、评估时间及其他要求等。

（3）成立事前绩效评估工作组。第三方机构接受事前绩效评估任务,成立事前绩效评估工作组,组织开展事前绩效评估各项工作。

2. 事前绩效评估实施阶段

（1）拟订评估工作方案。评估工作组按要求拟订具体的事前绩效评估工作方案。

（2）前期沟通。评估工作组组织财政部门主管业务处室和项目单位等部门相关工作负责人召开前期见面会,了解项目整体情况,辅导项目单位收集、准备评估所需资料。

（3）组建专家组。评估工作组依据项目内容遴选评估专家,组成评估工作专家组。

（4）收集审核资料,现场调研。评估工作组收集、审核项目资料,与行业专家、人大代表、政协委员到项目现场进行调研。通过咨询行业专家、查阅资料、问卷调查、电话采访、集中座谈等方式,多渠道获取项目信息。

（5）进行预评估。评估工作组与专家组对项目相关数据进行摘录、汇总、分析,完成预评估工作。对于资料不全或不符合要求的,要求项目单位在5个工作日内补充上报,逾期视同资料缺失。

（6）召开正式的专家评估会。专家组通过审核项目资料和听取项目单位汇报,对项目的相关性、预期绩效的可实现性、实施方案的有效性、预期绩效的可持续性和资金投入的可行性及风险等内容进行评估,形成评估结论。

参与评估的人大代表、政协委员可单独出具评估意见,包括对事前评估工作的意见和建议及项目的评估意见等。

3. 事前绩效评估报告及应用阶段

(1) 撰写事前绩效评估报告。评估工作组根据专家、人大代表和政协委员评估意见,按照规定的文本格式和要求,撰写事前绩效评估报告,整理事前绩效评估资料。

(2) 提交事前绩效评估报告。评估工作组在专家评估会后5个工作日内,向财政部门提交事前绩效评估报告。

(3) 事前绩效评估结果反馈与应用。财政部门及时向主管部门、参与事前绩效评估的人大代表和政协委员反馈事前绩效评估结果,并根据事前绩效评估结果作出预算安排决策;主管部门和预算单位根据事前绩效评估意见进一步完善部门预算管理。

(4) 结果汇报。财政部门向本级人大和本级政府汇报事前绩效评估结果。

专栏8-3　　　　　　　事前绩效评估报告的主要内容

事前绩效评估报告应当包括以下主要内容:①政策或项目基本概况,包括政策或项目名称、项目单位、主管部门、评估机构、评估时间、评估事项绩效目标、申请资金总额等政策或项目基本信息。②事前绩效评估的组织实施情况。③事前绩效评估指标体系、评价标准和评价方法。④事前绩效评估内容与结论,包括评估事项的必要性、评估事项的可行性、评估事项的绩效目标、评估事项涉及资金预算和财政的支持范围与方式,以及其他自有资金保障渠道、事前绩效评估总体结论等。⑤相关建设与其他需要说明的问题。阐述评估工作的基本前提、假设、报告适用范围、相关责任以及需要说明的其他问题等。

资料来源:中国发展研究基金会编著,《全面预算绩效管理读本》,中国发展出版社2020年版。

二、绩效目标管理

绩效目标管理是指财政部门、各部门及其所属单位以绩效目标为对象,以绩效目标的设定、审核、批复等为主要内容所开展的预算管理活动。财政部门和各部门及其所属单位是绩效目标管理的主体。绩效目标管理的对象是纳入各部门预算管理的全部资金,而不仅仅是财政性资金。

(一) 绩效目标的内涵

绩效目标是指财政预算资金计划在一定期限内达到的产出和效果。绩效目标是建设项目库、编制部门预算、实施绩效监控、开展绩效评价等的重要基础和依据。

（二）绩效目标的分类

1. 按照预算支出的范围和内容划分

包括基本支出绩效目标、项目支出绩效目标和部门（单位）整体支出绩效目标。基本支出绩效目标是指部门预算中安排的基本支出在一定期限内对本部门（单位）正常运转的预期保障程度。基本支出绩效目标一般不单独设定，而是纳入部门（单位）整体支出绩效目标统筹考虑。项目支出绩效目标是指部门依据部门职责和事业发展要求，设立并通过预算安排的项目支出在一定期限内预期达到的产出和效果。部门（单位）整体支出绩效目标是指部门及其所属单位按照确定的职责，利用全部部门预算资金在一定期限内预期达到的总体产出和效果。

2. 按照时效性划分

包括中长期绩效目标和年度绩效目标。中长期绩效目标是指部门预算资金在跨度长达多年的计划期内预期达到的产出和效果。年度绩效目标是指中央部门预算资金在一个预算年度内预期达到的产出和效果。

（三）绩效目标的设定

绩效目标的设定是指各部门或其所属单位按照部门预算管理和绩效目标管理的要求，编制绩效目标并向财政部门或各部门报送绩效目标的过程。预算单位在编制下一年度预算时，要根据本级政府编制预算的总体要求和财政部门的具体部署、国民经济和社会发展计划、部门职能及事业发展规划，科学、合理地测算资金需求，编制预算绩效计划，报送绩效目标。报送的绩效目标应与部门目标高度相关，并且是具体的、可衡量的、一定时期内可实现的。预算绩效计划要详细说明为实现绩效目标拟采取的工作程序、方式方法以及相应的资金需求、信息资源等，并有明确的职责和分工。

按照"谁申请资金，谁设定目标"的原则，绩效目标由各部门及其所属单位设定。项目支出绩效目标，在该项目纳入各级政府部门预算项目库之前编制，并按要求随同各部门项目库提交财政部门；部门（单位）整体支出绩效目标，在申报部门预算时编制，并按要求提交本级财政部门。

绩效目标要能清晰反映预算资金的预期产出和效果，并以相应的绩效指标予以细化、量化描述。主要包括：

（1）预期产出，是指预算资金在一定期限内预期提供的公共产品和服务情况。

（2）预期效果，是指上述产出可能对经济、社会、环境等带来的影响情况，以及服务对象或项目受益人对该项产出和影响的满意程度等。

绩效指标是绩效目标的细化和量化描述，主要包括产出指标、效益指标和满意度指标等：

（1）产出指标是对预期产出的描述，包括数量指标、质量指标、时效指标、成本指标等。

（2）效益指标是对预期效果的描述，包括经济效益指标、社会效益指标、生态效益指标、可持续影响指标等。

（3）满意度指标是反映服务对象或项目受益人认可程度的指标。

各部门、各单位设定项目或部门的绩效目标时，可以参考相关的历史或横向绩效标准。绩效标准是设定绩效指标时所依据或参考的标准。一般包括：

（1）历史标准，是指同类指标的历史数据等。

（2）行业标准，是指国家公布的行业指标数据等。

（3）计划标准，是指预先制定的目标、计划、预算、定额等数据。

（4）财政部门认可的其他标准。

各部门设定绩效目标的依据包括：

（1）国家相关法律法规和规章制度，以及国民经济和社会发展计划。

（2）部门职能、中长期发展规划、年度工作计划或项目规划。

（3）部门中期财政规划。

（4）财政部门中期和年度预算管理要求。

（5）相关历史数据、行业标准、计划标准等。

（6）符合财政部门要求的其他依据。

（四）绩效目标的设定方法

项目支出绩效目标的设定方法包括：

（1）对项目的功能进行梳理，包括资金性质、预期投入、支出范围、实施内容、工作任务、受益对象等，明确项目的功能特性。

（2）依据项目的功能特性，预计项目实施在一定时期内所要达到的总体产出和效果，确定项目所要实现的总体目标，并以定量和定性相结合的方式进行表述。

（3）对项目支出总体目标进行细化分解，从中概括、提炼出最能反映总体目标预期实现程度的关键性指标，并将其确定为相应的绩效指标。

（4）通过收集相关基准数据，确定绩效标准，并结合项目预期进展、预计投入等情况，确定绩效指标的具体数值。

部门（单位）整体支出绩效目标的设定方法包括：

（1）对部门（单位）的职能进行梳理，确定部门（单位）的各项具体工作职责。

（2）结合部门（单位）中长期规划和年度工作计划，明确年度主要工作任务，预计部门（单位）在本年度内履职所要达到的总体产出和效果，将其确定为部门（单位）总体目标，并以定量和定性相结合的方式进行表述。

（3）依据部门（单位）总体目标，结合部门（单位）的各项具体工作职责和工作任务，确定每项工作任务预计要达到的产出和效果,从中概括、提炼出最能反映工作任务预期实现程度的关键性指标,并将其确定为相应的绩效指标。

(4)通过收集相关基准数据,确定绩效标准,并结合年度预算安排等情况,确定绩效指标的具体数值。

(五)绩效目标的审核

1. 绩效目标审核的内涵

绩效目标的审核是指财政部门或各部门对相关部门或单位报送的绩效目标进行审查核实,并将审核意见反馈给相关单位,指导其修改完善绩效目标的过程。按照"谁分配资金,谁审核目标"的原则,绩效目标由财政部门或各部门按照预算管理级次进行审核。根据工作需要,绩效目标可委托第三方予以审核。财政部门要依据国家相关政策、财政支出方向和重点、部门职能及事业发展规划等对单位提出的绩效目标进行审核,包括绩效目标与部门职能的相关性、绩效目标的实现所采取措施的可行性、绩效指标设置的科学性、实现绩效目标所需资金的合理性等。

绩效目标的审核是部门预算审核的有机组成部分。绩效目标不符合要求的,财政部门或中央部门应要求报送单位及时修改、完善。审核符合要求后,方可进入项目库,并进入下一步预算编审流程。各部门对所属单位报送的项目支出绩效目标和单位整体支出绩效目标进行审核。有预算分配权的部门应对预算部门提交的有关项目支出绩效目标进行审核,并据此提出资金分配建议。经审核的项目支出绩效目标,报财政部门备案。

2. 绩效目标审核的内容

绩效目标审核的主要内容有:

(1)完整性审核。包括:绩效目标的内容是否完整;绩效目标是否明确、清晰。

(2)相关性审核。包括:绩效目标的设定与部门职能、事业发展规划是否相关;是否对申报的绩效目标设定了相关联的绩效指标;绩效指标是否细化、量化。

(3)适当性审核。包括:资金规模与绩效目标之间是否匹配;在既定资金规模下,绩效目标是否过高或过低;要实现既定绩效目标,资金规模是否过大或过小。

(4)可行性审核。包括:绩效目标是否经过充分论证和合理测算;所采取的措施是否切实可行,并能确保绩效目标如期实现;综合考虑成本效益,是否有必要安排财政资金。

3. 绩效目标审核的程序

(1)各部门及其所属单位审核。各部门及其所属单位对下级单位报送的绩效目标进行审核,提出审核意见并反馈给下级单位。下级单位根据审核意见对相关绩效目标进行修改完善,重新提交上级单位审核,审核通过后按程序报送财政部门。

(2)财政部门审核。财政部门对各部门报送的绩效目标进行审核,提出审核意见并反馈给各部门。各部门根据财政部门审核意见对相关绩效目标进行修改完善,重新报送财政部门审核。财政部门根据绩效目标审核情况提出预算安排意见,随预算资金一并下达各部门。

4. 绩效目标审核的结果

项目支出绩效目标审核的结果分为"优""良""中""差"四个等级,是项目预算安排的重要参考因素。审核结果为"优"的,直接进入下一步预算安排流程;审核结果为"良"的,可与相关部门或单位进行协商,直接对其绩效目标进行完善后,进入下一步预算安排流程;审核结果为"中"的,由相关部门或单位对其绩效目标进行修改完善,按程序重新报送审核;审核结果为"差"的,不得进入下一步预算安排流程。部门预算绩效目标设定、审核、批复管理流程见图 8-1。

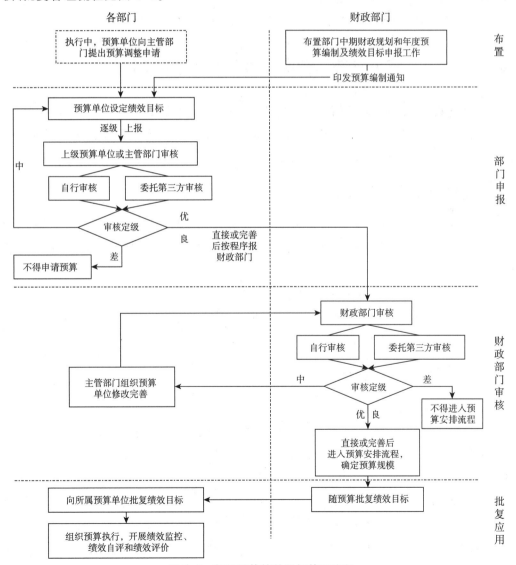

图 8-1 部门预算绩效目标管理流程

（六）绩效目标的批复和应用

按照"谁批复预算，谁批复目标"的原则，财政部门和各部门在批复年初部门预算或调整预算时，一并批复绩效目标。批复的绩效目标应当清晰、可量化，以便在预算执行过程中进行监控以及在预算完成后实施绩效评价时对照比较。原则上，各部门整体支出绩效目标、纳入绩效评价范围的项目支出绩效目标和一级项目绩效目标，由本级政府财政部门批复；部门所属单位整体支出绩效目标和二级项目绩效目标，由各部门或所属单位按预算管理级次批复。

绩效目标确定后，一般不予调整。预算执行中出于特殊原因确需调整的，应按照绩效目标管理要求和预算调整流程报批。各部门及所属单位应按照批复的绩效目标组织预算执行，并根据设定的绩效目标开展绩效监控、绩效自评和绩效评价。

第三节 预算绩效运行监控管理

预算绩效运行监控（以下简称"绩效运行监控"）管理是预算绩效管理的重要环节。预算执行中，各部门及所属单位应对资金运行状况和绩效目标预期实现程度开展绩效监控，及时发现并纠正绩效运行中存在的问题，力保绩效目标如期实现。

一、绩效运行监控的含义

绩效运行监控，是指财政部门和预算部门及其所属单位依照职责，运用科学、合理的绩效信息汇总分析方法，对预算执行情况和绩效目标实现程度开展的监督、控制和管理活动。

通过对预算过程和结果的绩效监控，可以有效地监测项目进展的情况、完成的情况和产生的社会效益。这些监测信息有助于及时发现实施情况与预定目标之间的差距，从而为预算的控制、调适和修正提供依据。

二、绩效运行监控的原则

绩效运行监控要遵循以下基本原则：

一是"双监控"原则。预算绩效管理将绩效管理理念和方法引入预算全过程，实现预算与绩效管理的一体化，因此，绩效运行监控应该同时监控预算执行情况和绩效目标实现情况，实施"双监控"。

二是权责统一原则。绩效运行监控作为预算执行环节的重要绩效管理活动，要按照"谁支出，谁负责"的原则开展绩效运行监控活动。预算部门和单位是绩效运行监控的责任主体，承担具体的监控工作。财政部门发挥财政监督作用，同时会同各部门做好绩效运行监控结果的运用。

三是突出重点原则。坚持全面论和重点论的统一,预算部门和单位将绩效运行监控覆盖所有财政资金,财政部门在全面覆盖的基础上对重大政策和项目建立全过程绩效跟踪机制。

四是统筹协调原则。在政府运作和政策执行过程中,行业主管部门、党委政府督查部门、人大、审计都会对重大政策、投资和项目的实施从各自的履职角度开展监督,都发挥着一定的运行监控作用。为了避免交叉重复和力量分散,可以通过部门会商机制,形成绩效运行监控的政策和项目清单,统一方案、统一行动,实现合理监控,确保政策和项目有效执行。

三、绩效运行监控的内容

绩效运行监控的内容包括绩效目标实现程度、预算资金执行情况、重点政策和重大项目绩效延伸监控以及其他情况。

(1) 绩效目标实现程度。一是预计产出的完成进度及趋势,包括数量、质量、时效、成本等。二是预计效果的实现进度及趋势,包括经济效益、社会效益、生态效益和可持续影响等。三是跟踪服务对象满意度及趋势。

(2) 预算资金执行情况。具体包括预算资金拨付情况、预算执行单位实际支出情况以及预计结转结余情况。

(3) 重点政策和重大项目绩效延伸监控。必要时,可对重点政策和重大项目支出具体工作任务开展、发展趋势、实施计划调整等情况进行延伸监控。具体内容包括政府采购、工程招标、监理和验收、信息公示、资产管理以及有关预算资金会计核算等。

(4) 其他情况。除上述内容外其他需要实施绩效监控的内容。

四、绩效运行监控的方式和流程

绩效运行监控可以分为日常跟踪和半年总结分析。

日常跟踪是指预算部门(单位)在预算执行过程中,对预算执行和绩效情况不定期进行的监督、检查和审查活动。一般要求财政部门会同各部门(单位)对重点项目实施全过程日常运行监控,及时发现问题,及时调整、纠正。

半年总结分析是指预算部门(单位)根据项目特点和绩效目标的重要程度,以半年为一个周期,根据日常跟踪情况,对部门(单位)整体和项目财政支出情况进行的总结分析。总结分析结果需要报送财政部门,并接受财政部门的监督检查。比如对于中央部门绩效运行而言,《财政部关于印发〈中央部门预算绩效运行监控管理暂行办法〉的通知》(财预〔2019〕136号)要求:每年8月,中央部门要集中对1—7月预算执行情况和绩效目标实现程度开展一次绩效监控汇总分析,具体工作程序如下:

一是收集绩效监控信息。预算执行单位对照批复的绩效目标,以绩效目标执行情况为重点收集绩效监控信息。

二是分析绩效监控信息。预算执行单位在收集上述绩效信息的基础上,对偏离绩效目标的原因进行分析,对全年绩效目标达成情况进行预计,并对预计年底不能达成目标的原因及拟采取的改进措施作出说明。

三是填报绩效监控情况表。预算执行单位在分析绩效监控信息的基础上填写《项目支出绩效目标执行监控表》,并将其作为年度预算执行完成后绩效评价的依据。

四是报送绩效监控报告。中央部门在完成年度集中绩效监控工作后,及时总结经验、发现问题,提出下一步改进措施,形成本部门绩效监控报告,并将所有一级项目《项目支出绩效目标执行监控表》于8月31日前报送财政部对口部门司和预算司。

五、绩效运行监控结果的运用

绩效运行监控结果的运用包括以下方面:

(一)财政部门

财政部门在绩效运行监控结果运用中的主要职责包括:

(1)财政部门将绩效运行监控结果作为以后年度预算安排和政策制定的参考。

(2)对中央部门绩效运行监控结果进行审核分析,对发现的问题和风险进行研判,督促相关部门改进管理,确保预算资金安全有效,保障党中央、国务院重大战略部署和政策目标如期实现。

(3)将绩效运行监控工作情况作为部门预算绩效管理工作考核的内容。

(4)将是否开展绩效运行监控作为实施财政绩效评价的重要参考因素。

(二)预算部门

预算部门通过绩效运行监控信息深入分析预算执行进度慢、绩效水平不高的具体原因,对于绩效运行监控中发现的绩效目标执行偏差和管理漏洞,应及时采取分类处置措施予以纠正:

(1)对于因政策变化、突发事件等客观因素导致预算执行进度缓慢或预计无法实现绩效目标的,要本着实事求是的原则,及时按程序调减预算,并同步调整绩效目标。

(2)对于绩效运行监控中发现严重问题的,如预算执行与绩效目标偏离较大,已经或预计造成重大损失、浪费或风险等情况,应暂停项目实施,按照有关程序相应调减预算并停止拨付资金,及时纠偏止损。

对于绩效运行监控过程中发现的财政违法行为,依照《预算法》《财政违法行为处罚处分条例》等有关规定追究责任,报送同级政府和有关部门作为行政问责参考依据;发现重大违纪违法问题线索,及时移送纪检监察机关。

第四节　预算绩效评价实施管理

一、绩效评价的内涵与层次

（一）绩效评价的内涵

绩效评价是指财政部门和预算部门（单位）根据设定的绩效目标，运用科学、合理的绩效评价指标、评价标准和评价方法，对预算支出的经济性、效率性、效益性和公平性进行客观、公正的测量、分析和评判。

我国全面预算绩效管理要求，通过自评和外部评价相结合，对预算执行情况全面开展绩效评价。各级政府要建立重大政策和项目预算绩效评价机制，逐步开展部门整体支出绩效评价，对下级政府财政运行情况实施综合绩效评价。各部门、各单位对预算执行情况以及政策、项目实施效果全面开展绩效自评，积极引入第三方机构开展绩效评价工作。

（二）绩效评价的层次

根据绩效评价对象的不同，可将其分为三个层次：第一层次为预算项目（政策）绩效评价，第二层次为部门（单位）预算绩效评价，第三层次为政府综合绩效评价。三者之间是一种层层递进、逐级包容的关系。

上述三个层次中，预算项目（政策）绩效评价重点关注项目（政策）实施的产出和结果。部门（单位）预算绩效评价，是对部门（基层预算单位）使用财政性资金的综合效果进行评价。部门（单位）预算绩效评价不仅仅涉及部门（单位）项目资金的绩效评价，还涉及部门的战略规划是否合理，决策机制是否公开制衡，部门的财务管理、资产管理等规章制度是否完备，预算执行的过程管理以及部门（单位）的绩效产出和结果是否达成预期绩效目标等内容。政府综合绩效评价是对一级政府或一定区域政府使用财政性资金向地区公民提供公共产品或服务的产出和结果，通过设计合理的指标来进行综合评价。政府综合绩效评价需要与上级政府对下级政府的政绩考核相区别，二者的考核主体、考核目标、指标体系和评价侧重均有所不同。对这三个层次主体的绩效评价体现了一个从微观到宏观、从具体到全面的过程。

二、绩效评价的主体与形式

各级财政部门和各级预算部门是绩效评价的主体。其中，财政部门负责拟定绩效评价规章制度和相应的技术规范，组织、指导本级预算部门、下级财政部门的绩效评价工作；根据需要对本级预算部门、下级财政部门支出实施绩效评价或再评价；提出改进预算支出管理意见并督促落实。预算部门负责制定本部门绩效评价规章制度；具体组织实施本部门绩效评价工作;向同级财政部门报送绩效报告和绩效评价报告;落实财政部门整改意见;根据绩效评价结果改进预算支出管理。与此同时,根据需要,绩效评价工作可委托专家、中介机构等第三方实施。财政部门应当对第三方组织参与绩效评价的工作进行规范,并指导其开展工作。

依照绩效评价组织管理的不同,绩效评价具体可分为三种形式:一是绩效自评。根据"谁用款,谁担责"原则,预算部门、资金使用单位需要对本部门(单位)的项目支出、整体预算情况及政策实施进行自我评价,这一过程称为绩效自评。二是财政部门绩效评价。财政部门选取重点部门、单位、项目、政策实施绩效评价,或是在预算部门(单位)绩效自评的基础上实施再评价,这一过程称为财政部门绩效评价。三是第三方绩效评价。此类评价形式实则是上述两类形式的延伸,是指预算部门和财政部门可根据需要,将绩效评价工作委托给研究机构、高校、中介等第三方机构进行。

三、绩效评价的原则

在进行绩效评价时要遵循以下四项原则:

(1) 科学规范原则。绩效评价应当严格执行规定的程序,按照科学可行的要求,采用定量与定性分析相结合的方法。

(2) 公正公开原则。绩效评价应当符合真实、客观、公正的要求,依法公开并接受监督。

(3) 分级分类原则。绩效评价由各级财政部门、各预算部门根据评价对象的特点分类组织实施。

(4) 绩效相关原则。绩效评价应当针对具体支出及其产出绩效进行,评价结果应当清晰反映支出和产出绩效之间的紧密对应关系。

四、绩效评价的主要依据

绩效评价的主要依据包括:

(1) 国家相关法律法规和规章制度。

(2) 党中央、国务院重大决策部署,经济社会发展目标,地方各级党委和政府重点任务要求。

(3) 部门职责相关规定。

(4) 相关行业政策、行业标准及专业技术规范。

(5) 预算管理制度及办法、项目及资金管理办法、财务和会计资料。

(6) 项目(政策)设立的政策依据和目标、预算执行情况、年度决算报告、项目(政策)决算或验收报告等相关资料。

(7) 本级人大审查结果报告、审计报告及决定、财政监督稽核报告等。

(8) 其他相关资料。

五、绩效评价的方法

（一）绩效自评方法

绩效自评采用定量评价与定性评价相结合的比较法，总分由各项指标得分汇总形成。

(1) 定量指标的评定。与年初指标值相比较，完成指标值的，按照该指标所赋全部分值计分；对完成值高于指标值较多的，要分析原因，如果是由年初指标值设定明显偏低造成的，要按照偏离度适度调减分值；未完成指标值的，按照完成值与指标值的比例计分。

(2) 定性指标的评定。根据指标完成情况分为达成年度指标、部分达成年度指标并具有一定效果、未达成年度指标且效果较差三档，分别按照该指标对应分值区间100%~80%(含)、80%~60%(含)、60%~0合理确定分值。

（二）财政和部门绩效评价方法

财政和部门绩效评价方法主要包括成本效益分析法、比较法、因素分析法、最低成本法、公众评判法等。根据评价对象的具体情况，可采用一种或多种方法进行绩效评价。

六、绩效评价的流程

（一）按照绩效评价主体来看

(1) 预算执行结束后，资金使用单位应对照确定的绩效目标开展绩效自评，形成相应的自评结果，作为部门(单位)预、决算的组成内容和以后年度预算申请、安排的重要基础。

(2) 财政部门或各部门要有针对性地选择部分重点项目(政策)或部门(单位)，在资金使用单位绩效自评的基础上，开展项目(政策)绩效评价或部门(单位)整体绩效评价，并对部分重大专项资金或财政政策开展中期绩效评价试点，形成相应的评价结果。

（二）按照绩效评价工作程序来看

绩效评价工作程序一般分为准备、实施、撰写和提交绩效评价报告三个阶段(以中央部门为例，见图8-2)。

(1) 绩效评价的准备阶段。包括确定评价对象和下达评价通知。预算部门和财政部门根据绩效目标以及预算管理的要求确定绩效评价对象，下达评价通知(内容主要包括评价目的、内容、任务、依据、评价时间、评价的具体实施者等)。

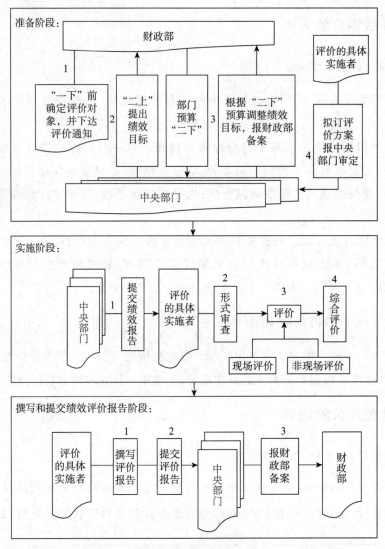

图 8-2　绩效评价工作流程

（2）绩效评价的实施阶段。一是形式审查。评价的具体实施者应当对预算部门提交的绩效报告及相关资料的格式和内容进行审查。预算部门对所提供资料的真实性和准确性负责。二是现场评价和非现场评价。绩效评价的形式包括现场评价和非现场评价，评价的具体实施者可根据具体情况，结合评价对象的特点采取不同的评价形式。现场评价，是指评价的具体实施者到现场采取勘察、询查、复核等方式，对有关情况进行核实，并对所掌握的有关信息资料进行分类、整理和分析，提出评价意见。非现场评价，是指评价的具体实施者在预算部门提交的资料进行分类、整理和分析的基础上，提出评价意见。三是综合评价。评价的具体实施者在现场评价和非现场评价的基础上，运用相关评价方法对绩效情况进行综合评价，形成评价结论。评价结论包括定性分析和定量分析两个方面。

(3) 撰写和提交绩效评价报告阶段。评价的具体实施者按照规定的文本格式和要求撰写绩效评价报告。绩效评价报告应依据充分,内容完整,数据准确,分析透彻,逻辑清晰。同时,绩效评价报告应当在规定时间内提交,并将绩效评价结论通知部门。

实施预算绩效评价要编制绩效评价方案,拟订评价计划,选择评价工具,确定评价方法,设计评价指标。预算具体执行单位要对预算执行情况进行自我评价,提交预算绩效报告,要将实际取得的绩效与绩效目标进行对比,如未实现绩效目标,须说明理由。组织开展预算绩效评价工作的单位要提交绩效评价报告,认真分析研究评价结果所反映的问题,努力查找资金使用和管理中的薄弱环节,制定改进工作的措施。财政部门对预算单位的绩效评价工作进行指导、监督和检查,并对其报送的绩效评价报告进行审核,提出进一步改进预算管理、提高预算支出绩效的意见和建议。表8-1列出了项目支出绩效评价指标框架。

表8-1 项目支出绩效评价指标框架

一级指标	二级指标	三级指标	指标解释
决策	项目立项	立项依据充分性	项目立项是否符合法律法规、相关政策、发展规划以及部门职责,用以反映和考核项目立项依据情况
		立项程序规范性	项目申请、设立过程是否符合相关要求,用以反映和考核项目立项的规范情况
	绩效目标	绩效目标合理性	项目所设定的绩效目标是否依据充分,是否符合客观实际,用以反映和考核项目绩效目标与项目实施的相符情况
		绩效指标明确性	依据绩效目标设定的绩效指标是否清晰、细化、可衡量等,用以反映和考核项目绩效目标的明细化情况
	资金投入	预算编制科学性	项目预算编制是否经过科学论证、有明确标准,资金额度与年度目标是否相适应,用以反映和考核项目预算编制的科学性、合理性情况
		资金分配合理性	项目预算资金分配是否有测算依据,与补助单位或地方实际是否相适应,用以反映和考核项目预算资金分配的科学性、合理性情况
过程	资金管理	资金到位率	实际到位资金与预算资金的比率,用以反映和考核资金落实情况对项目实施的总体保障程度
		预算执行率	项目预算资金是否按照计划执行,用以反映或考核项目预算执行情况
		资金使用合规性	项目资金使用是否符合相关的财务管理制度规定,用以反映和考核项目资金的规范运行情况
	组织实施	管理制度健全性	项目实施单位的财务和业务管理制度是否健全,用以反映和考核财务和业务管理制度对项目顺利实施的保障情况
		制度执行有效性	项目实施是否符合相关管理规定,用以反映和考核相关管理制度的有效执行情况

(续表)

一级指标	二级指标	三级指标	指标解释
产出	产出数量	实际完成率	项目实施的实际产出数与计划产出数的比率,用以反映和考核项目产出数量目标的实现程度
	产出质量	质量达标率	项目完成的质量达标产出数与实际产出数的比率,用以反映和考核项目产出质量目标的实现程度
	产出时效	完成及时性	项目实际完成时间与计划完成时间的比较,用以反映和考核项目产出时效目标的实现程度
	产出成本	成本节约率	完成项目计划工作目标的实际节约成本与计划成本的比率,用以反映和考核项目的成本节约程度
效益	项目效益	实施效益	项目实施所产生的效益
		满意度	社会公众或服务对象对项目实施效果的满意程度

资料来源:《财政部关于印发〈项目支出绩效评价管理办法〉的通知》(财预〔2020〕10号)。

七、绩效评价报告

财政资金具体使用各单位应当提交绩效自评报告。绩效自评报告应当包括以下主要内容:①基本概况,包括预算部门职能、事业发展规划、预决算情况、项目立项依据等;②绩效目标及其设立依据和调整情况;③管理措施及组织实施情况;④总结分析绩效目标完成情况;⑤说明未达成绩效目标及其原因;⑥下一步改进工作的意见及建议。项目支出绩效自评表如表8-2所示。

财政部门和预算部门开展绩效评价并撰写绩效评价报告。绩效评价报告应当包括以下主要内容:①基本情况;②绩效评价工作开展情况;③综合评价情况及评价结论(附相关评分表);④绩效评价指标分析;⑤主要经验及做法、存在的问题及原因分析;⑥有关建议;⑦其他需要说明的问题。

表 8-2 项目支出绩效自评表

(年度)

项目名称							
主管部门				实施单位			
项目资金 (万元)			年初预算数	全年预算数	全年执行数	分值	执行率	得分
	年度资金总额					10		
	其中:当年财政拨款					—		
	上年结转资金					—		
	其他资金					—		

（续表）

年度总体目标	预期目标					实际完成情况			
	一级指标	二级指标	三级指标		年度指标值	实际完成值	分值	得分	偏差原因分析及改进措施
绩效指标	产出指标	数量指标	指标1：						
			指标2：						
			……						
		质量指标	指标1：						
			指标2：						
			……						
		时效指标	指标1：						
			指标2：						
			……						
		成本指标	指标1：						
			指标2：						
			……						
	效益指标	经济效益指标	指标1：						
			指标2：						
			……						
		社会效益指标	指标1：						
			指标2：						
			……						
		生态效益指标	指标1：						
			指标2：						
			……						
		可持续影响指标	指标1：						
			指标2：						
			……						
	满意度指标	服务对象满意度指标	指标1：						
			指标2：						
			……						
总分							100		

资料来源：《财政部关于印发〈项目支出绩效评价管理办法〉的通知》（财预〔2020〕10号）。

第五节 预算绩效评价结果反馈和应用管理

建立绩效评价结果反馈和应用制度,将绩效评价结果及时反馈给预算具体执行单位,要求其根据绩效评价结果,完善管理制度,改进管理措施,提高管理水平,降低支出成本,增强支出责任;将绩效评价结果作为安排以后年度预算的重要依据,优化资源配置;将绩效评价结果向同级人民政府报告,为政府决策提供参考,并作为实施行政问责的重要依据。逐步提高绩效评价结果的透明度,将绩效评价结果,尤其是一些社会关注度高、影响力大的民生项目和重点项目支出绩效情况,依法向社会公开,接受社会监督。具体而言,绩效评价结果应用方式包括以下几种:

一、绩效评价结果反馈及整改

财政部门应在一定期限内,将绩效评价结果以正式文件的形式反馈给被评价单位,并督促其及时整改落实。被评价单位应在一定期限内提出整改方案并反馈整改落实情况。对财政重点评价项目,财政部门应及时将绩效评价结果及相关整改建议书面反馈给预算单位,预算单位应在收到书面结果后30日内将整改措施及整改情况书面报送财政部门。财政部门应结合年度财政监督检查工作,强化绩效评价结果整改督查力度。

二、绩效评价结果报告或通报

对绩效评价结果及整改落实情况,财政部门应建立向本级人大、本级政府及相关层面报告制度以及向有关部门和相关利益主体通报机制。其中,重大专项资金绩效评价情况应以专题报告形式提交本级政府。

三、绩效评价结果与部门预算安排相挂钩

建立健全绩效评价结果和部门预算安排相挂钩机制,将部门预算绩效管理工作开展情况和绩效评价结果情况作为改进部门预算管理和安排以后年度部门预算资金的重要依据。对预算绩效管理工作开展积极或绩效评价结果较好的,财政部门在安排预算资金时可予以优先保障和重点支持。对预算绩效管理工作开展不力或达不到绩效目标、评价结果较差或对绩效评价发现问题整改不力的,财政部门应当严格控制该部门预算资金安排。

四、实施预算绩效管理考核和绩效评价结果问责

根据"谁用款,谁负责"的原则,财政部门应会同本级纪检、监察、审计等部门建立健全预算绩效管理和绩效评价结果问责机制,对预算绩效管理工作开展不力、绩效评价结果较差或造成财政资金损失浪费、低效使用的部门和单位及其相关人员实施问责。

由此,借由绩效目标管理、绩效运行监控管理、绩效评价实施管理和绩效评价结果反

馈及应用管理,使政府预算管理从以前单纯注重过程与效率转向决策、效率与结果并重,即通过对预算编制、审查和批准的相关性监督,增强预算决策与国家和地方战略及政策优先方向之间的一致性;通过对预算执行过程的效率监督,提高预算资金使用的规范性与质量;通过对预算执行结果的评估与信息反馈,追究责任、调整偏差,完善预算决策模式,改善公共部门服务质量,实现对全流程绩效控制机制的构建(见图8-3)。

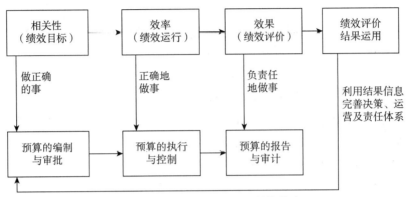

图 8-3　全流程绩效控制机制的构建

此外,加强预算绩效信息发布管理制度建设,完善绩效信息公开机制。绩效评价结果应当按照政府信息公开的有关规定在一定范围内公开,并逐步提高绩效评价结果的透明度,将绩效评价结果,尤其是一些社会关注度高、影响力大的民生项目和重点项目支出绩效情况,依法向社会公开,接受社会监督。

本章小结

政府预算绩效管理是政府绩效管理的重要组成部分,是一种以支出结果为导向的预算管理模式。它强化政府预算为民服务的理念,强调预算支出的责任和效率,要求在预算编制、执行、监督的全过程中更加关注预算资金的产出和结果。随着公共经济学、委托代理理论、以产出为导向的新公共管理理论的发展,预算绩效管理成为政府提高财政资金使用效果的一种重要手段。

我国全面实施预算绩效管理的目标是建成全方位、全过程、全覆盖的预算绩效管理体系,实现预算与绩效管理的一体化。全方位意味着预算绩效管理涵盖政府、部门(单位)和政策、项目,构成全方位的格局。全过程意味着将绩效理念和绩效管理方法完全融入预算管理全过程中,在预算管理的各个环节开展绩效管理。全覆盖意味着预算绩效管理覆盖一般公共预算、政府性基金预算、国有资本经营预算、社会保险基金预算"四本预算"的所有财政资金。

预算绩效管理是一个由事前绩效评估、绩效目标管理、绩效运行监控管理、绩效评价实施管理、绩效评价结果反馈和应用管理共同组成的综合系统。推进预算绩效管理,要将绩效理念融入预算管理全过程,使之与预算编制、预算执行、预算监督一起成为预算管理的有机组成部分,逐步建立"预算编制有目标、预算执行有监控、预算完成有评价、评价结果有反馈、反馈结果有应用"的预算绩效管理机制。

思考题

1. 预算绩效管理的内涵包括哪些内容?
2. 预算绩效管理与绩效预算有什么区别和联系?
3. 我国实施全面预算绩效管理的意义是什么?
4. 事前绩效评估的含义是什么?包括哪些内容?
5. 绩效目标的设定要求是什么?有哪些方法?
6. 绩效运行监控的原则及结果应用包括哪些内容?
7. 预算绩效评价的内涵及工作流程是怎样的?
8. 绩效评价结果应用的方式有哪几种?

21世纪经济与管理规划教材

财政学系列

第九章

政府预算监督与法治

【学习目标】

　　本章介绍了政府预算监督与法治的相关理论和实践。通过本章的学习，读者应该能够掌握预算监督的类型，掌握我国预算监督的内容和对象，理解预算监督的内涵、必要性和特点，了解预算的相关法律体系，了解我国预算监督与法治化存在的问题，思考我国预算监督与法治化的改进对策。

第一节　政府预算监督的内涵和意义

一、预算监督的内涵

预算监督是指有关主体依法依规对公共预算进行的检查、督促和制约行为,是预算管理的重要组成部分。

预算监督有广义和狭义之分。广义的预算监督,是指预算监督体系中具有监督权的各主体,依照法定的权限和程序,对各级预算所实施的检查和监督行为。狭义的预算监督,是指财政机关在财政管理过程中,依照法定的权限和程序,对各级预算的合法性、真实性、有效性所实施的检查和监督行为。

广义和狭义的预算监督之间既有相同之处,又存在区别。两者的相同之处在于:两者所指的监督对象是一致的,均为接受财政管理的相关组织,具体包括国家机关、事业单位、国有企业和其他组织。两者的不同之处则主要在于:预算监督主体范围的不同以及由此引出的监督方式和监督内容的不同。①两者的监督主体不完全相同。狭义的预算监督主体比较集中明确,即财政机关。之所以要将财政机关单独列出,是因为财政机关在我国现行的预算监督体制中具有特殊和重要的地位。而广义的预算监督主体则不仅仅限于财政机关这样的国家机关,还包括国家权力机构、法定的有关国家监督机构、社会中介机构、社会公众以及司法机关等。②监督主体的不同引发了两者监督方式和监督内容的不同。狭义的预算监督主要包括政府内部的监督,而广义的预算监督不仅包括来自政府内部的监督,还包括来自政府外部的权力机构的监督、司法机构的监督及社会监督等。

二、预算监督的沿革

预算监督最基本的表现形式之一就是对财政收支的审计。西方的财政监督制度开始于1256年,是年法国国王路易九世开始明令将其会计报告送交巴黎的审计人员进行审查,这件事在西方被视为政府审计的萌芽。之后,经过几百年的演变,西方的预算监督体系已经发展得相当完善。对预算的监督,已经成为西方民主政治中一个必需的重要内容。

与西方国家相比,我国的财政收支审计开始得更早。早在西周时期,国家就设有专门机构和专门人员,对各级政权组织的财政收支,依当时的法律规定进行强制审计。后来,财政收支审计经历了秦、汉、隋、唐、宋等几个主要朝代的发展,其制度日臻完善。但在元、明、清时期,我国的财政收支审计制度处于衰落阶段,三个朝代都不是很重视,财政审计制度时有时无。到了民国时期,财政审计进入了新的发展时期。民国初年,北洋政府在国务院设立"中央审计处",在各省设立审计分处,并公布了《审计处暂行章程》《审计处暂行审计规则》等有关审计法规条文。此外,在民国时期,社会审计也得到了很大的发展。由于借鉴了西方的一些先进经验和制度,这时的财政收支审计已逐步向更广泛意义上的现代财政监督转变。

新中国成立以后,我国的预算监督得到了长足的发展。虽然1949—1978年,出于历史原因,预算监督制度经历了一定的波折,并没有形成规模和体系,但是在1978年中共十一届三中全会以后,我国的预算监督和管理制度得到了恢复与发展。1994年以前,预算监督主要强调财政部门作为职能部门对预算的监督,也就是说,以财政部门内部的预算监督为主。1995年,《预算法》施行,其中对预算监督做了专门规定,确定了我国预算监督制度的基本准则,从而确立了预算监督在整个预算管理工作中的重要地位。近几年,随着我国社会主义市场经济体制改革的不断深入和公共财政框架体系的逐步建立,预算监督的内涵已逐步突破了以财政部门内部监督为主的框框,朝着财政部门的内部监督与权力部门、有关国家监督机关、社会中介机构和社会公众以及司法监督等外部监督相互配合的方向转化,从而使我国的预算监督体系更加完善,监督更加有力,也使预算监督更加符合公共财政的要求。因此,本章将从广义预算监督的角度进行阐述。

三、预算监督的必要性和作用

(一)预算监督的必要性

预算作为公共财政体系的基本存在形式和制度载体,不仅体现了公共财政的职能与作用,而且也是政府治理的一个重要手段。随着我国公共财政框架体系的建立,加强对预算的管理与监督已成为人们关注的热点问题。在深化经济体制改革的今天,加强预算监督的必要性主要体现在以下几个方面:

1. 加强预算监督,是建立和完善公共财政体系的需要

社会主义市场经济条件下的公共财政模式与计划经济体制下建立的"生产建设型"财政模式相比,最大的不同之处就在于其公共性。公共财政的基本职能就是满足社会公共需要,其是适应市场经济发展要求的一种财政类型。在公共财政体系下,政府的预算资金来自公民缴纳的各种税费,是社会公共资金,体现了社会公共利益,政府应当对纳税人负责,并接受纳税人的监督。但是,由于预算的管理者所掌握的有关预算资金来源和使用情况的信息比纳税人所知道的详细和完备得多,这使得预算单位很容易就能利用这种信息的不对称,从自身的利益出发,使其行为有损于公民的利益,因此,为了维护全体纳税人的利益,就必须建立完善而有效的预算监督机制,利用各种监督手段,来监督预算的全过程,使其最大限度地为满足社会公共需要服务。

2. 加强预算监督,是发展社会主义市场经济的内在要求

市场经济是以市场机制为基础配置社会资源的经济运行方式,但在强调市场机制作用的同时,还要求加强政府的宏观调控。预算是加强政府宏观调控的重要工具,是纠正市场缺陷、保持市场经济正常运转的重要手段。从一般意义上讲,财政分配包括组织收

入和运用资金两个方面,而这两个方面的活动都要通过预算反映出来。为了使预算能够从收入和支出两个方面保证政府宏观调控的需要,必须对预算的全过程进行监督。就依法组织收入而言,通过预算监督,可以对政府财政收入的及时、足额上缴起到督促、保证作用,并对侵犯国家利益的现象进行检查、纠正和制裁,从而保证财政收入分配职能的实现;就运用财政资金而言,通过预算监督,能够保证财政资金发挥其应有的优势,避免财政资金使用中的不规范性和随意性,提高预算资金的使用效益。

3. 加强预算监督,是社会主义民主政治建设的客观要求

现阶段,我国推进社会主义民主政治建设的一个重要内容,就是建立保障社会成员有效参与社会公共事务管理、维护合法权益的具体途径和渠道,以及提供相应的制度保障,故监督和约束政府行为,维护公共利益,是重要任务之一。预算作为各级政府履行职责的物质保障,对它的监督就成为公民参与社会公共事务管理及监督政府行为最有效的方式。通过对预算的编制、执行和决算的监督,可以检查政府在履行职责、制定和执行各项公共政策过程中是否遵守国家宪法和法律,资金使用效益是否符合社会公共利益,政府公务人员是否清正廉洁、遵纪守法。因此,对预算的监督,是实现人民民主权利的一个重要途径。

4. 加强预算监督,是实施依法治国基本方略的基本要求

依法治国的核心和基本内容就是依法行政,体现在财政工作上,就是要依法理财。要用法律的手段来管理财政工作,规范财政行为,强化财政职能,保障财政改革。预算从本质上来讲,是具有法律效力的政府基本财政收支计划,是一个法律文件。财政部门作为履行人民赋予的管理国家财政、实施宏观调控职责的重要职能部门,在制定和执行预算的过程中,必须主动、自觉地接受同级人民代表大会及其常务委员会的监督、政协及民主党派的监督、司法机关的监督、人民群众和新闻舆论的监督等来自社会各界全方位的监督制约。这是贯彻依法治国方略、推进依法理财的根本保障。必须建立健全预算的内部和外部监督制约机制,加强对预算资金活动的监督,防止公务人员特别是领导干部滥用权力,破坏预算的严肃性和权威性,切实做到依法办事,严格执法,严惩滥用职权、执法犯法、徇私枉法等违法犯罪行为。

(二) 预算监督的重要作用

预算监督之所以受到世界各国的广泛重视,是由预算监督本身对一国政治、经济和社会的重要影响和作用决定的。

1. 预算监督是保障国家财政职能实现的重要手段

在市场经济条件下,公共财政的基本职能就是实现收入分配、资源配置、经济稳定和发展。要实现上述职能,国家必须制定、颁布和实施各种方针及规章制度。若要使这些财政政策和规章制度得到正确的贯彻及实施,必须要有强有力的预算监督来保障。预算监督的目的是保证在编制、执行预算时,能够严格按照《预算法》的规定,纠正违反财经纪

律的行为,保证预算资金的筹集和分配能够保障国家实现其各项职能。

2. 预算监督是政府进行科学决策的重要保证

预算反映着一定时期内政府活动的范围和方向,所涉及的预算关系非常广泛,所得到的信息反馈量也很大。在大量的信息中,如何保证所获信息的真实性和有效性,是政府进行科学决策所要解决的一个重大问题。而预算监督是一种对预算全过程的监督,可以采取多形式、多渠道、多环节的监督,通过调查、质询、反映情况等对预算收支的执行情况进行监督,发现和剔除预算编制及执行中存在的不合法与不合理因素,从而保证对一定时期内的国家经济和社会发展趋势作出科学的预测,并在此基础上进行科学决策。

3. 预算监督是保证预算的法律效力、维护法律权威性的重要手段

预算一经人大审议通过,即成为具有法律效力的法律文件,任何人、任何单位和部门都无权擅自更改。为了切实保证预算的法治性和维护预算法治的权威性,必须加强对预算的监督工作。

4. 预算监督是严肃财经纪律、防范和遏制腐败的重要保证

预算监督可以为财政立法提供实践来源,即在预算监督的过程中,可以发现各种违法行为和政策法规的不足之处,为进一步完善财政法规和加强财政立法工作奠定一定的现实基础。此外,财政具有政治性。由于腐败经常都是经济行为和政治权力交织在一起导致的,而预算监督正是一种既有政府部门内部监督,又有权力部门、社会中介机构和社会公众监督的有效监督体系,因此,这个有效的预算监督体系的建立,为防范和遏制腐败提供了必要的制度监督。

四、预算监督的特点

与其他行政监督相比,预算监督具有其自身的特点。

(一) 预算监督体系的层次性

由于预算活动的主体是政府机关,因此,如果仅靠政府机构自身对预算活动进行内部监督,而缺乏有效的外部监督机制,是难以保证预算监督的客观公正性的。因此,除政府机构层面的监督外,还必须有来自立法机关、社会中介机构和社会公众以及司法监督等层面的外部监督。这些监督是有层次性的,是由立法层面、政府层面、社会层面和司法层面共同组成的一个立体的预算监督网络。通过这种多层次、立体的预算监督,可以构建有效的预算监督体系,切实保障预算监督的客观公正。

(二) 预算监督主体的多元性

由于预算监督体系是由多个层次组成的,因此也就形成了对预算进行监督的多个监督主体,即各级人民代表大会及其常务委员会、各级政府、各级政府财政部门、各政府部门、审计部门、社会中介机构、社会公众和司法机构。这些不同的预算监督主体从各自的

职责任务出发,从不同的角度依法对预算进行监督。这就要求既要根据各预算监督主体不同的工作特点实施各种专业化的监督,又要使预算监督不同主体之间相互协调配合。

(三)预算监督对象的广泛性

我国的预算由中央预算和地方总预算组成,地方总预算由省以下各级预算汇总而成,各级政府本级预算又包含本级预算、主管部门汇总的行政事业单位预算、企业财务预算、基本建设财务预算等。可以看出,预算活动纷繁复杂,波及面广,涉及社会生活的方方面面,对国家和地区的政治、经济和社会生活具有重大的影响。为保证预算的合理、合法和高效,必须对其活动内容进行全面、系统、细化的监督,使政府的预算活动真正处于公众的有效监督之下,从而体现出公共财政体系下预算的公共性。正因为如此,我们说对预算进行监督的对象具有广泛性的特点。

(四)预算监督过程的全面性

预算活动是一项庞大的系统工程。它既涉及预算政策的制定,也涉及预算的编制与执行、预算的调整与决算。这中间的每一个环节都关系到社会经济生活的正常运行,都需要对其进行有效的监督,以免出现不应有的失误。而预算监督是对预算主体预算活动全过程的监督。这种监督活动是通过预算业务活动实现的,这中间既包括对预算主体的政策决策行为——预算编制的监督,也包括对预算执行、预算调整、决算、预算备案等各个环节的监督,因此是一种全过程、全方位、多环节的监督。

(五)预算监督依据的法律性

预算监督是依法进行的监督。预算反映了政府活动的范围和方向,体现出很强的政策性,对预算进行监督必须以国家的财经法律法规为依据进行,做到依法监督。否则,离开了国家的财经法律法规,对预算的监督就失去了监督的依据和标准,就会无所遵循,预算监督就会失去其应有的效力。

(六)预算监督形式的多样性

预算政策性强,牵扯到不同的利益和分配格局,对预算进行监督,只靠单一的形式是无法满足监督需要和保证监督效果的,因此,必须采取多种监督形式,多渠道进行。各个监督主体可以根据各自的工作性质和工作特点,采取不同的形式进行预算监督。比如,权力部门的监督可以采取的监督形式有:审查和批准预算、预算调整及决算,并作出决议;对重大事项或特定问题组织调查;对预算提出询问或质疑;听取预算执行情况的报告等。政府对预算监督的形式也是多种多样的。比如,进行各种检查,进行专题调查,接受汇报,听取情况反映,建立备案制度,政府的审计机关还要对预算进行定期或重点审计,等等。

五、预算监督的分类

(一) 按照预算监督体系的构成划分

1.《预算法》关于预算监督体系的规定

(1) 各级人民代表大会及其常务委员会。《预算法》第八十三条规定:全国人民代表大会及其常务委员会对中央和地方预算、决算进行监督。县级以上地方各级人民代表大会及其常务委员会对本级和下级预算、决算进行监督。乡、民族乡、镇人民代表大会对本级预算、决算进行监督。《预算法》第八十四条规定:各级人民代表大会和县级以上各级人民代表大会常务委员会有权就预算、决算中的重大事项或者特定问题组织调查,有关的政府、部门、单位和个人应当如实反映情况和提供必要的材料。《预算法》第八十五条规定:各级人民代表大会和县级以上各级人民代表大会常务委员会举行会议时,人民代表大会代表或者常务委员会组成人员,依照法律规定的程序就预算、决算中的有关问题提出询问或者质询,受询问或者受质询的有关的政府或者财政部门必须及时给予答复。《预算法》第二十二条第八款规定:全国人民代表大会常务委员会和省、自治区、直辖市、设区的市、自治州人民代表大会常务委员会有关工作机构,依照本级人民代表大会常务委员会的决定,协助本级人民代表大会财政经济委员会或者有关专门委员会承担审查预算草案、预算调整方案、决算草案和监督执行等方面的具体工作。

(2) 各级政府。《预算法》第八十七条规定:各级政府监督下级政府的预算执行;下级政府应当定期向上一级政府报告预算执行情况。

(3) 各级政府财政部门。《预算法》第八十八条规定:各级政府财政部门负责监督本级各部门及其所属各单位预算管理有关工作,并向本级政府和上一级政府财政部门报告预算执行情况。

(4) 政府审计部门。《预算法》第八十九条第一款规定:县级以上政府审计部门依法对预算执行、决算实行审计监督。

(5) 各部门。《预算法》第九十条规定:政府各部门负责监督检查所属各单位的预算执行,及时向本级政府财政部门反映本部门预算执行情况,依法纠正违反预算的行为。

(6) 公民、法人、其他组织及司法部门。《预算法》第九十一条规定:公民、法人或者其他组织发现有违反本法的行为,可以依法向有关国家机关进行检举、控告。接受检举、控告的国家机关应当依法进行处理,并为检举人、控告人保密。任何单位或者个人不得压制和打击报复检举人、控告人。

由此可以看出,我国预算监督体系包括立法机关监督、各级政府监督、财政部门监督、审计部门监督、政府各部门监督、社会公众监督和司法监督。

专栏 9-1　　审计事业的里程碑：成立中央审计委员会

2018年3月，为加强党中央对审计工作的领导，构建集中统一、全面覆盖、权威高效的审计监督体系，更好发挥审计监督作用，中共中央组建中央审计委员会，作为党中央决策议事协调机构。

中央审计委员会的主要职责是，研究提出并组织实施在审计领域坚持党的领导、加强党的建设方针政策，审议审计监督重大政策和改革方案，审议年度中央预算执行和其他财政支出情况审计报告，审议决策审计监督其他重大事项等。中央审计委员会办公室设在审计署。

成立中央审计委员会有助于审计监督作用的更好发挥，这是因为随着我国进入中国特色社会主义新时代，社会经济环境正发生着巨大变化，国家经济领域的监督检查面临着力量分散、多头监督、重复监督与监督空白并存的现象，亟待整合和优化。成立中央审计委员会，加大对审计工作的顶层设计和统筹协调，进一步优化审计职责，将国有资产监管、发展改革、财政等部门监督力量整合起来，交由审计部门统一行使，保障了审计部门依法独立行使监督权，有助于解决原有审计监督覆盖范围过窄、监督独立性和权威性不够强、体制机制不畅等突出问题，更好发挥审计监督的独立性、强制性和综合性作用。

总之，组建中央审计委员会，是对国家审计顶层设计的全面优化，是新时代中国特色社会主义审计管理体制的伟大创举，在我国审计事业发展进程中具有划时代的里程碑意义。

2. 预算监督体系中各监督主体的定位

（1）立法机关监督。立法机关即为全国人民代表大会及其常设机构。立法机关对预算的监督主要通过两种方式进行：一是通过立法实施监督。它分为两个层次，即宪法层次的监督和一般法层次的监督。对于权力机关而言，宪法层次的监督是其特有的并且是根本性的，因为宪法的规定直接决定着监督机构的地位和权限。二是通过审查、批准预算以及对预算执行的监督对预算施加影响。其特点是由立法机关代表人民根据法律规定对政府预算执行过程及结果进行监督，它在所有监督中处于最高地位，权威性最高。

（2）各级政府监督。我国预算管理体系根据"一级政府一级预算"的原则由五级预算构成，形成了上下级政府之间的预算关系，因此上级政府有监督下级政府预算的责任。监督责任主要包括对下级政府在预算过程中违反相关法律法规及政策的行为依法予以制止和纠正。

（3）财政部门监督。财政部门的预算监督实际上是一种行政监督方式。财政部门对预算的监督在预算编制和执行过程中起决定性作用。国家财政机关在进行财政管理活动的过程中，依照法律赋予的权限和程序，有权对各级预算的真实性、有效性实施审查、稽核和检查活动。

(4) 审计部门监督。审计部门对预算的监督实际上也属于行政监督的范畴。审计部门通过审查和评价预算的活动,确定预算是否准确记录,是否进行了充分的内部控制,是否满足法律要求,最终达到维护国家财政经济秩序、促进廉政建设、保障国民经济健康发展的目的。其特点是独立性和专业性强,因此审计部门通常独立于政府。

(5) 政府各部门监督。政府各职能部门是预算资金的具体使用者及各项公共政策的重要贯彻实施者,因此具有依据法律法规及财政规章制度监督所属预算单位预算活动的责任。

(6) 社会监督。一是社会中介机构(如会计师事务所、审计师事务所等)监督,其对预算部门及单位的监督主要是源于前面监督主体预算监督职能的部分让渡以及预算部门及单位内部监督社会化的要求。社会中介机构是我国经济监督工作中的一支重要力量,其开展的社会监督工作对维护市场经济秩序和促进政府职能转变具有重要作用。社会中介机构对预算部门及单位的监督是对财政部门监督和审计部门监督的有益补充。它在促进预算单位完善内部控制和提高管理水平等方面发挥了积极的作用。二是社会舆论监督。社会舆论监督贯穿于预算监督的各个环节。社会公众通过表明自己的意愿和看法,对政府的预算进行监督。特别是广播、电视、报刊、网络等媒体的监督,对政府预算的合法实施具有十分重要的作用。在政府预算方面,舆论监督主要是监督各级国家机关及其公职人员是否严格遵纪守法。由于舆论监督的影响最广、见效最快,因此其在政府预算监督体系中发挥着不可替代的重要作用。

(7) 司法监督。司法机关主要是指我国的各级检察机关和各级人民法院。司法机关对预算的监督只是整个司法监督的一部分内容,任何组织、单位和个人都必须接受国家司法机关的监督。其特点是预算监督权掌握在司法系统,它能从法治的角度进行监督。检察机关行使预算监督的权力集中体现在:依法对国家机关工作人员和全体公民是否遵守国家财经法律法规进行监督;对严重违反财经纪律的行为提起公诉;对其他预算监督机关的执法行为是否合法进行监督。人民法院的预算监督主要是通过人民法院的刑事审判权和审判监督程序来实现的。与其他监督不同的是,司法监督完全属于事后监督,即一旦预算主体在预算活动中出现了违法行为,即追究其法律责任。司法监督有利于保证预算监督的独立性和权威性。

(二) 按照预算监督的时间顺序划分

预算监督可以分为事前监督、事中监督和事后监督。

(1) 事前监督。事前监督是指预算监督主体对监督客体中将要发生的经济事项,包括正在酝酿之中的经济事项和准备付诸实施的经济事项,以及与此相关的行为的合法性、合规性、合理性依法进行审核,进而保障经济事项步入预定轨道的一种预算监督管理活动。事前监督是全部预算监督工作的基础环节,对先期进行防范、规范预算管理具有重要作用。

(2) 事中监督。事中监督也被称为日常监督,是指通过对预算监督客体中已经发生但尚未完结的经济事项及其运行过程,以及其中发生的各类行为的合法性、合规性依法进行审查,进而保证经济事项在预定的轨道中正常运行的预算监督管理活动。简言之,事中监督是对正在运行中的预算活动进行的监督检查,是预算监督的重点环节,对强化预算监督具有重要的作用。

(3)事后监督。事后监督是指对预算监督客体中已经完结的经济事项及其运行结果,以及与结果相关的各类行为的合法性、合规性依法进行审查,进而保障经济活动不脱离运行轨道的一种预算监督管理活动。它是整个预算监督工作的重要补充环节,对于完善预算监督管理具有重要作用。

第二节 政府预算监督的内容和方法

一、预算监督的内容

由于预算监督主体的多元化,各监督主体所代表的利益和专业性不同,监督的内容也不尽相同。习近平总书记在中国共产党第十九届中央纪律检查委员会第四次全体会议上强调,要完善党和国家监督体系。要以党内监督为主导,推动人大监督、民主监督、行政监督、司法监督、审计监督、财会监督、统计监督、群众监督、舆论监督有机贯通、相互协调。下面重点阐述主要监督主体的监督内容。

(一)人大对预算监督的主要内容

我国《宪法》确立了国家权力机关即全国人民代表大会和全国人民代表大会常务委员会行使国家立法权,以及全国人民代表大会及其常务委员会、地方各级人民代表大会及其常务委员会审批和监督预算的制度。因此,对预算的编制和执行情况的监督就成为人大对政府行为最重要的一项监督。预算监督的主要内容包括以下几个部分:

1. 对预算编制的监督

对预算编制进行监督应当本着真实性、合法性、效益性和预测性的原则进行。随着社会主义市场经济体制的建立和发展以及财政改革的不断深化,特别是中国民主法治化进程的向前推进,人大对预算编制的监督越来越重视实效,并且将预算编制监督的重点放在预算编制的合理性、科学性和有效性上。按照全口径预决算监督要求,主要包括对一般公共预算、政府性基金预算、国有资本经营预算和社会保险基金预算的监督。其监督内容与第五章所阐述的内容有部分相同,此处不再赘述。

2. 对预算调整的监督

根据我国预算编制的制度,预算是在预算年度的年初确定的。但在一个预算年度的执行过程中,经常会出现一些特殊情况或突发事件需要临时调整和变更预算。根据《预算法》的规定,进行预算调整,必须经本级人民代表大会常务委员会批准。人大对预算调整和变更的监督,主要是对一般可变性因素进行严格的控制,对政府提出的预算调整和变更要求进行认真审查,制止预算变更中存在的随意性,确保通过监督督促规范政府事权和政府行为。

3. 对预算执行的监督

财政经济委员会和预算工作委员会应当做好有关工作。政府有关部门应当及时向财政经济委员会、预算工作委员会提交落实人民代表大会关于预算决议的情况。国务院财政部门应当定期提供全国、中央和地方的预算执行报表,反映预算收支、政府债务等相关情况。国务院有关部门应当通过国家电子政务网等平台,定期提供部门预算执行、宏观经济、金融、审计、税务、海关、社会保障、国有资产等方面的政策制度和数据信息。人民代表大会常务委员会通过听取和审议专项工作报告、执法检查、专题调研等监督方式,加强对重点收支政策贯彻实施、重点领域财政资金分配和使用、重大财税改革和政策调整、重大投资项目落实情况的监督。国务院在每年八月向全国人民代表大会常务委员会报告当年预算执行情况。国务院财政部门及相关主管部门每季度提供预算执行、有关政策实施和重点项目进展情况。

4. 对政府决算的监督

对决算的监督是对预算监督的继续,预算监督的一切情况都将在决算中反映出来。对决算的监督主要是检查经人大批准的决议是否都已执行,财政部门是否按人大批准的预算给部门和单位及时拨付资金,资金的投向、结构是否合理,使用中是否存在截留、转移、挪用、浪费资金现象以及决算结果与预算是否相符,决算数额是否真实、准确,有无重报、漏报和虚报等情况。

5. 对预算绩效的监督

对预算绩效的监督是贯穿预算监督全过程的要求。对预算绩效的监督主要包括监督财政资金使用绩效、专项转移支付的整体绩效、支出绩效和政策目标落实情况,特别是重点支出和重大项目的绩效目标和绩效评价结果等。

6. 对国有资产的监督

为加强人大国有资产监督职能,促进国有资产治理体系和治理能力现代化,更好地发挥国有资产在服务经济社会发展、保障和改善民生、保护生态环境、保障国家机关和事业单位节约高效履职等方面的作用,2017年12月30日《中共中央关于建立国务院向全国人大常委会报告国有资产管理情况制度的意见》出台,其中指出全国人大常委会要审议国有资产管理情况报告,开展国有资产监督。主要包括企业国有资产(不含金融企业)、金融企业国有资产、行政事业性国有资产、国有自然资源等国有资产管理情况,重点关注下列内容:贯彻落实党中央关于国有资产管理和国有企业改革发展方针政策和重大决策部署情况;有关法律实施情况;落实全国人大常委会有关审议意见和决议情况;改革完善各类国有资产管理体制情况;企业国有资产(不含金融企业)和金融企业国有资产服务国家战略,提升国有经济竞争力、创新力、控制力、影响力、抗风险能力等情况;行政事业性国有资产保障国家机关和事业单位节约高效履职,增强基本公共服务的可及性和公平性等情况;国有自然资源资产支持经济社会发展和改善生态环境质量,落实自然资源保护与有效利用、保护生态环境、节能减排等约束性指标等情况;国有资本保值增值、防止国有资产流失和收益管理等情况;审计查出问题整改情况;其他与国有资产管理有关的重要情况。

(二) 财政部门预算监督的内容

政府财政部门对预算实施监督的权力,来源于代表国家意志的宪法与法律规定、人民代表大会及其常务委员会的政治授权,以及本级人民政府的行政授权,属于国家行政权的性质。其预算监督的主要内容包括以下几个方面:

1. 对预算编制的监督重点

(1) 检查部门预算编制机构在编制部门预算过程中是否坚持了实事求是、严格审核、综合平衡、保证重点的原则,编制工作行为是否规范,编制工作程序是否严格等。

(2) 检查部门预算编制是否合理并符合国家的有关规定,在编制的收入预算中有无隐瞒、少列等问题,在编制的支出预算中有无违法违规的内容等。

(3) 检查综合预算编制机构在编制综合财政收支预算过程中是否坚持了综合平衡、不列赤字、留有余地的原则,编制工作行为是否规范,编制工作程序是否严格,与部门收支预算的口径是否一致等。

2. 对预算收支执行的监督重点

(1) 监督、检查各单位预算收入解缴、征收情况,有无截留、挪用、转移、坐支等违反财经纪律的问题。

(2) 检查国库是否按照分税制财政体制的要求,对业已入库的财政收入及时、准确地进行划分和报解,有无混库现象出现。

(3) 检查预算资金的分配、使用情况,以及本级国库预算支出的拨付情况。

(4) 检查部门预算执行机构是否按照支出预算的计划额度、规定的用途办理拨款,有无超额度、跨用途的拨款行为。

(5) 检查部门预算执行机构拨款的进度是否合理,与资金使用单位的资金需求计划以及有关实际工作的要求是否相符合,资金的调度是否规范,有无滥用职权等问题。

3. 对政府采购的监督重点

根据《中华人民共和国政府采购法》的规定,财政部门负责政府采购的组织工作,因此对政府采购的监督必须纳入财政部门的预算监督范围之内。对政府采购行为实施监督检查的重点包括:

(1) 检查政府采购管理机构及其实体所编制的政府采购计划是否科学、合理,是否与政府采购的预算指标相吻合,有无重复或是多头设置采购项目等问题。

(2) 检查政府采购管理机构及其实体在实施政府采购过程中采用的标准、方式、程序是否合法、合规,在签订采购合同、验收采购商品、办理资金结算等工作中有无违法违规的行为等。

（3）检查政府采购管理机构及其实体执行政府采购计划的情况，计划执行的结果是否合理，采购资金的总体安排是否科学，是否符合效益原则，在政府采购中是否存在风险等。

4. 对内部财务收支的监督重点

对内部财务收支行为实施监督检查的工作重点包括：

（1）检查内设的财会机构或履行财会工作职责的机构以及下属业务单位的资金来源、运用、结存是否正常。

（2）检查内设的财会机构、履行财会工作职责的机构以及下属业务单位建立健全和执行内部控制制度的情况，财务收支、会计核算是否符合国家的有关财经法律、法规、规章和财务及会计制度的规定等。

（3）检查内设的财会机构或履行财会工作职责的机构以及下属业务单位财产物资管理制度是否完善，账实之间是否相符等。

（4）检查内设的财会机构或履行财会工作职责的机构以及下属业务单位的专项资金的使用及结存情况，是否做到了专款专用，是否存在浪费资金、挪作他用等问题。

（三）审计机关预算监督的内容

1. 审计机关的审计职责

根据《中华人民共和国审计法》(2021年修正)的规定，审计机关的主要职责包括：

（1）审计机关对本级各部门（含直属单位）和下级政府预算的执行情况和决算以及其他财政收支情况，进行审计监督。

（2）审计署在国务院总理领导下，对中央预算执行情况、决算草案以及其他财政收支情况进行审计监督，向国务院总理提出审计结果报告。地方各级审计机关分别在省长、自治区主席、市长、州长、县长、区长和上一级审计机关的领导下，对本级预算执行情况、决算草案以及其他财政收支情况进行审计监督，向本级人民政府和上一级审计机关提出审计结果报告。

（3）审计署对中央银行的财务收支，进行审计监督。

（4）审计机关对国家的事业组织和使用财政资金的其他事业组织的财务收支，进行审计监督。

（5）审计机关对国有企业、国有金融机构和国有资本占控股地位或者主导地位的企业、金融机构的资产、负债、损益以及其他财务收支情况，进行审计监督。遇有涉及国家财政金融重大利益的情形，为维护国家经济安全，经国务院批准，审计署可以对前款规定以外的金融机构进行专项审计调查或者审计。

（6）审计机关对政府投资和以政府投资为主的建设项目的预算执行情况和决算，对其他关系国家利益和公共利益的重大公共工程项目的资金管理使用和建设运营情况，进行审计监督。

（7）审计机关对国有资源、国有资产，进行审计监督。审计机关对政府部门管理的和其他单位受政府委托管理的社会保险基金、全国社会保障基金、社会捐赠资金以及其他公共资金的财务收支，进行审计监督。

（8）审计机关对国际组织和外国政府援助、贷款项目的财务收支，进行审计监督。

（9）根据经批准的审计项目计划安排，审计机关可以对被审计单位贯彻落实国家重大经济社会政策措施情况进行审计监督。

（10）除本法规定的审计事项外，审计机关对其他法律、行政法规规定应当由审计机关进行审计的事项，依照本法和有关法律、行政法规的规定进行审计监督。

此外，审计机关可以对被审计单位依法应当接受审计的事项进行全面审计，也可以对其中的特定事项进行专项审计。审计机关有权对与国家财政收支有关的特定事项，向有关地方、部门、单位进行专项审计调查，并向本级人民政府和上一级审计机关报告审计调查结果。

2. 对预算执行的审计重点

（1）审计预算收入、预算支出、预算拨款等原始凭证以及金库报表，检查预算收入的来源和规模、预算支出的方向和用途，分析各种比例关系，监督预算收支的真实性。

（2）通过将预算收支完成数与年度预算数和上年同期完成数等进行对比、分析，审计预算收支的完成情况。

（3）审计地方政府和财税部门有无越权违规进行税收减免。

（4）审计中央和地方各级政府及财政部门拨付的各项亏损补贴资金落实到位情况，有无应拨未拨等问题。

（5）审计预算执行中的调整是否符合规定，包括进行预算调整的程序、资金来源是否符合规定。

（6）预算执行进度情况。

（7）预算绩效目标完成情况等。

3. 对政府决算的审计重点

（1）审计政府决算的完整性、准确性。

（2）审计政府决算收支平衡的真实性。

（3）审计上、下级财政结算资金是否符合规定，计算是否准确。

（4）审计有关政府决算报表及总决算说明书等。

4. 对政府性基金的审计重点

（1）审计政府性基金的种类是否在国家已批准成立的范围之内。

（2）审计政府性基金的征收规模、使用规模以及各种比例关系。

（3）审计政府性基金的来源和征收标准及征收范围，有无挤占一般预算收入。

（4）审计政府性基金的使用是否做到了专款专用，有无随意转移、挪用和损失浪费的现象。

（5）审计政府性基金的管理情况，看是否存在管理松弛、制度混乱、预算内外混淆等问题。

5. 对审计查出突出问题的整改报告

（1）监督审计查出突出问题的整改情况。

（2）监督健全完善审计查出问题清单、整改责任清单和部门预算执行审计查出问题整改情况清单制度。

（3）监督审计结果及其整改情况信息的公开力度。

二、预算监督的方法

（一）日常监督检查

日常监督检查贯穿于预算管理的全过程。从预算监督管理活动实际出发，按照预算编制、执行及反映预算执行的顺序，预算监督的方法一般包括事前监督、事中监督和事后监督。

（二）专项监督检查

专项监督检查，是指对于预算管理中出现的难点、热点和重大问题，有针对性地开展专项监督检查。专项监督检查是日常监督的有益和必要补充。从现实情况看，经济转轨时期，各种经济关系和经济利益在重新调整、组合、变化，相应的法规制度和约束机制还没有及时建立或尚不尽完善，经济领域包括预算领域的某些层面还存在监督的"断面"和"真空"。对于预算管理中存在的难点问题、热点问题和重大问题，必须进行专门的监督检查，以总结经验，吸取教训，不断完善预算管理法规和制度，从而提高预算监督检查的综合效益。

（三）个案调查

个案调查是指根据上级批示的群众举报案件以及日常监督检查和专项检查中发现的线索，组织力量进行检查核证。个案检查结束后，要向上级和主管部门报告查处情况，并对查出的违法违纪问题进行严肃处理。

《预算法》第八十四条规定："各级人民代表大会和县级以上各级人民代表大会常务委员会有权就预算、决算中的重大事项或者特定问题组织调查，有关的政府、部门、单位和个人应当如实反映情况和提供必要的材料。"这为实践中采用个案调查的方法进行预算监督提供了法律依据。

对重大事项或特定问题组织特定调查是人民代表大会及其常务委员会的重要权力，

人民代表大会及其常务委员会行使该权力,其本质是代表本行政区域的人民管理地方国家事务,保证宪法规定的人民当家作主权利的落实。特定问题调查,是国家权力机关为了正确行使职权就某一专门问题所进行的调查活动,是国家权力机关行使监督权的一种重要手段。在理解这一概念时我们注意到,特定问题调查作为各级人民代表大会及其常务委员会监督的一种方式,具有主体的权威性(为县级以上国家权力机关)、权力的法定性(由宪法和法律规定)、对象的重大和复杂性(属于人民代表大会常务委员会履行职责中有关重大事实不清的问题)、运作的程序性(调查委员会的提出和组成、调查的开展、调查报告的提出和通过、作出决议等一系列过程须依法律规定进行)等特点。《中华人民共和国全国人民代表大会常务委员会议事规则》规定,全国人民代表大会认为必要的时候,可以组织关于特定问题的调查委员会。主席团、三个以上的代表团或者十分之一以上的代表联名,可以提议组织关于特定问题的调查委员会,由主席团提请大会全体会议决定。调查委员会由主任委员、副主任委员若干人和委员若干人组成,由主席团在代表中提名,提请大会全体会议通过。调查委员会可以聘请专家参加调查工作。调查委员会进行调查的时候,一切有关的国家机关、社会团体和公民都有义务如实向它提供必要的材料。提供材料的公民要求调查委员会对材料来源保密的,调查委员会应当予以保密。调查委员会在调查过程中,可以不公布调查的情况和材料。调查委员会应当向全国人民代表大会提出调查报告。全国人民代表大会根据调查委员会的报告,可以作出相应的决议。全国人民代表大会可以授权全国人民代表大会常务委员会在全国人民代表大会闭会期间,听取调查委员会的调查报告,并可以作出相应的决议,报全国人民代表大会下次会议备案。

西方国会也拥有国政调查权,它起源于英国,也有研究者将其称为"国事调查权",主要指国会所进行的有关国家重大事宜的调查,区别于行政或司法部门所进行的一般调查。近现代立宪国家,无论宪法有无明文规定,普遍承认国会拥有国政调查权。各国议会的国政调查权因国情的不同而有所不同。在西方国家,国政调查权原则上由议会直接行使。但由于议会人数较多,为便于调查权的行使,许多国家将某些特定事项交专门委员会调查。特别是以委员会为中心的国家,如美国、日本,实际上是以委员会为中心行使国政调查权的。在日本,由国会两院的常任委员会行使国政调查权。在英国,先是由议会的委员会进行国政调查,后来改为经议会两院作出决议后,由国王或一名主管大臣任命一个调查法庭进行调查。

(四) 质询与询问

《预算法》第八十五条规定:各级人民代表大会和县级以上各级人民代表大会常务委员会举行会议时,人民代表大会代表或者常务委员会组成人员,依照法律规定程序就预算、决算中的有关问题提出询问或者质询,受询问或者受质询的有关的政府或者财政部门必须及时给予答复。(具体内容可参见第五章)

第三节 政府预算的法治化

政府预算的法治化(以下简称"预算法治化")就是政府使预算的编制、审查和批准、执行、决算和监督有法定的规范程序。法治化能够明确预算相关部门和单位的责任,严肃财政会计纪律,保证预算统一、规范,实现对预算的有效监督和控制。

一、预算法治化的理论基础

(一)预算的契约性是法治化的基础

契约是交易的一种方式,预算的契约性源自契约和交易型国家类型与美国经济学家罗纳德·科斯所创立的企业契约理论的结合。政府如同一家超级企业,预算是一系列契约的组合,具有契约性。预算的契约性特点可结合市场契约和企业契约来认识。从契约的内容看,企业是要素交易的契约,市场是产品交易的契约,而预算则是规定政府介入要素交易和产品交易时有关权责关系的契约。从契约的期限看,市场是一种短期契约,企业是一种中期契约,预算则是一种长期契约。就契约本身的相对完备程度而言,市场是一种完备契约,企业是一种不完备契约,而预算则是一种最不完备的契约。契约的不完备性来自未来的不确定性、信息不对称及交易成本过高,以至于契约不能准确描述与交易有关的所有未来可能出现的状态以及每种状态下契约各方的权责。①

预算的契约关系可理解为委托代理关系,契约规定代理人为了委托人的利益应采取何种行动,委托人应相应向代理人支付何种报酬。国民和国家间之所以存在委托代理的交易关系,是因为由国家从事公共事务所耗费的资源相对而言比其他组织少,可将社会生产可能性边界予以拓宽,这样的话,交易对选民很合算,选民与政府之间的互利交易便有了基础。这种契约式的交换关系所产生的收入可以某种形式在选民和国家间分配。预算的契约性要求预算决策符合民意,并对收取的税收与政府提供的公共产品进行成本收益对比,使税收成为国民对国家提供服务的回报,形成预算的契约性特征。

(二)预算契约采取"法约"的方式

虽然从预算的本质上看,预算决策要符合国民的意愿,但在现实运行中往往表现为行政和立法的矛盾协调过程,并且行政机关编制的预算草案经过立法机关审批后,预算才得以成立,这使得预算的契约关系以法律文书的形式加以确定。预算的契约关系以法律形式表现,即采取"法约"方式,主要有如下作用:

(1)明确年度预算中的委托代理责任和义务。私人市场契约大多采用合同形式,也可能采用口头约定形式,但预算对国民与政府间的契约关系以法律文书的形式予以确

---

① 王金秀:《预算法理与预算的法治建设——兼论我国〈预算法〉的修改及预算执法控制》,中国法学会财税法研究会 2007 年年会暨第五届全国财税法学会学术研讨会论文集,2007 年。

定,国民通过法律契约赋予政府权力、义务和责任,须经立法机构审批方能成立。法令性要求准确性,将收支预算置于立法机关约束之下,并形成批准的基础。经议会通过后的当年预算称为年度预算法案,其契约内容主要是年度预算收支。法律性是预算的前提和保证,缺乏法律约束的预算不是真正意义上的现代预算,预算制定过程也就是预算的立法过程。

(2) 增强契约的约束力。国民意愿归集方式采取政治行政程序,政治权力必须受到约束,"王子犯法,与庶民同罪"说明最强有力的约束就是法律的约束,预算方案一旦经权力机构审批就具有法律效力,政府必须贯彻执行,不能任意修改,如需修订要经权力机构批准。

(3) 提供预算决策和依法监督的依据。体现民意的预算制定后必须由立法机关审核批准,也就是必须接受立法机关的监督,同时还必须接受社会公众、上级对下级等多方面的监督,以法律明确的责任和义务为监督机构监督检查契约的履行情况提供依据。

(4) 预算规范是以年度预算法案为重点的法律体系。预算法律规范是经过立法机构颁布的有关预算的规范,分为宪法、预算基本法、预算专门法以及预算相关法律等,成为政府编制预算、进行预算决策的依据。预算法治约束最集中地体现在年度预算法案上,每年由权力机关审议通过的预算在执行年度具有法律有效性,在时间效应上称为年度预算法案。单位预算和部门预算是预算的基础,也是预算法律契约的有机组成部分。

(三) 预算契约来自国民和政府间的委托代理关系,具有多层级性和多重性

预算体系是由多种类、多级次的委托代理关系组成的,社会公众将社会公共事务委托给国家来办理,将公共权力授予国家,国家提供服务和征税需要依靠大量的代理人,国家又将一切事务活动委托给政府及其不同的职能机构具体执行,由此出现委托代理的类别和级次。

在委托代理类型上,我国经济运行系统中存在四种代理系统,繁衍为两个制度分支:党的监督和管理机构代理人(党选拔各级管理者)以及军队和警察代理人。这种委托代理制度是经济系统运行的制度安排。在委托代理层次上,存在上级对下级、政府对政府职能机构、上级机构对下级机构、各机构和机构工作人员之间的多层委托代理关系。预算等级体系是和政府的管理结构相重叠的,我国实行一级政府一级预算,与政府层级相适应,设置五级预算,归结为中央预算和地方预算。中央和地方各级政府之间存在行政等级关系,各级政府各有职责分工,但作为统一的国家的一部分,都必须执行中央统一的政策。政府为履行职能组成相应的职能机构,其中财政部门是专司各该级政府财政职能的机构,负责预算日常管理工作;其他职能机构是使用预算资金、制定预算规划,并与政府总预算发生收支关系的预算单位。预算单位是提供某种公共产品或服务、履行政府某种经济职能的公共部门,其组建按政治程序确定。有些职能机构为了更好地履行其职责,需要成立相应的分支机构,分支机构独立提供某种公共产品或服务,因此也构成预算单位。我国各级政府的预算为总预算,由该级政府职能机构预算,即本级政府各部门的

预算汇总而成,是反映同级政府各职能机构(包括行政和事业公共部门)收支预算汇总的计划。政府各职能机构(包括行政和事业公共部门)本系统内全部收支的计划形成部门预算,部门预算以主管预算单位为主体,并由本部门系统内的基层预算单位和二级预算单位逐级层层汇总而成。直接与同级政府发生预算收支关系的职能部门为主管预算单位;与主管预算单位和基层预算单位发生预算资金收支往来关系的单位为二级预算单位;没有下级预算单位的单位为基层预算单位。在政府财权统一的条件下,预算收支和该级政府各级职能机构汇总的预算收支在数量上应该相等;但在行政和事业公共部门有非财政拨款收入的现实情况下,二者不可能完全相等。

预算中的委托代理关系的典型特征是两大等级体系:一是通过从初始委托人到中央委员会的授权链而形成,委托代理方向由下至上;二是通过从中央委员会到机构内部成员,即最终代理人的授权链而形成,委托代理方向由上至下。除初始委托人和最终代理人外,每个局中人均扮演委托人的代理人、代理人的委托人的双重角色,可用"上游代理人"和"下游代理人"分别指有关代理人之前和之后的代理人。通常,预算的委托代理方式是授权代理制,而企业的委托代理方式则是产权代理式。

(四)代理人问题和预算契约的不完备具有客观性

一般而言,预算委托代理的层次越多,代理链越长,起始委托人,如社会公众的行为能力就越弱。这说明如果要提高预算的效率,就需要做到以下几点:第一,力求减少委托代理的层次,加快企业、政府、行政机构和事业单位的改革,促使企业成为真正独立的市场主体,增强事业单位的财务自主权,减少政府对企业和事业单位的控制,推动市场化改革的进程;第二,加快民主化进程,促使人民真正地当家作主,这既是经济理论在预算管理学科上进行规范分析所形成的结论,也是我国社会主义市场经济体制改革在政治意义上的本质要求。

从规范意义的角度看,预算是国民与政府之间就公共事务形成的委托代理关系在财力上的体现。公共委托代理关系中代理人问题的关键是国民作为"委托人"如何向财政当局、支出部门、政治家等从事财政活动的"代理人"施加制约。财政制约之所以会出现问题,是由于财政支出容易从制度角度被滥用,也就是说,虽然支出部门及政治家等提出的每项支出预算都有利于各自的部门或选区,但支出预算的成本却化为税金摊在广大国民身上,所以该部分成本并未被内生化,从而容易增大这种个别性支出的压力。这属于一种道德风险,被称为"公共池塘资源问题"。政府及政治家为了谋取私利往往会耍一些伎俩,以便将预算资金挪作他用以及隐瞒或粉饰过度的支出。

现代国家往往具有多重特性,兼具契约性和政治性。如果将国家模型与对公众需求的满足方式结合起来,契约和交易型国家对公共偏好的满足采取"个人式",最关心福利的提供,强调福利是个人需求的总和,相信消费者主权或个人偏好是社会的基础、社会选择反映个人选择是人类进步的取向。而政治性国家模型对公共偏好的满足或采取垄断式,或采取家长式,其中垄断式是由统治氏族或集团掌握权力,并运用政府机制增进成员的福利,家长式强调以政治手段推行普遍福利政策,通常提供超出社会需求总量并与个人需求不同的服务。垄断型国家产生预算的政治特征,提供了国家意志可能偏离公共需要的依据,但难以形成经济理论分析的基础,只能说明预算运行的政治组织方式。尽管如此,预算的政治意义却丝毫不能忽视,应该说预算是契约性和政治性的统一体,是两种内涵特性之间矛盾协调的结果,通过在家长式国家和个人式国家之间进行权衡,形成理论分析的基础和学术争论的主题。

二、预算相关法律

根据制定机关和所产生的法律效力的不同,可将预算相关法律分为以下几个层次:

(一) 宪法

宪法是国家的根本大法,是立国之本。宪法是由我国的最高权力机关——全国人民代表大会制定并通过的,具有最高的法律效力。宪法中的各项规定是形成预算法以及其他各类法律依据的原则。《宪法》第六十二条规定,全国人民代表大会具有"审查和批准国家的预算和预算执行情况的报告"的职权;第六十七条规定,全国人民代表大会常务委员会"在全国人民代表大会闭会期间",具有"审查和批准国民经济和社会发展计划、国家预算在执行过程中所必须作的部分调整方案"的职权。

(二) 财经法律法规

这里所讲的财经法律法规是指由全国人民代表大会及其常务委员会制定的法律以及相关的决议或决定,其法律地位仅次于宪法,是预算法律依据的重要表现形式,对预算工作的规范化具有强制力。随着我国社会主义市场经济体制的建立与逐步完善,法治建设得到不断的加强,关于预算的法律也越来越丰富。《预算法》《监督法》《中华人民共和国审计法》《中华人民共和国会计法》《中华人民共和国税收征收管理法》《中华人民共和国政府采购法》《中华人民共和国注册会计师法》《全国人民代表大会常务委员会关于加强经济工作监督的决定》《全国人民代表大会常务委员会关于加强中央预算审查监督的决定》等一批重要的财经法律法规的制定与施行,为各预算主体充分履行其职责提供了重要的法律保障。

(三) 有关行政法规

国务院以及地方权力机关每年都要制定和发布一些指导全国或本地区预算工作的有关行政法规。在制定和发布施行的行政法规中,对预算工作具有指导作用的当数国务院制定的有关行政法规,如《财政违法行为处罚处分条例》《预算法实施条例》《企业国有资产监督管理暂行条例》《国务院关于加强预算外资金管理的决定》《违反行政事业性收费和罚没收入收支两条线管理规定行政处分暂行规定》《国务院办公厅转发财政部、审计署、中国人民银行关于清理检查"小金库"意见的通知》《中共中央办公厅、国务院办公厅关于转发财政部〈关于治理乱收费的规定〉的通知》《国务院关于整顿会计工作秩序进一步提高会计工作质量的通知》《国务院关于坚决打击骗取出口退税严厉惩治金融和财税领域违法乱纪行为的决定》《中华人民共和国国家金库条例》《罚款决定与罚款收缴分离实施办法》《财政检查审理工作具体规则》,等等。这些行政法规的制定和颁布实施,对当前的预算工作行为具有直接的规范作用。

(四)地方性法规

各省级人大和地方政府为加强对地方预算的监督,相继颁布了一些地方性预算法规。目前,全国绝大部分省市都制定并颁布了本省的财政监督条例、财政监督办法或预算监督管理办法等各种预算监督法规,为地方各级政府部门预算管理提供了更具操作性的法律依据。

(五)有关规章制度

除法律依据外,各级部门还制定了有关规章制度来规范预算行为。新中国成立以来,我国已建立起一套比较完整的预算制度。这些预算制度包括预算管理体制、预算和决算制度、部门预算制度、国家金库制度、各种税收制度、预算支出拨款制度、各种会计制度、行政事业单位开支标准、备案制度,等等。这些规章制度的建立和不断完善,对于保证我国预算任务的圆满完成起到了重大作用,同时也为加强预算监督提供了重要的制度依据。

三、推进我国预算监督及其法治化建设

(一)要从宪法的层面进一步推动财政预算的法治化

预算法治化所要解决的核心问题就是对于财政预算权力的限制问题。[①] 此外,财政预算中的人大监督权问题、财政预算的可诉性等相关问题,已经超越经济法的范畴,上升到国家机关之间的权力分配层面,只能在宪法的层面上予以根本解决。党的十八届四中全会也明确提出,"坚持依法治国首先要坚持依宪治国,坚持依法执政首先要坚持依宪执政",这充分体现了宪法在整个法治进程中的独特地位。由此可见,预算法治化问题,在本质上是一个宪法问题,最终还必须在宪法的层面上予以确认,唯有如此,才能真正实现财政预算的法治化。

(二)以《预算法》为基本法,其他预算专门法规配套互补,健全我国的预算法律体系

我国目前的许多预算制度只是形成了一些条例、办法、规定,不具有法的性质和地

---

① 肖京:《国家治理视角下的财政预算法治化》,《法学论坛》2015年第6期。

位,而世界各国都以法律的形式对预算制度加以确认,法治化便于保证预算各项制度的规范化和高透明度,避免任意性。财政预算的法治化在整个国家治理中的地位虽然重要,但不仅需要相关法律制度予以配合,同时也需要行政制度、决策制度、司法制度、监督制度等一系列的相关制度予以配合,唯有如此,才能真正实现国家治理的现代化。就相关法律制度而言,主要体现在经济法与行政法领域。就经济法领域而言,国债法律制度、政府采购法律制度等相关制度很有必要进一步完善;就行政法领域而言,财政预算监督、公民的预算参与权等相关问题应当通过法律予以保障。由此可见,相关配套法律制度的完善是财政预算法治化路径的又一重要方面。

(三)构建全方位多层次的预算监督体系

加强预算监督需要构建起全方位多层次的监督体系,其中人大监督居于主导地位,其他预算监督主体起协调配合作用,所有监督主体共同发力。除发挥人大应有的监督作用外,财政监督可以财政绩效为手段发挥财政监督的专业性优势,监督和激励预算部门和预算单位提高财政资金的使用效率。最后,在当前社会公众监督意识提高和监督途径多样化、便利化的情况下,社会监督也应发挥其应有的作用。相应地,这需要财政和相关部门提高预算透明度,并为社会监督提供途径和方式。

本章小结

预算监督是指有关主体依法依规对公共预算进行的检查、督促和制约行为,是预算管理的重要组成部分。预算监督有广义和狭义之分。广义的预算监督,是指预算监督体系中具有监督权的各主体,依照法定的权限和程序,对各级预算所实施的检查和监督行为。狭义的预算监督,是指财政机关在财政管理过程中,依照法定的权限和程序,对各级预算的合法性、真实性、有效性所实施的检查和监督行为。

预算作为公共财政体系的基本存在形式和制度载体,不仅体现了公共财政的职能与作用,而且也是政府治理的一个重要手段。

与其他行政监督相比,对预算进行的监督具有其自身的特点,如预算监督体系的层次性、预算监督主体的多元性、预算监督对象的广泛性、预算监督过程的全面性、预算监督依据的法律性以及预算监督形式的多样性等。

可按照预算监督体系的构成和预算监督的时间顺序对预算监督进行分类。

各监督主体由于其所代表的利益和专业性不同,监督的内容也不尽相同,本章分别阐述了各监督主体的监督内容。

预算监督的方法主要有日常监督检查、专项监督检查、个案调查以及质询与询问等。

预算相关法律包括从宪法到部门规章等各个层次。预算的法治化就是使预算的编制、审查和批准、执行、决算和监督有法定的规范程序。法治化能够明确预算相关部门和单位的责任,严肃财政会计纪律,保证预算统一、规范,实现对预算的有效监督和控制。

思考题

1. 预算监督的概念和特征是什么?
2. 现阶段加强预算监督的必要性和重要作用是什么?
3. 预算监督如何分类?
4. 各预算监督主体的监督内容是什么?
5. 在建设公共财政和加强民主法治化的过程中,如何进一步健全和完善我国预算的法治化建设?

21世纪经济与管理规划教材

财政学系列

第十章

预算管理一体化

【学习目标】

本章介绍了预算管理一体化的内涵与改革背景、预期成效。通过本章的学习,读者应该能够掌握预算管理一体化的内涵、改革内容与管理机制,思考预算管理一体化改革对我国财政管理水平提升的意义以及预算管理一体化改革对于我国数字财政建设的价值。

当今世界正在经历一场更大范围、更深层次的科技革命和产业变革,数字经济、数字政务蓬勃发展,对财政管理的数字化、信息化水平提出了更高要求。在预算制度改革进入深水区、攻坚期的背景下,财政部门以系统性思维为指导,以信息化手段为突破口,启动预算管理一体化改革,构建现代信息技术条件下"制度+技术"的管理机制,全面提高各级预算管理规范化、标准化和自动化水平。本章分析了预算管理一体化改革对财政管理带来的机遇与挑战,以及深化预算管理制度改革亟待破解的难题障碍等,提出以系统论思想为指导,以预算管理一体化改革为突破口,整合完善预算管理流程和规则,实现业务管理与信息系统的紧密结合,全面提升财政管理水平,助力推进国家治理体系和治理能力现代化。

第一节 预算管理一体化概述

习近平总书记指出,财税体制改革不是解一时之弊,而是着眼长远机制的系统性重构。信息是国家治理的重要依据,要以信息化推进国家治理体系和治理能力现代化。要打破"信息孤岛",破除数据壁垒,加强数据有序共享,加快智慧社会、新型智慧城市建设,推进政务数据、行业数据、社会数据、企业数据等汇聚融合、合理利用,建立健全国家数据资源体系,提升宏观调控、数据监管、社会治理、公共服务的精准性和有效性。

一、预算管理一体化的内涵

预算管理一体化是指以统一预算管理规则为核心,以预算管理一体化系统为主要载体,将统一的管理规则嵌入信息系统,提高项目储备、预算编审、预算调整和调剂、资金支付、会计核算、决算和报告等工作的标准化、自动化水平,实现对预算管理全流程的动态反映和有效控制,保证各级预算管理规范有效。预算管理一体化是以新时期财政背景为基础,以当前各级财政部门在预算管理工作中所面临的实际问题为切入方向,解决预算管理工作中所存在的规范性难题的系统化体系。预算管理一体化的核心思想在于制定一体化规范和一体化技术标准,注重业务服务特点以及不同财务部门之间的数据贯通。

相较于过去的财政电算化、"金财工程",预算管理一体化工作是财政信息化建设一次大的跃升。需要做好以下几个方面的工作:第一,传统的财政信息化是面向流程,而先进的理念则是面向规则。所以,当规则变化时,流程就必须重新进行设计,系统也要重新调配。因此,转变理念,从着眼于事务流程处理转向决策支持,是财政信息化建设必须考虑的问题。第二,如何在保证安全的前提下,使财政信息化变得更为开放,能够同其他宏观经济管理部门,如国家发展和改革委员会、审计署、国家税务总局、中国人民银行等,进行数据的协同与共享,同时接受社会公众的监督,也是财政信息化建设要考虑的问题。第三,处理好财政资金特别是中央财政资金的安全保密性和对外开放这对矛盾,同样是财政信息化建设的当务之急。

为落实党的十九大和十九届四中、五中全会关于建立现代财税体制、深化预算管理制度改革的要求,2019年,财政部统筹谋划预算制度改革和财政工作数字化转型,以"建立全面规范透明、标准科学、约束有力的预算制度"为改革目标,部署推进预算管理一体化建设,运用系统化思维和信息化手段将管理规则嵌入信息系统,构建现代信息技术条件下"制度+技术"的财政管理机制,以信息化手段驱动实现预算管理现代化,加快实现建立现代预算制度的改革目标。党的二十大报告进一步提出"健全现代预算制度",预算管理一体化改革正是适应新的形势要求,通过动态管理将管理规则、监督机制嵌入财政管理中,这对原有的"金财工程"是一种提升。作为预算管理的基础,预算管理信息化改革不仅可以提供先进的数字化技术,还蕴含着数字化治理的先进理念,在"规则+技术"的双重驱动下实现财政数字化转型,全面助力预算管理水平再上新台阶。

二、预算管理一体化与财政信息化

(一)财政信息化的内涵

财政信息化是指财政部门依据现代财政管理理论,应用现代信息技术,整合财政部门的预算、执行、监督等管理流程,及时、准确地向财政各级管理者提供充分和有用的信息支持,加工和利用财政信息,实现对政府财政活动的控制,满足政府财政管理和对外服务需要的一系列过程的总称。

财政信息化的目标是:追求财政管理水平和对外服务水平的提升。财政信息化的作用是:提高财政数据处理的时效性和准确性,提高财政管理的水平和质量,降低财政工作人员的劳动强度;加强财政管理和控制的作用,使财政管理由事后算账、管理转向事先预测、规划,事中控制、监督,事后分析、决策的一种全新的管理和控制模式,以财政信息的使用价值,提高财政管理、控制和决策水平;推动财政管理方式、财政管理理论创新和观念更新,促进财政工作的进一步发展。

(二)财政信息化的特点

财政信息化对优化财政管理、提高财政服务效率起到越来越重要的作用,财政信息化的具体特点有:

1. 系统性

系统性是指从系统的角度考虑财政信息化的建设,包括财政信息化的计划、组织实施、管理等各个方面。财政信息化涉及计算机硬件网络系统、财政业务管理流程的分析优化、财政应用软件的开发实施、各级财政部门财政数据的汇总分析等,需要从系统的层面统筹考虑。

2. 服务性

服务性是指通过财政信息化,进一步提升财政管理水平,服务财政管理工作。财政信息化实现了各项财政业务工作的信息化管理,提高了各项财政业务工作的效率,促进了各项财政业务的管理创新。在财政信息化的建设过程中,各级财政干部已经认识到财政信息化是财政管理工作的一部分,通过财政信息化,可以持续推进财政管理规范化、促进财政管理创新,可以持续提升财政部门对各级预算单位的服务水平。

3. 政策性

政策性是指在财政信息化建设中,财政部对财政系统的财政信息化建设具有一定的政策指导作用。财政部门是政府的重要职能部门,财政工作是政策性很强的工作,上级财政部门需要随时掌握下级政府的预算执行情况,财政部需要加强对下级财政部门财政信息化工作的政策性指导,从而保证财政系统从下至上逐级呈报的财政信息的有效性。财政部规定了全国财政系统财政信息化建设的相关网络技术标准等,对重要的财政应用系统采取全国统一采购、推广的办法,这对于保证财政部随时掌握全国的相关财政信息起到了重要作用。

4. 专业性

专业性是指财政信息化涉及财政管理和信息技术,需要以财政理论和信息技术理论为指导,需要在财政管理工作中全面应用信息技术。在公共财政改革推进的过程中,部门预算、国库集中支付、政府采购等财政管理方式都全面应用了信息技术,为保证财政信息化工作的顺利推进,市级以上财政部门大多成立了信息中心,逐步培养了一批熟悉财政业务和信息技术的复合型专业人才,从组织和人力上保证财政信息化建设的快速发展。

5. 开放性

开放性是指在财政信息化建设过程中,能够在现有财政信息化建设的基础上融入新的硬软件系统,能够实现各类财政数据与其他相关数据的交换。随着财政改革的不断发展,会出现一些新的财政管理方式,如省直管县等,需要及时开发出相应的财政应用系统,配合财政业务改革的进行。在财政管理信息系统运行的过程中,需要能够与税务、银行等信息系统交换信息。各地财政部门曾经进行了多年的财政信息化建设,已经有了一定的基础,需要在后续的财政信息化建设中,重视财政信息化建设的开放性,充分利用已有的财政信息化建设成果。

(三)预算管理一体化对财政信息化提出的新挑战

财政的各类信息系统是财政数据生产和汇集的枢纽。近年来,各级财政部门大力开发预算编制、预算执行、债务管理、资产管理等各类信息系统,不断完善各项管理制度,不断优化各项业务流程,各项财政核心业务均实现了单点突破,我国财政管理信息化水平大幅提高。但财政信息化建设仍存在一些明显的短板,"车不同轨、书不同文"问题仍然存在,"各自为政、不联不通"问题亟待解决,财政信息系统碎片化和业务模块信息割裂的状态导致财政信息整合度与共享水平较低,难以充分挖掘财政大数据的价值。

1. 央地财政管理信息系统建设的顶层设计还不够

目前,虽然全国有统一的预算法和实施条例,国务院、财政部也印发了相关的制度规定,但是预算管理编制、执行过程中很多具体的流程、规则和管理要素大多由各级财政部门分别制定,没有形成全国统一的预算管理和执行规范,导致中央和地方预算管理的具体程序、时间要求、分类标准、数据口径上存在差异,难以有效衔接。由于上下级之间的管理制度不衔接,数据标准不统一,也就难以通过生产数据动态收集汇总各级预算执行情况。各级财政部门对下级预算单位的预算执行情况基本上停留在汇总报备的层面。虽然有的地方出于工作需要,也对下级动态上报的统计表格有一些制度要求,但基层填报数据的质量不高,财政收支数据的时效性和真实性都难以保证。

2. 财政各业务模块之间的数据传输还不够顺畅

预算编制系统与国库支付系统、政府采购系统、各单位财务管理系统之间还缺乏有效连通。基层预算单位的财政资金从预算申报到资金支付涉及多环节、多部门、多人员,例如涉及财务申报系统、办公自动化(OA)系统、国库支付系统、预算管理系统、政府采购系统、银行柜面系统等。以国库支付系统与单位预算系统的关系为例,基层预算单位主要通过预算管理系统来管理财政资金的收支计划,其财政资金额度按照项目管理的具体要求进行分配,但实际支付时通过"零余额账户用款额度"科目,仅显示项目的名称,与国库支付系统的指标设置不一致,不仅导致国库支付难度增加,而且导致预算执行进度只能依靠预算管理系统的会计核算进行监督,无法依靠国库支付系统进行实时动态监控,使得预算执行监督的及时性、有效性减弱。与此同时,还存在国库支付系统与政府采购系统不畅通需反复沟通确认采购信息、与财务管理系统不同步需二次录入数据、与代理银行清算系统不衔接需人工审核支付等情况,这些均增加了业务办理难度,并在一定程度上带来了内控风险。究其原因,一方面在于财政各业务流程未梳理清晰,尚未形成标准化、精细化的业务指标体系设计,另一方面在于技术不成熟,二者共同导致了财政内部业务系统之间较低的数据共享水平。

3. 碎片化的收支信息无法支撑财政宏观决策和绩效管理

总体来说,横向维度与纵向维度的财政收支信息的碎片化和部门化,使得信息整合程度较低。大量数据分散存储于各部门、预算单位等,财政部门对本地区及下级预算单位的资金执行情况缺乏全面准确的了解,也就无法把握财政资金收支运行的实时信息,无法提前发现问题、警示风险,从而难以从全局的角度为科学决策提供合理依据。

三、预算管理一体化的实施背景与进展

(一)预算管理一体化的实施背景

自《预算法》修订以来,按照党中央、国务院决策部署和《预算法》的规定,财政部会同有关部门和地方积极改进预算管理制度,大力推进中期财政规划、预算公开、地方政府债务管理、预算绩效管理等一系列重大改革举措落地实施,为建立现代预算制度提供了基础条件。2020年8月,《预算法实施条例》的正式发布,更是中国向现代财政制度加快

迈进的坚实一步。巩固2014年以来预算管理领域的改革成果,将相关制度、规则以系统的形式固化下来,强化预算约束,加强各层级政府预算之间、各预算管理环节之间,以及政府预算、部门预算和单位预算之间的有效衔接控制,加强对部门和单位各项资金资产的统筹管理,需要信息技术的大力支撑。因此,预算管理一体化改革既是深化预算制度改革的重要内容,也是支撑预算制度改革得以有效实施的必要手段。

预算管理一体化是进一步深化预算管理制度改革的突破口。当前,预算制度改革进入深水区、攻坚期,过去出台单项制度和规则的管理方式,已无法适应改革发展的要求,难以实现改革预期。各级预算管理基础工作中仍然存在许多薄弱环节,预算管理的规范性还不够,财政部门对预算运行信息的掌握也不充分,履职尽责的能力和水平有待提升。因此,进一步深化预算管理制度改革,必须紧紧围绕标准科学、规范透明、约束有力的要求,系统制订切实可行的方案。要科学制定支出标准、全面规范预算管理和切实硬化预算约束,就必须实现各层级政府预算之间、各预算管理环节之间,以及政府预算、部门预算和单位预算之间的有效衔接控制,加强对部门和单位各项资金资产的统筹管理。因此,预算管理一体化既是深化预算制度改革的重要内容,也是支撑预算制度改革得以有效实施的重要手段。

预算管理一体化也是完善财政基础工作、做好基础管理的必然选择。当前各级预算管理基础工作中仍然存在许多薄弱环节,预算管理的规范性还不够,财政部门对预算运行信息的掌握也不充分,履职尽责的能力和水平有待提升。为此,财政部门必须对现有的预算管理手段和信息化水平进行全面彻底的升级,提升对数据的管理能力,把基础工作做扎实,练就看家本领,更好地担负起财政预算管理职责。

(二)预算管理一体化的实施进展

2019年,财政部开始部署推进预算管理一体化建设,旨在以系统化思维和信息化手段推进预算管理工作,构建现代信息技术条件下"制度+技术"的管理机制,全面提高各级预算管理规范化、标准化和自动化水平。为此,财政部制定发布了《预算管理一体化规范(2.0版)》和《预算管理一体化系统技术标准V2.0》,明确了一体化系统的建设标准,部署地方和中央分步建设实施预算管理一体化系统。

目前,地方第一批实施省份工作推进顺利,已经取得了突破性进展。各地财政部门按照规定的时间节点,严格对标《预算管理一体化规范(2.0版)》和《预算管理一体化系统技术标准V2.0》,加快推进本地预算管理一体化系统建设实施。同时,中央预算管理一体化试点也已启动,中央预算管理一体化系统预算编制和执行主体业务现已成功贯通。财政部将加强对预算管理一体化建设的督促与指导,对各地建设的一体化系统进行严格评估。根据预算制度改革实际,研究拓展《预算管理一体化规范(2.0版)》和《预算管理一体化系统技术标准V2.0》,持续推进各地预算管理一体化系统升级完善,实现预算管理一体化建设螺旋式跃升。

四、预算管理一体化改革的预期成效

(一) 中央与地方财政信息纵向互联互通将大幅增强财政政策执行力

中央与地方之间各类问题的根源是信息不对称。通过预算管理一体化改革,可以实现中央与地方财政系统信息贯通,打破部分政府间的财政信息壁垒,实现"全国政府预算管理的一体化、各部门预算管理的一体化、预算全过程管理的一体化、预算项目全生命周期管理的一体化、全国预算数据管理的一体化"五个"一体化",大幅提高财政政策执行力,以财政管理效能提升来促进实现财政政策的宏观调控目标,即发挥财政管理乘数效应。

要实现中央与地方间财政系统的信息贯通,前提是要有统一的业务规范和技术标准、数据标准等,这些规则需要由中央统筹考虑后予以制定。现实中,各地财政数字化转型程度不一,信息基础设施和人员配备不同,因此,这项工作的实施难度较大。为了促进中央与地方间的预算管理数据共享,在具体建设中,中央要充分考虑到各地的实际情况,给予必要的督导和技术援助,帮助地方妥善处理已有系统与新系统之间的数据对接、业务对接等,探索一条各方共赢的实施路径。

(二) 财政与部门、单位间信息横向互联共享将提高资源配置效率

财政与各部门、单位间的信息不对称,容易带来预算碎片化以及资金使用效率低下问题。财政与各部门、单位都依据各自的管理需求和规则产生大量信息,这些信息是实现有效财政监督控制的基础,也是政府决策的基础。目前,各部门、单位预算编制与预算执行没有形成一个整体,预算执行信息反馈的时效性不强,无法为预算编制和调整调剂提供有效参考,财政无法准确掌握单位预算项目执行信息。为此,应统一各主体的预算管理流程和规则,推动财政信息系统的整合和财政收支数据的集中。例如,通过推进单位会计信息集中存放,推动各部门信息的动态反映和集中管理。除部门、单位预算信息外,还需要经济统计、税收征管、银行账户、人事编制等外部系统信息。加强这些方面信息的收集与分析对于准确编制预算、提高预算执行分析效率、加强单位资金管理等具有重要作用。同时,应加强政府预算、部门预算、单位预算之间的衔接,保证政府预算安排给本部门的资金落实到具体单位和项目,采取自上而下的支出控制措施,实现政府预算对部门和单位预算的支出限额控制,防范财政风险,也促使财政资源从低效益领域转向高效益领域,激励各部门和单位提高资源配置效率。

(三) 构建预算管理全流程顺向控制与逆向反馈闭环,更好接受监督

预算管理是公共资源获取和使用的过程,需要接受监督。为更好接受党内监督、人大监督、民主监督、审计监督,就必须加快预算管理一体化建设,保证"车同轨,书同文",统一预算管理流程和规则,设置统一的预算管理要素,破解预算管理控制要素的含义、适

用范围、分类标准、控制口径不一致导致传递或理解出现偏差的问题。同时,为进一步发挥财会监督的"利剑"作用,满足实时监督和控制需要,预算管理在事前就需细化数据记录规则,从生产系统完整准确地提取数据,防止部门、单位仅靠事后填报和汇总预算信息,出现人为干预和信息冗余影响控制效果的局面。在实现各级预算管理统一规范和细化预算信息的基础上,应不断丰富预算公开内容,提高预算公开及时性,满足人民群众对财政透明度和政府履职尽责情况日益增长的关切,将外部监督压力转化为内部改进管理的动力,促进财政、各部门和单位不断改进预算管理。

(四)预算信息互联互通将进一步提升预算监督工作绩效和质量

中国特色的监督体系非常丰富,需要发挥多种监督方式的协同效应。在党内监督的主导作用下,实现财会监督与党内监督、监察监督、行政监督、司法监督、审计监督、统计监督、群众监督、舆论监督的协同配合,形成大监督合力。这样的监督体系形成了一个监督网络,覆盖众多环节,其中,人大预算联网监督在人大和财政部门间建立起高效的数据共享系统,将政府各个部门、单位的预算执行情况置于人大全方位、全过程、实时监督之下,将社会大众对公共服务的诉求及时反馈给政府部门,可以使预算资金的安排更加有效,进而提升人大预算监督的效率和质量。

为了落实监督协同,就需要实现数据协同,各级财政部门要建立监督的长效机制,在数据互联互通的基础上多运用现代数字技术,建立起日常监管与专项监督协调配合的监督机制,实现以数监督、以数问责。

(五)预算管理一体化有助于打造完整可靠、服务决策的财政数据分析体系

通过预算管理一体化改革,打造完整可靠、服务决策的财政数据分析体系,首先要求预算执行数据必须完整、准确和相关,财政国库自动记录支出明细、合同协议、电子发票、现金预测等信息,自动生成财务报告和分类信息查询表,为预算执行管理、绩效评价、财政监督和综合财务报告提供可靠支撑。其次,实现各级财政总账数据标准统一。逐步实现全国财政总账数据自动汇总,建立全国预算执行数据的集中管理和大数据分析机制。最后,进一步挖掘数据背后的决策价值。加强决算数据、非税收入数据、动态监控数据、差旅电子凭证数据等财政国库数据的分析应用,为改进财政财务管理、服务领导决策提供参考。

(六)实现预算管理一体化与数字财政建设的良性互动

数字财政是以财政大数据价值为基础、财政大数据应用为支撑,通过优化财政收支,促进效率与公平统一的政府收支活动。预算管理信息化是数字财政建设的核心,预算信息化以数字化为预算管理赋能,我们将迎来一个和以往不一样的预算管理体系,预算管理效能会有质的变化。预算管理信息化的任务是双重的。从生产系统看,预算管理信息化促进了内、外生数据的生产,有利于汇聚形成财政大数据。从应用看,未来要加快财政

大数据的应用,将财政大数据的应用与预算管理业务有机融合在一起,这样才能凸显预算管理信息化对财政业务和政府决策的支撑作用。

未来,数字财政可以继续拓展数据聚合领域,在隐私计算保障多方安全的前提下,实现宏观、中观、微观数据的共享,不断夯实财政大数据基础,充分发挥财政对公共资源优化配置的引导作用。一是数字财政可以促进政府公共产品或服务的提供,更好地匹配服务对象的需求,减少财政资源的浪费或无效配置;二是数字财政可以实现政策—项目—资金—服务对象四位一体,既可以实现财政精准调控的结构性政策目标,又可以发挥对财政资金的穿透式监管作用,保障稀缺财政资金的安全、高效、规范运用,提高资金的使用效益。

第二节 我国预算管理一体化

预算管理一体化改革聚焦财政治理模式优化和业务流程再造,是深化预算编制执行监督管理、"放管服"等各项改革的重要抓手,更是提高财政管理的信息化水平、提升数字财政建设质量的重要一环。

一、预算管理一体化的原则

以习近平新时代中国特色社会主义思想为指导,全面贯彻落实党的二十大关于健全现代预算制度的新要求和习近平总书记关于以信息化推进国家治理体系和治理能力现代化的重要讲话精神,统一规范各级财政预算管理,将制度规范与信息系统建设紧密结合,用系统化思维全流程整合预算管理各环节业务规范,通过将规则嵌入系统强化制度执行力,为深化预算制度改革提供基础保障,推动并加快建立现代财政制度。

二、预算管理一体化的总体思路

(一)统一全国预算管理一体化规范

制定全国统一的预算管理一体化规范。根据预算管理主体流程,预算管理一体化可分为信息管理、项目库管理、预算编制、预算批复等几个核心部分,涵盖了预算管理中各环节的流程、规则和要素,同时将涉及预算管理流程的资产管理、债务管理、政府采购等业务与相关环节进行了有效衔接,将预算管理的全过程嵌入信息化管理系统,在全国范围内形成统一的规范,为实施预算管理一体化做好制度准备。

(二)统一全国预算管理一体化系统技术标准

制定全国统一的预算管理一体化系统技术标准。预算管理一体化系统技术标准是一整套技术规范体系,其不是一款单一的软件,而是一个可开发、可拓展的结构框架,各省级财政部门在技术规范体系下,依照自身的业务特点,完成个性化功能开发,设计更具有针对性的系统。在制定预算管理一体化系统技术标准的过程中,对于标准概述、系统描述、数据描述都做了详尽的要求和说明,规定了每一项数据结构的具体规范,最终形成统一的标准体系,确保各地系统的连通性以及预算管理一体化系统的总体工作质量。

(三)统一对标规范和技术标准推进系统建设改造

严格按照《预算管理一体化规范(2.0版)》规定的管理流程、管理规则和管理要素拟定业务需求。严格依据《预算管理一体化系统技术标准V2.0》规定的数据结构、逻辑库表、数据要素等设计开发预算管理一体化系统。按照财政部统一部署推进预算管理一体化系统建设实施。各省级财政部门在预算管理一体化规范和技术标准的支持下,开展本地区预算管理一体化系统建设工作,依照所规定的目标内涵,明确建设方向,通过统一的技术标准,完成对原有系统或新系统的一体化改造。各地区在预算管理一体化系统设计与研发过程中,结合实际业务需求,对相应框架内容进行补充和完善,对系统进行个性化改造,并确保系统自身的对接效果以及数据接入能力,为推进预算管理一体化铺平道路。

(四)实现预算数据的集中统一管理

各省级财政部门通过预算管理一体化系统,完成对本地区各级财政预算数据的集中管理,并每日及时将其上传至财政部系统。财政部通过统一的系统接收各地区的预算数据后,进行整体分析与动态处理,完成各地区数据与需求的对接。在中央财政部门的统一管理下,通过预算管理一体化系统,实现数据、信息的上传下达,实现中央财政部门对地方各级财政部门的预算动态控制与数据信息反馈,确保数据在上下级财政部门之间的贯通性与实时性。

三、预算管理一体化的主要内容

财政部门充分利用信息化技术,将"制度+技术"作为新的总体管理机制,在此机制下,预算管理一体化具体细化为五个"一体化"内容,即全国政府预算管理的一体化、各部门预算管理的一体化、预算全过程管理的一体化、预算项目全生命周期管理的一体化和全国预算数据管理的一体化。通过这五个"一体化"的实现,全面提高预算管理工作的规范化、标准化与自动化水平,为深化预算制度改革提供基础保障。

(一)全国政府预算管理的一体化

实现全国政府预算管理的一体化,在于统一全国各级财政预算管理规则与要素,不断完善上下级预算之间的衔接机制,便于全国财政工作的统筹规划,精准把控各项财政资金流向,最大限度地提高预算管理工作质量,利用逐级汇总的方式,完整反映全国预算的真实状态,从而实时监控财政资金的使用状况,增强政府宏观调控能力,提高我国经济建设水平与质量。

（二）各部门预算管理的一体化

全国各地各部门及所属单位依照相关规范与制度法规,将各类收入纳入预算,并执行统一的预算管理制度,统筹使用好各类收入和存量资金资产,优先保障重点需求,提高资金使用效能。

（三）预算全过程管理的一体化

整合预算管理各个环节,实现顺向环环相扣、逆向动态可溯,将预算的执行结果以及所形成的资产用于后续阶段的预算编制工作,进而形成更为科学可靠的全过程管理闭环。预算全过程管理可快速预警并发现预算全过程中可能出现的问题,提高全过程管理质量。

（四）预算项目全生命周期管理的一体化

预算项目是预算管理最基础的单元,预算管理的各个环节都需要依托预算项目全生命周期管理而存在。要强化各种项目支出与各年度预算的衔接,以便更好地统筹收支,实现平衡。这些根植于项目本身的预算管理约束,有助于财政部门有效协调与规划,实现跨年度财政工作的良性循环。

（五）全国预算数据管理的一体化

根据财政部门对预算数据生产以及传输过程所提出的规范与标准,立足数据存储与使用,实现财政部门与各预算单位的数据连通与共享,快速反馈地区财政变化与预算使用状态。各省预算管理一体化系统要集中地方各级财政预算数据,并与中央财政系统对接,实现全国预算数据的集中管理。

四、预算管理一体化的管理机制

（一）建立健全预算项目全生命周期管理机制

将预算项目作为预算管理的基本单元,对预算项目前期谋划、项目储备、预算编制、项目实施、项目结束和终止等各阶段的预算管理流程和规则作出明确规定,加强预算项目全生命周期与预算管理的衔接。

1. 完善以项目库为源头的预算管理机制

所有预算支出都要以预算项目的形式纳入项目库,并根据各类预算支出性质和用途将预算项目分为人员类项目、运转类项目和特定目标类项目。其中,人员类项目支出和运转类项目中的公用经费项目支出对应目前的基本支出,其他运转类项目支出和特定目标类项目支出对应目前的项目支出。各部门、各单位结合部门事业发展规划提前研究谋划项目,常态化开展项目申报和评审论证,财政部门审核通过后储备入库,从而增加项目评估和储备时间,提高储备项目质量和成熟度。预算编制坚持"先有项目再安排预算""资金跟着项目走",必须从项目库中选取项目,按优先次序安排,待分配项目细化和预算调整调剂必须在项目库中操作,调整相关项目信息。

2. 完善项目预算分年度安排机制

多年度实施的项目要测算项目支出总额并如实填报项目计划实施周期,将项目活动和支出分解到各年度,细化测算每年的预算需求。财政部门审核后按照每年实际支出需要分年度安排预算,保证纳入年度预算编制的是真正的当年预算。经常性项目、延续性项目及当年未安排的预算储备项目,自动滚入下一年度,促进准确、高效地编制预算。

3. 实时记录和动态反映项目全生命周期的预算管理信息

预算管理各环节均以预算项目为基本管理单元,预算编制到项目,执行时按项目进行预算指标控制,总预算会计和单位会计都要核算到项目,各类预决算报表也是基于细化到项目的预算和会计核算数据自动汇总生成。项目实施过程中动态记录和反映项目预算下达、预算调整调剂、预算执行等情况,项目结束和终止时,系统自动计算项目预算结余。

(二) 建立健全财政预算管理要素的统一管理机制

预算管理要素反映预算管理中涉及的业务主体和对象(如单位、项目、资金等)以及管理活动(如项目库管理、预算编制、预算执行等)的特征、行为、状态等内容(如项目类别、资金性质等),是各级财政预算管理业务协同和数据共享的基础。当前,各级财政预算管理要素的含义和适用范围不一致,分类标准不统一,不利于统一规范各级预算管理。为此,各级财政根据一体化的管理流程和规则,对现行管理要素进行筛选、整合与补充,统一设置了400个业务管理要素,并且对这些要素进行了精准设置,明确了相关要素的含义、适用范围和分类标准,保证了预算管理要素是该业务场景中最小的数据单元,避免了要素间的交叉重复。

统一管理要素既有利于支撑各项预算管理控制规则有效实施,也有利于直接从"生产数据"采集各级财政预算管理信息,促进财政大数据分析应用体系的建设。所以,各地一体化系统建设和业务运行必须使用统一规定的管理要素,遵循统一的名称、明细选项及其代码的设置规则。各地财政为满足本地区业务管理需要或统计分析需求,可由省级财政部门统一在系统中新增设置管理要素,但不得替代统一规定中的管理要素。

(三) 建立健全上下级财政间预算衔接机制

为保证上下级预算衔接,实现自动汇总全国预算、动态掌握各级预算编制和执行情况,需健全转移支付预算控制规则和动态追踪机制。

1. 实现上下级转移支付预算的严丝合缝

《预算管理一体化规范(2.0版)》要求上级财政应严格按照《预算法》要求提前下达

转移支付预计数,下级财政原则上按照上级提前下达的预计数编列转移支付收入预算,确需预估编列预算的,必须控制在上级上年实际下达的预算内,而且要分转移支付项目单独列示,待上级实际下达后相应冲减预估数。编列上解预算时,上级应与下级充分沟通,科学合理地预计分地区的下级上解收入预算并告知下级;下级应结合上级预计的上解数,科学合理地预计上解上级支出预算,预计不一致时,也应分开列示。

2. 实现对转移支付项目的动态追踪

《预算管理一体化规范(2.0 版)》要求,各级通过一体化系统下达和接收转移支付指标,对于需要追踪的转移支付项目,下级在分解下达时要关联上级下达的转移支付项目,确保在预算执行环节可追溯资金来源去向。一体化系统实时记录和动态监控转移支付资金在下级财政的分配、拨付、使用情况,实现资金从下达源头到使用最末端全过程流向明确、来源清晰、账目可查,确保资金精准到位。

(四) 建立健全政府预算、部门预算、单位预算衔接机制

为明确政府预算、部门预算、单位预算的预算管理职责和衔接控制关系,《预算管理一体化规范(2.0 版)》厘清了政府预算、部门预算、单位预算的概念和相互关系,突出了政府预算在收支总额控制中的地位和作用。

1. 明确政府预算的测算规则和政府预算对部门和单位预算的控制规则

从财力安排的角度看,先测算政府收入预算,再确定政府预算安排本级部门支出预算规模和转移性支出预算规模,然后确定各具体部门预算支出规模,最后部门确定单位预算的支出规模,这反映了自上而下的控制规则,即本级政府预算规模决定了部门预算中的财政拨款收支规模,部门预算规模决定了单位预算规模。

2. 明确政府预算项目与部门和单位预算项目衔接规则

从预算汇总的角度看,部门预算由单位预算汇总而成,本级政府预算由部门预算汇总而成,这反映了自下而上的汇总规则。同时,明确部门不得代编应由所属单位实施的项目,财政待分配项目在执行中应当细化为具体实施项目,保证预算支出执行落实到具体项目和单位。

(五) 建立健全预算指标账管理机制

目前各级财政预算指标管理方式无法全面、准确反映预算指标的增减、来源及状态,《预算管理一体化规范(2.0 版)》引入管理会计理念,采用会计复式记账法核算预算指标管理业务或事项,强化财政部门对预算指标管理全流程的追踪和控制,实时掌握预算分配和执行进度,加强对预算执行的监督。

1. 全面覆盖预算指标管理各业务环节

预算指标账以预算指标管理业务或事项为核算主线,采用复式记账法对预算指标的批复、分解、下达、调整、调剂、执行和结转结余的全过程进行记录,保证每项指标业务都

以相同金额在两个相互关联的账户同时记录,通过各账户之间客观上存在的对应关系,更加真实、全面、动态地反映预算指标管理业务全貌。

2. 强化预算对执行的控制

预算指标账遵循会计复式记账法"有借必有贷,借贷必相等"原则,坚持"先有预算,再有指标,后有支出",建立"支出预算余额控制支出指标余额、支出指标余额控制资金支付"的控制机制,实现预算管理业务或事项有效衔接、相互制衡。支出预算和收入预算遵循"同增同减"原则,确保全面完整反映收支预算,真正做到预算管理源头数据无缝衔接和有效控制。预算形成指标,指标控制支出,遵循"此增彼减"原则,切实硬化预算约束,真正做到支出以经批准的预算为依据,未列入预算的不得支出。

3. 强化对预算执行全过程的完整反映

建立全国统一的预算指标账科目编码和核算规则,将统一的会计复式记账规则作为一体化系统底层控制机制的重要组成部分,嵌入预算管理的各个节点。系统按统一的核算口径和规则完整记录预算指标增减、来源及状态,实时动态地反映各级财政预算执行的运行状态,并可以通过账目之间的对应关系,追溯预算从批复到执行全过程变动情况,真正完整反映预算执行全过程。

(六)建立健全国库集中支付管理机制

《预算管理一体化规范(2.0版)》根据预算管理一体化对项目预算执行控制的细化要求,以及现代信息技术发展情况,进一步优化了国库集中支付制度的运行机制。

1. 优化国库集中支付业务流程

预算管理一体化系统建立后,各部门、各单位统一通过一体化系统办理资金支付业务。资金支付均由单位通过一体化系统提出申请,系统按照财政部门和主管部门设定的校验规则对预算指标等校验通过后,自动发送到代理银行办理资金支付,之后再与人民银行清算,全流程实行电子化管理。同时,在一体化系统中加强资金支付与采购管理、现金流量预测等业务环节的衔接,提高资金支付规范性和运行效率。

2. 项目预算指标直接控制资金支付

由于预算指标已细化到具体单位和项目,因此用款计划不需要再承担预算细化和预算控制职能。《预算管理一体化规范(2.0版)》规定预算指标下达后,单位根据预算指标申请支付资金,财政部门直接按照预算指标控制资金支付,支付直接对应明细、具体的预算指标,加强了资金支付与项目预算指标的衔接。保留用款计划的地区,可以采取用款计划和项目预算指标对资金支付"双控制"的模式。

(七)建立健全结转结余资金预算管理机制

为严格执行《预算法》关于"连续两年未用完的结转资金,应当作为结余资金管理"的要求,加强结转结余资金的回收效率和统筹使用,《预算管理一体化规范(2.0版)》依据《预算法》明确了结转结余资金计算和管理的规定,建立结余资金自动收回的机制。

1. 严格按规定计算结转结余资金

严格落实《预算法》的规定,明确财政拨款资金第一年年底未用完,作为结转资金管理;第二年年底仍未用完,作为结余资金管理。系统根据预算执行情况,严格按规定自动计算结转结余资金,为后续管理提供数据支撑。同时,按照《预算法》关于"各级政府上一年预算的结转资金,应当在下一年用于结转项目的支出"的规定,《预算管理一体化规范(2.0版)》明确除科研项目外,不得改变上年财政拨款结转资金的用途,不需要按原用途继续使用的,应当及时交回财政,避免部门将结转资金调剂用于其他项目,影响财政部门统筹安排资金。

2. 建立结余资金自动收回机制

年度执行中,单位应在最后一笔资金支付完成后,对项目标记"终止或结束",系统自动冻结剩余指标,经财政部门审核批复后,系统自动收回剩余财政拨款指标。年度终了,系统自动将连续两年未用完的财政拨款预算指标转为结余资金管理,经财政部门批复后系统自动收回。通过一体化系统实现结转结余资金的动态管理,财政部门可以及时跟踪掌握项目预算结转结余情况,有效控制新增结转结余资金规模,从而提高财政资金的使用效益。

3. 规范国库集中支付结余权责发生制列支

为了真实反映年终财政预算支出执行和结余情况,为预算管理提供更加准确可靠的信息,《预算管理一体化规范(2.0版)》要求市县级财政部门应当按照收付实现制核算财政支出事项,总预算会计原则上不得对国库集中支付结余按权责发生制列支,应当按结转下年支出处理。省级财政部门对国库集中支付结余按权责发生制列支的,也要限制条件和范围,进一步加强规范管理。

(八)建立健全单位资金管理机制

为严格落实《预算法》的规定,依法加强单位财政拨款收入以外的事业收入、事业单位经营收入、其他收入等各类单位资金的预算管理,《预算管理一体化规范(2.0版)》从预算编制、支出控制、核算管理等方面,对单位资金管理作出了明确要求。

1. 明确单位资金收支全部列入预算

单位资金同财政拨款一样全部编入单位年初预算,并汇入部门预算。财政部门根据单位资金收入情况,统筹合理安排财政拨款预算,执行过程中新增安排单位资金支出要报财政部门审批,提高单位资金预算的全面性、准确性和严肃性。

2. 硬化单位资金预算对支出的约束

逐步实行对单位资金严格按照预算控制执行,一体化系统与单位资金开户银行联网,单位比照国库集中支付流程,通过一体化系统办理资金支付。一体化系统根据财政部门批复的单位资金预算,生成单位资金预算指标。财政部门根据单位资金预算指标严格控制单位资金支付,杜绝无预算、超预算使用单位资金的情况。

3. 强化对单位资金核算的监督管理

为全面掌握单位收支情况,同时更好地落实《会计法》的要求,实施对各单位的会计监督,《预算管理一体化规范(2.0版)》规定,单位应当按照财政部门有关规定及时将会计核算信息传送同级财政部门。财政部门积极创造条件,通过与预算单位联网对接,逐步实现同级预算单位会计核算信息的动态反映和集中存放。

(九) 建立健全预算管理与资产管理的衔接机制

《预算管理一体化规范(2.0版)》将资产管理嵌入预算编制、预算执行、会计核算、决算和报告等业务环节进行一体化设计,建立财政资金形成实物资产的全链条管理机制,准确核算和动态反映资产配置、价值变动、存量等情况,为强化资产预算约束、摸清政府的资产家底提供基础支撑。

1. 加强资产基础信息管理

逐步建立较为完整的资产分类与代码管理体系,覆盖固定资产、无形资产、公共基础设施、政府储备物资、文物文化资产、保障性住房等各类资产。加强资产分类与政府采购品目的衔接,逐步统一成一套代码共享共用,简化单位预算编制与财政预算审核。建立资产卡片标准化管理体系,反映各项资产的基本信息、财务信息和使用信息三类信息,全面反映资产配置、使用、变动等情况。

2. 将新增资产配置管理嵌入预算管理全流程

单位在进行运转类项目和特定目标类项目储备时,需要配置资产的,应填报资产配置信息。单位申请项目预算时,对于属于资本性支出并形成资产的,原则上应依据项目库资产配置信息编制资产配置预算。资金支付时财政部门通过一体化系统汇集政府采购、会计核算、资产卡片等信息,对单位资产配置的实际情况进行动态反映和监督管理。建立资产变动与非税收入征缴联动管理机制,督促单位将资产出租出借、对外投资、处置等产生的收入及时足额上缴财政。资产会计核算信息和资产卡片信息同步更新,形成会计核算和实物资产管理的双向控制,确保账实相符,全面准确反映资产的价值信息。单位编制部门决算、部门财务报告和行政事业单位国有资产报告时,系统依据会计账簿中的资产价值和资产卡片信息自动生成相关资产报表,确保账表一致、相关报告衔接一致,准确反映政府的资产家底情况。

3. 逐步完整反映存量资产并加强存量资产信息在预算编制管理中的应用

各单位在确保存量资产的卡片信息与会计账务核对一致的基础上,逐步将存量资产的卡片信息导入一体化系统中,实现所有存量资产的完整反映,并将单位存量资产信息作为审核其资产配置预算的重要参考。对于涉及资产运行管理和修缮维护的项目,单位在项目储备时应关联其对应的资产卡片,根据资产存量情况测算资金需求,提高预算编制的科学性。

（十）建立健全预算管理与债务管理的衔接机制

《预算管理一体化规范(2.0版)》将债务管理涉及预算管理的流程和规则按照一体化的要求进行了整合规范，加强了债务管理与预算管理的衔接，有利于加强对地方政府举债融资的预算约束和风险防范。

1. 地方政府债券收入安排的项目全部纳入项目库管理

专项债券支持的项目除满足一般管理要求外，还需编报收益和融资平衡方案。债务项目列入其主管部门的部门预算。债务还本和付息也作为项目纳入项目库，系统自动根据债务本金、利率、期限等测算还本和付息需求，为财政统筹安排预算提供参考依据。

2. 新增债务限额提前下达

参照一般性转移支付和专项转移支付的管理，财政部于每年10月31日前提前下达新增地方政府债务限额，地方政府收到提前下达的新增债务限额后，要纳入政府预算草案，报人大审议。对于财政部正式下达的当年新增地方政府债务限额与提前下达限额之间的差额，地方政府要编制预算调整方案，报人大常委会审批。

3. 明确债务收入及专项债券对应项目专项收入的管理规则

规范债券发行管理、发行收入确认、债券转贷专项业务的管理流程。明确专项债券对应项目专项收入纳入非税收入管理，确保项目实施单位履行还本付息责任。

五、预算管理一体化的方向

2021年4月13日发布的《国务院关于进一步深化预算管理制度改革的意见》（国发〔2021〕5号）中明确提出，要增强财政透明度，提高预算管理信息化水平，并提出了五点具体的实行措施。

（一）实现全国预算系统纵横贯通

用信息化手段支撑中央和地方预算管理，规范各级预算管理工作流程等，统一数据标准，推动数据共享。以省级财政为主体加快建设覆盖本地区的预算管理一体化系统并与中央财政对接，动态反映各级预算安排和执行情况。中央部门根据国家政务信息化建设进展同步推进相关信息系统建设。建立和完善全覆盖、全链条的转移支付资金监控机制，实时记录和动态反映转移支付资金分配、拨付、使用情况，实现资金从预算安排源头到使用末端全过程来源清晰、流向明确、账目可查、账实相符。

加快全国预算管理一体化系统大集中，实现中央、省、市、县一套系统贯通。全面梳理归集各级预算单位财务、资产、账户等信息，推动实现各级政府一本账、一张表（资产负债表）。强力推进预算管理标准化，规范各级业务流程、管理要素和控制规则，实现各级预算执行动态跟踪和有效反馈，切实减轻基层统计负担。

（二）推进部门间预算信息互联共享

预算管理一体化系统集中反映单位基础信息和会计核算、资产管理、账户管理等预算信息，实现财政部门与主管部门共享共用。积极推动财政与组织、人力资源和社会保障、税务、人民银行、审计、公安、市场监管等部门实现基础信息按规定共享共用。落实部门和单位财务管理主体责任，强化部门对所属单位预算执行的监控管理职责。

（三）加强数据共享和决策辅助

强化财政部门数据密集型综合管理部门定位，推进财政与组织、人力资源和社会保障、税务、人民银行等跨部门数据连通，夯实预算管理基础。加强大数据开发应用，为财政经济运行分析、资金安排使用、制度优化设计提供参考，辅助提高政府决策的科学性、合规性。

（四）构建互联互通、数据共享的国库信息系统管理体系

以预算一体化为契机畅通上下级政府财政收支的衔接。一方面，着力完善制度体系。以国库集中支付为统领，完善相关配套制度，逐步形成中央与地方、地方上下级相互衔接支撑的制度体系，形成全面规范的国库管理工作。另一方面，以项目为预算管理基本单位落实上下级政府预算管理情况。应以预算一体化要素的标准化工作为基础，实现上下级转移支付收支在国库支付系统中的衔接。全面理清国库制度的预算管理业务流程，构建互联互通、数据共享的国库信息系统管理体系，形成标准化的国库业务基础数据规范，并且优化控制规则，强化动态管理，在横向业务维度实现预算管理与国库管理各流程、各业务的"一体化"，实现国库信息管理系统与预算一体化的流程、业务模块无缝嵌入和对接。

以预算一体化的项目为联结点，加强国库制度与政策规划和实施的衔接。预算一体化能够实现横向与纵向维度预算信息与国库业务整合，构建起以项目为基本单位的预算管理模式。下一步应依托预算一体化管理系统，以预算项目为联结点，将预算项目的全生命周期与年度预算周期有机衔接，并持续加强国库对全项目周期的监测和管理，实现国库对国库实施信息的全流程记录，为后续加强项目实施结果的跟踪打下基础，以更好地实现国库制度的宏观调控职能，并全面提升财政资金使用绩效。

（五）运用信息化技术提升监督精度和效率

构建"制度+技术"的监督框架，建立全覆盖、全链条的财政资金监控机制，实时记录和动态监控资金在下级财政、用款单位的分配、拨付、使用情况，探索自动控制和实时预警，实现资金从源头到末端全过程流向明确、来源清晰、账目可查，确保资金直达基层、直达民生。加强财会监督与人大、审计等监督的协同，主动对接人大实时在线联网监督、审计部门数据审计系统等，形成多层次的综合监督体系。

专栏 10-1　借力预算管理一体化，提升财政管理水平

新时代深化财政体制改革，必须更加注重各项改革措施的互相协同配合，运用系统化思维进行制度设计，创新制度执行机制，增强预算管理制度的规范性、协调性和约束力。通过预算管理一体化系统，整合完善预算管理流程和规则，并实现业务管理与信息系统紧密结合，将规则嵌入信息系统以强化制度行动力，为深化预算制度改革打下坚实基础。

一、以系统论思想构建数据互联互通的预算管理体系

从系统管理的思想来看，政府预算管理业务层面涉及"基础信息管理、项目库管理、预算编制、预算批复、预算调整和调剂、预算执行、会计核算、决算和报告管理"等八个主要环节，还涉及预算管理主体流程与资产管理、债务管理、绩效管理等业务的衔接问题。要运用系统科学的整体性原理，强化预算管理体系各个组成部分的有机联系，全面理清预算管理业务流程，形成标准化的业务基础数据规范，并且优化控制规则，努力实现预算数据的自动汇聚和转移支付资金的自动追踪，为更好地统筹财政资源提供有力抓手。用系统化思维全流程整合预算管理各环节业务规范，通过将规则嵌入系统强化制度执行力，为深化预算制度改革提供基础保障，推动并加快建立现代财政制度。

二、以预算管理一体化为契机，畅通上下级政府财政收支的衔接

首先，着力完善制度体系。聚焦《国务院关于进一步深化预算管理制度改革的意见》规定的各项工作要求，完善相关配套制度，逐步形成中央与地方、地方上下级相互衔接支撑的制度体系，使预算、国库管理工作更加规范。其次，以项目为预算管理基本单位，确保上级转移支付预算项目有效落实。建立上级转移支付预算项目与下级具体预算项目的衔接关系，通过具体项目执行数据及时反馈上级转移支付预算项目执行情况。最后，在上下级转移支付中，将财政资金直达机制和相应的监管机制融合于预算管理一体化系统，使包括直达资金台账、核算对账和监控系统在内的相应功能迁移至预算管理一体化系统，实现财政资金的"管得严、放得严、用得准"。

三、以预算管理一体化为规范，实现预算管理制度主体流程数据、主要业务数据的环环相扣

一方面，通过预算管理一体化工作将预算规划与准备、预算编制与批准、预算执行与控制、决算报告与评价等主要环节紧密联系起来，改善预算管理。另一方面，通过预算管理一体化工作整合政府采购过程与资金支付、整合单位财务管理与会计核算工作等，实现预算执行流程优化、安全高效。因此，应全面理清预算管理业务流程，形成标准化的业务基础数据规范，并且优化控制规则，强化动态管理，在横向业务维度实现预算管理各流程、各业务的"一体化"，实现信息管理系统与预算管理业务流程、业务模块的无缝嵌入和对接。

四、以预算管理一体化的项目为联结点，加强制度与政策规划和实施的衔接

以预算管理一体化的项目为抓手，突出"先谋事再排钱"和"先有项目后有预算"的理念。推动主管部门加强行业领域事业发展谋划，先提出切实可行的干事方案，再研究论证资金需求,确保预算执行时资金"用得出、用得好"。重点抓实项目库建设,提前做好项目储备,坚持预算安排与项目入库情况挂钩,落实未进入项目库的项目原则上不得列入预算安排的"硬约束",推动实现预算管理方式由"以资金分配为主线"向"以项目管理为主线"转变。

五、加强数据共享和决策辅助,提升数字财政建设

预算管理一体化系统集中反映单位基础信息和会计核算、资产管理、账户管理等预算信息,实现财政部门与主管部门共享共用。强化财政部门数据密集型综合管理部门定位,推进财政与组织、人力资源和社会保障、税务、人民银行等跨部门数据连通,夯实预算管理基础。加强大数据开发应用,为财政经济运行分析、资金安排使用、制度优化设计提供参考,辅助提高政府决策的科学性、合规性。

六、运用信息化技术提升监督精度和效率

构建"制度+技术"的监督框架。建立全覆盖、全链条的财政资金监控机制,实时记录和动态监控资金在下级财政、用款单位的分配、拨付、使用情况,探索自动控制和实时预警,实现资金从源头到末端全过程流向明确、来源清晰、账目可查,确保资金直达基层、直达民生。加强财会监督与人大、审计等监督的协同,主动对接人大联网监督、审计部门数据审计系统等,形成多层次的综合监督体系。

资料来源:马海涛、肖鹏,《借力预算管理一体化 提升财政管理水平》,《行政管理改革》2022年第8期。

本章小结

预算管理一体化是指以统一预算管理规则为核心,以预算管理一体化系统为主要载体,将统一的管理规则嵌入信息系统,提高项目储备、预算编审、预算调整和调剂、资金支付、会计核算、决算和报告等工作的标准化、自动化水平,实现对预算管理全流程的动态反映和有效控制,保证各级预算管理规范有效。

预算管理一体化建设构建现代信息技术条件下"制度+技术"的管理机制,全面提高预算管理工作的规范化、标准化和自动化水平,实现各级财政部门对预算管理的动态反映和有效控制,推动预算管理迈上新台阶。主要内容可以概括为五个"一体化",即实现"全国政府预算管理的一体化、各部门预算管理的一体化、预算全过程管理的一体化、预算项目全生命周期管理的一体化和全国预算数据管理的一体化"。

为了实现预算管理一体化改革的要求,《预算管理一体化规范(2.0版)》创新建立健全了十个方面的预算管理新机制,即预算项目全生命周期管理机制,财政预算管理要素的统一管理机制,上下级财政间预算衔接机制,政府预算、部门预算和单位预算衔接机制,预算指标账管理机制,国库集中支付管理机制,结转结余资金预算管理机制,单位资金管理机制,预算管理与资产管理的衔接机制,预算管理与债务管理的衔接机制。

思考题

1. 预算管理一体化的内涵是什么？其改革背景是怎样的？
2. 推动预算管理一体化改革的预期成效包括哪些方面？
3. 深化预算管理一体化改革的思路是什么？有哪些举措？
4. 预算管理一体化改革包括哪些主要内容？有什么创新工作机制？
5. 预算管理一体化改革会给财政管理带来哪些变化？

附录1 政府预算草案报表

附表1-1 ** 年 ** 一般公共预算收入预算表

单位:万元

项　目	上年执行数	本年预算数	预算数为上年执行数的%
一、税收收入			
增值税			
企业所得税			
……			
二、非税收入			
专项收入			
行政事业性收费收入			
……			
本级收入合计			
地方政府一般债务收入			
转移性收入			
一般性转移支付收入			
专项转移支付收入			
省补助计划单列市收入			
接受其他地区援助收入			
调入资金			
动用预算稳定调节基金			
地方政府一般债务转贷收入			
上年结转收入			
上年结余收入			
收入总计			

附表 1-2   ＊＊年＊＊一般公共预算支出预算表

单位：万元

项　目	上年执行数	本年预算数	预算数为上年执行数的%
一、一般公共服务支出			
二、外交支出			
三、国防支出			
……			
本级支出合计			
预备费			
地方政府一般债务还本支出			
转移性支出			
上解上级支出			
计划单列市上解省支出			
援助其他地区支出			
调出资金			
安排预算稳定调节基金			
补充预算周转金			
年终结转			
年终结余			
支出总计			

附表 1-3　**年**政府性基金收入预算表

单位:万元

项　目	上年执行数	本年预算数	预算数为上年执行数的%
一、地方农网还贷资金收入			
二、海南省高等级公路车辆通行附加费收入			
三、港口建设费收入			
……			
本级收入合计			
地方政府专项债务收入			
转移性收入			
政府性基金补助收入			
调入资金			
债务转贷收入			
上年结转收入			
上年结余收入			
收入总计			

附表1-4 **年**政府性基金支出预算表

单位：万元

项　目	上年执行数	本年预算数	预算数为上年执行数的%
一、核电站乏燃料处理处置基金支出			
二、国家电影事业发展专项资金安排支出			
三、旅游发展基金支出			
四、国家电影事业发展专项资金对应专项债务收入安排的支出			
五、大中型水库移民后期扶持基金支出			
……			
本级支出合计			
地方政府专项债务还本支出			
转移性支出			
政府性基金上解支出			
调出资金			
年终结转			
年终结余			
支出总计			

附表1-5　**年**国有资本经营收入预算表

单位：万元

项　目	上年执行数	本年预算数	预算数为上年执行数的%
一、利润收入			
二、股利、股息收入			
三、产权转让收入			
四、清算收入			
五、其他国有资本经营预算收入			
本级收入合计			
转移性收入			
国有资本经营预算转移支付收入			
国有资本经营预算上解收入			
上年结转收入			
上年结余收入			
收入总计			

附表 1-6　　** 年 ** 国有资本经营支出预算表

单位：万元

项　目	上年执行数	本年预算数	预算数为上年执行数的%
一、补充全国社会保障基金			
国有资本经营预算补充社保基金支出			
二、解决历史遗留问题及改革成本支出			
厂办大集体改革支出			
"三供一业"移交补助支出			
……			
三、国有企业资本金注入			
国有经济结构调整支出			
……			
四、国有企业政策性补贴			
国有企业政策性补贴			
五、金融国有资本经营预算支出			
资本支出			
……			
六、其他国有资本经营预算支出			
其他国有资本经营预算支出			
本级支出合计			
转移性支出			
国有资本经营预算转移支付支出			
国有资本经营预算上解支出			
国有资本经营预算调出资金			
年终结转			
年终结余			
支出总计			

附录 2 部门预算草案报表

附表 2-1 收支总表

部门/单位：　　　　　　　　　　　　　　　　　　　　　　　　　　　单位:万元

收　入		支　出	
项　目	预算数	项　目	预算数
一、一般公共预算拨款收入		一、一般公共服务支出	
二、政府性基金预算拨款收入		二、外交支出	
三、国有资本经营预算拨款收入		三、国防支出	
四、财政专户管理资金收入		四、公共安全支出	
五、事业收入		五、教育支出	
六、事业单位经营收入		六、科学技术支出	
七、上级补助收入		七、文化体育旅游与传媒支出	
八、附属单位上缴收入		八、社会保障和就业支出	
九、其他收入		九、医疗卫生与计划生育支出	
		十、交通运输支出	
		十一、资源勘探信息等支出	
		……	
本年收入合计		**本年支出合计**	
上年结转结余		年终结转结余	
收入总计		**支出总计**	

备注:财政专户管理资金收入是指教育收费收入;事业收入不含教育收费收入,下同。

附表2-2 收入总表

部门/单位：　　　　　　　　　　　　　　　　　　　　　　　　　　　　单位：万元

部门(单位)代码	部门(单位)名称	合计	本年收入										上年结转结余					
			小计	一般公共预算	政府性基金预算	国有资本经营预算	财政专户管理资金	事业收入	事业单位经营收入	上级补助收入	附属单位上缴收入	其他收入	小计	一般公共预算	政府性基金预算	国有资本经营预算	财政专户管理资金	单位资金
	×××部门																	
	×××部门本级																	
	×××部门下属单位1																	
	×××部门下属单位2																	
合计																		

附表 2-3　支出总表

部门/单位：　　　　　　　　　　　　　　　　　　　　　　　　　　　单位：万元

科目编码	科目名称	合计	基本支出	项目支出	事业单位经营支出	上缴上级支出	对附属单位补助支出
201	一般公共服务支出						
20101	人大事务						
2010101	行政运行						
2010102	机关服务						
	……						
	合　计						

附表 2-4　财政拨款收支总表

部门/单位：　　　　　　　　　　　　　　　　　　　　　　　　单位：万元

收　入		支　出	
项目	预算数	项目	预算数
一、本年收入		一、本年支出	
（一）一般公共预算拨款		（一）一般公共服务支出	
（二）政府性基金预算拨款		（二）外交支出	
（三）国有资本经营预算拨款		（三）国防支出	
二、上年结转		（四）公共安全支出	
（一）一般公共预算拨款		（五）教育支出	
（二）政府性基金预算拨款		（六）科学技术支出	
（三）国有资本经营预算拨款		……	
		二、年终结转结余	
收入总计		支出总计	

附表 2-5　一般公共预算支出表

部门/单位：　　　　　　　　　　　　　　　　　　　　　　　　　　　　　　　单位：万元

科目编码	科目名称	合计	基本支出			项目支出
			小计	人员经费	公用经费	
201	一般公共服务支出					
20101	人大事务					
2010101	行政运行					
2010102	机关服务					
	……					
	合　计					

附表2-6　一般公共预算基本支出表

部门/单位：　　　　　　　　　　　　　　　　　　　　　　　　　单位：万元

部门预算支出经济分类科目		本年一般公共预算基本支出		
科目编码	科目名称	合　计	人员经费	公用经费
301	工资福利支出			
30101	基本工资			
30102	津贴补贴			
	……			
	合　计			

附表 2-7　一般公共预算"三公"经费支出表

部门/单位：　　　　　　　　　　　　　　　　　　　　　　　　　　　　　　单位：万元

"三公"经费合计	因公出国(境)费	公务用车购置及运行费			公务接待费
		小计	公务用车购置费	公务用车运行费	

附表2-8 政府性基金预算支出表

部门/单位：　　　　　　　　　　　　　　　　　　　　　　　　　　　　单位：万元

科目编码	科目名称	本年政府性基金预算支出		
		合计	基本支出	项目支出
206	科学技术支出			
20610	核电站乏燃料处理处置基金支出			
2061001	乏燃料运输			
……				
	合　计			

附表 2-9　项目支出表

部门/单位：　　　　　　　　　　　　　　　　　　　　　　　　　　　　　　单位：万元

类型	项目名称	项目单位	合计	本年拨款			财政拨款结转结余			财政专户管理资金	单位资金
				一般公共预算	政府性基金预算	国有资本经营预算	一般公共预算	政府性基金预算	国有资本经营预算		
	×××项目										
	×××项目										
	×××项目										
	……										
合　计											

主要参考文献

[1] 中华人民共和国宪法[M].北京:法律出版社,2020.
[2] 中华人民共和国政府采购法[M].北京:中国法制出版社,2014.
[3] 中华人民共和国预算法[M].北京:中国法制出版社,2019.
[4] 财政部预算司.中央部门预算编制指南 2023 年[M].北京:中国财政经济出版社,2022.
[5] 中华人民共和国财政部预算司.中国预算绩效管理探索与实践[M].北京:经济科学出版社,2013.
[6] 中华人民共和国财政部.2023 年政府收支分类科目[M].上海:立信会计出版社,2022.
[7] 经济合作与发展组织.比较预算:透视公共支出管理[M].财政部财政科学研究所,译,北京:人民出版社,2001.
[8] 亚洲开发银行.政府支出管理[M].财政部财政科学研究所,译,北京:人民出版社,2001.
[9] 包丽萍.政府预算[M].大连:东北财经大学出版社,2011.
[10] 曹沛霖,陈明明,唐亚林.比较政治制度[M].北京:高等教育出版社,2005.
[11] 郭庆旺,吕冰洋.中国分税制:问题与改革[M].北京:中国人民大学出版社,2014.
[12] 高志立.财政预算管理[M].北京:经济科学出版社,2006.
[13] 托马斯·D. 林奇.美国公共预算:第四版[M].苟燕楠,董静,译.北京:中国财政经济出版社,2002.
[14] 孔庆芝.政府预算审查监督[M].石家庄:河北人民出版社,2008.
[15] 楼继伟.政府预算与会计的未来:权责发生制改革纵览与探索[M].北京:中国财政经济出版社,2002.
[16] 楼继伟.中国政府间财政关系再思考[M].北京:中国财政经济出版社,2013.
[17] 楼继伟.深化财税体制改革[M].北京:人民出版社,2015.
[18] 李萍.中国政府间财政关系图解[M].北京:中国财政经济出版社,2006.
[19] 李萍.财政体制简明图解[M].北京:中国财政经济出版社,2010.
[20] 李燕.新《预算法》释解与实务指导[M].北京:中国财政经济出版社,2015.
[21] 李燕.政府预算理论与实务[M].4 版.北京:中国人民大学出版社,2021.
[22] 李燕.政府预算[M].北京:经济科学出版社,2012.
[22] 李燕.实施跨年度预算平衡机制的思考[J].中国财政,2015(2).
[23] 李燕.新预算法视角下预算监督的两个核心要素[J].财政监督,2015(1).
[24] 李燕.我国全口径预算报告体系构建研究:制约和监督权力运行视角[J].财政研究,2014(2).
[25] 李燕.财政可持续发展与透明视角下的中期预算探究[J].中国行政管理,2012(9).
[26] 李燕.财政信息公开亟待法制保障与约束[J].财政研究,2011(9).
[27] 李燕.从人大预算审查结果报告看全过程人民民主生动实践[J].中国财政.2022(9).

[28] 刘溶沧,赵志耘.财政政策论纲[M].北京:经济科学出版社,1998.
[29] 李文经.论民主化进程中完善我国公共预算审批制度的路径[J].管理学家,2012(20).
[30] 林慕华,马骏.中国地方人民代表大会预算监督研究[J].中国社会科学,2012(6).
[31] 李亮明,郑丹."参与式"预算审查 严管政府"钱袋子"[J].人民之声,2015(8).
[32] 刘剑文,耿颖.新形势下人大财政监督职能之建构[J].河南财经政法大学学报,2014(1).
[33] 马海涛.中国分税制改革20周年:回顾与展望[M].北京:经济科学出版社,2014.
[34] 马海涛,曹堂哲,王红梅.预算绩效管理理论与实践[M].中国财政经济出版社,2020.
[35] 马海涛,肖鹏.借力预算管理一体化 提升财政管理水平[J].行政管理改革.2022(8).
[36] 马骏,李黎明.为人民看好钱袋子:一本有关地方预算审查监督的书[M].哈尔滨:黑龙江人民出版社,2010.
[37] 马克·G.波波维奇.创建高绩效政府组织[M].孔宪遂,耿洪敏,译.北京:中国人民大学出版社,2002.
[38] 孟祥馨,楚建义,孟庆云.权力授予和权力制约[M].北京:中央文献出版社,2005.
[39] 孟妮妮.我国政府预算过程中的权力配置研究[D].杭州:浙江财经学院,2011.
[40] 缪国亮.从财政预算审批谈人大制度改革[J].人大研究,2013(8).
[41] 任炎.完善制约机制 强化预算执行控制[J].预算管理与会计,2014(1).
[42] 余红艳,储德银.完善中国政府预算监督体系的政策探讨[J].财政监督,2012(4).
[43] 许宏才.加快推进预算管理一体化建设 以信息化驱动预算管理现代化[J].中国财政.2020(19).
[44] 肖鹏.政府会计视角的中国财政透明度提升研究[M].北京:中国财政经济出版社,2012.
[45] 肖鹏.美国政府预算制度[M].北京:经济科学出版社,2014.
[46] 肖鹏.基于防范财政风险视角的中国政府会计改革探讨[J].会计研究,2010(6).
[47] 肖京.国家治理视角下的财政预算法治化[J].法学论坛,2015(6).
[48] 朱大旗,李蕊.论预算审批制度的完善:兼论我国《预算法》的修改[J].当代法学,2013(4).
[49] 朱大旗,李蕊.论人大预算监督权的有效行使:兼评我国《预算法》的修改[J].社会科学,2012(2).
[50] 张明.政府预算实务与案例[M].成都:西南财经大学出版社,2009.
[51] 张谦煜,姚明华.加强全口径预算决算审查监督工作的建议[J].经济研究参考,2014(54).
[52] 王淑杰.政府预算的立法监督模式研究[M].北京:中国财政经济出版社,2008.
[53] 王淑杰.强化我国政府预算约束性的思路和对策[J].宏观经济研究,2011(12).
[54] 王雍君.公共预算管理[M].2版.北京:经济科学出版社,2010.
[55] 王殿志.政府预算审批程序刍议[J].中国经济问题,2008(6).
[56] 王金秀.预算法理与预算的法治建设:兼论我国《预算法》的修改及预算执法控制[A].中国法学会财税法研究会2007年年会暨第五届全国财税法学术研讨会论文集,2007.
[57] 王小龙,李敬辉等.预算管理一体化规范实用教程:上、下册[M].北京:经济科学出版社,2020.
[58] 周长鲜.欧洲议会财政预算决定权的跨机构合作机制及其启示[J].新视野,2011(4).
[59] 中国发展研究基金会.全面预算绩效管理读本[M].北京:中国发展出版社,2020.